교부 문헌 총서 19
요한 서간 강해

AUGUSTINUS
# IN EPISTOLAM IOANNIS AD PARTHOS TRACTATUS

Translated by Ikcheol CHOE
Introduced and noted by Yeonhak LEE and Wono CHOE

© Benedict Press, Waegwan, Korea 2011

교부 문헌 총서 19
**요한 서간 강해**

2011년 2월 25일 초판 1쇄
2024년 8월 15일 초판 3쇄

지은이 · 아우구스티누스
옮긴이 · 최익철
역주/해제 · 이연학/최원오
펴낸이 · 박현동
펴낸곳 · 성 베네딕도회 왜관수도원 ⓒ 분도출판사
찍은곳 · 분도인쇄소

등록 · 1962년 5월 7일 라15호
04606 서울 중구 장충단로 188(분도출판사 편집부)
39889 경북 칠곡군 왜관읍 관문로 61(분도인쇄소)
분도출판사 · 전화 02-2266-3605 · 팩스 02-2271-3605
분도인쇄소 · 전화 054-970-2400 · 팩스 054-971-0179
www.bundobook.co.kr

ISBN 978-89-419-1102-9 94230
ISBN 978-89-419-9755-9 (세트)

* 신저작권법에 따라 보호를 받는 저작물이므로 무단 전재와 무단 복제를 금합니다.

교부 문헌 총서 19

아우구스티누스
# 요한 서간 강해

최익철 옮김
이연학 · 최원오 해제 · 역주

분도출판사

## '교부 문헌 총서'를 내면서

제2차 바티칸 공의회 「계시 헌장」*Verbum Dei* 7-10항에서 밝히고 있듯이, 하느님의 계시는 신·구약 성경과 성전聖傳을 통해 우리에게 전달되는데, 이 둘은 하느님의 똑같은 원천에서 흘러나오므로 하나를 이룰 만큼 서로 밀접히 연결되어 있다. 바로 "교부들의 말씀은 믿고 기도하는 교회의 실생활 가운데 풍부히 흐르고 있는 이 성전의 생생한 현존을 입증한다"(8항). 즉, 교부들의 말씀은 성전의 주축을 이루고 있으므로 교부 문헌 연구는 하느님의 계시에 접근하는 데 중대하고 필요 불가결의 길이라 할 수 있다.

짧은 역사의 한국 교회는 그동안 성경 연구에 큰 관심을 가져 괄목할 만한 진전을 해 왔으나 교부 문헌 연구는 극히 미미하였다. 이에 우리는 분도출판사를 중심으로 '교부 문헌 총서 기획위원회'를 구성하여, 교부 문헌의 번역·간행을 계속해 나감으로써 교부 문헌 연구에 새로운 전기를 마련하기로 하였다.

우리는 이 '교부 문헌 총서'가 한국 교회의 신학 발전에 다음과 같은 도움이 되기를 바란다:

첫째, 성경 연구에 도움이 될 수 있다. 사도교부들(Patres apostolici)은 사도들의 직제자 혹은 그 직제자들의 제자들이었으므로 그들의 문헌은 신약성경(특히 사목서간들)에 나타나 있는 사도들의 가르침과 신학을 잘 반영하고 있을 뿐 아니라 신약성경에 표현되지 않은 초기 교회의 모습을 보여 주고 있기 때문이다. 또한 그 후의 교부들의 글에서도 성경은 그 기초가 되고 있으며, 때때로 성경 해설을 위한 강론(Homilia식 Tractatus)들과 본격적인 성경 주해서(Commentarium)들이 있다.

둘째, 이상하게 들릴지 모르지만, 한국 교회 신학의 토착화에 도움이 될 수 있다. 교부시대는 사도들로부터 전수받은 그리스도의 복음이 그리스·로마 문화에 정착되는 시기라 할 수 있다. 예수님과 사도들 그리고 복음서의 청중들은 모두 히브리인들이었으며, 그래서 복음은 먼저 히브리 문화권 안에서 선포되었다. 이 복음이 제자들의 선교 활동을 통해 히브리 문화와는 다른 그리스 문화권에 선포되면서 일종의 토착화 과정이 있었으며, 또 라틴 문화권에 선포될 때 또 다른 토착화 과정이 있어야 했다. 그리스도교의 신학은 이러한 토착화의 시도 과정에서 때로 많은 시행착오(이단과 열교)를 거치면서 발전되고 정착되어 왔다. 사실 교부들은 토착화 과정에서 그리스도의 복음이 변질되어서는 안 된다는 원칙 아래 해당 문화권에서 수용할 수 있는 것과 할 수 없는 것을 엄격히 구별하였던 것이다. 제2차 바티칸 공의회 이후 한국 교회 안에서도 토착화의 필요성이 자주 거론되고 있다. 우리는 교부들이 행했던 토착화의 시도 과정과 그 방법을 연구함으로써 우리의 토착화 작업에 도움을 받을 수 있을 것이다.

셋째, 한국 교회의 에큐메니즘 운동에 도움이 될 수 있다. 세계적으로 한국만큼 기독교의 종파가 많은 곳도 드물다. 가톨릭과 개신교 사이의 차이는 말할 것도 없지만 개신교 사이에서도 서로 극심한 차이가 있다. 사실 개신교의 종파는 성경의 자유 해석에서 기인하는 경우가 많은데, 자기의 해석을 고집하기에 앞서 성경시대와 가까웠던 교부시대에서 성경을 어떻게 이해하고 생활했는지 알아볼 필요가 있다. 또 잊어서는 안 될 점으로, 그 신도 수가 많지는 않지만 동방 정교회가 한국에도 있는데, 동방 교회는 교부시대의 전통을 잘 유지하고 있으므로 서방 교회(로마 가톨릭, 프로테스탄트, 성공회)는 동방 교회 전승에서 많은 것을 배우고 보완할 수 있다. 따라서 우리는 각 교회 모두가 공동으로 소유하고 있는 성경 그리고 서로 갈리기 전 초세기 교회의 모습, 즉 교부 문헌을 같이 연구함으로써 서로의 차이점을 함께 좁혀 나갈 수 있을 것이다.

일반적으로 교부 문헌을 어렵고 고루한 전문 서적으로 생각하는 경향이 있다. 이러한 생각은 교부 문헌을 직접 접할 기회가 적었던 데서 오는 막연한 선입관에 불과하다. 대부분의 교부들은 사목자들이었으며 그들의 글은 당시의 수사학에서 나온 연설체 · 강론체적인 성격을 가진 것들이 많다. 그래서 때로는 설득을 위한 지나친 강조나 지루한 반복이 있는 것도 사실이나 글에 힘이 있으며 이해하는 데 그다지 어렵지 않다.

아무쪼록 앞으로 이 총서가 많은 이들의 관심과 협력과 채찍질에 의하여 속속 간행되면서 더욱 많은 이들의 연구와 생활에 도움이 되기를 바라 마지않는다.

1987년 6월 29일
이형우

【일러두기】

1. 성경 본문 번역은 원칙적으로 2005년 한국 천주교 주교회의 성서위원회가 펴낸 『성경』을 기준으로 삼았으나, 문맥의 흐름에 따라 라틴어 원전대로 옮긴 곳도 있어서 『성경』과 온전히 일치하지는 않는다.
2. 시편 장절은 칠십인역 성경에 따랐다.
3. 『요한 서간 강해』의 원제로는 *In epistulam Ioannis ad Parthos tractatus*가 널리 통용되고 있으나, 여기서는 번역 대본에 의거하여 *In epistolam Ioannis ad Parthos tractatus*로 표기하였다.

|차례|

'교부 문헌 총서'를 내면서 ······················································ 5

## 해제

1. 『요한 서간 강해』의 탄생과 배경 ········································ 15
2. 『요한 서간 강해』의 전승 ·················································· 17
3. 편집본 ············································································· 19
4. 주요 현대어 번역본 ·························································· 19
5. 아우구스티누스의 '사랑'의 신학 ········································ 20
   참고문헌 ·········································································· 48

## 본문과 역주

머리말 ················································································ 53
첫째 강해 1요한 1,1-2,11 ···················································· 56
둘째 강해 1요한 2,12-17 ··················································· 105
셋째 강해 1요한 2,18-27 ··················································· 149
넷째 강해 1요한 2,27-3,9 ·················································· 186
다섯째 강해 1요한 3,4-17 ·················································· 221
여섯째 강해 1요한 3,18-4,3 ··············································· 257
일곱째 강해 1요한 4,4-12 ·················································· 307
여덟째 강해 1요한 4,12-16 ················································ 339
아홉째 강해 1요한 4,17-21 ················································ 383
열째 강해 1요한 5,1-3 ······················································· 425

인명·사항 색인 ································································ 466
작품 색인 ········································································ 472
성경 색인 ········································································ 473

9

# IN EPISTOLAM IOANNIS AD PARTHOS TRACTATUS

## 해제

아우구스티누스의 『요한 서간 강해』*In epistolam Ioannis ad Parthos tractatus*는 가장 아름다운 교부 문헌 가운데 하나로 손꼽힌다. 히포의 주교 아우구스티누스가 신자들에게 행한 이 성경 풀이 특강은, 교부들이 어떻게 성경을 읽고, 묵상하고, 기도하고, 실천했는지 이해하고 배울 수 있는 빼어난 길잡이요 교과서다.

아우구스티누스는, 성경을 통틀어 요한 서간보다 더 아름답게 사랑을 노래하는 곳이 없으며, "하느님은 사랑이십니다"(1요한 4,16)라는 말씀보다 더 위대한 사랑의 찬가는 없다고 확신하고 있었다.

"하느님은 사랑이시기 때문입니다." (…) 이 편지 전체를 통틀어, 이보다 더한 사랑의 찬가를 들려주는 곳은 없습니다. 성경 어디에도 우리가 하느님의 성령의 목소리로 들은 이 한 말씀보다 더한 사랑의 찬가는 없으니, 그것은 바로 "**하느님은 사랑이십니다**"라는 말씀입니다. 우리는 더 이상의 어떤 것도 찾지 말아야 합니다.[1]

아우구스티누스는 요한 서간 강해가 때로는 불쏘시개처럼, 때로는 기름처럼 사람 마음에 사랑의 불을 놓아, 마침내 모든 이가 하나의 사랑 안에서 기쁨을 누리게 되리라 내다보았다.[2] 실제로 그 예견은 어긋나지 않아 오늘날에도 이 강해를 읽는 수많은 독자들이 사랑의 불길에 타오르게 된다.

북아프리카 히포 교구의 주교였던 아우구스티누스는, 406/7년경 부활 축제 시기에 신자들을 대상으로 열 차례에 걸쳐 요한의 첫째 서간을 강해했다. 전례 도중에 제법 길게 행해진 이 강해는 오늘날까지 고스란히 전해지고 있다. 이 작품을 읽노라면, 청중 앞에서 하느님의 사랑을 뜨겁게 선포하던 아우구스티누스의 숨결마저 생생하게 느낄 수 있을 듯하다.

아우구스티누스는 그리스 철학 체계 속에 그리스도교 진리를 깔끔하게 정리해 냄으로써 '서양의 스승'이라 불리지만, 장광설이나 현학적인 말장난과는 거리가 멀었고, 민중의 언어로 민중의 눈높이에서 신앙 진리를 힘있게 선포한 착한 목자였다. 누구나 알아들을 수 있는 일상의 평범한 비유들을 통해 복음의 진리를 쉽게 풀어 설명하려 애를 태우고, 이해력이 부족하여 더디 오는 사람들과 더불어 이 강해의 여정을 끝까지 걸어가고자 온갖 정성을 다 기울이는 아우구스티누스의 어머니 같은 마음이 이 강해 곳곳에서 묻어난다.[3] 그 까닭에 아우구스티누스가 신약과 구약을 자유롭게 넘나들며 성경의 핵심을 꿰뚫을 때면, 청중은 뜨거운 박수와 환호로 화답

---

[1] 아우구스티누스 『요한 서간 강해』 7,4.
[2] 『요한 서간 강해』 머리말 참조.
[3] 『요한 서간 강해』 5,3 참조.

하며 하느님을 찬미하곤 했다.⁴

이 강해를 이끌어 가는 한결같은 핵심 주제는 예수 그리스도의 계명이자 그리스도교의 본질인 사랑이다. 아우구스티누스가 그리스도교에 귀의한 뒤 죽는 날까지 화두로 삼았던 말이 있다면 그것은 바로 '사랑'일 것이다. 그에게 사랑은 처음과 마지막 말이었다.

아우구스티누스는 성경 전체가 '사랑'이라는 단 하나의 주제로 모아지고 있기에, '사랑'의 열쇠로 성경을 읽으면 결코 그르칠 수 없다고 보았다.⁵ 사랑만이 우리 삶의 유일한 원칙이요 잣대라는 그의 확신은 이 대담하고도 함축적인 한 마디에 담겨 있다. "사랑하십시오. 그리고 그대 원하는 대로 하십시오!"(Dilige, et quod vis fac!).⁶

아우구스티누스는 끊임없이 찾아 나서고 찾아 헤매는 삶을 살았다. 그의 삶은 진리를 찾아 나선 정신의 여정이었다. 오랜 방황과 번민 끝에 "사랑만이 진리를 깨닫게 한다"⁷는 사실을 깨우친 아우구스티누스는, '늦게야' 사랑 자체이신 분을 사랑하게 되었고, 그리스도교의 진리를 통하여 진리 자체이신 분을 사랑하게 되었다.

늦게야 임을 사랑했나이다. 이렇듯 오랜, 이렇듯 새로운 아름다움이시여, 늦게야 임을 사랑했나이다! 임께서는 제 안에 계셨거늘 저는 밖에 있었고, 밖에서 임을 찾으며 임께서 만드신 그 아름다운

---

4 참조: 『요한 서간 강해』 3,11; 7,10; 아우구스티누스 『설교집』(Sermones) 131,5; 163/B,5; 180,14; 302,7.

5 참조: 아우구스티누스 『그리스도교 교양』(De doctrina christiana) 1,36,41; 『설교집』 350/A, 1.

6 『요한 서간 강해』 7,8.

7 아우구스티누스 『고백록』(Confessiones) 7,10,16.

피조물 속에 일그러진 저를 내던졌나이다. 임께서는 저와 함께 계셨지만 저는 임과 함께 있지 아니하였습니다.[8]

사랑이 없으면 교회 '안'에 머물러 있다 할지라도 그리스도의 적에 지나지 않고(교회론), 성사를 받아도 성사의 힘을 얻을 수 없으며(성사론), 입으로는 믿는다고 고백할지라도 행동으로는 하느님을 부인하는 것이며(삼위일체론), 그 믿음은 은총이 아니라 자신의 단죄를 위한 것(은총론)이기에, 성사론과 교회론, 삼위일체론과 은총론을 비롯한 아우구스티누스의 모든 신학은 다름 아닌 '사랑의 신학'theologia caritatis이라 하겠다.

> 오직 사랑만이 하느님의 자녀와 악마의 자식을 구별해 줍니다. 모두가 다 그리스도의 십자성호를 긋고, 모두가 '아멘' 하고 대답하고, '알렐루야'를 노래한다 할지라도, 또 모두가 다 세례를 받고, 교회에 다니고, 성전을 지어 올린다 할지라도, 하느님의 자녀와 악마의 자식을 구별하는 것은 오직 하나, 사랑뿐입니다. 사랑이 있는 사람은 하느님에게서 태어난 사람이고 사랑이 없는 사람은 하느님에게서 태어난 사람이 아닙니다. 사랑이야말로 위대한 표지요, 위대한 식별입니다. 그대, 원하는 것 다 가지십시오. 그러나 이것 하나를 지니지 못한다면, 그대에게 아무 소용이 없습니다. 그러나 다른 것은 가지고 있지 못할지언정, 사랑을 지니고 있다면 그대는 법을 완성한 것입니다. 그래서 바오로 사도는 "남을 사랑하는 사람은 율법을 완성한 것입니다"(로마 13,8), "사랑은 율법의 완성입니다"

---

[8] 『고백록』 10,27,38.

(로마 13,10)라고 말합니다. 복음서에서 말하는 장사꾼이 찾는 진주가 바로 이 사랑이라고 저는 생각합니다. 그는 값진 진주를 하나 발견하자, 가진 것을 모두 팔아 그것을 샀습니다(마태 13,46 참조). 이 값진 진주가 바로 사랑입니다. 사랑 없이는 그대가 지니고 있는 모든 것이 그대에게 아무 소용이 없습니다. 그러나 그대, 이 사랑 하나만 지닌다면, 그것으로 넉넉합니다.[9]

## 1. 『요한 서간 강해』의 탄생과 그 배경

『요한 서간 강해』는 부활 축제 시기에 히포 교구 신자들에게 행한 성경 특강이다. 그 당시에는 해마다 부활 팔일 축제 기간에 복음서의 특정 본문을 읽어야 하는 규정이 있었다.[10] 부활 직전까지 히포 신자들에게 요한 복음을 강해해 온 아우구스티누스는, 교회의 규정에 따라 성경의 특정 본문들 가운데 하나를 선택해야 했다.[11] 그동안 강해해 온 요한 복음과 연속성을 유지하면서도 특별히 '사랑'이라는 주제가 이 시기에 잘 어울릴 것이라 판단한 아우구스티누스는, 요한 복음 강해를 잠깐 접어 둔 채 요한 서간 강해를 시작했다.[12]

이 작품이 탄생할 무렵, 북아프리카의 교회는 도나투스 열교[13]▶로 말미암아 심각한 분열과 갈등을 겪고 있었고, 100년 가까이 지속된 이 분열은 정점으로 치닫고 있었다.[14]▶ '사랑'이야말로 당시 가톨릭교회에나 도나투

---

9 『요한 서간 강해』 5,7.   10 『요한 서간 강해』 머리말 참조.
11 『요한 서간 강해』 머리말 참조. 오늘날과 같은 전례력이 있었던 것은 아니지만, 적어도 대축일에는 규정된 성경 구절들에 따라 설교해야 했다. Cardinal Michele Pellegrino, "General introduction", *The Works of Saint Augustine. Sermons I*, New York 1990, 32-6 참조.
12 『요한 서간 강해』 머리말 참조.

해제 15

스 열교에나 가장 중요하고 절실한 주제였음이 틀림없다. 그 까닭에 이 강해는 형제적 사랑과 교회일치라는 주제를 중심으로 도나투스파의 오류를 끊임없이 지적하며 모든 그리스도인을 참된 신앙과 일치에로 초대한다.[15]

애당초 아우구스티누스는 "주님께서 선사해 주시는 만큼 이 칠팔 일 동안",[16] 곧 '부활 팔일 축제'Octava 시기에 이 강해를 끝낼 계획이었으나, 실제로는 그 기간 안에 매듭짓지 못하였다. 이 강해는 두 차례 중단되었다. 여섯째 강해 후 알 수 없는 이유로 한동안 쉬어야만 했고,[17] 다시 시작한 일곱째 강해와 여덟째 강해를 끝냈을 무렵, 아우구스티누스는 또 다른 축일(아마도 주님 승천 대축일)을 맞았고, 그 축일에 규정된 성경을 봉독하고 풀

◀13 디오클레티아누스 황제의 박해(303~305년) 때, 그리스도인은 배교의 표지로 성경을 비롯한 거룩한 책을 당국에 '넘겨야'(tradere) 했고, '넘겨준 이들'(traditores)은 글자 그대로 '배교자'(traditores)가 되었다. 혹독한 박해가 끝나자, 카르타고의 대부제였던 체칠리아누스는 서둘러 주교품을 받고 공석이던 카르타고 주교좌에 올랐다. 그러나 도나투스는 누미디아의 주교들과 더불어 체칠리아누스의 주교 서품식을 공동 집전한 주교 셋 가운데 압퉁기의 펠릭스가 배교자라고 주장하며 체칠리아누스의 서품을 무효화하였고, 마침내 대립 주교 마요리누스를 카르타고에 앉혔으니, 이것이 바로 도나투스 열교(schisma donatistarum)의 시작이다. 북아프리카에서 시작된 '도나투스 열교'는, 가톨릭교회를 배교자들의 교회, 죄인들의 교회, 죄스런 교회라 비난하고, 자신들의 교회야말로 순교자들의 교회, 성인들의 교회, 거룩한 교회라 내세우며 갈라져 나갔다. 배교자를 비롯한 죄인들이 집전한 성사는 무효하므로, 도나투스 교회에서 '재세례'(rebaptisma)를 받아야 한다는 것이 이 열교의 핵심 주장이었다. 이로 말미암아 북아프리카 교회는 4세기 초부터 100년 가까이 커다란 분열에 시달려야 했다. 도나투스파에 대한 더욱 자세한 정보와 아우구스티누스의 행적에 관해서는 포시디우스 『아우구스티누스의 생애』(Vita Augustini), 이연학·최원오 역주, 분도출판사 2008, 52-71을 참조하고, 도나투스 열교의 역사와 그 배경에 관해서는 다음 책들을 참조하라. Y.M.-J. Congar, "Introduction et notes", in: Oeuvres de Saint Augustin. Traités antidonatistes, vol. 1, BA 28, Paris 1963; W.H.C. Frend, The Donatist Church. A Movement of Protest in Roman North Africa, Oxford 1971; B. Kriegbaum, Kirche der Traditoren oder Kirche der Märtyrer? Die Vorgeschichte des Donatismus, Innsbruck 1986.

◀14 도나투스 열교는 411년 카르타고 교회회의에서 결정적인 타격을 입고 공식 해체된다. 『카르타고 회의록』(Gesta conlationis Carthaginiensis), S. Lancel (ed.), Sources Chrétiennes 194-5 참조.

15 『요한 서간 강해』 1,12.13; 2,3.4; 3,7; 6,2; 7,11; 10,8.10 참조.

이하느라 어쩔 수 없이 요한 서간 강해를 또다시 중단해야 했다.[18] 결국 아우구스티누스는 이 축일이 끝난 다음 두 차례 더 강해했고, 이로써 마침내 열 개의 강해로 구성된 『요한 서간 강해』가 탄생하였다.[19]

첫째 강해에서 여섯째 강해는 부활 대축일부터 금요일까지 엿새 동안 날마다 이루어졌다.[20] 일곱째 강해와 여덟째 강해는 언제 행했는지 정확하게 알 수 없으나 부활 시기에 속하는 것은 분명하다.[21] 아홉째 강해와 열째 강해는 주님 승천 대축일 직후에 행한 듯하다.[22]

『요한 서간 강해』의 정확한 저술 연도는 알 수 없으나, 406/7년경 부활 시기라는 것이 통설이다.[23] 한편, 이 강해의 원래 제목은 『파르토스에게 보낸 요한 서간 강해』In epistolam Ioannis ad Parthos tractatus이지만, '파르토스'가 무엇을 의미하는지는 정확하게 알 수 없다.[24]

---

16 『요한 서간 강해』 머리말.   17 『요한 서간 강해』 6,14 참조.
18 『요한 서간 강해』 9,1; 10,9 참조.
19 아우구스티누스가 요한 서간 전체를 강해하려고 계획했는지는 알 수 없다. 그는 열째 강해를 1요한 5,3에서 끝냄으로써 요한 1서 마지막 부분(5,4-21)을 완성하지 않은 채 남겨 두었다.
20 『요한 서간 강해』 2,3; 4,1; 5,1; 6,1 참조.
21 이 두 강해의 첫머리에 '알렐루야'를 노래하는데, 통상 '알렐루야'는 부활 대축일과 성령 강림 대축일 사이에 노래했다. 참조: 『요한 서간 강해』 8,1; 『설교집』 228,1
22 아우구스티누스는 아홉째 강해 첫머리에서 "우리는 축제 시기에 읽지 않을 수 없는 다른 중요한 독서 때문에, 이 편지 풀이를 중단할 수밖에 없었습니다"(9,1)라고 한다. 또한 열째 강해는 아홉째 강해 바로 다음날 행한 것이다(10,1 참조). 열째 강해가 주님의 승천과 관련된 주제를 언급하고 있기에(10,9 참조), 두 강해 모두 주님 승천 대축일 직후에 행한 것이라 미루어 짐작할 수 있다.
23 참조: G. Vigini, *Sant'Agostino. L'avventura della gràzia e della carità*, prefazione di Joseph Ratzinger, Milano 2006, 113; G. Madurini, "Nota introduttiva", *Commento alla prima lettera di Giovanni*, Roma 2005, 6; A.D. Fitzgerald, *Augustine through the Ages. An Encyclopedia*, Cambridge 1999, xlv.
24 A.D. Fitzgerald, "In epistulam Johannis ad Parthos tractatus", in: *Augustine through the Ages. An Encyclopedia*, Cambridge 1999, 310-1 참조.

## 2. 『요한 서간 강해』의 전승

『요한 서간 강해』는 히포의 주교 아우구스티누스가 자기 교구 신자들을 위하여 행한 '설교식 성경 풀이'(講解, tractatus)[25]다. 아우구스티누스가 주교좌에 앉아 설교나 강해를 할 때면 신자들은 선 채로 들어야 했다.[26] 우리가 한 권으로 읽고 있는 이 강해는, 열 차례에 걸쳐 꽤 오랜 시간 동안 서서 인내롭게 경청했던 히포 신자들의 신앙 열정과, 위대한 설교자요 사목자인 아우구스티누스의 복음적 열정이 어우러져 빚어낸 작품인 셈이다.

아우구스티누스는 미리 적어 온 것을 줄줄 읽어 내려가는 방식으로 설교하지 않았다. 아우구스티누스가 설교대에서 활용한 유일한 기록물은 성경이었다.[27] 그러나 그의 설교나 강해가 필사본으로 남을 수 있었던 것은, 아우구스티누스의 설교나 공개 토론 때마다 곁에서 받아 적었던 '속기사들' notarii 덕분이었다.[28] 속기되고 필사된 설교나 강해는 통상 아우구스티누스의 손질을 거쳐 히포 교회 도서관에 보관되었고,[29] 원하는 이는 누구나 가장 정확한 수정본이 소장되어 있던 히포 도서관에 청하여 필사할 수 있었다.[30] 평소 아우구스티누스는 자신의 모든 저술을 갖춘 히포 교회 도

---

[25] 엄밀하게 구별하면, 전례 도중에 행해지는 복음 해설을 '설교'(homilia/sermo)라 하고, 일반적인 성경 풀이 특강을 '강해'(tractatus)라 한다. 그러나 이 둘은 종종 동의어처럼 혼용된다. 이와 달리, 청중 없이 집필된 본격적 성경 해설서를 통상 '주해'(commentarium)라 한다.

[26] 『설교집』 355,2 참조.

[27] Éric Rebillard, "Sermones", *Augustine through the Ages. An Encyclopedia*, Cambridge 1999, 790-2; Cardinal Michele Pellegrino, "General introduction", *The Works of Saint Augustine. Sermons I*, New York 1990, 16-8 참조.

[28] 참조: 『설교집』 163/B; 포시디우스 『아우구스티누스의 생애』 6,6.

[29] 어떤 설교나 편지들은 미처 손질하기도 전에 신자들 사이에 퍼져 나가기도 했다. 아우구스티누스 『재론고』(*Retractationes*) 2,62,23 참조.

[30] 『아우구스티누스의 생애』 18,9-10 참조.

서관을 부지런히 관리하고 보존하도록 거듭 당부하였는데,[31] 이는 미래의 독자들과 교회를 배려한 아우구스티누스의 복음적 지혜였다.[32]

설교 원고가 따로 없었던 아우구스티누스는 설교 도중에 더러 계획한 주제에서 벗어나기도 하지만,[33] 그의 '즉흥적인 설교'는 그리스도인들에게서 형언할 수 없는 경탄과 갈채를 받았다.[34] 이는 당대 최고의 수사학 교수 출신 아우구스티누스가 지닌 천부적 재능 덕분이기도 하겠지만, 평소 말씀을 깊이 묵상하고 말씀과 더불어 살아가는 하느님의 사람만이 지닐 수 있는 성령 가득한 자유혼과 복음적 확신에서 비롯된 것이었다.[35] 『요한 서간 강해』야말로 성경으로 성경을 해석해 내는 아우구스티누스의 놀라운 성경 주석 능력과, 자유분방하고 틀에 박히지 않은 살아 있는 설교로 민중과 더불어 살다 간 진정한 사목자요 설교자인 아우구스티누스의 진면목을 보여 주는 우리 교회의 아름다운 보물임이 틀림없다.

### 3. 편집본

(1) NBA = *Nuova Biblioteca Agostiniana*, G. Madurini (ed.), XXIV/2, Roma 2004. [본 번역서의 라틴어 대역본으로 사용.]

(2) SC = *Sources Chrétiennes*, P. Agaësse (ed.), 75, Paris 1961.

(3) PL = *Patrologiae cursus completus, Series Latina*, J.-P. Migne (ed.), 35, 1977-2062.

---

31 『아우구스티누스의 생애』 31,6 참조.
32 아우구스티누스 『시편 상해』(*Enarrationes in Psalmos*) 51,1 참조.
33 『아우구스티누스의 생애』 15 참조.    34 『아우구스티누스의 생애』 7,1 참조.
35 『설교집』 225,3; 352 참조.

## 4. 주요 현대어 번역본

(1) 한국어: 『사랑하십시오. 그리고 원하는 바를 하십시오. — 요한 서간 강해』, 아우구스띠노 수도회 편집부 옮김, 인천 가톨릭대학교 출판부 2006.

(2) 독일어: *Unteilbar ist die Liebe. Predigten des hl. Augustinus über den 1. Johannesbrief,* eingeleitet und übersetzt von H.M. Biedermann (Augustinus - heute 5), Würzburg 1986.

(3) 영어: *Homilies on the First Epistle of John. The Works of Saint Augustine. A Translation for the 21th Century,* D. Doyle - T. Martin (eds.), New York 2008; *A Select Library of the Nicene and Post-Nicene Fathers of the Christian Church (= PNF)* 7, H. BROWNE - J.H. MYERS (tr.), Oxford 1994, 459-529.

(4) 프랑스어: *Sources Chrétiennes (= SC)* 75, P. AGAËSSE (ed.), Paris 1961, 104-439; *Saint Augustin commente la première lettre de Saint Jean. Introduction de I. De La Potterie et traduction de C. de Mazille (= Les Péres dans la Foi: Sér. 3: Péres et la Bible 33),* Paris 1986.

(5) 이탈리아어: *Nuova Biblioteca Agostiniana(=NBA)* XXIV/2, G. MADURINI (ed.), Roma 2004, 1628-1856; *Agostino: Amore assoluto e <terza navigazione>. Commento alla prima lettera di Giovanni. Commento al Vangelo di Giovanni.* Introduzione, traduzione, note e apparati di G. Reale, Milano 1994; *S. Agostino: Commento alla prima Lettera di S. Giovanni,* a cura di P. Tablino, Roma 1954.

(6) 에스파냐어: *Obras completas de San Agustín (= OcSA)* XVIII (= BAC 187), B. MARTÍN PÉREZ (tr.), Madrid 1959, 192-362.

## 5. 아우구스티누스의 '사랑'의 신학[36]

아우구스티누스는 『고백록』에서 하느님의 사랑에 젖어드는 과정을 감동적으로 그려 낸다. 그는 이 작품에서 자신의 부끄러운 죄의 역사를 낱낱이 다 열어 보일 뿐 아니라, 그 죄 많은 삶 안에서 자신을 이끌어 주신 하느님 사랑을 눈물로 고백한다. 이처럼 진솔하게 내면화된 '사랑'의 체험을 들려주는 교부나 저술가는 일찍이 없었다. 그런 의미에서 『고백록』이야말로 그리스도교뿐 아니라 고대 문학에서도 그 유례를 찾아볼 수 없는 독창적인 작품이다. 그러나 『고백록』은 단순한 자서전이나 회고록의 의미를 뛰어넘는다. 그것은 죄의 고백을 넘어서서 아우구스티누스 개인이 체험한 하느님의 사랑에 대한 고백이기 때문이다. 죄의 역사는 곧 하느님의 사랑과 자비의 역사다. 그래서 아우구스티누스에게 있어서 '고백'confessio이란 자신의 죄에 대한 고백이며, 하느님의 사랑에 대한 고백을 뜻한다.[37]

사랑에 대한 아우구스티누스의 깊은 통찰은 『고백록』과 같은 몇몇 작품에만 한정되어 있는 것이 아니다. 그가 남긴 거의 모든 작품은 '사랑'이라는 근본 주제를 향하고 있거니와,[38] 특히 『요한 서간 강해』는 처음부터 끝까지 아름다운 사랑의 찬가로 가득 차 있다. "사랑하십시오, 그리고 그대 원하는 대로 하십시오!"[39]라는 외침 속에는, 사랑이야말로 그리스도인이 지녀야 할 최상의 행동 준칙이라는 확신이 담겨 있다. 사랑, 그것은 아우구스티누스의 삶과 신학을 지탱하고 있는 흔들리지 않는 토대였다.

---

36 이 글은 최원오 「아우구스티누스의 사랑 — 아가페와 에로스」『가톨릭 철학』 4 (2002), 한국 가톨릭 철학회, 43-66을 토대로 한 것이다.
37 『시편 상해』 29,19; 94,4 참조.    38 『그리스도교 교양』 1,36,40 참조.
39 『요한 서간 강해』 7,8: "Dilige, et quod vis fac."

그리스도교에 귀의하기까지 아우구스티누스가 걸어온 인생길을 들여다 보면, 그의 삶은 '참된 것'을 끊임없이 찾아 나서는 여정이었음을 알게 된다. 아우구스티누스는 스스로 채울 수 없는 그 무엇을 얻기 위해 끈질기게 탐구하고 모색해 나갔는데, 그의 이러한 열망은 영원한 지혜이며 최고선이신 하느님을 향하여 끊임없이 상승한다. 이처럼 하느님을 향한 끊임없는 '열망과 그리움'(에로스) 속에 살아가던 아우구스티누스는 어느 날 인간에게 내려오시는 '하느님의 사랑'(아가페)을 알게 된다. 그 하느님은 그리스도인들이 믿는 하느님이었다. 바로 여기서 고대 그리스 철학의 에로스와 그리스도교의 아가페가 만나게 된다. 더 거창하게 말해, 아우구스티누스를 통해서 헬레니즘과 헤브라이즘의 종합이 이루어진다.

(1) 세상을 사랑하던 아우구스티누스

일찍이 소년 아우구스티누스에게 강요된 인생 최고의 가치는 사회에서 출세하는 것이었다. 말솜씨와 글재주에 뛰어났던 아우구스티누스는 수사학修辭學을 전공하게 되지만, 그것은 인간의 명예와 헛된 부귀에 종노릇하는 딱한 학문이었음을 한참 후에야 고백하게 된다.

> 하느님, 나의 하느님, 그때 나는 얼마나 비참하고 우스꽝스러운 일들을 겪어야 했습니까? 올바른 생활이랍시고 철없는 나에게 제시된 것은 내가 세상에서 출세하고 인간의 명예와 헛된 부귀에 종노릇하는 언어 재주에 뛰어나기를 원하는 자들에게 순종하는 것이었습니다. 이 때문에 문학을 배우러 학교에 들어가기는 했지만 가엾은 나는 그 일이 도대체 무슨 유익인지 알 수 없었습니다.[40]

일찌감치 수사학 교사로서 세상에 이름을 날렸던 아우구스티누스는 회심하기 직전까지도 세상의 헛된 영광을 찾아 헤매고 있었다. 어떻게 하면 매끄러운 '말솜씨'(수사학)로 세상 사람들의 찬사와 인정을 받을까 고심하며 부질없는 마음고생도 했다. 오늘날까지 남아 있지는 않지만, 아마도 그의 최초 작품들은 기껏해야 연설문이나 마음에도 없는 말로 꾸며진 축사 부류였을 것이다.⁴¹ 한마디로, 세속에 대한 '사랑'은 아우구스티누스의 마음속에서 어린 시절부터 자라나고 있었으며, 어른이 되어서도 '죽음의 끈끈이'처럼 그를 옭아매고 있었다.

아우구스티누스는 여인들과의 '사랑'도 꽃피운다. 그는 북아프리카의 수도 카르타고에서 유학하던 시절 한 여인을 사귀게 된다.⁴² 열여섯 살의 학생 신분으로 결혼 생활 같은 오랜 동거에 들어간 아우구스티누스는 열여덟 살 나던 무렵에 아데오다투스Adeodatus라는 아들을 얻기까지 한다(372년경). 그러나 그녀와는 사회적 신분이 달랐기 때문에 공식 결혼이 불가능했다. 어머니 모니카의 성화에 못 이겨 사회적 신분에 어울리는 결혼을 하기 위해서 그 여인을 밀라노에서 떠나보내기까지 그는 십사 년 동안이나 떳떳하지 않은 동거 생활을 했다. 그 여인을 떠나보내고 다른 여인과 약혼한 다음에도 아우구스티누스는 또 다른 여자들을 찾아 헤매기도 했다.⁴³▶ 한

---

40 『고백록』 1,9,14: "Deus, Deus meus, quas ibi miserias expertus sum et ludificationes, quandoquidem recte mihi vivere puero id proponebatur, obtemperare monentibus, ut in hoc saeculo florerem et excellerem linguosis artibus ad honorem hominum et falsas divitias famulantibus. Inde in scholam datus sum, ut discerem litteras, in quibus quid utilitatis esset ignorabam miser."

41 『고백록』 6,6,9 참조: "(…) parerem recitare imperatori laudes, quibus plura mentirer, et mentienti faveretur ab scientibus (…)."

42 『고백록』 4,2,2 참조: "In illis annis unam habebam non eo quod legitimum vocatur coniugio cognitam (…)."

사람에게 온전히 머물지 못하고 자신의 공허함과 욕망을 채워 보려는 아우구스티누스의 육체적인 방황은 세례를 받기 직전까지 계속된다.

그러나 아우구스티누스가 세례를 받기 전까지 방탕한 생활에 빠져서 세상 쾌락만 탐닉하며 흥청망청 살았다고 생각한다면, 그것은 완전한 오해다. 아우구스티누스는 비록 자신의 육체적인 욕망을 온전히 제어할 수 없었고 세속 직업이 요구하는 일들을 하면서 살 수밖에 없었지만, 그의 가슴은 언제나 더 근원적인 것에 대한 뜨거운 '열망'으로 끊임없이 불타고 있었다. 그것은 다름 아닌 '영원불멸하는 지혜'에 대한 사랑이었다.

(2) '지혜에 대한 사랑'(철학)에 눈뜬 아우구스티누스

수사학에 대한 관심으로 키케로의 대화집 『호르텐시우스』Hortensius를 읽던 청년 아우구스티누스는 철학의 아름다움에 눈을 뜨게 된다. 그의 나이 열아홉 즈음의 일이었다(373년경).[44] 키케로의 철학은 먹고 마시는 일이나 육체적인 쾌락이 인간의 행복을 보장해 주지 못한다는 사실을 깨우쳐 주었다. 이 철학은 아직 수사학을 공부하고 있던 청년 아우구스티누스의 관심사를 완전히 뒤바꾸어 놓게 된다. 아우구스티누스는 이제 지상의 쾌락보다 '영원불멸하는 지혜'를 그리워하고 열망하게 되는데, 이것은 아우구스티누스의 인생에서 세례에 버금갈 만큼 중대한 전환점이 되었다.

> 그 책이 내 애정을 바꾸어 버렸고, 내 기도를 주님 당신께 향하도록 변화시켰으며, 나의 희망과 열망도 다른 것으로 만들어 버렸습

---

[43] 『고백록』 6,15,25 참조: "(…) procuravi aliam, non utique coniugem, quo tamquam sustentaretur et perduceretur vel integer vel auctior morbus animae meae satellitio perdurantis consuetudinis in regnum uxorium."

[44] 『고백록』 3,4,7 참조.

니다. 모든 헛된 희망은 갑자기 내게서 덧없어지고, 믿을 수 없을 만큼 뜨거운 마음으로 불멸의 지혜를 열망하게 되었습니다. 이렇게 나는 당신께 돌아가기 위해 일어서기 시작했습니다. (…) 나의 하느님, 땅의 것에서 당신을 향하여 다시 날아오르고자 나는 얼마나 불타고 있었습니까! 나는 당신께서 나에게 하시려는 일을 알지 못하였습니다. 지혜는 당신께 있사옵니다. 그러나 지혜에 대한 사랑이 그리스어로 '철학'*philosophia*이라는 이름을 지닌 까닭에 나는 철학서에 열중하게 되었습니다.⁴⁵

그러나 아직 열아홉 살의 청년 아우구스티누스에게는 지상의 행복을 온전히 끊어 버리고 '지혜'만을 지속적으로 사랑할 힘이 없었다. 영원한 것을 그리워하고 열망하고 있었지만, 아직도 '육욕의 사슬과 세속 잡무의 굴레'가 너무도 끈질기게 자신을 잡아끌고 있었기 때문이다.⁴⁶

『호르텐시우스』를 통해서 종교와 윤리 문제에 눈을 뜬 아우구스티누스는 철학적인 관심으로 성경을 펼쳐 보게 된다. 성경 안에서 '지혜'를 발견할 수 있을까 해서였다. 그러나 키케로나 베르길리우스와 같은 유명한 문장가들에 친숙해 있던 그에게는 성경의 문체나 내용이 너무 유치하기 짝이 없었다. 실망한 그는 곧 성경을 덮어 버린다.⁴⁷

---

45 『고백록』 3,4,7-8: "Ille vero liber mutavit affectum meum et ad te ipsum, Domine, mutavit preces meas et vota ac desideria mea fecit alia. Viluit mihi repente omnis vana spes et inmortalitatem sapientiae concupiscebam aestu cordis incredibili et surgere coeperam, ut ad te redirem (…) Quomodo ardebam, Deus meus, quomodo ardebam revolare a terrenis ad te, et nesciebam quid ageres mecum! Apud te est enim sapientia. Amor autem sapientiae nomen Graecum habet philosophiam, quo me accendebant illae litterae."

46 『고백록』 8,6,13 참조: "Et de vinculo quidem desiderii concubitus, quo artissimo tenebar, et saecularium negotiorum servitute quemadmodum me exemeris (…)."

47 『고백록』 3,5,9 참조.

그 후, '지혜'를 찾아 여기저기 기웃거리던 아우구스티누스는 아홉 해 동안이나 마니교도들과 관계를 맺기도 했고(373~382년), 아카데미아 학파의 회의주의懷疑主義에 빠지기도 했다. 철학에 눈뜬 청년 아우구스티누스가 인격적으로 다가오시는 하느님에 대한 사랑에 온전히 젖어들기까지는 아직도 12년의 세월이 더 필요했던 것이다.[48]

그러나 아우구스티누스의 궁극적인 물음은 언제나 '영원한 진리'에 관한 것이었다. 그는 살아가면서 끊임없는 방황과 혼미를 거듭했다. 그의 사상은 한마디로 여정旅程이었다. 그것은 '신에게로 향한 정신의 여정'itinerarium mentis in Deum이었다.[49]

(3) 신플라톤 철학과 아우구스티누스의 만남

아우구스티누스는 384년부터 밀라노에서 수사학을 가르치게 되었지만, 그가 신플라톤 철학 작품들을 읽게 된 것은 386년경이다.[50] 그것은 아마도 라틴어로 번역된 플로티누스와 포르피리우스의 작품이었을 것이다.[51] 아우구스티누스가 일찍이 『호르텐시우스』를 읽었을 때에는 단순히 철학적인 관심만으로 다가갔지만, 이번에는 신플라톤주의자들의 저술을 그리스도교의 관점에서 읽어 낼 수 있었다. 아우구스티누스는 이미 밀라노의 주교 암브로시우스의 설교를 듣고 밀라노의 신플라톤주의자들과 교제함으로써

---

[48] 『고백록』 8,7,17 참조: "(…) forte duodecim anni ex – quo ad undevicesimo anno aetatis meae lecto Ciceronis Hortensio excitatus eram studio sapientiae (…)."

[49] 정달용 『그리스도교 철학 (상) 고대와 중세』 한국 중세철학연구소 엮음, 분도출판사 2000, 57 참조.

[50] P. Courcelle, *Recherches sur les Confessions de S. Augustin*, Paris 1950, 280 참조.

[51] 참조: 아우구스티누스 『아카데미아 학파 반박』(*Contra Academicos*) 3,18,45; 『신국론』 (*De civitate Dei*) 9-10권; 포시디우스 『아우구스티누스의 생애』 28,11.

그리스도교 사상을 깨쳐 가고 있었기 때문이다.[52]

신플라톤 사상은 아우구스티누스에게 선하고 아름다운 것 자체에 대한 강한 열망과 그리움을 불러 일으켰다. 초월 세계에 대한 신비체험을 적어 놓은 그들의 글을 읽고 큰 충격을 받은 것이다. 그리하여, '혼'魂(Psyche)은 정화되어 '정신'情神(Nous)의 단계로 올라가고, 마침내 모든 것의 근원이며 원천인 '하나'(一者, Hen)와 일치할 수 있다는 신플라톤주의자들의 가르침대로 아우구스티누스도 초월 세계를 맛보려는 '열망'(에로스)에 사로잡힌다.[53]

① 신플라톤 철학의 에로스: 올라가는 사랑

고대 그리스 철학에서 '에로스'eros를 본격적으로 문제 삼은 인물은 플라톤Plato(기원전 428~348년)이다. 플라톤에 따르면, '이데아계'(그것 자체의 세계)는 참된 세계이며, 현실계는 그림자의 세계다. '현실계'는 이데아계에 한 '몫' participatio을 차지하고 있을 뿐이다. 그런데, 인간의 영혼은 원래 '이데아계'에서 이데아를 직관하고 있었지만, 지금은 영혼이 육체에 갇혀 있다. 따라서 영혼이 현실계 속에서 어떤 사물을 인식할 때, 영혼은 눈앞에 있는 그 사물을 인식하는 것이 아니라, 이데아의 세계에 있는 '그 사물 자체'를 상기想起(anamnesis)하는 것이다. 인간의 영혼은 사물의 아름다움을 통해서 '아름다움 자체'를 어렴풋이 상기할 때, 거기에 대한 그리움과 열망에 사로잡히게 된다. 그리하여 영혼은 사물의 아름다움을 넘어서 '사물 자체'의 아름다움을 향하여 계속 올라가려고 한다. 인간의 영혼을 이데아계로 향하여 오르게 하는 힘, 그것이 바로 에로스다.[54]▶

---

[52] A. Trapè, *Agostino. l'uomo, il pastore, il mistico*, Roma 2001, 114 참조.
[53] 참조: 『고백록』 제7권; 헨리 체드윅 『라틴 교부철학의 위대한 사상가 아우구스티누스』 김승철 옮김, 시공사 2001 [Henry Chadwick, *Augustinus*, Oxford 1986], 47-9.

플라톤은 『향연』饗宴(Symposium)에서 소크라테스의 입을 빌려 에로스의 본성을 더욱 자세하게 설명하고 있다. 에로스는 아름다운 것과 선한 것에 대한 그리움이며, 아름답고 선한 대상을 소유하고 싶어 하는 욕구다. 이때 어떤 것을 갈망하고 소유하고 싶어 한다는 것은 그 갈망하는 대상이 스스로에게는 결핍되어 있다는 것을 전제한다(199e/200b). 인간은 자신이 이미 가지고 있는 것은 더 이상 얻으려 하지 않기 때문이다. 에로스에게는 아직 선한 것과 아름다움이 결핍되어 있는 까닭에 에로스는 현재 자신이 소유하지 못한 선과 아름다움을 그리워하고 사랑한다(201c). 따라서 에로스는 근본적으로 자기중심적인 특성을 지닌다. 에로스는 오로지 자기 자신의 결핍만을 채우기 위한 열망이기 때문이다.[55] 에로스는 선과 아름다움을 지속적으로 소유하기를 원한다(206a). 그러나 이 세상의 선과 아름다움은 일시적이며 변한다. 따라서 에로스는 이 세상의 선과 아름다움에만 매달릴 수 없다. 더 높고 더 영속적인 대상을 향하여 끊임없이 올라가게 된다. 이 세상의 아름다움은 변하지만, 변하지 않는 단 한 가지, 그것은 바로 '아름다움 자체'다. 그 까닭에 에로스는 육체적인 아름다움을 뛰어넘어 더욱 높은 단계에 있는 정신적인 아름다움을 추구하고 사랑한다(210c). 이 상승을 통해서 인간은 마침내 아름다움 자체를 관조하게 된다. 아름다움 자체는 영원히 존재하고 생성되지도 않고 소멸하지도 않으며 증가하지도 않고 감소되지도 않으며, 유일하고 영원하다(210e/211b). 이 아름다움 자체와 합일되어 살아가는 것이야말로 인간답게 사는 길이다(211d/e).[56]

요약하면, 플라톤에게 '에로스'란 자신에게 결핍된 것을 지니고 싶어 하

◀54 정달용 『그리스도교 철학』 27-43 참조.

55 L.A. Kosman, "Platonic Love", in: *Eros, Agape, and Philia. Readings in the Philosophy of Love*, New York 1989, 150-3 참조.

는 열망이며 그리움이다. 에로스를 통하여 인간의 영혼은 이 세상의 아름다운 것들을 뛰어넘어 아름다운 것 자체와 선한 것 자체를 사랑할 수 있게 된다. 이데아 자체를 향하여 끊임없이 오르는 힘, 곧 상승 운동의 동력이 바로 에로스인 것이다. 그 후 플라톤의 철학을 이어받은 플로티누스(205~270년)는 플라톤의 '에로스' 개념을 그대로 받아들이게 된다. 플로티누스에게 있어서 '에로스'란 '하나'를 향하여 올라가려는 그리움과 열망이다.

② 아우구스티누스와 에로스

아우구스티누스는 신플라톤 철학에 사상적인 기초를 둔 그리스도인이다. 그는 그리스도인이면서도 언제나 신플라톤주의의 틀 안에 머물러 있었다. 비록 나중에 신플라톤 철학의 범신론적 측면을 비판하고,[57] 헬레니즘과 그리스도교의 근본적인 차이를 뒤늦게 알아차리기는 했지만,[58] 자신이 신플라톤주의에 크게 빚지고 있다는 사실을 결코 숨기지 않는다.[59] 특히, 신플라톤 철학과 그리스도교의 조화를 시도한 최초의 사상서라고 할 수 있는 『참된 종교』(390~391년)에서 아우구스티누스는 신플라톤 철학에 대한 경애심을 다음과 같이 표현하고 있다: "그들이 혹여 이승의 삶을 우리와 함께 다시 산다고 하면, 어떤 권위가 있어 훨씬 용이하게 사람들을 가르치고 있음과 자기네 학설에서 말마디 몇이나 문장 몇 개만 바꾸면 자기

---

[56] 요한네스 로츠 『사랑의 세 단계 — 에로스, 필리아, 아가페』 심상태 옮김, 서광사 1984 [Johannes B. Lotz, *Die Drei Stufen der Liebe — Eros, Philia, Agape*, Frankfurt 1971] 31-48; 137-61 참조.

[57] 『고백록』 7,9,15 참조.

[58] 참조: 『신국론』 제10권; 『재론고』 1,4,3.

[59] 참조: 아우구스티누스 『행복한 삶』(*De beata vita*) 3,18,41; 『아카데미아 학파 반박』 3, 20,43.

네가 그대로 그리스도교도가 됨을 알게 될 것이니, 근자에 와서 플라톤 학파의 다수 인사들[60]이 행한 바가 바로 그것이다."[61] 아우구스티누스는, 플라톤과 그의 제자 포르피리우스가 서로의 사상을 보완할 수만 있었다면, 그들은 그리스도인이 되었을 것이라고 확신하고 있다.[62]

아우구스티누스가 신플라톤 철학의 에로스 도식을 그대로 받아들이고 있다는 것은, 그가 사랑을 '소유하려는 열망'으로 이해하는 데서 분명하게 드러난다: "사랑은 사랑하는 바를 소유하려고 애타하는 열망이며, 그것을 소유하고 누림이 곧 행복이다."[63] 아우구스티누스에 따르면, 인간은 아름답지 않은 것은 사랑할 수 없다.[64] 그리하여 인간의 영혼은 선한 것, 아름다운 것을 열망하고 그리워하면서 사랑의 중력이 이끄는 대로 끌려 다니고 있다.[65] 결국 인간이란 사랑 자체이시고 아름다움 자체이신 하느님께로 올라가는 과정에 있으며, 임 안에 쉬기까지는 불안정한 상태에서 불안할 수밖에 없는 존재라는 것이다.[66] 신플라톤주의자들에게도 에로스의 길은 '아름다움 자체'와 일치하기 위하여 지상의 아름다움에서 시작하여 위에 있는 아름다움을 향하여 올라가는 여정이었다. 그리하여 '아름다움 자체'와 하나가 되는 것, 그것이 바로 구원이었다. 이 점에서 아우구스티누스는

---

60 심플리키아누스와 마리우스 빅토리누스가 대표적인 인물이다. 『고백록』 8,2,3 참조.

61 『참된 종교』(*De vera religione*) 성염 옮김, 4,7: "Ita si hanc vitam illi viri nobiscum rursus agere potuissent, viderent profecto, cuius auctoritate facilius consuleretur hominibus, et paucis mutatis verbis atque sententiis Christiani fierent, sicut plerique recentiorum nostrorumque temporum Platonici fecerunt."

62 『신국론』 22,27 참조: "Singuli quaedam dixerunt Plato atque Porphyrius, quae si inter se communicare potuissent, facti essent fortasse Christiani."

63 『신국론』 14,7,2: "Amor ergo inhians habere quod amatur, cupiditas est, id autem habens eoque fruens laetitia"; 참조: 『그리스도교 교양』 1,38,42: "Aeternum autem ardentius diligitur adeptum quam desideratum."

64 아우구스티누스 『음악론』(*De musica*) 6,13,38 참조: "(…) possumus amare nisi pulchra?"

플라톤과 신플라톤주의의 에로스 도식에서 벗어나지 못하고 있다.

그러나 신플라톤 철학이 제시하는 '하나'(一者, Hen)는 너무 비인격적이고 추상적이었다. 그들은 무엇을 사랑해야 하는지는 발견했지만, 어떻게 거기에 도달할 수 있는지에 대해서는 아직 알지 못했던 것이다.[67] 아우구스티누스는 자신이 영원한 진리와 변하지 않는 아름다움을 사랑하고 그리워하지만 그 사랑(에로스)이 지속되지 못하고 한순간에 그치고 만다는 점에 실망했다. 선하고 아름다운 것 자체를 사랑하면서도 또다시 이전처럼 저급한 쾌락에 빠져 든다는 사실이 그를 낙담시켰던 것이다: "놀랍게도 저는 이미 당신을 사랑하고 있었습니다. 당신 대신 꼭두각시를 사랑한 것이 아닙니다. 그러나 내 하느님을 누리는 기쁨 속에 안정적으로 머물지 못하고, 당신의 아름다움에 이끌려 올라갔다가도 내 무게로 말미암아 금세 당신에게서 떨어져 탄식하며 이 낮은 곳으로 곤두박질치곤 했습니다. 그 무게란 육욕의 버릇입니다."[68]

그럼에도 아우구스티누스는 에로스를 통하여 육적인 세계를 뛰어넘어 영원불변한 '존재 자체'에 다다를 수 있었다. 비록 한순간의 짧디짧은 체험이었지만, 그는 신적 존재를 체험했던 것이다. 그 체험 속에 지속적으로

---

65 참조: 『고백록』 13,9,10: "Pondus meum amor meus, eo feror, quocumque feror"; 『서간집』(epistulae) 55,10,18; 157,2,9; 『신국론』 11,28.

66 『고백록』 1,1,1 참조: "(…) quia fecisti nos ad te et inquietum est cor nostrum, donec requiescat in te."

67 참조: 『신국론』 10,29,1: "Itaque videtis utcumque, etsi de longinquo, etsi acie caligante, patriam in qua manendum est, sed viam qua eundum est non tenetis"; R. Piccolomini (ed.), Sant'Agostino. La Filosofia antica, Roma 1983, 20.

68 『고백록』 7,17,23: "Et mirabar, quod iam te amabam, non pro te phantasma, et non stabam frui Deo meo, sed rapiebar ad te decore tuo moxque diripiebar abs te pondere meo et ruebam in ista cum gemitu; et pondus hoc consuetudo carnalis"; 참조: 『참된 종교』 35,65: "Haec enim phantasmata tumoris et volubilitatis constantem unitatem videre non sinunt."

머물지 못하고 또다시 일상적인 것으로 돌아와 버리기는 했지만, 에로스에 의해서 상승한 그의 영혼은 그 존재를 체험할 수 있었다. 단지 그에게 부족한 것은 항구하게 그 존재 속에 머무르는 힘이었다: "이렇게 눈 깜짝할 사이에 존재 자체이신 분께 다다르게 되었습니다. 그제야 비로소 나는 창조된 것들을 통하여 이해하게 된 보이지 않는 당신을 얼핏 뵈었으나 계속 바라볼 수는 없었습니다. 나의 약함으로 말미암아 사랑스러운 기억만 지닌 채 일상日常 속으로 되돌아왔으니, 그것은 아직 먹을 수 없는 음식의 냄새를 갈망하는 것과 같았습니다."[69] 훗날 아우구스티누스가 그리스도교에 귀의한 후, 이러한 체험이 설익은 환상에 지나지 않았다고 암시하는 구절은 그의 작품 어디에서도 찾아볼 수 없다. 아우구스티누스에게 있어서, 플라톤적 에로스를 통하여 아름다움 자체에로 올라가는 것과 에로스에 의해서 자극받은 영혼이 하느님에게로 올라가는 것은 서로 다를 바가 없는 것이다. 단지, 거기에는 존재 자체에 도달하는 확실한 길인 '그리스도'가 빠져 있었을 뿐이다. 그러나 이 차이야말로 참으로 결정적인 것이었다.

(4) 그리스도교와 아우구스티누스의 만남

신플라톤주의자들의 저술을 읽기 시작한 지 얼마 지나지 않은 그해 초여름(386년), 아우구스티누스는 바오로 서간(로마 13,13-14)을 '집어 읽으면서' (tolle lege!) 극적인 '회심'을 하게 된다.[70] 그는 드디어 영원으로부터 자신을

---

[69] 『고백록』 7,17,23: "(…) pervenit ad id, quod est in ictu trepidantis aspectus. Tunc vero invisibilia tua per ea quae facta sunt intellecta conspexi, sed aciem figere non evalui et repercussa infirmitate redditus solitis non mecum ferebam nisi amantem memoriam et quasi olefacta desiderantem, quae comedere nondum possem."

[70] 아우구스티누스의 회심 과정에 관해서는 A. Trapè, *Agostino. l'uomo, il pastore, il mistico*, Roma 2001, 86-143; A. Pincherle, *Vita di sant'Agostino*, Roma 1988², 46-69 참조.

사랑하고 계셨던 하느님, 곧 하느님의 '아가페'를 알아뵙게 된 것이다.

밀라노에서 접한 신플라톤 철학은 아우구스티누스 안에 '존재 자체'에 대한 그리움과 열망을 키워 주었다(386년). 마침내 그는 그리스도교를 통하여 사랑 자체이며 인격적인 하느님을 만나게 되었고(386년), 그 이듬해 부활 성야에 밀라노 주교좌 성당에서 세례를 받았다(387년).[71]

① 그리스도교의 아가페: 내려오는 사랑

고대 그리스어에는 '아가파오'$\dot{\alpha}\gamma\alpha\pi\acute{\alpha}\omega$라는 동사는 존재했지만, '아가페' $\dot{\alpha}\gamma\acute{\alpha}\pi\eta$라는 명사는 존재하지 않았다. '아가페'는 히브리어 성경을 그리스어로 옮기면서 생겨난 용어다. '칠십인역 성경'(LXX, Septuaginta)의 번역가들이 구약성경에서 하느님의 사랑과 자비를 의미하는 히브리어 '아헵'אהב을 그리스어 '아가페'로 옮겨 놓은 것이다. 신약성경에서도 사랑을 뜻하는 단어로 칠십인역 성경의 '아가페'를 그대로 받아들여 사용한다. 그 당시 그리스어에는 에로스$\check{\epsilon}\rho\omega\varsigma$, 필리아$\phi\iota\lambda\acute{\iota}\alpha$, 스토르게$\sigma\tau o\rho\gamma\acute{\eta}$ 등과 같이 사랑을 일컫는 다양한 용어가 있었지만, 신약성경은 아가페라는 용어를 특별히 선호하고 있다. 여기서 눈여겨볼 것은, 신약성경에는 '에로스'라는 단어가 단 한 번도 나타나지 않는다는 것이다. 신약성경 저자들은 그리스도교의 새로운 사랑 개념이 '통속적인 에로스'로 오해받는 것을 지극히 꺼려했기 때문이다.[72] 그리하여 '아가페'는 그리스도교의 사랑을 가리키는 고유한 신약성경 용어로 굳어지게 되었다. 즉, 아가페는 예수 그리스도를 통하여 드러난 하느님의 너그러운 사랑, 하느님을 향한 인간의 사랑, 이웃 사랑을 뜻하는

---

[71] 참조: G. Vigini, *Sant'Agostino. L'avventura della gràzia e della carità*, Milano 2006, 43-67; A. Trapè, *Agostino. l'uomo, il pastore, il mistico*, Roma 2001, 17-127; A. Pincherle, *Vita di sant'Agostino*, Roma 1988², 3-69.

[72] W. Klassen, "Love", in: *The Anchor Bible Dictionary*, vol. 4, New York 1992, 385 참조.

용어가 된 것이다.[73]

아가페의 근본적인 의미는 "하느님은 사랑이시다"(1요한 4,8.16)라는 말에서 가장 잘 드러난다.[74] 사랑 자체이신 하느님은 흘러넘치는 사랑으로 인간에게 내려오신다. 곧, 아가페의 근본 동기는 사랑 자체이신 하느님의 흘러넘치는 '사랑'이다. 하느님은 충만한 사랑으로 말미암아 당신의 아들을 이 세상에 내려 보내 주셨다: "하느님께서는 이 세상을 극진히 사랑하시어 외아드님을 주시기까지 하셨으니 이는 그를 믿는 이마다 모두 멸망하지 않고 영원한 생명을 얻게 하려는 것이었다"(요한 3,16). 에로스가 '아름다움 자체'를 향하여 올라가는 사랑이라면, 아가페는 인간에게 내려오는 하느님의 사랑이다. 신약성경의 근본 관심은 '사랑 자체'를 향하는 인간의 사랑이 아니라, 인간을 향한 '사랑 자체이신 분'의 사랑에 있다: "우리가 하느님을 사랑한 것이 아니라, 그분께서 우리를 사랑하시어"(1요한 4,10). 아가페는 아무런 대가도 바라지 않는 조건 없는 사랑이다. 하느님께서는 인간이 하느님을 사랑하기 전에 먼저 인간을 사랑하셨다(1요한 4,19 참조). 하느님의 사랑은 하느님의 아들 예수 그리스도의 생애와 가르침 안에서 더욱 선명하게 드러난다. 그분은 세상 한가운데서 우리와 똑같은 모습으로 사셨고 십자가 위에서 목숨마저도 내주는 사랑의 극치를 보여 주셨다. 그 사랑은 인간을 향하여 낮은 곳으로 내려오시는 하느님의 사랑인 것이다. 하느님의 내리사랑, 이것이 아가페의 기본 특성이다.[75]

---

[73] O. Wischmeyer, "Liebe IV" (Neues Testament), in: *Theologische Realenzyklopädie*, Bd. 21, Berlin 1991, 138-46 참조.

[74] 교황 베네딕토 16세 회칙 『하느님은 사랑이십니다』(*Deus Caritas Est*) 한국천주교중앙협의회 2006, 13-30 참조.

[75] 참조: G.W.H. Lampé (ed.), "agape", in: *A Patristic Greek Lexicon*, Oxford 1994, 7-8; K. Hilpert, "Liebe", in: *Lexikon für Theologie und Kirche*, Bd. 6, Freiburg 1997, 908-20.

따라서, 그리스 철학의 에로스와 그리스도교의 아가페는 근본적으로 서로 다른 특성을 지니고 있다는 사실이 분명해졌다. 아가페의 근본적인 특성은 흘러넘치는 사랑이다. 내려오는 사랑이다. 에로스가 '선 자체'를 향하여 올라가는 사랑이라면, 아가페는 인간에게 내려오시는 하느님의 사랑이다. 에로스의 동기가 자신의 결핍을 채우기 위한 것이라면, 아가페의 동기는 자발적이며 아무런 대가도 바라지 않는다. 결핍된 존재가 완전한 존재를 갈망하고 열망하는 것이 에로스라면, 아가페는 완전하고 충만한 존재가 약하고 결핍된 존재, 부족하고 죄 많은 존재에게 내려오는 사랑이다. 아가페는 모든 것을 다 지니고 계신 존재가 스스로를 낮추어 인간에게 내려오는 사랑인 것이다.[76]

② 아우구스티누스와 아가페

그리스도교에 귀의한 아우구스티누스는 이미 에로스를 통하여 하느님께로 가는 길을 알고 있었다. 하느님께 올라가는 에로스의 길을 신플라톤주의에서 배웠기 때문이다. 그러나 아우구스티누스는 에로스만으로는 하느님 안에서 안정적으로 머무를 수 없다는 사실도 체험했다. 그것은 하느님께서 인간을 향하여 내려오시는 '사랑'을 몰랐기 때문이다. 그러나 '늦게야' 만난 그리스도교는 인간을 향한 하느님의 '사무치는 사랑'을 깨닫게 해주었다. 몸소 인간이 되어 오시는 하느님의 사랑을 깨닫게 된 것이다. 하느님과의 참된 만남은 하느님께서 우리를 직접 찾아 내려와 만나 주실 때 가능하다는 것을 비로소 알게 된 것이다.[77]

---

[76] 앤더스 니그렌 『아가페와 에로스』 고구경 옮김, 크리스챤다이제스트 1998 [Anders Nygren, *Eros und Agape. Gestaltswandlungen der christlichen Liebe*, Gütersloh 1937], 217 참조.

[77] J.M. Rist, *Augustine: ancient thought baptized*, Cambridge 1996, 149 참조.

아우구스티누스는, 신플라톤주의자들이 하느님의 존재와 그분을 향한 에로스에 관해서는 그리스도교와 똑같이 말하고 있지만, 그리스도의 '강생'incarnatio에 관해서는 그 어디서도 말하지 않는다는 점을 지적한다.

> 말씀이신 하느님께서 혈육이나 사나이의 뜻이나 육욕에서가 아니라 하느님에게서 나셨다는 것을 거기서[플라톤의 책에서] 읽었으나, 말씀이 사람이 되시어 우리 가운데 사셨다는 말은 읽어 보지 못하였습니다."[78]

훗날 아우구스티누스는 바로 이 점이 신플라톤주의자들이 저지른 '중대한 오류'magni errores이고, 이러한 오류로부터 그리스도교의 가르침을 지켜 내야 한다고 강조한다.[79]

그리스 철학에서 하느님은 세상도 사랑하지 않고, 사람도 사랑하지 않는다. 그러나 그리스도교의 하느님은 세상과 사람을 극진히 사랑하셔서 당신 외아들을 내려 보내 주신 인격적인 분이다. 에로스는 결핍된 존재가 완전한 존재를 그리워하고 열망하여 올라가는 사랑이었다. 그러나 아가페는 전혀 부족함이 없는 하느님이 겸손하게 인간을 향하여 내려오는 사랑이다. 아우구스티누스는 하느님의 이러한 사랑이야말로 그리스도교 신앙의 핵심이라고 확신하고 있었다.

---

[78] 『고백록』 7,9,14: "Item legi ibi, quia Verbum, Deus, non ex carne, non ex sanguine, non ex voluntate viri neque ex voluntate carnis, sed ex Deo natus est; sed quia Verbum caro factum est et habitavit in nobis, non ibi legi."

[79] 참조: 『재론고』 1,1,4: "Laus quoque ipsa qua Platonem vel Platonicos sive Academicos philosophos tantum extuli, quantum impios homines non oportuit, non immerito mihi displicuit, praesertim contra quorum errores magnos defendenda est christiana doctrina"; 『설교집』 241.

신플라톤주의는 아우구스티누스로 하여금 존재의 원천과 근원을 이해하고 사랑할 수 있게 도와주었다. 그러나 아우구스티누스는 하느님을 향한 인간의 사랑(에로스)과 인간에 대한 하느님의 사랑(아가페)이 근본적으로 다른 특성을 지니고 있다는 것을 알아차렸다. 아우구스티누스에 따르면, 사랑은 '가난의 목마름'indigentiae siccitas으로 말미암은 사랑과 '자애의 풍요로움'beneficentiae ubertas에서 흘러나오는 사랑으로 구별된다. 전자는 인간의 '비참함으로 말미암은 사랑'amor ex miseria이며, 후자는 하느님의 '자비로 말미암은 사랑'amor ex misericordia이다.[80] 아우구스티누스의 이 구별은 다름 아닌 '에로스'(amor ex miseria)와 '아가페'(amor ex misericordia)의 구별인 것이다. 에로스는 자기 존재의 결핍과 비참함을 채우기 위해서 더 큰 존재를 사랑하지만, 아가페는 자비의 사랑이며 자애의 풍요로움으로부터 나오는 자발적인 사랑이다. 인간 안에 사랑의 응답을 불러 일으키기 위해서 죄 많은 인간에게 내려오시는 하느님의 조건 없는 사랑이 바로 아가페이다. 게다가, 에로스에는 인간 스스로의 힘만으로 하느님에게 오르려는 신플라톤주의의 교만superbia이 도사리고 있지만, 아가페에는 스스로를 낮추어 인간이 되어 오시는 하느님의 겸손humilitas이 흐르고 있다.[81]

이처럼 서로 다른 특성으로 말미암아, 얼핏 보기에는 인간의 에로스와 하느님의 아가페가 서로 충돌하는 듯이 비쳐진다. 이제 아우구스티누스 안에서 이 두 사랑이 어떻게 종합되는지 살펴보기로 하자.

---

[80] 아우구스티누스 『입문자 교리교육』(*De cathechizandis rudibus*) 4,7 참조: "Ibi enim gratior amor est, ubi non aestuat indigentiae siccitate, sed ubertate beneficentiae profluit. Ille namque amor ex miseria, iste ex misericordia."

[81] 참조: 아우구스티누스 『삼위일체론』(*De Trinitate*) 8,5,7: "Secundum hanc notitiam cogitatio nostra informatur, cum credimus pro nobis Deum hominem factum, ad humilitatis exemplum, et ad demonstrandam erga nos dilectionem Dei"; A. 니그렌 『아가페와 에로스』 490-9.

(5) 아우구스티누스의 사랑

아우구스티누스는 인간의 사랑이 지닌 에로스의 특성을 부정하지 않는다. 오히려, 모든 사랑은 기본적으로 에로스의 본성을 지니고 있다고 전제한다. 사랑하지 않는 사람은 아무도 없으며, 인간은 누구나 무언가를 그리워하고 열망한다.[82] 그런 의미에서, 모든 사랑은 소유하고 싶어 하는 사랑이다. 하느님께서는 인간을 창조하실 때 무언가를 사랑하고 그리워해야 하는 그런 존재로 만드셨기 때문이다. 즉, 인간을 결핍된 존재로 만드셔서 인간이 스스로 만족할 수 없게 하셨기 때문이다.[83] 따라서 에로스는 그 자체로 선하지도 않고 악하지도 않다.[84]

아우구스티누스는 에로스가 결코 부정적인 의미를 지니지 않으며, 그리스도교 개념으로 받아들일 수 있다는 것을 증명하기 위해서 성경의 권위에 기댄다. 성경에서는 '사랑'이라는 뜻의 라틴어 '아모르'amor(그리스어 '에로스'와 가까운 뜻을 지닌!)와 '카리타스', '딜렉티오'가 구별 없이 쓰인다는 것이다.[85] 예를 들어, 예수님께서 베드로에게 세 번이나 던지신 똑같은 물음(요한 21,15-17: "너는 나를 사랑하느냐?")에서, 처음 두 번은 'diligere' 동사를 사용했고 세 번째는 'amare'를 사용했지만, 이 두 동사의 뜻이 전혀 다르지 않듯이, 성경에서는 '딜렉티오'와 '아모르'가 똑같은 의미라는 것이다. 더 나

---

82 『설교집』 34,2 참조: "Nemo est qui non amet (…)."

83 『고백록』 1,1,1 참조.

84 J.V. Bavel, "Love", in: *Augustine through the Ages. An Encyclopedia*, Cambridge 1999, 511 참조.

85 그리스어 성경을 라틴어로 번역한 '대중 라틴어 성경'(Vulgata)에서는 '아가페'(agape)가 때로는 '딜렉티오'(dilectio)로, 때로는 '카리타스'(caritas)로 옮겨졌다. 그러나 서로 달리 번역한 동기는 전혀 찾아볼 수 없고, 이 두 단어는 전적으로 똑같은 뜻을 지니고 있다. 한편, '에로스'(eros)는 그리스어 신약성경에서 단 한 번도 사용되지 않았다: F. Prat, "La charité dans la Bible", in: *Dictionnaire de Spiritualité*, vol. II/1, Paris 1953, 508-9 참조.

아가, 딜렉티오와 아모르는 "세상[세속]을 사랑하다"(diligere, 1요한 2,15) 혹은 "돈을 사랑하다"(amare, 2티모 3,2)라는 부정적인 의미로도 성경에서 사용되므로, '아모르'가 그 자체로 부정적이거나 긍정적인 뜻을 지니지는 못한다는 것이다.[86] 그리하여 아우구스티누스는 다음과 같은 결론을 내린다.

> 내가 이 일화를 상기시키는 것은 '딜렉티오' 혹은 '카리타스'가 '아모르'와 다르다고 생각하는 사람들이 있기 때문이다. 그들은 딜렉티오는 좋은 의미로, 아모르는 나쁜 의미로 받아들여야 한다고 말한다. 그러나 세속 저술가들조차도 그렇게 말하지 않았다는 것은 절대적으로 확실하다. 철학자들이 이런저런 이유로 이를 구별하기도 하지만, 그들도 선한 것이나 하느님에 관해서 아모르를 매우 중요시한다는 것은 그들의 저서에서 얼마든지 언급되고 있다. 다른 모든 저술보다 뛰어난 권위를 지닌 우리의 성경이 아모르를 딜렉티오 혹은 카리타스와 구별하지 않는다는 사실이 드러났다. 아모르가 좋은 의미로 일컬어진다는 것을 우리는 이미 증명했다.[87]

이제 아우구스티누스는 '소유하려는 동경과 열망' 자체를 문제 삼지 않는다. 그것은 사랑의 본성이기 때문이다. 아우구스티누스가 문제 삼는 것은

---

[86] 참조: 『신국론』 14,7,1-2; 『요한 서간 강해』 8,5.

[87] 『신국론』 14,7.2: "Hoc propterea commemorandum putavi, quia nonnulli arbitrantur aliud esse dilectionem, sive caritatem, aliud amorem. Dicunt enim dilectionem accipiendam esse in bono, amorem in malo. Sic autem nec ipsos auctores saecularium litterarum locutos esse certissimum est. Sed viderint philosophi utrum vel qua ratione ista discernant; amorem tamen eos in bonis rebus et erga ipsum Deum magni pendere, libri eorum satis loquuntur. Sed Scripturas religionis nostrae, quarum auctoritatem ceteris omnibus litteris anteponimus, non aliud dicere amorem, aliud dilectionem vel caritatem, insinuandum fuit. Nam et amorem in bono dici iam ostendimus."

'무엇을 사랑하느냐' 하는 것이다. 사랑의 대상을 문제 삼는 것이다. 올바른 대상을 그리워하고 열망하는 것이 '사랑'(amor, dilectio, caritas)이고, 그릇된 대상을 열망하고 그리워하면 그것은 '탐욕'cupiditas이다.[88] 사랑은 위를 향하여 올라가고, 탐욕은 아래를 향하여 내려간다.[89]

그런 의미에서, '사랑'과 '탐욕'은 기본적으로 같은 본성을 지니고 있다. 사랑과 탐욕은 자기가 열망하고 그리워하는 대상을 소유하려고 하기 때문이다. 그러나 사랑과 탐욕은 그 원하는 대상으로 말미암아 구별된다. 탐욕은 세속적이고 일시적인 것을 추구하지만, 사랑은 천상적이며 영원한 것을 추구한다. 그러나 '사랑'뿐 아니라 '탐욕'도 그 자체로는 선하지도 악하지도 않다. 아우구스티누스는 심지어 영원한 것과 영원한 행복을 향한 '열망'(cupiditas = 탐욕)은 선한 것으로 본다.[90] 그뿐 아니라, 계명의 목표요 완성인 '사랑'caritas도 사랑의 대상이 거짓된 것이라면 결코 바른 사랑이 아니라고 한다.[91] 아우구스티누스가 지상 사물에 대한 '이용'利用(usus)과 하느님과 인간(in Deo)에 대한 '향유'享有(fruitio)를 구분하고, '하느님에 대한 사랑'amor Dei과 '자신에 대한 사랑'amor sui을 구별하며, '좋은 의지'bona voluntas와 '나쁜 의지'mala voluntas를 구분하고, 좋은 사랑bonus amor과 나쁜 사랑malus amor

---

[88] 『시편 상해』 31,2,5 참조: "Amor Dei, amor proximi, caritas dicitur, amor mundi, amor huius saeculi, cupiditas dicitur. Cupiditas refrenetur, caritas excitetur." 아우구스티누스에게 있어서 이웃 사랑은 곧 하느님 사랑이다. 이 주제에 관해서는 Y. Congar, "Aimer Dieu et les hommes par l'amour dont Dieu aime?", in: *Revue des Etudes Augustiniennes* 28 (1982), 86-99를 보라.

[89] 『시편 상해』 122,1 참조: "Omnis amor aut adscendit, aut descendit. Desiderio enim bono levamur ad Deum, et desiderio malo ad ima praecipitamur."

[90] 『설교집』 32,22 참조: "Cupiditas autem rerum aeternarum et felicitatis aeternae non debet misceri cupiditati rerum temporalium, id est, felicitatis praesentis et temporalis."

[91] 참조: 『그리스도교 교양』 4,28,61: "(…) *praecepti* finis et *plenitudo* legis est *caritas*, ullo modo esse recta potest, si ea, quae diliguntur, non vera, sed falsa sunt (…)"; A. 니그렌 『아가페와 에로스』 519-20.

을 구별하는 것도, 따지고 보면 모두 사랑하는 대상의 문제인 것이다.[92]

정리하면, 아우구스티누스에게 사랑은 평범한 그리움이나 열망으로서, 모든 인간에게서 발견되는 기본 요소다. 유일한 문제는 인간이 어떤 대상을 열망하고 그리워하느냐는 것이다. 사랑하는 대상이 정말 사랑할 만한 가치가 있을 때 비로소 '사랑'이라고 할 수 있다: "진정 행복한 사람은 사랑하는 바를 소유하는 사람이 아니라 사랑할 만한 것을 사랑하는 사람이다." [93] 이제 필요한 것은 사랑을 '정화'purgatio하는 것이다. 그 정화란 사랑의 방향을 피조물에게서 창조주에게로, 세속에게서 이웃과 하느님에게로 돌리는 것이다. 이 정화가 없이는 사랑은 탐욕과 다를 바가 없기 때문이다.

> 그대의 사랑을 정화시키십시오. 도랑으로 흘러 들어가는 물을 정원으로 돌리십시오. 세상을 향해 지녀 온 그대의 사랑을 세상의 창조주를 향하여 돌리십시오. 누가 여러분에게 아무것도 사랑하지 말라고 하겠습니까? 분명히 아닙니다. 아무것도 사랑하지 않는다면 여러분은 게으르고 진절머리 나는 비참한 자가 될 것입니다. 사랑하십시오. 그러나 그대가 무엇을 사랑하는지 눈여겨보십시오. 하느님에 대한 사랑, 이웃에 대한 사랑이 사랑입니다. 그러나 세상에 대한 사랑, 곧 이 세속을 사랑하는 것을 탐욕이라 합니다. 탐욕은 누르고 사랑은 일깨우십시오.[94]▶

---

[92] O. O'Donovan, "Usus and Fruitio", in: *The Journal of Theological Studies* 33 (1982), 361-97 참조.

[93] 『시편 상해』 26,7: "Vere autem felix est, non si id habeat quod amat; sed si id amet quod amandum est"; 참조: 『서간집』 167,4,15: "Virtus est caritas, qua id quod diligendum est diligitur."

결국 아우구스티누스는 '아모르'라는 이름으로 하느님을 향한 사랑, 이웃을 향한 사랑을 제대로 일컬을 수 있다는 결론을 이끌어 내었다. 사랑이란 선한 것과 아름다운 것에 대한 '열망과 그리움'이라고 하는 플라톤의 '에로스 이론'이 그리스도교의 옷을 입게 된 것이다.

이런 열망과 그리움을 인간에게 심어 주신 분도 하느님이다. 성령께서 우리 마음 안에 하느님을 향한 열망과 그리움을 부어 주셨기 때문이다. 한마디로 사랑은 하느님의 선물이다.[95] 이것은 바오로의 사상에 근거한 것인데(로마 5,5: "우리가 받은 성령을 통하여 하느님의 사랑이 우리 마음에 부어졌기 때문입니다"), 아우구스티누스는 이 구절을 자기 작품에서 201번이나 인용할 만큼 우리 안에 '부어진 사랑'caritas infusa을 강조한다.[96] 그에 따르면, 우리는 하느님께서 우리 안에 부어 주신 사랑으로 말미암아 하느님과 이웃을 사랑할 수 있다. 우리가 사랑해야 할 분도 하느님이고, 우리에게 사랑을 부어 주시는 분도 하느님이다. 하느님께서는 우리가 사랑해야 할 대상이면서, 동시에 우리가 사랑할 수 있도록 사랑을 주시는 것이다. 한마디로, 우리는 하느님으로 말미암아 하느님을 사랑할 수 있다(amare Deum de Deo).

---

◂94 『시편 상해』 31,2,5: "Purga ergo amorem tuum; aquam fluentem in cloacam, converte ad hortum; quales impetus habebat ad mundum, tales habeat ad artificem mundi. Num vobis dicitur: Nihil ametis? Absit. Pigri, mortui, detestandi, miseri eritis, si nihil ametis. Amate, sed quid ametis videte. Amor Dei, amor proximi, caritas dicitur; amor mundi, amor huius saeculi, cupiditas dicitur. Cupiditas refrenetur, caritas excitetur."

95 아우구스티누스 『요한 복음 강해』(*In Ioannis evangelium tractatus*) 102,5 참조: "Prorsus donum Dei est diligere Deum."

96 A.M. La Bonnardière, "Le verset paulinien Rom 5,5, dans l'oeuvres de st. Augustin", in: *Augustin Magister*, vol. 2, Paris 1954, 637-62 참조: M. Pellegrino, "Introduzione generale", in: *Nuova Biblioteca Agostiniana*, vol. 24, Roma 1974, 58에서 재인용.

성령은 하느님이십니다. 우리는 하느님으로 말미암아 하느님을 사랑합니다. 하느님으로 말미암아 하느님을 사랑한다는 말밖에 제가 무슨 말을 더 하겠습니까? 저는 분명히 말했습니다: **우리가 받은 성령을 통하여 하느님의 사랑이 우리 마음에 부어졌습니다.** 성령은 하느님이시므로 성령을 통하지 않고서는 하느님을 사랑할 수 없으며, 하느님으로 말미암아 하느님을 사랑합니다.[97]

이처럼 하느님께서는 인간에게 사랑을 선물로 주셔서, 인간이 당신 자신에게까지 오를 수 있게 해 주셨다.[98] 하느님께서 인간에게 사랑을 부어 주신 궁극적 목적은 인간이 하느님께로 오를 수 있게 하려는 것이었다. 곧, 그리스도께서는 하느님께 올라갈 수 있는 길을 우리에게 보여 주시고 우리를 이끌어 주시기 위해서 내려오셨다.[99] 이제 하느님은 인간이 더 이상 다가갈 수 없는 그런 존재가 아니다. 그분은 바로 우리 가운데 계시면서, 그 어떤 지상적인 선보다도 더 강렬하게 우리를 이끌고 계시다.[100] 그런데

---

97 『설교집』 34,3: "Immo quia Spiritus Sanctus Deus est, amemus Deum de Deo. Quid enim plus dicam: amemus Deum de Deo? Certe quia dixi: Caritas Dei diffusa est in cordibus nostris per Spiritum Sanctum qui datus est nobis; ideo est consequens, ut quia Spiritus Sanctus Deus est, nec diligere possumus Deum nisi per Spiritum Sanctum, amemus Deum e Deo"; 참조: 『설교집』 336,2: "Amemus, gratis amemus: Deum enim amamus, quo nihil melius invenimus. Ipsum amemus propter ipsum, et nos in ipso, tamen propter ipsum. Ille veraciter amicum, qui Deum amat in amico (…)."

98 『설교집』 156,5 참조: "Caritas usque adeo est donum Dei, ut Deus vocetur, apostolo Ioanne dicente: Deus caritas est, et qui manet in caritate, in Deo manet, et Deus in eo."

99 『고백록』 4,12,19 참조.

100 『설교집』 34,2 참조: "(Nos diligimus) Homines Deum, mortales immortalem, peccatores iustum, fragiles immobilem, factura fabrum. (…) Quaere unde homini diligere Deum, nec invenies omnino, nisi quia prior illum dilexit Deus. Dedit se ipsum quem dileximus, dedit unde diligeremus."

인간은 타락으로 말미암아 영원한 것을 향하여 날아오르지 못하고, 일시적인 것에 마음을 빼앗겨 버리는 경향을 지니게 되었다.[101] 사랑을 선물로 받았음에도, 하느님께 제대로 오르지 못하고 있다. 인간의 사랑은 하느님 '은총'의 날개를 달아야만 하느님을 향하여 날아오를 수 있게 된다. '은총'이란 인간의 사랑을 움직이는 원동력이다. 인간은 이 은총의 사다리를 타고서 하느님께로 올라갈 수 있게 된다.[102]

아우구스티누스가 말하는 '사랑'을 이렇게 요약할 수 있다. 하느님께서는 인간 속에 당신을 향하여 오르려는 사랑(그리움과 열망)을 부어 주셨다. 그리고 몸소 내려오셔서 당신 사랑(은총)으로 인간의 사랑을 끌어올려 주신다. 이제 인간은 하느님의 사랑에 힘입어 이웃과 하느님을 사랑할 수 있게 되었다. 이것이 바로 아우구스티누스 안에서 이루어진 에로스와 아가페의 종합이다. 아우구스티누스의 '사랑'인 것이다.

(6) 종합

아우구스티누스는 하느님을 향한 영혼의 그리움, 우리를 만드신 분께 돌아가려는 그리움, 끝없이 불안해하는 영혼의 그리움을 이렇게 고백한다. "하느님 당신께로 향하여 저희를 만드셨기에 저희 마음은 당신 안에 쉬기까지는 불안하나이다."[103] 키케로의 철학을 통해서 이 그리움에 눈을 뜬 아우구스티누스는, 신플라톤 철학을 만나면서 우리가 떠나온 '고향'을 더욱 애타게 그리워하게 되었고, 마침내 그토록 그리워하던 '분'을 만나게

---

101 『시편 상해』 83,9 참조: "(…) per fragilitatem carnis suae ad illam beatitudinem volare non posset (…) Spiritus sursum vocat, pondus carnis deorsum revocat (…)."

102 A. 니그렌 『아가페와 에로스』 535-46 참조.

103 『고백록』 1,1,1: "(…) quia fecisti nos ad te et inquietum est cor nostrum, donec requiescat in te."

되었다. 그분은 한없이 너그럽고 겸손한 사랑 자체이신 하느님이었다.[104]

아우구스티누스가 지닌 '그리움'은 고대 철학자들이 말하는 '에로스'[올라가는 사랑]와 본질적으로 다를 바가 없다. 그러나 이 그리움은 이미 하느님의 아가페[내려오는 사랑] 속에 깊이 뿌리내리고 있다. 아우구스티누스는 이제 더 이상 철학자들처럼 스스로의 힘만으로 하느님에게 올라가려고 자만하지 않는다. 인간에게 몸소 내려오시는 하느님의 겸손한 사랑을 체험했기 때문이며, 하느님께서 사랑의 날개를 달아 주시지 않으면 우리가 하느님께 날아오를 수 없다는 사실을 깨달았기 때문이다. 그래서 아우구스티누스는 사랑할 수 있는 '힘'을 달라고 청한다. 그 '힘'이 곧 하느님의 '사랑'이며 '은총'이다.

바로 여기에서 헬레니즘의 에로스와 그리스도교의 아가페가 조화를 이루게 된다. 아우구스티누스는 하느님을 그리워하고 열망하는 에로스의 본성을 인정하면서도, 하느님 아가페의 주도권을 강조하였다. 그리고 실제로 하느님의 사랑(은총)에 힘입어 '사랑'에 모든 것을 걸었다. 그리고 그 사랑의 길을 한평생 확신에 찬 발걸음으로 걸어갔다. 아우구스티누스가 『삼위일체론』(388~419년)을 마무리하면서 바치는 '사랑의 기도'에서는 에로스와 아가페가 아름다운 화음으로 울려 퍼지고 있다.

> 힘자라는 데까지
> 임께서 허락하신 힘자라는 데까지
> 임을 두고 저는 물었습니다.

---

104 앤드루 라우스 『서양 신비 사상의 기원. 플라톤에서 디오니시우스까지』 배성옥 옮김, 분도출판사 2001 (A. Louth, *The Origins of the Christian Mystical Tradition from Plato to Denys*, Oxford 1981), 197-8 참조.

믿는 바를 이치로 알고 싶어서
따지고 따지느라 애썼습니다.


임이시여 저의 하느님이시여
제게는 둘도 없는 희망이시여
제 간청을 들어주소서.


임을 두고 묻는 데 지치지 않게 하소서.
임의 모습을 찾고자 늘 몸 달게 하소서.


임을 두고 물을 힘을 주소서.


임을 알아뵙게 하신 임이옵기에
갈수록 더욱 알아뵙게 되리라는
희망을 주신 임이옵기에


임 앞에 제 강함이 있사오니
임 앞에 제 약함이 있사오니


강함은 지켜 주소서.
약함은 거들어 주소서.


임 앞에 제 앎이 있사오니
임 앞에 제 모름이 있사오니

임께서 열어 주신 곳에
제가 들어가거든 맞아 주소서.
임께서 닫아거신 곳에
제가 두드리거든 열어 주소서.

임을 생각하고 싶습니다.
임을 이해하고 싶습니다.
임을 사랑하고 싶습니다.

이 모든 염원을 제 안에 키워 주소서.
임께서 저를 고쳐 놓으실 때까지
고쳐서 완성하실 때까지.[105]

---

[105] 『삼위일체론』 15,28,51: "(…) quantum potui, quantum me posse fecisti, quaesivi te, et desideravi intellectu videre quod credidi, et multum disputavi, et laboravi. Domine Deus meus, una spes mea, exaudi me, ne fatigatus nolim te quaerere, sed quaeram faciem tuam semper ardenter. Tu da quaerendi vires, qui inveniri te fecisti, et magis magisque inveniendi te spem dedisti. Coram te est firmitas et infirmitas mea; illam serva, istam sana. Coram te est scientia et ignorantia mea; ubi mihi aperuisti, suscipe intrantem; ubi calusisti, aperi pulsanti. Meminerim tui; intellegam te; diligam te. Auge in me ista, donec me reformes ad integrum."

## 참고문헌

### 1. 약어표

CCL = *Corpus Christianorum. Series Latina*, Turnhout 1954~ [라틴 그리스도교 문헌 전집].

CSEL = *Corpus Scriptorum Ecclesiasticorum Latinorum*, Wien 1866~ [라틴 교회 저술가 전집].

NBA = *Nuova Biblioteca Agostiniana*, Roma 1962~ [아우구스티누스 전집].

PL = *Patrologiae cursus completus. Series Latina*, J.-P. MIGNE (ed.), 221 vols., Paris 1841~1864 [라틴 교부 총서].

### 2. 아우구스티누스의 작품

* 아우구스티누스 저술 목록은 포시디우스 『아우구스티누스의 생애』 이연학 · 최원오 역주, 분도출판사 2008, 170-81 참조.

『고백록』*Confessiones*, CCL 27.

『그리스도교 교양』*De doctrina christiana*, CCL 32 [성염 역주, 분도출판사 1989].

『삼위일체론』*De Trinitate*, CCL 50-50/A.

『서간집』*Epistolae*, CSEL 34.44.57.58.88.

『설교집』*Sermones*, NBA 29-35,2.

『시편 상해』*Enarrationes in Psalmos*, CCL 38-40.

『신국론』*De civitate Dei*, CCL 47-48 [성염 역주, 분도출판사 2004].

『아카데미아 학파 반박』*Contra Academicos*, CCL 29.

『요한 서간 강해』*In Epistolam Ioannis ad Parthos tractatus*, NBA 24,2.

『음악론』*De musica*, PL 32.

『입문자 교리교육』*De cathechizandis rudibus*, CCL 46.

『재론고』*Retractationes*, CCL 57.

『참된 종교』*De vera religione*, CCL 32 [성염 역주, 분도출판사 1989].

『행복한 삶』*De beata vita*, CCL 29.

포시디우스 『아우구스티누스의 생애』*Vita Augustini*, PL 32 [이연학 · 최원오 역주, 분도출판사 2008].

### 3. 연구서와 연구 논문

교황 베네딕토 16세 회칙 『하느님은 사랑이십니다』(*Deus Caritas Est*) 한국천주교 중앙협의회 2006.

정달용 『그리스도교 철학 (상) 고대와 중세』 한국 중세철학연구소 엮음, 분도출판사 2000.

BAVEL, J.V., "Love", in: *Augustine through the Ages*, Cambridge 1999, 509-16.

CHADWICK, H., *Augustinus*, Oxford 1986 [『라틴 교부철학의 위대한 사상가 아우구스티누스』 김승철 옮김, 시공사 2001].

CLARK, M.T., *Augustine*, London 1994.

CONGAR, Y., "Aimer Dieu et les hommes par l'amour dont Dieu aime?", in: *Revue des Etudes Augustiniennes* 28 (1982) 86-99.

COURCELLE, P., *Recherches sur les Confessions de S. Augustin*, Paris 1950.

HILPERT, K., "Liebe", in: *Lexikon für Theologie und Kirche*, Bd. 6, Freiburg 1997, 908-20.

KLASSEN, W., "Love", in: *The Anchor Bible Dictionary*, vol. 4, New York 1992, 373-96.

KOSMAN, L.A., "Platonic Love", in: *Eros, Agape, and Philia. Readings in the Philosophy of Love*, New York 1989, 149-64.

LAMPÉ, G.W.H. (ed.), "agape", in: *A Patristic Greek Lexicon*, Oxford 1994, 7-8.

LOTZ, J.B., *Die Drei Stufen der Liebe – Eros, Philia, Agape*, Frankfurt 1971 [『사랑의 세 단계 — 에로스, 필리아, 아가페』, 심상태 옮김, 서광사 1984].

LOUTH, A., *The Origins of the Christian Mystical Tradition from Plato to Denys*, Oxford 1981 [『서양 신비 사상의 기원. 플라톤에서 디오니시우스까지』 배성옥 옮김, 분도출판사 2001].

NYGREN, A., *Eros und Agape. Gestaltswandlungen der christlichen Liebe*, Gütersloh 1937 [『아가페와 에로스』 고구경 옮김, 크리스챤다이제스트 1998].

O'DONOVAN, O., "Usus and Fruitio", in: *The Journal of Theological Studies* 33 (1982) 361-97.

PELLEGRINO, M., "Introduzione generale", in: *Nuova Biblioteca Agostiniana*, vol. 24, Roma 1974.

PICCOLOMINI, R. (ed.), *Sant'Agostino. La Filosofia antica*, Roma 1983.

PINCHERLE, A., *Vita di sant'Agostino*, Roma 1988².

PRAT, F., "La charité dans la Bible", in: *Dictionnaire de Spiritualité*, vol. II/1, Paris 1953, 508-9.

RIST, J.M., *Augustine: ancient thought baptized*, Cambridge 1996.

TRAPÈ, A., *Agostino. l'uomo, il pastore, il mistico*, Roma 2001.

VIGINI, G., *Sant'Agostino. L'avventura della gràzia e della carità*, Milano 2006.

WISCHMEYER, O., "Liebe IV" (Neues Testament), in: *Theologische Realenzyklopädie*, Bd. 21, Berlin 1991, 138-46.

AUGUSTINUS

# IN EPISTOLAM IOANNIS AD PARTHOS TRACTATUS

❧

아우구스티누스
# 요한 서간 강해

본문

# IN EPISTOLAM IOANNIS AD PARTHOS TRACTATUS

### Prologus

Meminit Sanctitas vestra Evangelium secundum Ioannem ex ordine lectionum nos solere tractare. Sed quia nunc interposita est sollemnitas sanctorum dierum, quibus certas ex Evangelio lectiones oportet in Ecclesia recitari, quae ita sunt annuae, ut aliae esse non possint; ordo ille quem susceperamus, necessitate paululum intermissus est, non amissus.

Cum autem cogitarem quid secundum hilaritatem praesentium dierum per hanc hebdomadam vobiscum de Scripturis agerem, quantum Dominus donare dignatur, quod posset in istis septem vel octo diebus finiri, occurrit mihi Epistola beati Ioannis: ut cuius Evangelium paululum intermisimus, eius Epistolam tractando ab

# 요 한 서 간 강 해

## 머리말

사랑하는 여러분, 우리는 그동안 늘 요한 복음을 순서대로 읽어 내려가며 강해해 왔다는 것을 기억하실 것입니다. 그러나 이제 장엄하고 거룩한 시기[1]가 시작되었고, 교회에서는 해마다 이 시기에 다른 본문으로 대체할 수 없도록 복음서의 특정 본문을 읽도록 마련하였습니다. 어쩔 수 없이 우리는 지금까지 진행해 온 강해 순서를 잠깐 중단하지만, 그렇다고 영 그만두는 것은 아닙니다.

저는 현 축제 시기의 기쁨에 어울리는 어떤 본문을 성경에서 뽑아 이 주간 동안 여러분과 함께 강해할까 생각해 보았습니다. 주님께서 선사해 주시는 만큼 이 칠팔 일 동안 끝낼 수 있는 것이 무엇일까 궁리하다가 복되신 요한의 편지가 떠올랐습니다. 요한의 복음서를 잠시 접어 두더라도, 요

---

[1] 부활 팔일 축제(Octava)를 일컫는다.

eo non recedamus; praesertim quia in ipsa Epistola satis dulci omnibus quibus sanum est palatum cordis, ubi sapiat panis Dei, et satis memorabili in sancta Ecclesia Dei, maxime Caritas commendatur. Locutus est multa, et prope omnia de Caritate. Qui habet in se unde audiat, necesse est gaudeat ad quod audit. Sic enim illi erit lectio ista, tamquam oleum in flamma; si est ibi quod nutriatur, nutritur, et crescit, et permanet. Item quibusdam sic esse debet, tamquam flamma ad fomitem; ut si non ardebat, accedente sermone accendatur. In quibusdam enim nutritur quod est, in quibusdam accenditur si deest; ut omnes in una caritate gaudeamus. Ubi autem caritas, ibi pax; et ubi humilitas, ibi caritas.

Iam ipsum audiamus; et ad eius verba, quae Dominus suggerit, etiam vobis ut bene intellegatis, loquamur.

한의 편지를 강해하면서 요한 복음사가와 멀어지지는 않을 것이기 때문입니다.[2] 무엇보다도 이 편지에서는 사랑을 특별히 찬양하고 있기 때문입니다. 사실 이 편지는 하느님의 빵 맛을 알 만큼 건강한 마음의 미각을 지닌 누구에게나 매우 달콤하거니와, 하느님의 거룩한 교회 안에서 넉넉히 기억할 만한 글이기도 합니다. 요한은 많은 말을 하고 있지만, 거의 모두가 사랑에 관한 말입니다. 들을 귀를 지닌 사람은 자기가 듣는 것에 관해서 기뻐하지 않을 수 없는 법입니다. 이런 사람에게 이 강해는 불에 끼얹는 기름과도 같을 것입니다. 그 사람 안에 자라나야 할 것이 있다면 이 강해로써 더 자라나고 커지고 영속할 것입니다. 어떤 이들에게 이 강해는 불쏘시개와 같아서, 아직 타오르지 않고 있었다면 이 강해로써 불붙게 될 것입니다. 불씨가 있는 사람에게는 불을 키워 주고, 불씨가 없는 사람에게는 불을 당겨 줄 것입니다. 그리하여 모두가 하나의 사랑 안에서 기뻐하게 될 것입니다. 사랑이 있는 곳에 평화가 있고, 겸손이 있는 곳에 사랑이 있습니다.

이제 요한의 말씀을 들어 봅시다. 저는 요한의 말씀에서 주님께서 일러 주시는 바를, 여러분이 잘 알아들으실 수 있도록 말씀드리겠습니다.

---

[2] 현대 성서신학의 통설과는 달리, 아우구스티누스는 요한 복음서와 요한 첫째 서간의 저자를 동일 인물, 곧 '애제자'요 '사도'인 요한이라 여기고 있다. 참조: 『요한 서간 강해』 2,9; 3, 13; 4,7; 5,1; 7,7; 8,4.10; 9,1.

## 요한의 첫째 서간 1,1-2,11

### 머리말: 생명의 말씀

1
**1** 처음부터 있어 온 것
우리가 들은 것
우리 눈으로 본 것
우리가 살펴보고 우리 손으로 만져 본 것,
이 생명의 말씀에 관하여 말하고자 합니다.
**2** 그 생명이 나타나셨습니다.
우리가 그 생명을 보고 증언합니다.
그리고 여러분에게 그 영원한 생명을 선포합니다.
영원한 생명은 아버지와 함께 계시다가
우리에게 나타나셨습니다.
**3** 우리가 보고 들은 것을
여러분에게도 선포합니다.
여러분도 우리와 친교를 나누게 하려는 것입니다.
우리의 친교는 아버지와
또 그 아드님이신 예수 그리스도와 나누는 것입니다.
**4** 우리의 기쁨이 충만해지도록
이 글을 씁니다.

### 빛 속에서 살아감

**5** 우리가 그분에게서 듣고 이제 여러분에게 전하는 말씀은 이것입니다. 곧 하느님은 빛이시며 그분께는 어둠이 전혀 없다는 것입니다. **6** 만일 우리가 하느님과 친교를 나눈다고 말하면서 어둠 속에서 살아간다면, 우리는 거짓말을 하는 것이고 진리를 실천하지 않는 것입니다. **7** 그러나 그분께서 빛 속에 계신 것처럼 우리도 빛 속에서 살아가면, 우리는 서로 친교를 나누게 되고, 그분의 아드님이신 예수님의 피가 우리를 모든 죄에서 깨끗하게 해 줍니다. **8** 만일 우리가 죄 없다고 말한다면, 우리는 자신을 속이는 것이고 우리 안에 진리가 없

는 것입니다. ⁹ 우리가 우리 죄를 고백하면, 그분은 성실하시고 의로우신 분이시므로 우리의 죄를 용서하시고 우리를 모든 불의에서 깨끗하게 해 주십니다. ¹⁰ 만일 우리가 죄를 짓지 않았다고 말한다면, 우리는 그분을 거짓말쟁이로 만드는 것이고 우리 안에 그분의 말씀이 없는 것입니다.

## 2

¹ 나의 자녀 여러분, 내가 여러분에게 이 글을 쓰는 까닭은 여러분이 죄를 짓지 않게 하려는 것입니다. 그러나 누가 죄를 짓더라도 하느님 앞에서 우리를 변호해 주시는 분이 계십니다. 곧 의로우신 예수 그리스도이십니다. ² 그분은 우리 죄를 위한 속죄 제물이십니다. 우리 죄만이 아니라 온 세상의 죄를 위한 속죄 제물이십니다.

### 사랑의 계명 준수

³ 우리가 하느님의 계명을 지키면, 그것으로 우리가 그분을 알고 있음을 알게 됩니다. ⁴ "나는 그분을 안다." 하면서 그분의 계명을 지키지 않는 자는 거짓말쟁이고, 그에게는 진리가 없습니다. ⁵ 그러나 누구든지 그분의 말씀을 지키면, 그 사람 안에서는 참으로 하느님 사랑이 완성됩니다. 그것으로 우리가 그분 안에 있음을 알게 됩니다. ⁶ 그분 안에 머무른다고 말하는 사람은 자기도 그리스도께서 살아가신 것처럼 그렇게 살아가야 합니다.
⁷ 사랑하는 여러분, 내가 여러분에게 써 보내는 것은 새 계명이 아니라, 여러분이 처음부터 지녀 온 옛 계명입니다. 이 옛 계명은 여러분이 들은 그 말씀입니다. ⁸ 그러면서도 내가 여러분에게 써 보내는 것은 새 계명입니다. 그것은 그리스도께도 또 여러분에게도 참된 사실입니다. 어둠이 지나가고 이미 참빛이 비치고 있기 때문입니다. ⁹ 빛 속에 있다고 말하면서 자기 형제를 미워하는 사람은 아직도 어둠 속에 있는 자입니다. ¹⁰ 자기 형제를 사랑하는 사람은 빛 속에 머무르고, 그에게는 걸림돌이 없습니다. ¹¹ 그러나 자기 형제를 미워하는 자는 어둠 속에 있습니다. 그는 어둠 속에서 살아가면서 자기가 어디로 가는지 모릅니다. 어둠이 그의 눈을 멀게 하였기 때문입니다.

## Tractatus 1

**1.** *Quod erat ab initio, quod audivimus, et quod vidimus oculis nostris, et manus nostrae tractaverunt de Verbo vitae.* Quis est qui manibus tractat Verbum, nisi quia: *Verbum caro factum est, et habitavit in nobis?* Hoc autem Verbum quod caro factum est, ut manibus tractaretur, coepit esse caro ex virgine Maria: sed non tunc coepit Verbum, quia *quod erat ab initio dixit.* Videte si non adtestatur Epistola sua Evangelio suo, ubi modo audistis: *In principio erat Verbum, et Verbum erat apud Deum.* Forte de *Verbo vitae* sic quisque accipiat quasi locutionem quamdam de Christo, non ipsum corpus Christi quod manibus tractatum est. Videte quid sequatur: *Et ipsa vita manifestata est.* Christus ergo Verbum vitae. Et unde manifestata est? Erat enim ab initio; sed non erat manifestata hominibus; manifestata autem erat angelis videntibus, et tamquam pane suo cibantibus. Sed quid ait Scriptura? *Panem angelorum manducavit homo.* Ergo manifestata est ipsa vita in carne; quia in manifestatione posita est, ut res quae solo corde videri potest, videretur et oculis, ut corda sanaret. Solo enim corde videtur Verbum: caro autem et oculis corporalibus videtur. Erat unde videremus carnem,

---

1 굵은 글씨는 아우구스티누스가 강해하는 요한 서간 구절이다. 성경 구절의 우리말 번역은 한국 천주교 주교회의가 발간한 『성경』(한국천주교중앙협의회 2005)을 따랐으나, 라틴어 본문과 심각한 차이가 있을 경우 라틴어에서 직접 번역하고 각주에 『성경』의 번역을 병기했다. 같은 성경 구절의 일부 혹은 전부가 한 면에 두 번 이상 인용될 때는 출처를 처음 한 번만 밝혔다.

## 첫째 강해

**1.** "처음부터 있어 온 것 우리가 들은 것 우리 눈으로 본 것 우리가 살펴보고 우리 손으로 만져 본 것, 이 생명의 말씀에 관하여 말하고자 합니다"(1요한 1,1).[1] "말씀이 사람이 되시어 우리 가운데 사셨습니다."[2] 그렇지 않고서야 누가 말씀을 손으로 만져 볼 수 있겠습니까? 손으로 만져 볼 수 있도록 사람이 되신 이 말씀은, 동정녀 마리아에게서 사람이 되기 시작하셨습니다. 그러나 말씀이 시작되신 것은 그때가 아닙니다. 요한은 그 말씀이 "**처음부터 있어 온 것**"이라고 말했기 때문입니다. 요한 서간의 말씀이 여러분이 방금 들은 요한 복음서의 말씀, 곧 "한처음에 말씀이 계셨다. 말씀은 하느님과 함께 계셨다"[3]라는 말로써 어떻게 확증되는지 보십시오. "**생명의 말씀**"이란 손으로 만질 수 있었던 그리스도의 몸 자체가 아니라, 그저 그리스도에 대한 막연한 표현으로 받아들이는 사람이 있을지도 모르겠습니다. 이어지는 말씀을 보십시오. "**그 생명이 나타나셨습니다**"(1요한 1,2). 그러므로 그리스도는 생명의 말씀이십니다. 이 생명이 어떻게 나타나셨습니까? '**처음부터 있어 왔습니다**'(1요한 1,1 참조). 그러나 사람에게는 나타나지 않으셨고, 생명을 관상하며 그 생명을 자기네 빵으로 먹던 천사들에게 나타나셨습니다. 그러나 성경은 뭐라고 했습니까? "천사들의 빵을 사람이 먹었다."[4] 마침내 생명 자체가 육신 안에 나타나신 것입니다. 그것은 오직 마음으로만 볼 수 있었던 실재를 눈으로도 보게 함으로써, 마음을 낫게 하려는 까닭이었습니다. 말씀은 마음으로만 뵐 수 있습니다. 그러나 육안으로는 육신만 볼 수 있습니다. 우리는 육신은 볼 수 있었으나 말씀을 뵐 도

---

[2] 요한 1,14.  [3] 요한 1,1.  [4] 시편 77,25.

sed non erat unde videremus Verbum: *factum est Verbum caro,* quam videre possemus, ut sanaretur in nobis unde Verbum videremus.

**2.** *Et vidimus, et testes sumus.* Forte aliqui fratrum nesciunt, qui graece non norunt, quid sint *testes* graece. Et usitatum nomen est omnibus et religiosum; quos enim *testes* latine dicimus, graece *martyres* sunt. Quis autem non audivit martyres, aut in cuius christiani ore non quotidie habitat nomen martyrum? Atque utinam sic habitet et in corde, ut passiones martyrum imitemur, non eos calcibus persequamur. Ergo hoc dixit: *Vidimus, et testes sumus:* vidimus, et martyres sumus. Testimonium enim dicendo ex eo quod viderunt, et testimonium dicendo ex eo quod audierunt ab his qui viderunt, cum displiceret ipsum testimonium hominibus adversus quos dicebatur, passi sunt omnia quae passi sunt martyres. Testes Dei sunt martyres. Deus testes habere voluit homines, ut et homines habeant testem Deum.

*Vidimus,* inquit, *et testes sumus.* Ubi viderunt? In manifestatione. Quid est, in manifestatione? in sole, id est in hac luce. Unde autem potuit videri in sole qui fecit solem, nisi quia *in sole posuit taber-*

---

5 「성경」: "우리가 … 보고 증언합니다."
6 당시 북아프리카에서는 라틴어만 통용되었고, 교양 학술 언어였던 그리스어에 정통한 사람은 많지 않았다. 아우구스티누스는 그리스어에 익숙하지 않은 청중들을 위하여 그리스

리가 없었습니다. 그래서 '말씀이 사람이 되셨고', 우리는 이분을 뵐 수 있게 되었습니다. 그리하여 말씀을 뵈옵는 우리 안에서 [마음이] 치유되었습니다.

2. **"우리가 보았고 우리가 증인입니다"**(1요한 1,2).[5] 아마도 형제들 가운데 그리스어를 모르는 어떤 분들은 '증인'testes이 그리스어로 무엇인지 모르실 것입니다. 그런데 이 낱말은 모두가 흔히 쓰고 있으며 종교적인 뜻을 지니고 있습니다. 우리가 라틴어로 '증인'testes이라고 일컫는 말은 그리스어로는 '마르티레스'*martyres*(증인)입니다.[6] [라틴어] '순교자들'martyres이라는 말을 듣지 못했거나, '순교'martyrum라는 말을 날마다 입에 올리며 살지 않는 그리스도인이 어디 있겠습니까? 부디 이 낱말이 마음에 새겨져, 우리가 순교자들의 수난을 짓밟지 않고 본받게 되기를 바랍니다. 그래서 요한은 **"우리가 보았고 우리가 증인입니다"**라고 말한 것입니다. 즉, 우리가 눈으로 보았고 우리가 '순교자들'입니다. 그들은 본 것을 증언하였고, 본 사람에게서 들은 것을 증언하였습니다. 증언 자체가 듣는 사람들의 마음에 들지 않기 때문에, 그들은 순교자들이 겪은 모든 고통을 다 겪었습니다. 하느님의 증인들은 순교자들입니다. 하느님께서 사람을 증인으로 삼고자 하신 것은, 사람이 하느님을 증인으로 모시게 하려는 것입니다.

**"우리가 보았고 우리가 증인입니다."** 그들은 어디서 보았습니까? 나타남 안에서입니다. 나타남 안에서란 무엇입니까? 해, 곧 이 빛 안에서라는 말입니다. 그러나 '그분께서 해 안에 당신 천막을 치시지 않고서야, 또 해

---

어 '마르티레스'(*martyres*)의 의미를 라틴어와 연계하여 설명하고 있다. '마르티레스'는 그리스어로는 '증인'이라는 뜻이지만, 라틴어로는 '순교자들'(martyr의 복수형 martyres)이라는 뜻이 된다. 아우구스티누스의 수사학적 기교가 돋보이는 대목이다.

*naculum suum, et ipse tamquam sponsus procedens de thalamo suo, exsultavit ut gigas ad currendam viam?* Ille ante solem qui fecit solem, ille ante luciferum, ante omnia sidera, ante omnes angelos, verus creator, – quia *omnia per ipsum facta sunt, et sine ipso factum est nihil* –, ut videretur oculis carneis qui solem vident; ipsum tabernaculum suum in sole posuit, id est carnem suam in manifestatione huius lucis ostendit; et illius sponsi thalamus fuit uterus virginis, quia in illo utero virginali coniuncti sunt duo, sponsus et sponsa, sponsus Verbum et sponsa caro; quia scriptum est: *Et erunt duo in carne una;* et Dominus dicit in Evangelio: *Igitur iam non duo, sed una caro.* Et Isaias optime meminit unum esse ipsos duos: loquitur enim ex persona Christi, et dicit: *Sicut sponso imposuit mihi mitram, et sicut sponsam ornavit me ornamento.* Unus videtur loqui, et sponsum se fecit et sponsam se fecit; quia non duo, sed una caro: quia *Verbum caro factum est, et habitavit in nobis.* Illi carni adiungitur Ecclesia, et fit Christus totus, caput et corpus.

**3.** *Et testes,* inquit, *sumus; et adnuntiamus vobis vitam aeternam, quae erat apud Patrem, et manifestata est in nobis,* hoc est, mani-

---

7 시편 18,5-6 참조.   8 요한 1,3.   9 창세 2,24.
10 마태 19,6.   11 이사 61,10 참조.
12 요한 1,14. 『성경』은 "육신"을 "사람"으로 옮김.
13 "여러분은 그리스도의 몸이고 한 사람 한 사람이 그 지체입니다"(1코린 12,27)라는 바오로 신비체 개념을 바탕으로 한, 아우구스티누스의 '전체 그리스도'(totus Christus) 교회론

가 자기 신방에서 나오는 신랑처럼, 길을 달리는 용사처럼 기뻐하지 않고 서야?[7] 어떻게 해를 만드신 분을 해 안에서 뵈올 수 있겠습니까? 해를 만드신 그분은 해보다 먼저 계십니다. 새벽별보다 먼저 계시고, 온갖 별보다 먼저 계시며, 모든 천사들보다 먼저 계시는 참 창조주이십니다. "모든 것은 그분을 통하여 생겨났고, 그분 없이 생겨난 것은 하나도 없기 때문입니다."[8] 해를 보는 우리 육안이 그분을 뵐 수 있도록, 그분은 해 속에 당신 천막을 치셨습니다. 곧, 당신 육신을 이 빛 안에서 보여 주신 것입니다. 그 신랑의 신방은 바로 동정녀의 태중이었습니다. 동정녀의 태중에서 말씀이신 신랑과 육신인 신부, 둘이 하나로 결합되었습니다. 그래서 "둘이 한 몸이 된다"[9]고 성경에 기록되어 있습니다. 또 주님께서도 복음서에서 "그들은 이제 둘이 아니라 한 몸이다"[10]라고 하셨습니다. 이 둘이 어떻게 하나가 되는지는 이사야 예언자가 훌륭하게 일깨워 주었습니다. 그는 그리스도에 관하여 말하면서, '신랑처럼 나에게 관을 씌워 주시고 신부처럼 나를 꾸며 주셨다'[11]라고 했습니다. 한 사람이 말하는 것처럼 보이지만, 그는 신랑도 되고 신부도 됩니다. 둘이 아니라 한 몸이기 때문입니다. "말씀이 육신이 되시어 우리 가운데 사셨기 때문입니다."[12] 이 육신에 교회가 결합되어, 머리이며 (동시에) 몸이신 그리스도, 곧 '전체 그리스도'가 됩니다.[13]

**3.** "우리가 증인입니다. 그리고 여러분에게 그 영원한 생명을 선포합니다. 영원한 생명은 아버지와 함께 계시다가 우리 안에in nobis[14] 나타나셨습니

---

이다. 그리스도는 교회의 머리이실 뿐 아니라, 동시에 몸이시라는 것이다. 교회는 '머리이며 몸이신 그리스도'(Christus caput et corpus), 곧 '전체 그리스도'이기에, 하느님 백성인 우리는 그리스도의 인격에 온전히 참여하고, 그리스도는 교회 구성원 한 사람 한 사람과 더불어 당신 교회를 완성하신다는 것이다. 아우구스티누스 『설교집』 341,9.11 참조.
 14 『성경』: "우리에게."

festata est inter nos; quod apertius diceretur, manifestata est nobis. *Quae ergo vidimus et audivimus, nuntiamus vobis.* Intendat Caritas vestra: *Quae ergo vidimus et audivimus, nuntiamus vobis.* Illi viderunt ipsum Dominum praesentem in carne, et audierunt verba ex ore Domini, et adnuntiaverunt nobis. Et nos ergo audivimus, sed non vidimus. Minus ergo sumus felices quam illi qui viderunt et audierunt? Et quomodo adiungit: *Ut et vos societatem habeatis nobiscum?* Illi viderunt, nos non vidimus, et tamen socii sumus; quia fidem communem tenemus. Nam et quidam videndo non credidit, et palpare voluit, et sic credere, et ait: *Non credam nisi digitos meos misero in locum clavorum, et cicatrices eius tetigero.* Et praebuit se ex tempore palpandum manibus hominum, qui semper se praebet videndum aspectibus angelorum; et palpavit ille discipulus et exclamavit: *Dominus meus et Deus meus.* Quia tetigit hominem, confessus est Deum. Et Dominus consolans nos qui ipsum iam in caelo sedentem manu contrectare non possumus, sed fide contingere, ait illi: *Quia vidisti, credidisti; beati qui non vident et credunt.* Nos descripti sumus, nos designati sumus. Fiat ergo in nobis beatitudo quam Dominus praedixit futuram: firme teneamus quod non videmus; quia illi nuntiant qui viderunt. *Ut et vos,* inquit, *societatem habeatis nobiscum.* Et quid magnum societatem habere

---

[15] 요한 20,25.
[16] 요한 20,28.
[17] 요한 20,29.

다"(1요한 1,2). '우리 가운데'inter nos 나타나신 것입니다. 더 정확히 말해서 '우리에게'nobis 나타나신 것입니다. 그래서 **"우리가 보고 들은 것을 여러분에게도 선포합니다"**(1요한 1,3). 사랑하는 여러분, 주의 깊게 들어 보십시오. **"우리가 보고 들은 것을 여러분에게도 선포합니다."** 그들은 육신 안에 현존하는 주님을 직접 뵈었고, 주님의 입에서 나오는 말씀을 직접 들어 우리에게 선포한 것입니다. 그러나 우리는 듣기는 했지만 보지는 못했습니다. 그래서 우리가 직접 보고 들은 사람들보다 덜 행복하다는 것입니까?

그렇다면 어떻게 **"여러분도 우리와 친교를 나누게 하려는 것입니다"**(1요한 1,3)라고 덧붙일 수 있었겠습니까? 그들은 보았고 우리는 못 보았지만, 우리는 친교를 나누고 있습니다. 우리는 같은 믿음을 지니고 있기 때문입니다. 실제로 어떤 이는 보면서도 믿지 않았고, 만져 보기를 원했고, 그래야 믿겠다면서 "나는 그분의 손에 있는 못 자국을 직접 보고 그 못 자국에 내 손가락을 넣어 보고 또 그분 옆구리에 내 손을 넣어 보지 않고는 결코 믿지 못하겠소"[15] 하고 말하였습니다. 언제나 천사들이 우러러뵙도록 허락하시는 그분께서는 인간의 손이 당신을 만지도록 잠시 허락하셨습니다. 그 제자는 그분을 만져 보고서야 "저의 주님, 저의 하느님"[16] 하며 외쳤습니다. 사람을 만지고 하느님을 고백한 것입니다. 이미 하늘에 앉아 계시는 분을 손으로 만져 볼 수는 없고 다만 믿음으로써 그분께 다다를 수밖에 없는 우리를 위로하시고자, 주님께서는 그 제자에게 "너는 나를 보고서야 믿느냐? 보지 않고도 믿는 사람은 행복하다"[17]라고 말씀하셨습니다. 이는 우리를 두고 묘사되고 일컬어진 말씀입니다. 그러니 주님께서 앞날을 내다보며 말씀하신 이 행복이 우리에게서 이루어지기를 바랍니다. 우리는 보지 못한 것을 굳게 믿읍시다. 본 사람들이 선포하고 있기 때문입니다. **"여러분도 우리와 친교를 나누게 하려는 것입니다."** 사람들과 친교를 나누는

cum hominibus? Noli contemnere; vide quid addat: *Et societas nostra sit cum Deo Patre, et Iesu Christo Filio eius. Et haec*, inquit, *scribimus vobis, ut gaudium vestrum sit plenum.* Plenum gaudium dicit in ipsa societate, in ipsa caritate, in ipsa unitate.

**4.** *Et haec est adnuntiatio quam audivimus ab eo, et adnuntiamus vobis.* Quid est hoc? Ipsi viderunt, contrectaverunt manibus Verbum vitae: ab initio erat, ad tempus visibilis et palpabilis factus est unicus Filius Dei. Ad quam rem venit, vel quid nobis novum nuntiavit? Quid docere voluit? Quare fecit hoc quod fecit, ut Verbum caro fieret, ut Deus super omnia indigna ab hominibus pateretur, ut alapas eorum sustineret de manibus quas ipse formavit? Quid voluit docere? quid voluit ostendere? quid voluit adnuntiare? Audiamus: nam sine fructu praecepti, auditio rei gestae, quia natus est Christus, et quia passus est Christus, avocamentum mentis est, non firmamentum. Quid magnum audis? quo fructu audis, vide. Quid voluit docere? quid adnuntiare? Audi: *Quia Deus lux est,* inquit, *et tenebrae in eo non sunt ullae.* Adhuc lucem quidem nominavit, sed obscura sunt verba: bonum est nobis ut ipsa lux quam nominavit, illustret corda nostra, et videamus quid dixit. Hoc est quod adnun-

것이 뭐 그리 대단합니까? 하찮게 여기지 마시고 요한이 어떤 말을 덧붙이는지 보십시오. **"우리의 친교는 아버지와 또 그 아드님이신 예수 그리스도와 나누는 것입니다. 우리의 기쁨이 충만해지도록 이 글을 씁니다"**(1요한 1,3-4). 이 충만한 기쁨은 바로 이 친교에, 이 사랑에, 이 일치에 있다고 요한은 말합니다.

**4.** **"우리가 그분에게서 듣고 이제 여러분에게 전하는 말씀은 이것입니다"** (1요한 1,5). 무슨 말씀입니까? 그들은 생명의 말씀을 보고 손으로 만졌다는 것입니다. 한처음부터 계셨던 분, 시간 안에서 볼 수 있고 만질 수 있게 되신 하느님의 외아드님을 만졌다는 것입니다. 그분은 무슨 일 때문에 오셨고, 또 우리에게 무슨 새로운 것을 선포하셨습니까? 무엇을 가르치고자 하셨습니까? 그분께서 이렇게 행하신 것은 도대체 무슨 까닭입니까? 말씀이신 그분께서는 왜 사람이 되셨으며, 하느님이신 그분께서 왜 사람들에게 온갖 모욕을 겪으셨고, 당신 몸소 빚어내신 손에 수모를 당하신 것은 무슨 까닭일까요? 무엇을 가르쳐 주시려는 것이었습니까? 무엇을 보여 주시려는 것이었습니까? 무엇을 선포하시려는 것이었습니까? 들어 봅시다. 우리가 그리스도의 탄생과 수난의 행적에 대해 듣고도 가르침의 열매를 얻지 못한다면, 그것은 힘이 되기보다는 한낱 분심거리에 지나지 않습니다. 여러분은 어떤 위대한 가르침을 듣고 계십니까? 어떤 열매로부터 듣고 있는지 살펴보십시오. 그분은 무엇을 가르치고 싶어 하십니까? 또 무엇을 선포하기를 원하십니까? 들어 보십시오. **"하느님은 빛이시며 그분께는 어둠이 전혀 없습니다"**(1요한 1,5; 참조: 요한 8,12). 요한은 아직도 빛에 관하여 말하기는 하지만, 그 말씀은 그리 분명하지 않습니다. 요한이 말하는 빛 자체가 우리 마음을 비추어 그가 말한 것을 알아듣게 해 주셨으면 좋겠습니다. 우

tiamus: *quia Deus lux est, et tenebrae in eo non sunt ullae.* Quis enim auderet dicere quia in Deo sunt tenebrae? Aut quid est ipsa lux? aut quid sunt tenebrae? ne forte talia dicat, quae ad oculos istos nostros pertineant. *Deus lux est,* ait nescio quis, et sol lux est, et luna lux est, et lucerna lux est. Aliquid debet esse longe his maius, longe praestantius, longeque supereminentius. Quantum Deus a creatura, quantum conditor a conditione, quantum sapientia ab eo quod factum est per sapientiam, longe ultra omnia debet esse lux ista. Et forte vicini ei erimus, si quae sit lux ista cognoverimus, et ad eam nos applicaverimus, ut ex ipsa illuminemur; quia in nobis tenebrae sumus, et ab illa illuminati possumus esse lux, et non confundi de illa, quia de nobis confundimur. Quis est qui de se confunditur? qui se cognoscit peccatorem. Quis de illa non confunditur? qui ab illa illuminatur. Quid est ab illa illuminari? qui iam videt se peccatis tenebrari, et cupit ab illa illuminari, accedit ad illam: unde dicit psalmus: *Accedite ad eum, et illuminamini; et vultus vestri non erubescent.* Sed non erubesces de illa, si, quando tibi te foedum ostenderit, displiceat tibi foeditas tua, ut percipias pulchritudinem illius. Hoc est quod vult docere.

---

18 시편 33,6 참조.

리가 선포하는 것은 이것입니다. "**하느님은 빛이시며 그분께는 어둠이 전혀 없습니다**"(1요한 1,5). 누가 감히 하느님께 어둠이 있다고 말하겠습니까? "이 빛은 도대체 무엇이고 또 어둠은 무엇인가"라고 우리 육안에나 어울릴 법한 그런 질문 따위는 하지 마십시오. '**하느님은 빛이십니다**'라고 할 때, 어떤 누군가는 해도 빛이요, 달도 빛이요, 등불도 빛이라고 말할지도 모릅니다. 그러므로 하느님의 빛은 이것들보다 더 크고, 더 뛰어나고, 더 탁월한 그 무엇이어야 합니다. 하느님께서 피조물보다 높으시고, 창조하신 분께서 창조된 것보다 높으시며, 지혜 자체가 그 지혜를 통해 만들어진 것보다 높은 것같이, 이 빛은 다른 모든 빛들보다 탁월해야 한다는 것입니다. 그 빛이 어떤지 알게 된다면, 아마도 우리는 그 빛 가까이 있게 될 것이고, 우리가 그 빛으로 빛날수록 빛에 다가갈 것입니다. 우리 안에서 우리는 어둠이지만, 그 빛을 받으면 우리도 빛이 될 수 있습니다. 이렇게 되면 빛 때문에 부끄러워하는 것이 아니라, 우리 자신에 대하여 부끄러워하게 됩니다. 자기 스스로 부끄러워하는 사람은 누구입니까? 자신을 죄인으로 인식하는 사람입니다. 빛 때문에 부끄러워하지 않는 사람은 누구입니까? 빛으로 밝혀진 사람입니다. 빛으로 밝혀진다는 것은 또 무엇입니까? 자신이 죄로 어두워져 있다는 것을 알고, 빛으로 밝아지기를 바라면서 그 빛을 향하여 나아가는 것입니다. 그래서 시편에서는 "주님께 가까이 가라. 그러면 너희가 밝아지고 너희 얼굴에 부끄러움이 없으리라"[18]고 노래하고 있습니다. 이 빛이 그대의 추한 모습을 보여 줄 때 그 추한 꼴을 싫어하게 된다면, 그대는 빛 때문에 부끄러워하지 않고, 오히려 그 빛의 아름다움을 알아차리게 될 것입니다. 이것이 바로 그분께서 우리에게 가르쳐 주시려는 바입니다.

**5.** Et fortasse praepropere illud nos dicimus? Ipse hoc manifestet in consequentibus. Mementote in principio sermonis nostri, quia Epistola ista caritatem commendat: *Deus lux est,* inquit, *et tenebrae in eo non sunt ullae.* Et quid superius dixerat? *Ut societatem habeatis nobiscum, et societas nostra sit cum Deo Patre et Filio eius Iesu Christo.* Porro si Deus lux est, et tenebrae in eo non sunt ullae, et societatem cum illo habere debemus; et a nobis pellendae sunt tenebrae, ut fiat in nobis lux; nam tenebrae cum luce societatem habere non possunt; ideo vide quid sequatur: *Quod si dixerimus quia societatem habemus cum eo, et in tenebris ambulamus, mentimur.* Habes et apostolum Paulum dicentem: *Aut quae societas luci ad tenebras?* Dicis te societatem habere cum Deo, et in tenebris ambulas; et *Deus lux est, et tenebrae in eo non sunt ullae:* quomodo ergo est societas luci et tenebris?

Iam ergo dicat sibi homo: Quid faciam? unde ero lux? In peccatis et in iniquitatibus vivo. Quasi subrepit quaedam desperatio et tristitia. Salus nulla est, nisi in societate Dei. *Deus lux est, et tenebrae in eo non sunt ullae.* Peccata autem tenebrae sunt, sicut dicit Apostolus diabolum et angelos eius rectores tenebrarum harum esse. Non diceret rectores tenebrarum, nisi rectores peccatorum, dominatores iniquorum. Quid ergo facimus, fratres mei? Societas cum

---

[19] 2코린 6,14.
[20] 에페 6,12 참조.

**5.** 우리가 요한의 생각을 앞질러 해석해 가는 것일까요? 요한은 이를 다음 구절에서 잘 설명하고 있습니다. 우리 강해의 첫머리에서 말씀드린 것처럼, 요한의 편지는 사랑을 독려하고 있다는 점을 기억하십시오. "**하느님은 빛이시며 그분께는 어둠이 전혀 없습니다**"(1요한 1,5)라고 했습니다. 앞에서 뭐라고 말했던가요? "**우리의 친교는 아버지와 또 그 아드님이신 예수 그리스도와 나누는 것입니다**"(1요한 1,3)라고 했습니다. 그런데 하느님이 빛이시요, 그분께는 어둠이 전혀 없다면, 또 우리가 그분과 친교를 나누어야 한다면, 우리 안에 빛이 펼쳐질 수 있도록 우리에게서 어둠이 물러가야 합니다. 어둠이 빛과 친교를 나눌 수는 없기 때문입니다. 다음 구절을 보십시오, "**만일 우리가 하느님과 친교를 나눈다고 말하면서 어둠 속에서 살아간다면, 우리는 거짓말을 하는 것입니다**"(1요한 1,6). 바오로 사도도 같은 말을 했습니다. "빛이 어떻게 어둠과 사귈 수 있겠습니까?"[19] 그대는 어둠 속에서 살아가면서도 하느님과 친교를 나눈다고 말합니다. "**하느님은 빛이시며 그분께는 어둠이 전혀 없습니다.**" 그러니 어찌 빛과 어둠이 한데 어울리겠습니까?

그렇다면 인간은 스스로 이렇게 물을 일입니다. '무엇을 해야 할까? 죄와 불법 속에 살아가고 있는 내가 어떻게 빛이 될까?' 이리하여 절망과 슬픔 같은 것이 파고듭니다. 하느님과 친교를 나누지 않고서는 구원이란 없습니다. "**하느님은 빛이시며 그분께는 어둠이 전혀 없습니다.**" 그러나 죄는 어둠입니다. 그것은 바오로 사도가 말하는 악령과 그 졸개들과 어두운 세계의 지배자들입니다.[20] 그들이 죄의 두목이나 불법의 두목이 아니라면 어두운 세계의 지배자라고 부르지는 않았을 것입니다. 나의 형제 여러분, 그렇다면 어떻게 해야 하겠습니까? 하느님과 친교를 나누어야 합니다. 그

Deo habenda est, alia spes vitae aeternae nulla est: *Deus autem lux est, et tenebrae in eo sunt nullae:* iniquitates autem tenebrae sunt; iniquitatibus premimur, ne societatem cum Deo habere possimus: quae ergo spes? Nonne promiseram me aliquid locuturum istis diebus quod gaudium faciat? Quod si non exhibeo, tristitia est ista. *Deus lux est, et tenebrae in eo non sunt ullae;* peccata tenebrae sunt: quid erit nobis?

Audiamus ne forte consoletur, erigat, det spem, ne deficiamus in via. Currimus enim, et ad patriam currimus; et si nos perventuros desperamus, ipsa desperatione deficimus. Ille autem qui nos vult pervenire, ut conservet in patria, pascit in via. Audiamus ergo: *Quod si dixerimus quia societatem habemus cum eo, et in tenebris ambulamus; mentimur, et non facimus veritatem.* Non dicamus quia societatem cum illo habemus, si in tenebris ambulamus. *Quod si in lumine ambulamus, sicut et ipse est in lumine; societatem habemus cum invicem.* In lumine ambulemus, sicut et ipse est in lumine, ut possimus societatem habere cum illo. Et quid facimus de peccatis? Audi quid sequitur: *Et sanguis Iesu Christi Filii eius purgabit nos ab omni delicto.* Magnam securitatem dedit Deus. Merito Pascha celebramus, ubi fusus est sanguis Domini, quo purgamur ab omni delicto. Simus securi: cautionem contra nos servitutis diabolus te-

---

21 『성경』: "살아간다면."
22 『성경』: "살아간다면."
23 『성경』: "예수님."

렇지 않고는 영원한 생명에 대한 다른 희망은 전혀 없습니다. 그러나 "**하느님은 빛이시며 그분께는 어둠이 전혀 없습니다**"(1요한 1,5). 그러나 죄악은 어둠입니다. 죄악은 우리를 짓누르고 하느님과 친교를 나누지 못하게 합니다. 도대체 무슨 희망이 있습니까? 저는 요즈음 기쁨을 주는 것에 관하여 말씀드리겠노라고 약속드리지 않았습니까? 그런데도 제가 그 약속을 지키지 못한다면 이것이야말로 슬픈 일입니다. "**하느님은 빛이시며 그분께는 어둠이 전혀 없습니다.**" 죄는 어둠이니, 우리는 어찌 되는 것입니까?

우리가 길을 가다가 지쳐 쓰러지지 않도록 우리를 위로하고 일으켜 주고 희망을 주는 말씀이 있는지 들어 봅시다. 지금 우리는 달려가고 있습니다. 본향을 향해 달리고 있습니다. 거기에 도달할 희망이 없다면, 이 절망 때문에 우리는 지쳐 쓰러지고 맙니다. 그러나 우리가 천국 본향에서 안전할 수 있도록 무사히 도착하기를 바라시는 그분은 나그넷길에서 우리를 먹여 주십니다. 그러니 다음 구절을 들어 봅시다. "**우리가 하느님과 친교를 나눈다고 말하면서 어둠 속에서 걸어간다면**[21], **우리는 거짓말을 하는 것이고 진리를 실천하지 않는 것입니다**"(1요한 1,6). 우리가 어둠 속에서 걸어간다면 친교를 나눈다고 말하지 맙시다. "**그러나 그분께서 빛 속에 계신 것처럼 우리도 빛 속에서 걸어가면**[22], **우리는 서로 친교를 나누게 됩니다**" (1요한 1,7). 하느님께서 빛 속에 계신 것처럼 우리도 빛 속에서 걸어갑시다. 그러면 우리는 하느님과 친교를 나눌 수 있습니다. 죄는 어떻게 할 것입니까? 이어지는 말씀을 들어 보십시오. "**그분의 아드님이신 예수 그리스도**[23] **의 피가 우리를 모든 죄에서 깨끗하게 해 줍니다**"(1요한 1,7; 참조: 히브 9,14). 하느님께서는 커다란 보증을 주셨습니다. 그러므로 주님께서 피를 쏟으셔서 우리의 모든 죄를 깨끗이 씻어 주시는 파스카 축제를 거행하는 것은 참으로 마땅한 일입니다. 안심합시다. 마귀가 차지하고 있던 우리의 노예 신

nebat, sed sanguine Christi deleta est. *Sanguis,* inquit: *Filii eius purgabit nos ab omni delicto.* Quid est *ab omni delicto?* Adtendite: Ecce iam in nomine Christi per sanguinem eius, quem nunc confessi sunt isti qui appellantur *infantes,* mundata sunt omnia peccata ipsorum. Veteres intraverunt, novi exierunt. Quid est: veteres intraverunt, novi exierunt? Senes intraverunt, infantes exierunt. Senectus enim veternosa, vetusta vita: infantia autem regenerationis, nova vita. Sed quid facimus? Praeterita peccata donata sunt, non tantum ipsis, sed et nobis; et post donationem et abolitionem omnium peccatorum vivendo in hoc saeculo inter tentationes, quaedam forte contracta sunt. Ideo quod potest homo faciat; ipse confiteatur quod est, ut ab illo curetur qui semper est quod est: ipse enim semper erat, et est; nos non eramus et sumus.

**6.** Vide enim quid dicat: *Quod si dixerimus quia peccatum non habemus, nosmetipsos seducimus, et veritas in nobis non est.* Ergo si te confessus fueris peccatorem, est in te veritas: nam ipsa veritas lux est. Nondum perfecte splenduit vita tua, quia insunt peccata; sed tamen iam illuminari coepisti, quia inest confessio peccatorum. Vide enim quid sequatur: *Quod si confessi fuerimus delicta nostra, fidelis est et iustus, ut dimittat nobis delicta nostra, et purget nos ex omni iniquitate.* Non tantum praeterita, sed et si qua forte contraximus ex hac vita; quia non potest homo quamdiu carnem portat, nisi

분은 그리스도의 피로써 사라졌습니다. 그래서 요한은 "**그분의 아드님의 피가 우리를 모든 죄에서 깨끗하게 해 준다**"(1요한 1,7 참조)고 했습니다. '모든 죄에서'란 무슨 뜻입니까? 잘 들어 보십시오. '갓난아기'라고 불린 이들이 이제 막 그리스도에 대한 신앙을 고백했으니, 이미 그분의 이름으로, 또 그분의 피를 통하여 그들의 모든 죄가 깨끗해졌습니다. 낡은 인간으로 들어왔지만 새로운 인간으로 나갔습니다. 무슨 뜻입니까? 늙은이로 들어왔다가 갓난아기로 나갔다는 말입니다. 기력 없는 노인은 옛 생명이고 다시 태어난 아기는 새 생명입니다. 그러나 우리는 무엇을 할까요? 그들뿐 아니라 우리도 지난 죄를 용서받았습니다. 이렇게 모든 죄를 용서받고 없어진 다음에도, 이 세속에서 숱한 유혹 가운데 살아가면서 다른 죄를 또 지었을 것입니다. 그러므로 각자 할 수 있는 것은 해야 합니다. 즉, 있는 그대로 고백할 일입니다. 그러면 한결같으신 그분께서 치유해 주실 것입니다. 그분은 언제나 계셨고 언제나 계시지만, 우리는 아예 없었고 지금 있을 따름입니다.

**6.** 요한이 하는 말을 들어 보십시오. "**만일 우리가 죄 없다고 말한다면, 우리는 자신을 속이는 것이고 우리 안에 진리가 없는 것입니다**"(1요한 1,8). 그러니 그대가 죄인이라고 고백한다면 진리가 그대 안에 있는 셈입니다. 진리는 빛이기 때문입니다. 그대의 삶이 아직 완전하게 빛나지 않는 것은 죄가 있기 때문입니다. 그러나 그대가 이미 빛나기 시작했으니, 그것은 죄의 고백이 있는 까닭입니다. 이어지는 말씀을 들으십시오. "**우리가 우리 죄를 고백하면, 그분은 성실하시고 의로우신 분이시므로 우리의 죄를 용서하시고 우리를 모든 불의에서 깨끗하게 해 주십니다**"(1요한 1,9). 이미 지은 죄뿐만 아니라 이 세상을 살아가면서 앞으로 짓게 될 죄까지도 용서해 주십니

habere vel levia peccata. Sed ista levia quae dicimus, noli contemnere. Si contemnis, quando appendis; expavesce, quando numeras. Levia multa faciunt unum grande; multae guttae implent flumen; multa grana faciunt massam. Et quae spes est? Ante omnia confessio: ne quisquam se iustum putet, et ante oculos Dei qui videt quod est, erigat cervicem homo qui non erat et est. Ante omnia ergo confessio, deinde dilectio: quia de caritate quid dictum est? *Caritas cooperit multitudinem peccatorum.*

Iam videamus si ipsam caritatem commendat, propter subrepentia delicta: quia sola caritas exstinguit delicta. Superbia exstinguit caritatem: humilitas ergo roborat caritatem; caritas exstinguit delicta. Humilitas pertinet ad confessionem, qua confitemur nos peccatores esse: ipsa est humilitas, non ut dicamus illud lingua; quasi propter adrogantiam ne displiceamus hominibus, si nos iustos esse dixerimus. Faciunt hoc impii et insani: Scio quidem quia iustus sum, sed quid dicturus sum ante homines? si me iustum dixero, quis ferat, quis toleret? Apud Deum nota sit iustitia mea: ego tamen dicam me peccatorem; non quia sum, sed ne adrogantia odiosus inveniar. Dic hominibus quod es, dic Deo quod es. Quia si non dixeris Deo quod es, damnat Deus quod in te inveniet. Non vis ut ille

---

24 1베드 4,8.

다. 육신을 지니고 있는 한 적어도 소죄는 피할 수 없는 것이 사람이기 때문입니다. 그러나 우리가 소죄라고 하는 것들을 대수롭지 않게 여기지는 마십시오. 무게를 달 때 하찮게 여긴다면, 셈할 때 두려워 떨게 될 것입니다. 많은 가벼운 것들이 하나의 큰 덩어리를 만들어 냅니다. 많은 물방울이 강을 이루고, 많은 낱알이 곡식더미를 만드는 법입니다. 그렇다면 희망은 무엇이겠습니까? 무엇보다도 고백입니다. 있는 그대로 보시는 하느님의 눈앞에서 그 누구도 스스로 의롭다고 여기지 마십시오. 아예 없었다가 지금에야 있게 된 인간 주제에 목을 세우지 않도록 하십시오. 모든 것에 앞서 고백이 있고, 그런 다음 사랑이 있는 것입니다. 사랑에 대해서는 뭐라고 말합니까? "사랑은 많은 죄를 덮어 줍니다."24

스멀스멀 스며드는 죄 때문에 요한이 사랑을 권고하고 있다는 것을 우리는 이미 알고 있습니다. 사랑만이 죄를 없애 주기 때문입니다. 교만은 사랑을 없애지만 겸손은 사랑을 튼튼하게 합니다. 사랑은 죄를 없애 줍니다. 겸손은 우리로 하여금 죄인이라고 고백하게 합니다. 우리가 의롭다고 말할 경우 거만하다고 사람들이 싫어할까 봐 짐짓 혀로만 죄인이라 말하지 않는 것이 바로 겸손입니다. 악하고 지각 없는 자들이 그렇게 합니다. 그들은 '나 스스로 의로운 사람인 줄은 알지만, 사람들 앞에서는 뭐라고 말할까? 나 스스로 의로운 사람이라고 말한다면 누가 견뎌 주고 누가 참아 줄까? 나의 의로움은 하느님 앞에서 밝혀지리라. 그럼에도 나는 내가 죄인이라 말하리라. 그것은 내가 죄인이기 때문이 아니라, 내가 거만하다는 이유로 미움받고 싶지 않기 때문이다'라고 말합니다. 사람들에게 그대 있는 그대로 말하고, 하느님께도 그대 있는 그대로 말씀드리십시오. 그대가 하느님께 있는 그대로 말씀드리지 않으면, 하느님께서는 그대 안에서 찾아내시는 것을 단죄하실 것입니다. 하느님께서 그대를 단죄하시기를 바라지

damnet? tu damna. Vis ut ille ignoscat? tu agnosce, ut possis Deo dicere: *Averte faciem tuam a peccatis meis.* Dic illi etiam illa verba in ipso psalmo: *Quoniam iniquitatem meam ego agnosco.*

*Quod si confessi fuerimus delicta nostra, fidelis est et iustus, qui dimittat nobis delicta nostra, et purget nos ex omni iniquitate. Quod si dixerimus quia non peccavimus, mendacem facimus eum, et verbum eius non est in nobis.* Si dixeris: Non peccavi; illum facis mendacem, cum te vis facere veracem. Unde fieri potest ut Deus mendax sit, et homo verax; cum contradicat Scriptura: *Omnis homo mendax, Deus solus verax?* Ergo Deus per seipsum verax, tu per Deum verax; nam per te mendax.

**7.** Et ne forte impunitatem videretur dedisse peccatis, quia dixit: *Fidelis est et iustus, qui mundet nos ab omni iniquitate;* et dicerent iam sibi homines: Peccemus, securi faciamus quod volumus, purgat nos Christus, fidelis est et iustus, purgat nos ab omni iniquitate: tollit tibi malam securitatem, et inserit utilem timorem. Male vis esse securus, sollicitus esto. Fidelis enim est et iustus, ut dimittat

---

25 시편 50,11 참조.  26 시편 50,5.  27 로마 3,4.

않으십니까? 그렇다면 그대가 그대를 단죄하십시오. 하느님께서 그대의 죄를 몰라주시기를 바라십니까? 그렇다면 그대가 그대의 죄를 아십시오. 그래야 하느님께 '저의 허물에서 당신 얼굴을 돌리소서'[25]라고 말씀드릴 수 있습니다. 또 이 시편 말씀을 하느님께 아뢰십시오. "저의 죄악을 제가 알고 있나이다."[26]

"**우리가 우리 죄를 고백하면, 그분은 성실하시고 의로우신 분이시므로 우리의 죄를 용서하시고 우리를 모든 불의에서 깨끗하게 해 주십니다. 만일 우리가 죄를 짓지 않았다고 말한다면, 우리는 그분을 거짓말쟁이로 만드는 것이고 우리 안에 그분의 말씀이 없는 것입니다**"(1요한 1,9-10). 그대가 '나는 죄를 짓지 않았다'고 말한다면 자신을 진실한 사람으로 만들고자 하느님을 거짓말쟁이로 만드는 것입니다. 그런데 성경에서는 "사람은 모두 거짓말쟁이지만 하느님은 진실하신 분이시다"[27]라고 했는데, 어떻게 하느님이 거짓말쟁이가 되고 사람은 진실할 수 있겠습니까? 하느님은 그 자체로 진실하시고, 그대는 하느님으로 말미암아 진실합니다. 그대 자신으로 말미암아서는 그대는 거짓말쟁이일 따름입니다.

**7.** 그러나 요한이 "**그분은 성실하시고 의로우신 분이시므로 우리의 죄를 용서하시고 우리를 모든 불의에서 깨끗하게 해 주십니다**"(1요한 1,9)라고 말했다고 해서 우리가 죄벌을 면제받았다고 여겨서는 안 됩니다. 또한 '우리는 죄를 짓자. 이제 원하는 대로 마음 놓고 하자. 성실하고 의로우신 그리스도께서 우리를 깨끗하게 해 주실 것이고, 우리를 불의에서 깨끗하게 해 주실 것이다'라고 거침없이 말해서는 안 됩니다. 요한은 그대에게서 그 못된 안심安心을 도려내고, 유익한 두려움을 심어 줍니다. 그대는 못되게 안심하기를 원하지만, 오히려 불안해하십시오. 사실 그대가 스스로 만족하

nobis delicta nostra, si semper tibi displiceas, et muteris donec perficiaris. Ideo quid sequitur? *Filioli mei, haec scribo vobis ut non peccetis.* Sed forte subrepit de vita humana peccatum: quid ergo fiet? quid? iam desperatio erit? Audi: *Et si quis,* inquit, *peccaverit, advocatum habemus ad Patrem, Iesum Christum iustum; et ipse propitiator est peccatorum nostrorum.* Ille est ergo advocatus; da operam tu ne pecces: si de infirmitate vitae subrepserit peccatum, continuo vide, continuo displiceat, continuo damna; et cum damnaveris, securus ad iudicem venies. Ibi habes advocatum; noli timere ne perdas causam confessionis tuae. Si enim aliquando in hac vita committit se homo disertae linguae, et non perit; committis te Verbo, et periturus es? Clama: *Advocatum habemus ad Patrem.*

**8.** Videte ipsum Ioannem servantem humilitatem. Certe vir iustus erat et magnus, qui de pectore Domini mysteriorum secreta bibebat; ille, ille qui bibendo de pectore Domini divinitatem ructavit: *In principio erat Verbum, et Verbum erat apud Deum.* Ille talis vir non dixit: Advocatum habetis apud Patrem; sed: *Si quis peccaverit, advocatum,* inquit, *habemus.* Non dixit: habetis; nec: me habetis, dixit; nec, ipsum Christum habetis, dixit: sed et Christum posuit, non

---

28 『성경』: "누가 죄를 짓더라도 하느님 앞에서 우리를 변호해 주시는 분이 계십니다."
29 요한 1,1.

지 않고 행실을 바꾸어 완전하게 되려고 애쓴다면, 성실하시고 의로우신 분께서 우리 죄를 용서해 주실 것입니다. 이어서 뭐라고 합니까? "**나의 자녀 여러분, 내가 여러분에게 이 글을 쓰는 까닭은 여러분이 죄를 짓지 않게 하려는 것입니다**"(1요한 2,1). 혹시 살면서 죄를 짓는다면 어떻게 하겠습니까? 실망하고 말겠습니까? 들어 보십시오. "**누가 죄를 짓더라도 우리는 아버지 앞에서 변호자를 모시고 있습니다.²⁸ 곧 의로우신 예수 그리스도이십니다. 그분은 우리 죄를 위한 속죄 제물이십니다**"(1요한 2,1). 그분은 우리의 변호자이십니다. 죄를 짓지 않도록 하십시오. 그러나 우리 인생의 나약함으로 말미암아 죄를 짓게 되더라도 끊임없이 살펴보고, 끊임없이 아파하고, 끊임없이 단죄하십시오. 그대가 단죄할 때, 그대는 비로소 안심하고 심판에 나아갈 수 있을 것입니다. 거기서 그대는 변호자를 모시게 될 터이니, 그대가 고백한 송사에 패할까 두려워하지 마십시오. 이 세상에서도 말 잘하는 사람에게 의탁해서 망하지 않는 경우가 더러 있거늘, 그대가 말씀께 의탁하는데 망할 리가 있겠습니까? "**우리는 아버지 앞에서 변호자를 모시고 있습니다**" 하고 외치십시오.

**8.** 요한 자신이 지닌 겸손을 보십시오. 그는 분명 의롭고 위대한 분이었고, 주님의 품에서 숨겨진 비밀을 마신 분이었습니다. 요한은 주님의 품에서 신성을 마시면서 이렇게 외쳤습니다. "한처음에 말씀이 계셨다. 말씀은 하느님과 함께 계셨다."²⁹ 이런 사람이었던 요한은 "'여러분'은 아버지 앞에서 변호자를 모시고 있습니다"라고 말하지 않고 **누가 죄를 짓더라도 '우리'는 변호자를 모시고 있습니다**라고 말했습니다. 그는 '여러분은 모시고 있다'든가, '여러분은 나를 모시고 있다'든가, 아니면 '여러분은 그리스도를 모시고 있다'고 말하지 않았습니다. 그는 자신이 아니라 그리스도를 내

se; et *habemus* dixit, non habetis. Maluit se ponere in numero peccatorum, ut haberet advocatum Christum, quam ponere se pro Christo advocatum, et inveniri inter damnandos superbos.

Fratres, Iesum Christum iustum, ipsum habemus advocatum ad Patrem; ipse propitiatio est peccatorum nostrorum. Hoc qui tenuit, haeresim non fecit; hoc qui tenuit, schisma non fecit. Unde enim facta sunt schismata? Cum dicunt homines: Nos iusti sumus; cum dicunt homines: Nos sanctificamus immundos, nos iustificamus impios, nos petimus, nos impetramus. Ioannes autem quid dixit? *Et si quis peccaverit, advocatum habemus ad Patrem, Iesum Christum iustum.* Sed dicet aliquis: Ergo sancti non petunt pro nobis? Ergo episcopi et praepositi non petunt pro populo? Sed adtendite Scripturas, et videte quia et praepositi commendant se populo. Nam Apostolus dicit plebi: *Orantes simul et pro nobis.* Orat Apostolus pro plebe, orat plebs pro Apostolo. Oramus pro vobis, fratres: sed et vos orate pro nobis. In vicem pro se omnia membra orent, caput pro omnibus interpellet. Propterea non mirum quia sequitur hic, et

---

30 스스로 의롭고 거룩한 사람들이라 자랑하던 도나투스 열교(schisma donatistarum)를 가리킨다. 해제 각주 14 참조.
31 콜로 4,3.

세우면서 '우리는 모시고 있다'고 했을 뿐, '여러분이 모시고 있다'고 말하지 않았던 것입니다. 요한은 그리스도를 변호자로 모실 수 있도록, 자신을 그리스도를 위한 변호자로 세우기보다는 스스로 죄인들의 대열에 서기를 더 원했으며, 단죄받아야 할 교만한 자들 가운데 하나가 되기를 더 원하였습니다.

형제 여러분, 예수 그리스도께서는 의로우신 분이시고, 바로 그분을 우리는 아버지 앞에서 변호자로 모시고 있습니다. 그분은 우리 죄를 위한 속죄 제물이십니다. 이 진리를 간직한 사람은 이단을 만들지 않습니다. 이 진리를 간직한 사람은 열교를 만들지도 않습니다. 열교는 어디에서 생겨나는 것입니까? '우리는 의로운 사람이다'라고 말할 때 생겨나는 것입니다. 그들은 '우리는 더러운 사람들을 거룩하게 한다, 우리는 악인들을 의롭게 한다, 우리는 기도한다, 우리는 청한 바를 얻어낸다'고 말합니다.[30] 그런데 요한은 뭐라고 했습니까? **"누가 죄를 짓더라도 우리는 아버지 앞에서 변호자를 모시고 있습니다. 곧 의로우신 예수 그리스도이십니다"**(1요한 2,1)라고 말했습니다. 그러나 어떤 이는 이렇게 반문할 것입니다. '성인들은 우리를 위해서 기도하지 않습니까? 주교들과 교회 지도자들도 백성을 위해서 기도하지 않습니까?'라고 말입니다. 그러나 성경을 주의 깊게 읽어 보면 교회 지도자들도 백성에게 자신들을 위해서 기도해 달라고 부탁하는 것을 볼 수 있을 것입니다. 바오로 사도도 백성들에게 "우리를 위해서도 기도해 주십시오"[31]라고 했습니다. 사도는 백성을 위해 기도하고 백성은 사도를 위해 기도합니다. 형제 여러분, 저희는 여러분을 위해서 기도합니다. 여러분도 저희를 위해서 기도하십시오. 모든 지체가 지체를 위하여 서로 기도하고, 머리(이신 그리스도)께서는 모든 이를 위하여 기도해 주시기를 빕니다. 그러므로 요한이 다음 말로써 하느님의 교회를 분열시키는 사

claudit ora dividentibus Ecclesiam Dei. Qui enim dixit: *Iesum Christum habemus iustum, et ipse propitiatio est peccatorum nostrorum:* propter illos qui se divisuri erant, et dicturi: *Ecce hic est Christus, ecce illic;* et vellent ostendere eum in parte qui emit totum, et possidet totum; continuo secutus est: *Non tantum nostrorum, sed et totius mundi.* Quid est hoc, fratres? Certe *invenimus eam in campis saltuum,* invenimus Ecclesiam in omnibus gentibus. Ecce Christus *propitiatio est peccatorum nostrorum; non tantum nostrorum, sed et totius mundi.* Ecce habes Ecclesiam per totum mundum, noli sequi falsos iustificatores, et veros praecisores. In illo monte esto qui implevit orbem terrarum: quia Christus *propitiatio est peccatorum nostrorum; non tantum nostrorum, sed et totius mundi,* quem suo sanguine comparavit.

**9.** *Et in hoc,* inquit, *cognoscimus eum, si mandata eius servaverimus.* Quae mandata? *Qui dicit quia cognovit eum, et mandata eius non servat; mendax est, et in hoc veritas non est.* Sed adhuc quaeris: Quae mandata? *Qui autem,* inquit, *servaverit verbum eius, vere in hoc perfecta est dilectio Dei.* Videamus ne ipsum mandatum dilectio vocetur. Quaerebamus enim, quae mandata, et ait: *Qui autem servaverit verbum eius, vere in hoc perfecta est dilectio Dei.* Ad-

---

32 마태 24,23 참조.   33 시편 131,6 참조.   34 다니 2,35 참조.

람들의 말문을 막아 버린 것은 조금도 이상한 일이 아닙니다. 요한은 "[우리의 변호자는] 곧 의로우신 예수 그리스도이십니다. 그분은 우리 죄를 위한 속죄 제물이십니다"(1요한 2,2)라고 말한 후, 갈라져 나가 "그리스도께서 여기 있다, 저기 있다"[32]라고 말하는 사람들과, 모든 사람을 구원하시고 모든 것을 차지하신 분을 한 당파에 가두어 두려는 사람들을 겨냥하여 이렇게 말합니다. "그분은 우리 죄만이 아니라 온 세상의 죄를 위한 속죄 제물이십니다"(1요한 2,2). 형제 여러분, 이것이 무슨 말일까요? 분명 "우리는 숲이 우거진 들에서 그것을 찾았고",[33] 우리는 모든 민족에서 교회를 찾았습니다. 참으로 그리스도께서는 "우리 죄만이 아니라 온 세상의 죄를 위한 속죄 제물이십니다". 이렇게 온 세상을 위한 교회를 지니고 있는 그대는, 사람을 의롭게 하노라 거짓으로 떠벌리고 진짜로 분열을 일으키는 자들을 따라가지 마십시오. 오히려 온 세상을 제 자락으로 삼고 있는 이 산 위에 굳게 자리 잡으십시오.[34] 그리스도께서는 "우리 죄만이 아니라 온 세상의 죄를 위한 속죄 제물"이시며, 당신 피로써 온 세상을 사셨습니다.

9. 여기서 요한은 "우리가 하느님의 계명을 지키면, 그것으로 우리가 그분을 알고 있음을 알게 됩니다"(1요한 2,3)라고 말합니다. 어떤 계명입니까? "'나는 그분을 안다.' 하면서 그분의 계명을 지키지 않는 자는 거짓말쟁이고, 그에게는 진리가 없습니다"(1요한 2,4). 그런데 그대는 아직도 무슨 계명이냐고 묻습니까? "누구든지 그분의 말씀을 지키면, 그 사람 안에서는 참으로 하느님 사랑이 완성됩니다"(1요한 2,5). 바로 이 계명이 사랑이라고 일컬어지는지 한번 봅시다. 우리는 이 계명이 무엇인지 물었거니와, 요한은 "누구든지 그분의 말씀을 지키면, 그 사람 안에서는 참으로 하느님 사랑이 완성됩니다"라고 대답합니다. 이 계명이 맞는지 복음서를 살펴보십시오.

tende Evangelium, si non est hoc mandatum: *Mandatum,* inquit, *novum do vobis, ut vos invicem diligatis. In hoc cognoscimus quia in ipso sumus, si in ipso perfecti fuerimus.* Perfectos in dilectione vocat. Quae est perfectio dilectionis? Et inimicos diligere, et ad hoc diligere, ut sint fratres. Non enim dilectio nostra carnalis esse debet. Optare alicui salutem temporalem, bonum est; sed et si desit, anima tuta sit. Optas alicui amico tuo vitam? benefacis. Gaudes de morte inimici tui? male facis. Sed forte et amico tuo vita illa quam optas inutilis est, et inimico tuo mors de qua gaudes utilis fuit. Incertum est utrum alicui sit utilis vita ista, an inutilis; vita vero quae est apud Deum, sine dubio utilis est. Sic dilige inimicos tuos, ut fratres optes; sic dilige inimicos tuos, ut in societatem tuam vocentur. Sic enim dilexit ille qui in cruce pendens ait: *Pater, ignosce illis, quia nesciunt quid faciunt.* Neque enim dixit: Pater, vivant isti multo tempore; me quidem occidunt, sed ipsi vivant. Sed quid ait? *Ignosce illis, quia nesciunt quid faciunt.* Mortem sempiternam ab eis expellebat, prece misericordissima, et potentia praestantissima. Multi ex eis crediderunt, et dimissus est eis fusus sanguis Christi. Primo fuderunt cum saevirent, nunc biberunt cum crederent. *In hoc cognoscimus quia in ipso sumus, si in ipso perfecti fuerimus.* De ipsa perfectione diligendorum inimicorum Dominus admonens ait:

---

35 요한 13,34.

36 루카 23,34.

"내가 너희에게 새 계명을 준다. 서로 사랑하여라."[35] **"그것으로 우리가 그분 안에 있음을 알게 되고**"(1요한 2,5), "우리는 그분 안에서 완전하게 될 것입니다." 요한은 사랑 안에서 완전한 사람에 관하여 말하고 있습니다. 완전한 사랑이 무엇입니까? 원수까지도 사랑하여 형제가 될 수 있도록 사랑하는 것입니다. 그러나 우리의 사랑이 육적이어서는 안 됩니다. 그대가 어떤 사람에게 현세적 건강을 바라는 것은 좋은 일입니다. 그러나 그가 건강하지 못하다면 영혼이 건강하기를 빕니다. 그대의 벗이 살기를 바랍니까? 잘하는 일입니다. 그대 원수의 죽음을 기뻐합니까? 잘못하는 것입니다. 그러나 그대가 친구에게 바라는 생명이 정작 무익할 수도 있고, 그대가 기뻐하는 그대 원수의 죽음이 유익했을 수도 있습니다. 물론 이 생명이 누구에게 유익하고 누구에게 무익한지는 모릅니다. 그러나 하느님 앞에서 생명은 의심할 나위 없이 유익합니다. 그대의 원수가 형제가 되기를 바라면서 사랑하십시오. 그 원수가 그대와 친교를 나눈다고 말할 수 있도록 원수를 사랑하십시오. 십자가에 달리셨던 분께서는 그렇게 사랑하시면서 "아버지, 저들을 용서해 주십시오. 저들은 자기들이 무슨 일을 하는지 모릅니다."[36]라고 말씀하셨습니다. 그분은 '아버지, 그들이 오래 살게 해 주십시오. 저들이 저를 죽이지만 저들은 살게 해 주십시오'라고 말씀하지 않으셨습니다. 어떻게 말씀하셨습니까? "저들을 용서해 주십시오. 저들은 자기들이 무슨 일을 하는지 모릅니다." 그분께서는 지극히 자애로우신 기도와 지극히 능하신 힘으로 그들을 영원한 죽음에서 건져 주고자 하신 것입니다. 그들 가운데 많은 이가 믿고 그리스도께서 흘리신 피로 용서를 받았습니다. 처음에는 그분께 화를 내며 피를 흘리게 했지만, 나중에는 그분을 믿으면서 그 피를 마셨습니다. "**그것으로 우리가 그분 안에 있음을 알게 되고**", "우리는 그분 안에서 완전하게 될 것입니다." 주님께서는 원수에

*Estote ergo vos perfecti, sicut et Pater vester caelestis perfectus est.*

*Qui* ergo *dicit se in ipso manere, debet sicut ipse ambulavit et ipse ambulare.* Quomodo, fratres? Quid nos monet? *Qui dicit se in ipso manere,* id est in Christo, *debet sicut ille ambulavit et ipse ambulare.* Forte hoc nos monet, ut ambulemus in mari? absit. Hoc ergo, ut ambulemus in via iustitiae. In qua via? Iam commemoravi. Fixus in cruce erat, et in ipsa via ambulabat: ipsa est via caritatis: *Pater, ignosce illis, quia nesciunt quid faciunt.* Sic ergo, si didiceris orare pro inimico tuo, ambulas viam Domini.

**10.** *Dilectissimi, non mandatum novum scribo vobis, sed mandatum vetus quod habebatis ab initio.* Quod mandatum vetus dixit? *Quod habebatis,* inquit, *ab initio.* Ideo ergo vetus, quia iam illud audistis: alioquin contrarius erit Domino, ubi ait: *Mandatum novum do vobis, ut vos invicem diligatis.* Sed mandatum vetus quare? non quia ad veterem hominem pertinet. Sed quare? *Quod habebatis ab initio. Mandatum vetus, est verbum quod audistis.* Ideo ergo vetus, quia iam audistis. Et idipsum novum ostendit dicens: *Iterum man-*

---

37 마태 5,48.

38 『성경』: "그분 안에 머무른다고 말하는 사람은 자기도 그리스도께서 '살아가신' 것처럼 그렇게 '살아야' 합니다."

대한 사랑의 완성을 권고하시며 말씀하십니다. "하늘의 너희 아버지께서 완전하신 것처럼 너희도 완전한 사람이 되어야 한다."³⁷

"**그분 안에 머무른다고 말하는 사람은 자기도 그리스도께서 걸어가신 것처럼 그렇게 걸어야 합니다**"(1요한 2,6).³⁸ 형제 여러분, 어떻게 하라는 것입니까? 우리에게 무엇을 권고하는 것입니까? "**그분 안에 머무른다고 말하는 사람**", 곧 그리스도 안에 머무른다고 말하는 사람은 "**자기도 그리스도께서 걸어가신 것처럼 그렇게 걸어야 합니다**". 혹시 우리더러 바다 위를 걸으라고 권고합니까? 아닙니다. 정의의 길을 걸으라는 것입니다. 어떤 길 말입니까? 제가 이미 상기시켜 드렸습니다. 십자가에 달려서도 걸어가신 길, 바로 이 사랑의 길입니다. "아버지, 저들을 용서해 주십시오. 저들은 자기들이 무슨 일을 하는지 모릅니다." 그러므로 그대의 원수를 위해 기도할 줄 안다면 그대는 주님의 길을 걷고 있는 것입니다.

**10.** "**사랑하는 여러분, 내가 여러분에게 써 보내는 것은 새 계명이 아니라, 여러분이 처음부터 지녀 온 옛 계명입니다**"(1요한 2,7). 어떤 옛 계명을 말하는 것입니까? "**여러분이 처음부터 지녀 온 옛 계명**"이라고 했으니 말입니다. 여러분이 이미 들었기 때문에 옛 계명입니다. 그렇지 않다면 "내가 너희에게 새 계명을 준다. 서로 사랑하여라"³⁹고 말씀하신 주님을 거스르는 것입니다. 그런데 왜 옛 계명입니까? 옛사람과 관련되기 때문이 아닙니다. 그렇다면 도대체 왜 옛 계명입니까? "**여러분이 처음부터 지녀 온 옛 계명입니다. 이 옛 계명은 여러분이 들은 그 말씀입니다**"(1요한 2,7). 그러니까 '옛'이라는 말은 이미 들었다는 뜻입니다. 요한은 이렇게 말하면서 새로

---

39 요한 13,34.

*datum novum scribo vobis.* Non alterum, sed idem ipsum quod dixit vetus, idem est et novum. Quare? *Quod est verum in ipso et in vobis.* Iam quare vetus, audistis; quia iam illud noveratis. Quare autem novum? *Quia tenebrae transierunt, et lux vera iam lucet.* Ecce unde novum: quia tenebrae ad veterem hominem, lux vero ad novum pertinet. Quid dicit apostolus Paulus? *Exuite vos veterem hominem, et induite novum.* Et iterum quid dicit? *Fuistis aliquando tenebrae; nunc autem lux in Domino.*

**11.** *Qui dicit se esse in lumine;* modo manifestat totum quod dixit: *Qui dicit se esse in lumine, et fratrem suum odit, in tenebris est usque adhuc.* Eia, fratres mei, quamdiu dicemus vobis: *Diligite inimicos?* Videte quod peius est, ne adhuc fratres oderitis. Si fratres solum amaretis, nondum essetis perfecti: si autem fratres oditis, quid estis? ubi estis? Respiciat unusquisque cor suum: non teneat odium contra fratrem pro aliquo verbo duro; pro contentione terrae, ne fiat terra. Quisquis enim odit fratrem suum, non dicat quia in lumine ambulat. Quid dixi? Non dicat quia in Christo ambulat. *Qui dicit se esse in luce, et odit fratrem suum, in tenebris est usque adhuc.*

---

40 콜로 3,9-10 참조.
41 에페 5,8.
42 마태 5,44.

운 계명을 밝힙니다. "**내가 여러분에게 써 보내는 것은 새 계명입니다**"(1요한 2,8). 다른 계명이 따로 있는 것이 아니라, 요한이 옛 계명이라고 한 바로 그 계명이 동시에 새 계명인 것입니다. 왜 그렇습니까? "**그것은 그리스도께도 또 여러분에게도 참된 사실**"(1요한 2,8)이기 때문입니다. 여러분이 벌써 알고 있기에 옛 계명이라고 부른다고 말씀드렸습니다. 그러면 왜 새 계명이라고 부르는 것입니까? 그것은 "**어둠이 지나가고 이미 참빛이 비치고 있기 때문입니다**"(1요한 2,8). 바로 이 까닭에 새 계명이 됩니다. 어둠은 옛 인간을 뜻하고, 빛은 새 인간을 뜻합니다. 바오로 사도는 뭐라고 말합니까? '옛 인간을 벗어 버리고 새 인간을 입으십시오.'[40] 또다시 뭐라고 말합니까? "여러분은 한때 어둠이었지만 지금은 주님 안에 있는 빛입니다."[41]

**11.** 요한은 이렇게 자신의 생각을 모두 드러냅니다. "**빛 속에 있다고 말하면서 자기 형제를 미워하는 사람은 아직도 어둠 속에 있는 자입니다**"(1요한 2,9). 아, 나의 형제 여러분, 아직도 얼마나 더 여러분에게 "너희는 원수를 사랑하여라"[42]고 말씀드려야 하겠습니까? 적어도 형제만큼은 미워하지 않도록 조심하십시오. 그것은 가장 나쁜 일입니다. 여러분이 형제들만 사랑한다면 여러분은 완전한 사람이 아닙니다. 하물며, 여러분이 형제를 미워한다면 여러분은 도대체 어떤 사람들입니까? 여러분은 도대체 어디에 있는 것입니까? 각자 제 마음을 살펴 조심할 일입니다. 좀 모진 말을 들었다고 해서 형제에게 원한을 품지 마십시오. 토지 분쟁으로 말미암아 사람이 토지가 되어 버려서는 안 될 일입니다. 자기 형제를 미워하는 사람은 누구나 빛 속에서 걷고 있노라 말하지 마십시오. 제가 뭐라고 말씀드렸습니까? 그리스도 안에서 걷고 있다고 말하지 마십시오. "**빛 속에 있다고 말하면서 자기 형제를 미워하는 사람은 아직도 어둠 속에 있는 자입니다.**"

Nescio quis enim ex pagano factus est christianus. Intendite: ecce in tenebris erat, quando paganus erat; modo iam christianus factus est; Deo gratias, omnes gratulantur; recitatur Apostolus gratulans: *Fuistis enim aliquando tenebrae; nunc autem lux in Domino.* Adorabat idola, adorat Deum; adorabat quae fecit, adorat qui eum fecit. Mutatus est; Deo gratias, omnes gratulantur Christiani. Quare? Quia iam adorator Patris et Filii et Spiritus Sancti, et detestator daemoniorum et idolorum est. Adhuc de isto Ioannes sollicitus est, multis gratulantibus adhuc suspectus est. Fratres, maternam sollicitudinem libenter amplectamur. Non sine causa mater sollicita est de nobis, cum alii gaudent: matrem dico caritatem; ipsa enim habitabat in corde Ioannis, cum ista diceret. Quare, nisi quia aliquid timet in nobis, et cum iam nobis homines gratulantur? Quid est quod timet? *Qui dicit se esse in lumine.* Quid est hoc? qui iam dicit se esse christianum: *et fratrem suum odit, in tenebris est usque adhuc.* Quod exponere non est; sed quod gaudere si non fiat, aut quod plangere si fiat.

**12.** *Qui diligit fratrem suum, in lumine manet, et scandalum in eo non est.* Obsecro per Christum; pascit nos Deus, refecturi sumus

---

43 에페 5,8.

어떤 외교인이 그리스도인이 되었다고 칩시다. 주의해서 들어 보십시오. 그가 외교인일 때는 어둠 속에 있었지만 지금은 그리스도인이 되었습니다. 모두가 '하느님, 감사합니다'라고 말하며 기뻐합니다. 그리고 바오로 사도가 기쁨에 넘쳐 한 말을 그에게 되풀이합니다: "여러분은 한때 어둠이었지만 지금은 주님 안에 있는 빛입니다".[43] 우상을 숭배하던 이가 지금은 하느님을 흠숭하고 있습니다. 자기가 만든 것을 숭배하던 이가 지금은 자기를 만드신 분을 흠숭하고 있습니다. 사람이 달라진 것입니다. 하느님께 감사드리고 모든 그리스도인이 기뻐합니다. 왜 그렇습니까? 그는 이제 성부와 성자와 성령을 흠숭하는 사람이 되어 마귀와 우상을 혐오하기 때문입니다. 그런데 요한은 바로 이 사람에 대해 아직 염려하고 있고, 모두가 기뻐하는데도 아직 마음을 놓지 못하고 있습니다. 형제 여러분, 이 어머니다운 노심초사를 넓은 마음으로 받아들입시다. 다른 사람들이 기뻐하고 있을 때, 어머니께서 우리를 걱정하고 계시다면 거기에는 그만한 까닭이 있습니다. 저는 이 어머니가 바로 사랑이라고 말하렵니다. 요한이 이 말을 했을 때 바로 이 사랑이 그의 마음속에 깃들어 있었던 것입니다. 다른 사람들은 이미 기뻐하고 있을 때, 우리 안에 걱정할 만한 그 무엇이 없다면 요한이 왜 염려하겠습니까? 그렇다면 요한은 무엇을 걱정하는 것입니까? 스스로 **'빛 속에 있다고 말하는 사람'**에 대해서입니다. 이것은 무슨 말입니까? 스스로 그리스도인이라고 하면서도 **"자기 형제를 미워하는 사람은 아직도 어둠 속에 있는 자입니다"**(1요한 2,9). 설명할 것이 없습니다. 이런 일이 벌어지지 않는다면 기뻐할 일이고, 벌어진다면 슬퍼할 따름입니다.

**12.** **"자기 형제를 사랑하는 사람은 빛 속에 머무르고, 그에게는 걸림돌이 없습니다"**(1요한 2,10; 참조: 요한 13,34). 저는 그리스도를 통하여 확언합니다.

corpora in nomine Christi, et aliquantum refecta sunt, et reficienda sunt; mens nostra pascatur. Non quia diu dicturus sum, dico; nam ecce iam finitur lectio: sed ne forte ex taedio minus adtente audiamus quod maxime necessarium est.

*Qui diligit fratrem suum, in lumine manet, et scandalum in eo non est.* Qui sunt qui patiuntur scandalum, aut faciunt? Qui scandalizantur in Christo et in Ecclesia. Qui in Christo scandalizantur, tamquam a sole uruntur; qui in Ecclesia, tamquam a luna. Dicit autem psalmus: *Per diem sol non uret te, neque luna per noctem,* id est: Si tenueris caritatem, nec in Christo scandalum patieris, nec in Ecclesia; nec Christum relinques, nec Ecclesiam. Qui enim Ecclesiam relinquit, quomodo est in Christo, qui in membris Christi non est? quomodo est in Christo, qui in corpore Christi non est? Illi ergo patiuntur scandalum, qui relinquunt aut Christum aut Ecclesiam. Unde intellegimus quia inde dixit psalmus: *Per diem sol non uret te, neque luna per noctem,* quia ipsam ustionem scandalum vult intellegi? Primo ipsam similitudinem adtende. Quomodo qui uritur dicit: Non tolero, non fero, et subducit se: sic qui quaedam non ferunt in Ecclesia, et subtrahunt se vel nomini Christi vel Ecclesiae, scandalum patiuntur.

---

44 시편 120,6. 『성경』은 "태우지"를 "해치지"로 옮김.

하느님께서는 우리를 양육하시고, 우리는 그리스도의 이름으로 육신의 힘을 얻을 것입니다. 그 힘을 이미 얼마쯤은 얻었거니와 앞으로도 얻게 될 것입니다. 우리 정신도 양육되기를 바랍니다. 제가 오랫동안 말씀드리려고 이 말을 꺼내는 것은 아닙니다. 자, 이 강해는 곧 끝납니다. 혹시라도 지루함으로 말미암아 이토록 중요한 일들에 우리가 주의를 소홀히 하지는 않을까 하여 이 말씀을 드리는 것입니다.

"**자기 형제를 사랑하는 사람은 빛 속에 머무르고, 그에게는 걸림돌이 없습니다**"(1요한 2,10). 걸림돌로 말미암아 고통받는 사람이나 걸림돌을 놓는 사람은 누구입니까? 그리스도와 교회 안에서 걸려 넘어지는 사람들입니다. 그리스도 안에서 걸려 넘어지는 이는 해에 타는 사람과 같고, 교회 안에서 걸려 넘어지는 이는 달에 타는 사람과 같습니다. 시편에서는 "낮에는 해도, 밤에는 달도 너를 태우지 않으리라"[44]고 했습니다. 그대가 사랑을 지니면 그리스도 안에서도 걸려 넘어지지 않을 것이고, 교회 안에서도 그러할 것입니다. 그리스도도 버리지 않고 교회도 버리지 않을 것입니다. 교회를 버리는 사람이 어떻게 그리스도 안에 머무를 수 있으며, 그리스도의 지체 안에 있지 않은 사람이 어떻게 그리스도 안에 머무를 수 있겠습니까? 또 그리스도의 몸 안에 있지 않은 사람이 어떻게 그리스도 안에 머무를 수 있습니까? 그리스도나 교회를 버리는 사람이야말로 걸림돌로 말미암아 고통을 받는 사람들입니다. "낮에는 해도, 밤에는 달도 너를 태우지 않으리라"는 시편 말씀에서 작가는 '태움'이라는 바로 이 낱말을 '걸림돌'로 알아듣게 하려 했던 것이 아니겠습니까? 우선은 이 둘이 비슷하다는 점을 눈여겨보십시오. 불에 타는 사람이 견딜 수 없다, 참을 수 없다 하며 물러나는 것과 마찬가지로, 교회 안에서 어떤 일을 참지 못하는 사람들은 그리스도나 교회의 이름으로부터 물러나 걸림돌로 말미암아 고통을 받습니다.

Videte enim quomodo passi sunt scandalum tamquam a sole illi carnales, quibus praedicabat carnem suam Christus, et dicebat: *Qui non manducaverit carnem Filii hominis, et biberit eius sanguinem, non habebit in se vitam.* Septuaginta ferme homines dixerunt: *Durus est hic sermo;* et recesserunt ab eo: et remanserunt duodecim. Omnes illos ussit sol, et recesserunt, non valentes ferre vim verbi. Remanserunt ergo duodecim. Et ne forte putarent homines quia ipsi praestant Christo credendo in Christum, et non ab ipso illis praestatur beneficium; cum duodecim remansissent, ait illis Dominus: *Numquid et vos vultis ire?* Ut noveritis quia vobis necessarius ego sum, non vos mihi. Illi autem quos non usserat sol, responderunt ex voce Petri: *Domine, verbum vitae aeternae habes; quo ibimus?*

Quos autem urit Ecclesia tamquam luna per noctem? Qui schismata fecerunt. Audi ipsum verbum positum in Apostolo: *Quis infirmatur, et ego non infirmor? quis scandalizatur, et ego non uror?* Quomodo ergo non est scandalum in eo qui diligit fratrem? Quia qui diligit fratrem, tolerat omnia propter unitatem; quia in unitate caritatis est fraterna dilectio. Offendit te nescio quis, sive malus, sive ut tu putas malus, sive ut tu fingis malus, et deseris tot bonos? Qualis dilectio fraterna est, qualis apparuit in istis? Cum accusant

---

[45] 요한 6,54-69 참조.   [46] 요한 6,60.
[47] 요한 6,67.   [48] 요한 6,68.
[49] 도나투스 열교를 가리킨다. 해제 각주 14 참조.

그리스도께서 당신의 살에 관하여 선포하시면서 "누구든지 사람의 아들의 살과 피를 먹고 마시지 않으면 그 안에 생명을 간직하지 못할 것이다"⁴⁵라고 말씀하셨을 때, 어떻게 육적인 사람들이 햇볕에 탄 사람들처럼 걸림돌로 말미암아 고통받는지 보십시오. 무려 칠십 명에 가까운 사람들이 "이 말씀은 듣기가 너무 거북하다"⁴⁶라고 투덜거리며 그분을 떠났고, 열두 제자만 남았습니다. 그들은 모두 해에 타서 떠나가 버렸고, 말씀이 지닌 힘을 견디지 못했던 것입니다. 그리하여 결국 열둘만 남았습니다. 그리스도를 믿으면 그리스도에게 도움이 되는 것이지 그리스도로부터 은혜를 입은 것이 아니라고 여기는 일이 없도록, 열둘이 남았을 때 주님께서는 "너희도 떠나고 싶으냐?"⁴⁷ 하고 그들에게 말씀하셨습니다. 너희에게 내가 필요한 것이지 나에게 너희가 필요한 것이 아님을 알라는 뜻입니다. 그러나 해에 타지 않은 사람들은 베드로의 목소리로 이렇게 대답했습니다. "주님, 저희가 누구에게 가겠습니까? 주님께는 영원한 생명의 말씀이 있습니다."⁴⁸

그렇다면 밤중에 달빛에 타듯이 교회로 말미암아 타는 사람은 누구입니까? 열교를 만든 사람들입니다.⁴⁹ 바오로 사도의 말씀을 들어 봅시다. "누가 약해지면 나도 약해지지 않겠습니까? 누가 다른 사람 때문에 죄를 지으면 나도 분개하지 않겠습니까?"⁵⁰ 그러니 형제를 사랑하는 사람에게 왜 걸림돌이 없겠습니까? 형제를 사랑하는 사람은 일치를 위해서 모든 것을 견디어 내기 때문입니다. 형제적 사랑은 사랑의 일치 안에 있기 때문입니다. 실제로 고약하든지, 아니면 그대가 고약하게 여기거나 그러리라 추측하는 사람 하나가 그대 마음을 상하게 한다고 해서, 그대는 많은 선량한 사람들을 버립니까? 이들 열교 안에 무슨 형제적 사랑이 있고, 무슨 형제적 사랑

---

50 2코린 11,29.

Afros, deseruerunt orbem terrarum. Numquid in orbe terrarum sancti non erant? Aut inauditi a vobis damnari potuerunt? Sed o si diligeretis fratres, scandalum in vobis non esset. Audi psalmum, qui dicat: *Pax multa diligentibus legem tuam, et non est eis scandalum.* Pacem multam dixit eis qui diligunt legem Dei, et ideo non eis esse scandalum. Illi ergo qui scandalum patiuntur, pacem perdunt. Et quos dixit non pati scandalum, aut non facere? diligentes legem Dei. Ergo in caritate positi sunt. Sed dicit aliquis: legem Dei dixit diligentibus, non fratres. Audi quid Dominus dicat: *Mandatum novum do vobis, ut vos invicem diligatis.* Quid est lex, nisi mandatum? Quomodo autem non patiuntur scandalum, nisi dum sufferunt invicem? Sicut Paulus dicit: *Sufferentes invicem in dilectione, studentes servare unitatem spiritus in vinculo pacis.* Et quia ipsa est lex Christi, eumdem audi Apostolum commendantem ipsam legem: *Invicem,* inquit, *onera vestra portate, et sic adimplebitis legem Christi.*

**13.** *Nam qui odit fratrem suum, in tenebris est, et in tenebris ambulat, et nescit quo eat.* Magna res, fratres: adtendite, rogamus vos.

---

51 도나투스파가 북아프리카의 가톨릭교회를 뭉뚱그려 배교자라 비난하며 갈라져 나감으로써, 결국 보편 교회를 저버렸다는 말이다.
52 시편 118,165. 『성경』: "당신의 가르침을 사랑하는 이들에게는 큰 평화가 있고 무엇 하나 거칠 것이 없습니다."
53 요한 13,34.      54 에페 4,2-3.

이 보입니까? 그들은 아프리카 교우들을 비난하면서 온 세상을 저버렸습니다.51 온 세상에 성인들이 없었다는 말입니까? 어떻게 말을 들어 보지도 않고 단죄할 수 있습니까? 그대들이 형제들을 사랑한다면 그대들 안에 어떤 걸림돌도 없을 것입니다. "당신의 법을 사랑하는 이들에게는 큰 평화가 있고 걸림돌이 없습니다"52라는 시편 말씀을 들어 보십시오. 하느님의 법을 사랑하는 사람에게는 큰 평화가 있고, 그래서 그들에게는 걸림돌이 없다는 말입니다. 걸림돌에 시달리는 사람은 평화를 잃어버립니다. 걸림돌에 시달리지도 않고 걸림돌을 놓지도 않는 사람은 누구이겠습니까? 하느님의 법을 사랑하는 사람입니다. 이런 이들은 사랑 안에 자리 잡고 있습니다. 그러나 어떤 사람은 [시편에서] '하느님의 법을 사랑하는 이들'이라고 했지 '형제를 사랑하는 이들'이라고는 하지 않았다고 반문할지 모르겠습니다. 주님의 말씀을 들어 보십시오. "내가 너희에게 새 계명을 준다. 서로 사랑하여라."53 법이란 계명이 아니고 무엇입니까? 서로 참아 주며 살아가지 않는다면 어떻게 걸림돌로 말미암아 고통을 겪지 않을 수 있겠습니까? 이에 대해서 바오로는 말합니다. "사랑으로 서로 참아 주며, 성령께서 평화의 끈으로 이루어 주신 일치를 보존하도록 애쓰십시오."54 바로 이것이 그리스도의 법입니다. 이 법을 권고하는 바오로 사도의 말씀을 들으십시오. "서로 남의 짐을 져 주십시오. 그러면 그리스도의 율법을 완수하게 될 것입니다."55

**13.** **"자기 형제를 미워하는 자는 어둠 속에 있습니다. 그는 어둠 속에서 걸어가면서56 자기가 어디로 가는지 모릅니다"**(1요한 2,11). 형제 여러분, 위대

---

55 갈라 6,2.   56 『성경』: "살아가면서."

*Qui odit fratrem suum, in tenebris ambulat, et nescit quo eat; quoniam tenebrae excaecaverunt oculos eius.* Quid tam caecum, quam isti qui oderunt fratres? Nam ut noveritis quia caeci sunt, in montem offenderunt. Eadem dico, ne vobis excidant. Nonne lapis iste qui praecisus est de monte sine manibus, Christus est de regno Iudaeorum sine opere maritali? Nonne ille lapis confregit omnia regna terrarum, id est, omnes dominationes idolorum et daemoniorum? Nonne ille lapis crevit, et factus est mons magnus, et implevit universum orbem terrarum? Numquid digito ostendimus istum montem, quomodo ostenditur hominibus tertia luna? Verbi gratia, quando volunt homines videre lunam novam, dicunt; Ecce luna, ecce ubi est; et si sunt ibi qui non valeant intendere aciem, et dicant: Ubi? intenditur illis digitus ut videant. Aliquando dum erubescunt ne caeci putentur, dicunt se vidisse quod non viderunt. Numquid sic ostendimus Ecclesiam, fratres mei? Nonne aperta est? nonne manifesta? nonne tenuit omnes gentes? nonne impletur quod ante tot annos promissum est Abrahae, in semine eius benedici omnes gentes? Uni fideli promissum est, et milibus fidelium mundus impletus est. Ecce mons implens universam faciem terrae: ecce civitas de qua dictum est: *Non potest civitas abscondi super montem constituta.* Illi autem offendunt in montem. Et cum eis dicitur: Ascendite, non est mons, dicunt; et facilius illuc faciem impingunt,

---

57 다니 2,35 참조.   58 창세 22,18 참조.   59 마태 5,14.

한 말씀입니다. 잘 들어 주시기 바랍니다. "자기 형제를 미워하는 자는 어둠 속에 있습니다. 그는 어둠 속에서 걸어가면서 자기가 어디로 가는지 모릅니다. 어둠이 그의 눈을 멀게 하였기 때문입니다"(1요한 2,11). 자기 형제를 미워하는 사람보다 더 눈먼 사람이 있겠습니까? 그들이 산에 부딪쳤다는 사실에서 그들은 눈먼 자들임을 여러분은 알아차리십시오. 여러분이 잊어버릴까 봐 같은 말을 되풀이합니다. 사람의 손을 거치지 않고 산에서 떨어져 나온 이 돌은, 사람의 행위 없이 유대 왕족에서 나온 그리스도가 아니겠습니까? 그분이야말로 지상의 모든 나라, 곧 우상과 마귀의 온갖 지배를 쳐부수어 버린 그 돌이 아니던가요? 그분이야말로 점점 커져서 커다란 산이 되어 온 세상을 가득 채운 그 돌이 아닙니까?[57] 달이 사람들에게 초사흗날을 가리키듯, 우리는 손가락으로 이 산을 보여 주지 않습니까? 예컨대, 사람들이 새로 떠오르는 달을 보고 싶어 하면, '달이다. 여기에 달이 있다'고 말합니다. 형체를 잘 분간하지 못하는 사람이 있어 '어디냐?'고 물으면, 달을 볼 수 있도록 그에게 손가락으로 가리켜 줍니다. 그러나 때로는 장님으로 여길까 부끄러워, 보지 못한 것을 보고 있노라 말하기도 합니다. 형제 여러분, 우리도 이렇게 교회를 보여 주는 것은 아닙니까? 교회가 열리지 않았습니까? 교회가 드러나지 않았습니까? 교회가 모든 민족을 품고 있지 않습니까? 그리하여 아주 옛날 아브라함에게 하신 약속, 모든 민족이 그 후손을 통하여 복을 받으리라는 약속이 이루어지지 않았습니까?[58] 한 사람의 신앙인에게 약속하셨지만, 세상은 수많은 신앙인들로 가득 찼습니다. 바로 이것이 온 세상을 다 채운 산이며, 바로 이것이 "산 위에 자리 잡은 고을은 감추어질 수 없다"[59]라고 한 그 마을입니다. 그러나 그들은 산과 부딪쳤습니다. 그들에게 '올라오시오'라고 하면 '산이 없다'라고 대답합니다. 산에서 거처를 찾기는커녕, 산에 얼굴을 부딪치기 십상입

quam illic habitaculum quaerunt. Isaias hesterna die lectus est: quisquis vestrum vigilabat, non oculis tantum, sed aure, nec aure corporis, sed aure cordis, advertit: *Erit in novissimis diebus manifestus mons domus Domini, paratus in cacumine montium.* Quid tam manifestum quam mons? Sed sunt et montes ignoti, quia in una parte terrarum positi sunt. Quis vestrum novit Olympum montem? quomodo ibi qui habitant, Giddabam nostrum non norunt. In partibus sunt isti montes. Ille autem mons non sic, quia implevit universam faciem terrae; et de illo dicitur: *Paratus in cacumine montium.* Mons est super cacumina omnium montium. *Et congregabuntur,* inquit, *ad eum omnes gentes.* Quis errat in hoc monte? Quis frangit faciem offendendo in illum? Quis ignorat civitatem super montem constitutam? Sed nolite mirari quia ignoratur ab istis qui oderunt fratres: quia in tenebris ambulant, et nesciunt quo eant; quia tenebrae excaecaverunt oculos eorum. Montem non vident: nolo mireris, oculos non habent. Unde oculos non habent? Quia tenebrae excaecaverunt eos. Unde probamus? Quia fratres oderunt, quia cum offenduntur in Afris, separant se ab orbe terrarum quia non tolerant pro pace Christi quos infamant, et tolerant pro parte Donati quos damnant.

---

60 이사 2,2 참조.
61 이사 2,2.
62 가톨릭교회를 가리킨다.

니다. 어제 우리는 이사야서를 읽었습니다. 여러분 가운데 주의 깊은 이는 눈으로뿐 아니라 귀로, 그러나 육신의 귀가 아니라 마음의 귀로 알아들었을 것입니다. "주님의 집이 서 있는 산은 마지막 날에 드러나고 산꼭대기에 마련될 것이다"[60]는 말씀입니다. 산보다 더 잘 드러나는 것이 무엇이겠습니까? 그러나 지상의 한 부분에만 자리 잡은 까닭에 알려지지 않은 산도 있습니다. 여러분 가운데 누가 올림퍼스 산을 아십니까? 반대로 그쪽에 사는 사람은 우리에게 있는 기다밤 산을 모릅니다. 이 산들은 한정된 지역에만 있습니다. 그렇지만 그 산은 그렇지 않습니다. 온 세상을 가득 채우고 있기 때문입니다. 그 산은 "산꼭대기에 마련될 것이다"라고 일컬어지는 산입니다. 이 산은 다른 어떤 산꼭대기보다 더 높습니다. 그래서 이사야는 "모든 민족들이 그리로 밀려들리라"[61]고 했습니다. 누가 이런 산에서 헤매겠습니까? 누가 이런 산에 부딪쳐 얼굴을 다치겠습니까? 산 위에 세워진 마을을 누가 모르겠습니까? 그러나 자기 형제를 미워하는 사람은 이를 모른다는 사실에 놀라지 마십시오. 그들은 어둠 속에서 걸어가면서 자기가 어디로 가는지 모르기 때문입니다. 어둠이 그들의 눈을 멀게 했기 때문입니다. 그들은 산을 보지 못합니다. 놀라지 마십시오. 그들은 눈이 없습니다. 어째서 눈을 가지지 못한 것입니까? 어둠이 그들을 눈멀게 했기 때문입니다. 어떻게 증명할 수 있습니까? 그들[도나투스파]은 형제를 미워하고, 아프리카에서 맞부딪치면서 온 세상으로부터 갈라져 나가기 때문입니다. 그들은 자기들이 모욕하는 이들[62]은 그리스도의 평화를 위하여 참아 주지 않으면서, 정작 자신들을 단죄하는 도나투스의 파당[63]▶을 위해서는 참아 주기 때문입니다.

◀63 막시미아누스 열교를 가리킨다. 이 열교는 도나투스파에서 다시 갈라져 나간 파당으로, 카르타고의 도나투스파 부제였던 막시미아누스(Maximianus)가 그 주인공이다. 자신의 주교 프리미아누스에게서 쫓겨난 막시미아누스는 100여 명의 도나투스파 주교들이 모인 교회회의(373년)에서 카르타고의 도나투스파 대립 주교로 선출되었다. 이에 프리미아누스는 300여 명의 도나투스파 주교들과 함께 막시미아누스와 그 서품자들을 단죄하고, 막시미아누스 열교와 재통합을 추진하였다(394년). 도나투스파는 효과적인 재통합을 위해 막시미아누스 열교를 '재세례'(rebaptisma) 없이 자신들의 교회에 받아들였는데, 이는 도나투스파가 처음부터 줄기차게 주장해 온 성사론의 원리를 스스로 뒤집는 것이었다. 아우구스티누스는 그들의 모순투성이 관용을 빗대어 말하고 있다. 참조: 『시편 상해』 36; 『설교집』 2,19-21.

## 요한의 첫째 서간 2,12-17

그리스도인과 세상

> ¹² 자녀 여러분, 내가 여러분에게 이 글을 쓰는 까닭은
> 여러분이 그분의 이름 덕분에 죄를 용서받았기 때문입니다.
> ¹³ 아버지 여러분, 내가 여러분에게 이 글을 쓰는 까닭은
> 처음부터 계신 그분을 여러분이 알고 있기 때문입니다.
> 젊은이 여러분, 내가 여러분에게 이 글을 쓰는 까닭은
> 여러분이 악한 자를 이겼기 때문입니다.
> ¹⁴ 자녀 여러분, 내가 여러분에게 이 글을 쓴 까닭은
> 여러분이 아버지를 알고 있기 때문입니다.
> 아버지 여러분, 내가 여러분에게 이 글을 쓴 까닭은
> 처음부터 계신 그분을 여러분이 알고 있기 때문입니다.
> 젊은이 여러분, 내가 여러분에게 이 글을 쓴 까닭은
> 여러분이 강하고
> 하느님의 말씀이 여러분 안에 머무르며
> 여러분이 악한 자를 이겼기 때문입니다.
> ¹⁵ 여러분은 세상도 또 세상 안에 있는 것들도 사랑하지 마십시오. 누가 세상을 사랑하면, 그 사람 안에는 아버지 사랑이 없습니다. ¹⁶ 세상에 있는 모든 것, 곧 육의 욕망과 눈의 욕망과 살림살이에 대한 자만은 아버지에게서 온 것이 아니라 세상에서 온 것입니다. ¹⁷ 세상은 지나가고 세상의 욕망도 지나갑니다. 그러나 하느님의 뜻을 실천하는 사람은 영원히 남습니다.

## Tractatus 2

**1.** Omnia quae leguntur de Scripturis sanctis, ad instructionem et salutem nostram, intente oportet audire. Maxime tamen memoriae commendanda sunt, quae adversus haereticos valent plurimum; quorum insidiae infirmiores quosque et negligentiores circumvenire non cessant. Mementote Dominum nostrum et salvatorem Iesum Christum, et mortuum esse pro nobis et resurrexisse; mortuum scilicet propter delicta nostra, resurrexisse propter iustificationem nostram.

Sicut modo audistis quia discipulorum duorum quos invenit in via, tenebantur oculi ne eum agnoscerent: et invenit eos desperantes de redemptione quae erat in Christo, et existimantes iam illum passum et mortuum fuisse, sicut hominem, nec tamquam Filium Dei putantes semper vivere; et in carne ita mortuum ut non revivisceret, sed tamquam unum ex Prophetis: sicut verba eorum paulo ante qui intenti eratis, audistis. Tunc aperuit illis Scripturas, incipiens a Moyse per omnes Prophetas, ostendens eis omnia quae passus erat praedicta fuisse; ne illi magis moverentur, si resurrexisset Dominus, et magis ei non crederent, si de illo ista ante dicta non

---

1 아우구스티누스는 신자들에게 도움을 주고 싶은 열망으로 신약과 구약 성경에서 삶의 원칙에 관하여 하느님의 명령과 금령을 담은 구절을 뽑고 머리말까지 달아서 『거울』(*Speculum*)이라는 제목의 책을 펴내기도 했다. 포시디우스 『아우구스티누스의 생애』 28,3 참조.

2 로마 4,25 참조.

## 둘째 강해

**1.** 우리의 가르침과 구원을 위하여 성경에서 읽는 모든 말씀을 주의 깊게 들어야 합니다. 특히 이단자들을 논박하는 데 큰 힘을 발휘하는 부분들은 기억 속에 깊이 새겨 두어야 합니다.[1] 이단자들은 믿음이 약하거나 게으른 이들에게 끊임없이 덫을 놓아 속이려 듭니다. 우리 주님이요 구원자이신 예수 그리스도께서 우리를 위해서 돌아가시고 부활하셨다는 사실, 그분이 우리 죄로 말미암아 돌아가셨고, 우리 의화義化를 위해 부활하셨다는 사실을 기억하십시오.[2]

여러분은 방금, 길을 가다가 주님을 만났지만 눈이 어두워서 그분을 알아뵙지 못한 두 제자의 이야기를 들었습니다.[3] 주님께서 그들을 만나셨을 때 그들은 그리스도 안에서 이루어진 구원에 실망하고 있었습니다. 그들은 그리스도께서 여느 사람처럼 고난을 당하고 돌아가신 줄로만 생각했을 뿐, 하느님의 아드님은 영원히 살아 계시다는 생각은 전혀 하지 못했습니다. 그분은 육신 안에서 돌아가시고 다시 살아나지 못하는, 예언자 가운데 한 사람이라고 여겼습니다. 주의를 기울이고 계셨던 분이라면 조금 전에 그들이 한 말을 들었을 것입니다. 그러나 그리스도께서는 모세의 율법서를 비롯하여 모든 예언서에 이르기까지 그들에게 성경을 열어 보여 주셨습니다. 당신께서 겪으신 모든 고난이 예언되어 있었다는 것을 그들에게 보여 주신 것입니다. 그러지 않았더라면 주님께서 부활하셨을 때 그들은 더욱 당황했을 것이고, 그분에 관하여 예언하지 않았더라면 그들은 더욱

---

3 아우구스티누스는 곧장 요한 서간 강해에 들어가지 않고, 엠마오로 가던 제자 이야기(루카 24,13-35)를 먼저 풀이한다. 아마도 전례 도중에 이 복음이 봉독된 것 같다. 아우구스티누스는 강해 곳곳에서 그날 전례에서 선포된 성경 대목을 덧붙여 풀이하곤 한다. 참조: 『요한 서간 강해』 2,3; 7,1; 8,2.4; 10,4.

essent. Firmitas enim fidei in eo est, quia omnia quae evenerunt in Christo, praedicta sunt. Discipuli ergo eum non agnoverunt, nisi in fractione panis. Et vere qui non sibi iudicium manducat et bibit, in fractione panis Christum agnoscit.

Postea et illi undecim putabant se spiritum videre. Praebuit se palpandum, qui se praebuit crucifigendum; crucifigendum inimicis, palpandum amicis: medicus tamen omnium, et illorum impietatis, et istorum incredulitatis. Namque audistis cum Actus Apostolorum legerentur, quot milia crediderunt ex interfectoribus Christi. Si crediderunt postea qui occiderant, non erant credituri qui paululum dubitabant? Et ipsis tamen, — quod maxime debetis animadvertere, et memoriae vestrae mandare, quia contra insidiosos errores Deus voluit ponere firmamentum in Scripturis, contra quas nullus audet loqui, qui quoquo modo se vult videri christianum —; cum se palpandum praebuisset, non illi suffecit, nisi de Scripturis confirmaret cor credentium: prospiciebat enim nos futuros; in quo quod palpemus nos non habemus, sed quod legamus habemus. Si enim propterea illi crediderunt, quia tenuerunt et palpaverunt; nos quid faciemus? Iam Christus ascendit in caelum, non est venturus nisi in fine, ut iudicet de vivis et mortuis: unde credituri sumus, nisi unde et ipsos palpantes voluit confirmari? Aperuit enim illis Scripturas, et ostendit eis quia oportebat pati Christum, et impleri omnia quae

---

4 1코린 11,29 참조.       5 사도 2,41 참조.

믿기 어려웠을 것입니다. 예언된 모든 것이 그리스도 안에서 일어났기에 그들 안에는 굳건한 믿음이 있습니다. 그래서 제자들은 빵을 쪼개실 때에야 비로소 그분을 알아뵈었던 것입니다. 참으로 자신에 대한 심판을 먹고 마시지 않는 사람은[4] 빵을 쪼갤 때 그리스도를 알아뵙니다.

  나중에 열한 제자들도 유령을 보고 있다고 생각했습니다. 그래서 당신을 못 박도록 허락하신 주님께서는, 당신을 만져 보게 하셨습니다. 당신 원수들에게는 못 박게 하시고, 당신 벗들에게는 만지게 하신 것입니다. 그러나 그분은 모든 이의 의사로서 원수들의 불경을 고쳐 주시고, 벗들의 불신을 치유해 주셨습니다. 사도행전을 읽을 때 들은 것처럼, 그리스도를 죽인 수많은 사람들이 그분을 믿었습니다.[5] 그리스도를 죽인 사람들도 나중에 믿었다면, 그저 잠깐 의심했던 사람들이 믿을 수 없었겠습니까? 하느님께서는 교묘한 오류를 거슬러 성경 안에 확고한 [진리를] 두기를 원하셨다는 사실에 특별한 주의를 기울이고 깊이 유념해야 합니다. 그리스도인으로 보이고 싶은 사람이라면 그 누구도 감히 성경을 거슬러 말할 수 없습니다. 사람들로 하여금 당신을 만지도록 하신 것은 오직 믿는 이들의 마음을 성경으로 굳건히 해 주시려는 까닭이었습니다. 그분은 미래의 우리를 내다보신 것입니다. 이제 우리는 그분에 관하여 만져 볼 것은 지니고 있지 않지만, 읽어 볼 것은 가지고 있습니다. 제자들이 그분을 붙잡고서 만져 보았기 때문에 믿었다면, 우리는 어떻게 해야 하겠습니까? 그리스도께서는 이미 하늘로 올라가셔서 마지막 날에나 산 이와 죽은 이를 심판하러 오실 것이니, 우리는 어디에 믿음의 토대를 두어야 하겠습니까? 굳건해지기를 바라셨던 까닭에 당신을 만지도록 허락하셨던 바로 그 사람들 말고 누구를 믿겠습니까? 그래서 주님께서는 그들에게 성경을 열어 주시고, 그리

de illo scripta sunt in Lege Moysi, et Prophetis, et Psalmis. Omnem veterem textum Scripturarum circumplexus est. Quidquid illarum Scripturarum est, Christum sonat; sed si aures inveniat. Et aperuit eis sensum, ut intellegerent Scripturas. Unde et nobis hoc orandum est, ut ipse sensum nostrum aperiat.

**2.** Quid autem ostendit Dominus scriptum de se in Lege Moysi, et Prophetis, et Psalmis? quid ostendit? Ipse dicat. Breviter hoc Evangelista posuit, ut nos nossemus quid in tanta latitudine Scripturarum credere et intellegere debeamus. Certe multae sunt paginae, et multi libri, hoc habent omnes quod dixit Dominus breviter discipulis suis. Quid est hoc? Quia *oportebat pati Christum, et resurgere tertia die.* Habes iam de sponso, quia *oportebat Christum pati et resurgere.* Commendatus est nobis sponsus. De sponsa videamus quid dicat; ut tu cum cognoveris sponsum et sponsam, non sine causa ad nuptias venias. Celebratio enim nuptiarum omnis celebratio: Ecclesiae nuptiae celebrantur. Ducturus est uxorem filius regis, et ipse filius regis rex: et qui frequentant, ipsi sunt sponsa. Non quomodo in nuptiis carnalibus alii frequentant nuptias, et alia nubit, in Ecclesia qui frequentant, si bene frequentant, sponsa fiunt.

---

6 참조: 루카 9,22; 24,7.46; 마태 16,21; 17,23; 마르 8,31; 9,31.

스도가 고난을 받고 모세의 율법서와 예언서와 시편에 당신을 두고 쓰인 모든 말씀이 이루어져야 한다는 것을 알려 주셨던 것입니다. 그렇게 구약의 모든 본문을 다 아우르셨습니다. 어떠한 구약성경 구절이든 다 그리스도를 노래합니다. 그렇지만 들을 귀가 있어야 합니다. 그분께서는 성경을 깨닫도록 그들의 명오明悟를 열어 주셨습니다. 그러니 우리 또한 주님께서 몸소 우리의 명오를 열어 주시도록 기도해야 하겠습니다.

**2.** 그런데 주님께서는 모세의 율법서와 예언서와 시편에 당신에 관하여 쓰인 어떤 사실을 우리에게 보여 주십니까? 무엇을 보여 주셨는지 당신 몸소 말씀하시도록 해 드립시다. 복음사가는 이것에 관해서 짧게 다룹니다. 그것은 수없이 드넓은 성경 본문들에서 무엇을 믿고 깨달아야 하는지 우리 스스로 직접 배우도록 하기 위함입니다. 분명 성경의 쪽수도 많고 권수도 많지만, 이 모든 것은 주님께서 당신 제자들에게 해 주신 짧은 말씀을 담고 있는 것입니다. 그것이 무엇이겠습니까? "그리스도는 반드시 고난을 겪고 사흘 만에 되살아나야 한다"[6]는 것입니다. 신랑에 관한 대목은 "그리스도는 반드시 고난을 겪고 되살아나야 한다"는 말씀과 직결된다는 것을 그대는 이미 알고 있습니다. 신랑은 이렇게 우리에게 맡겨졌습니다. 그렇다면 신부에 관해서는 뭐라고 하는지 봅시다. 이것은 그대가 신랑과 신부를 알아, 까닭도 모른 채 혼인 잔치에 오지 않게 하려는 것입니다. 모든 전례 거행은 사실 혼인 잔치입니다. 교회의 혼인 잔치가 거행되는 것입니다. 임금님의 아드님은 아내를 맞아들여야 하는데, 그 임금님의 아드님 역시 임금님입니다. 그 잔치에 참석한 사람들이 바로 신부입니다. 육신의 혼인 잔치에서 참석자와 신부가 따로따로인 것과는 달리, 교회에서는 전례 거행에 잘 참례한다면 참석자들이 바로 신부가 됩니다. 사실 온 교회가 그리

Omnis enim Ecclesia sponsa Christi est, cuius principium et primitiae caro Christi est: ibi iuncta est sponsa sponso in carne. Merito carnem ipsam cum commendaret, panem fregit; et merito in fractione panis aperti sunt oculi discipulorum, et agnoverunt eum.

Quid ergo dixit Dominus scriptum esse de se in Lege, et Prophetis, et Psalmis? Quia *oportebat pati Christum.* Si non adderet, *et resurgere,* recte illi plangerent, quorum oculi tenebantur; sed et resurgere praedictum est. Et ut quid hoc? Quare oportebat pati Christum et resurgere? Propter illum psalmum quem vobis maxime commendavimus, quarta sabbati, statione prima novissimae hebdomadis. Quare oportebat Christum pati et resurgere? Propterea: *Commemorabuntur et convertentur ad Dominum universi fines terrae, et adorabunt in conspectu eius universae patriae gentium.* Nam ut noveritis quia oportebat pati Christum et resurgere; et hic quid addidit, ut post commendationem sponsi commendaret et sponsam? Et *praedicari,* inquit, *in nomine eius paenitentiam et remissionem peccatorum per omnes gentes, incipiens ab Ierusalem.*

Audistis, fratres, tenete. Nemo dubitet de Ecclesia, quia per omnes gentes est; nemo dubitet, quia ab Ierusalem coepit, et omnes gentes implevit. Agnoscimus agrum ubi vitis plantata est: cum autem creverit, non agnoscimus, quia totum occupavit. Unde coepit?

---

7 4세기 무렵에 널리 퍼져 있던 수요일과 금요일 기도 모임을 가리키는 듯하다. Saint Augustin, *Commentaire de la Premièr Épître de S. Jean*, Paul Agaësse (ed.), *Sources Chrétiennes* 75, Paris 1961, 154-5 참조.

8 시편 21,28.  9 루카 24,47.

스도의 신부입니다. 그리스도의 몸이 신부인 교회의 원리요 원천입니다. 바로 이 몸 안에서 신부가 신랑과 결합하는 것입니다. 빵을 쪼개신 것은 당신 몸을 맡겨 주시기 위함이었습니다. 빵을 쪼갤 때 제자들의 눈이 열려 그분을 알아뵈었습니다.

모세의 율법서와 예언서와 시편에 당신을 두고 쓰인 말씀에 관해서 주님께서는 뭐라고 하셨습니까? "그리스도는 반드시 고난을 겪어야 한다"는 것입니다. '되살아나야 한다'는 말을 덧붙이지 않으셨다면, 눈이 어두워져 있던 그들은 당연히 눈물만 흘렸을 것입니다. 그러나 되살아난다는 것도 이미 예언되어 있었습니다. 무엇을 위해서였습니까? 무엇 때문에 그리스도께서는 반드시 고난을 겪고 되살아나야 했습니까? 이에 관해서는 지난주 수요일 첫 모임7에서 여러분에게 특별한 정성을 기울여 풀이해 드린 바 있는 시편이 잘 말해 줍니다. 왜 그리스도는 반드시 고난을 겪고 되살아나야 했습니까? "세상 끝이 모두 생각을 돌이켜 주님께 돌아오고 민족들의 모든 가문이 그분 앞에 경배"8하도록 하기 위해서였습니다. 왜 그리스도께서 반드시 고난을 겪으시고 되살아나야 하셨는지를 여러분이 깨달을 수 있도록, 신랑에게 먼저 주의를 기울인 다음 신부에게도 주의를 모으기 위하여 다음 말씀을 덧붙이는 것이 아니겠습니까? "예루살렘에서부터 시작하여, 죄의 용서를 위한 회개가 그의 이름으로 모든 민족들에게 선포되어야 한다."9

형제 여러분, 이 말씀을 들었으니 잘 간직하십시오. 교회가 모든 민족들에게 두루 퍼져 있다는 사실을 아무도 의심하지 마십시오. 교회가 예루살렘에서부터 시작하여 모든 민족을 가득 채웠다는 사실을 아무도 의심하지 마십시오. 우리는 포도나무가 심어진 밭을 알고 있지만 그 포도나무가 다 크고 나면 그 밭을 알아보지 못합니다. 온통 뒤덮였기 때문입니다. 교회는

*ab Ierusalem.* Quo pervenit? *ad omnes gentes.* Paucae remanserunt, omnes tenebit. Interea dum omnes tenet, aliqua sarmenta inutilia visa sunt agricolae praecidenda; et fecerunt haereses et schismata. Non vos inducant praecisa, ut praecidamini; hortamini magis quae praecisa sunt, ut iterum inserantur. Manifestum est Christum passum, resurrexisse, et ascendisse in caelum: manifestata est et Ecclesia, quia praedicatur in nomine eius paenitentia et remissio peccatorum per omnes gentes. Unde coepit? *Incipiens ab Ierusalem.* Audit stultus, vanus, et quid amplius dicturus sum quam caecus, qui tam magnum montem non videt; qui contra lucernam in candelabro positam oculos claudit?

3. Cum eis dicimus: Si christiani catholici estis, communicate illi Ecclesiae unde Evangelium toto orbe diffunditur; illi Ierusalem communicate, quando eis dicimus, respondent nobis: Non communicamus illi civitati ubi occisus est rex noster, ubi occisus est Dominus noster: quasi oderint civitatem ubi occisus est Dominus noster. Occiderunt Iudaei quem invenerunt in terra, exsufflant isti eum qui sedet in caelo. Qui sunt peiores, qui contempserunt quia hominem putabant, an qui sacramenta eius exsufflant, quem iam Deum confitentur? Sed oderunt videlicet civitatem in qua occisus est Do-

---

10 루카 24,47.

어디서부터 시작했습니까? "예루살렘에서부터 시작하였습니다."¹⁰ 어디로 퍼져 나갑니까? "모든 민족들에게입니다." [아직 퍼져 나가지 않은 곳이] 더러 남아 있어도, 모든 곳을 차지하게 될 것입니다. 모든 곳을 차지하는 동안 농부에게는 잘라 버려야 할 무익한 가지들이 있습니다. 바로 이단과 열교를 만든 자들입니다. 잘려 나간 가지들이 여러분마저 잘려 나가도록 잘못 인도하지 않기를 바랍니다. 잘려진 가지들이 다시 접붙여질 수 있게 열심히 독려하십시오. 그리스도께서 고난을 겪으시고 다시 살아나시고 하늘로 올라가신 것은 분명히 드러났습니다. 교회 또한 확연히 드러났습니다. 죄의 용서를 위한 회개가 그의 이름으로 모든 민족들에게 선포되고 있기 때문입니다. 교회가 어디에서 시작되었습니까? "예루살렘에서부터 시작하였습니다." 미련하고 허황된 사람은 듣기라도 하지만, 큰 산도 보지 못하고 등잔 위에서 빛나는 불빛 앞에 눈을 감고 있는 장님에게야 제가 무슨 말을 더 하겠습니까?

**3.** '여러분이 가톨릭 그리스도인이라면 온 세상에 퍼져 있는 복음을 지니고 있는 교회와 친교를 나누어야 합니다'라고 저는 그들에게 말합니다. 제가 '여러분은 예루살렘과 친교를 나누어야 합니다'라고 말하면, 그들은 '우리 임금님이 살해된 그따위 도시, 우리 주님께서 살해되신 그 도시와는 상종하지 않습니다'라고 대답합니다. 그들은 우리 주님께서 살해되신 그 도시를 증오하는 것 같습니다. 유대인들은 그들이 지상에서 만난 분을 죽였고, 이제는 하늘에 앉아 계시는 분을 조롱하고 있습니다. 인간이라고 여겼기에 그분을 멸시한 사람들과, 이미 하느님으로 확인된 분께서 세우신 성사를 조롱하는 사람들 가운데 누가 더 나쁩니까?¹¹▶ 분명 그들은 자신들의 주님께서 살해되신 그 도시를 미워합니다. 그리스도께서 살해되셨다는 사

minus ipsorum. Pii homines et misericordes, multum dolent occisum esse Christum, et occidunt in hominibus Christum! At ille dilexit illam civitatem, et misertus est eius: inde dixit incipere praedicationem suam: *Incipiens ab Ierusalem*. Ille ibi principium fecit praedicationis nominis sui: et tu exhorrescis communionem illius civitatis? Non est mirum si praecisus odisti radicem. Quid ait ille discipulis suis? *Estote sedentes in civitate, quia ego mitto promissionem meam in vos.* Ecce quam civitatem oderunt. Forte amarent, si Iudaei interfectores Christi in illa habitarent. Manifestum est enim omnes interfectores Christi, id est Iudaeos, expulsos esse de illa civitate. Quae habebat saevientes in Christum, habet adorantes Christum. Propterea illam isti oderunt, quia christiani in illa sunt. Ibi voluit sedere discipulos suos, et ibi illis mittere Spiritum Sanctum. Ubi inchoata est Ecclesia, nisi ubi venit de caelo Spiritus Sanctus, et implevit uno loco sedentes centum viginti? Duodenarius ille numerus decuplatus erat. Sedebant centum viginti homi-

◀11 가톨릭교회에서 베풀어진 성사는 무효하다고 주장하는 도나투스파를 빗대어 하는 말이다. 도나투스파는 죄인들이 집전한 성사, 죄스런 교회 안에서 베풀어진 성사의 유효성을 전적으로 부정했다. 성사를 '그리스도의 행위'(actus Christi)로 보지 않고 '인간의 행위'(actus hominis) 또는 '교회의 행위'(actus ecclesiae)로만 보았기 때문인데, 이것이 그들의 결정적인 오류였다. 아우구스티누스는 이에 맞서, 성사의 집전자는 '종이요 봉사자'(minister)에 지나지 않을 뿐, 성사를 베푸시는 분은 오직 그리스도이심을 강조하며 성사론의 큰 틀을 세웠다. 아우구스티누스 성사론의 핵심은 이 한 문장에 잘 요약되어 있다. "베드로가 세례를 베풀어도 세례 주시는 분은 그리스도이시고, 바오로가 세례를 베풀어도 세례 주시는 분은 그리스도이시며, 유다가 세례를 베풀어도 세례 주시는 분은 그리스도이십니다"(『요한 복음 강해』 6,7). 하느님의 주도적 '권한'(potestas)과 인간의 도구적 '직무'(ministerium)에 관한 교부들의 성사론에 관해서는, 최원오, "개신교 세례에 대한 한국 천주교회의 오해"『종교 간의 대화』현암사 2009, 341-78 참조.

실에 몹시 괴로워하는 경건하고도 연민 가득한 사람들인데도, 그들은 정작 사람들 속에서 그리스도를 살해하고 있습니다! 그렇지만 그리스도께서는 이 도시를 사랑하셨고 연민을 느끼셨습니다. 당신의 복음도 "예루살렘에서부터 시작하여" 선포되기를 원하셨습니다. 바로 이곳을 당신 이름에 대한 선포의 원천으로 삼으셨는데, 이 도시와 친교를 이루는 것이 지긋지긋하다는 말입니까? 사실 잘려 나간 그대가 뿌리를 미워하는 것이 이상한 일은 아닙니다. 그분은 당신 제자들에게 뭐라고 말씀하십니까? "너희는 예루살렘에 머물러 있어라. 내가 약속한 분을 내가 너희에게 보내 줄 것이기 때문이다."[12] 그들이 어떤 도시를 싫어했는지 보십시오. 혹시 그리스도를 살해한 유대인들이 거기에 살고 있다면 아마 그 도시를 사랑할지도 모르겠습니다. 그리스도를 살해한 모든 이, 곧 유대인들이 그 도시에서 쫓겨났다는 사실은 분명합니다.[13] 전에는 그 도시에 그리스도에게 분노한 사람들이 있었다면, 지금은 그리스도를 경배하는 사람들이 있습니다. 그 도시에 그리스도인이 있기 때문에 그들이 이 도시를 미워하는 것입니다. 그곳은 그리스도께서 당신 제자들이 앉기를 원하신 곳이며, 그들에게 성령을 보내 주신 곳입니다. 성령이 하늘로부터 내려오셔서 한자리에 앉아 있던 백이십 명의 마음을 채워 주신 곳이 아니면 어디서 교회가 시작되었겠습니까? 이제 열둘이라는 숫자는 열 배가 되었습니다. 백이십 명의 제자들이

---

12 루카 24,47-49 참조.
13 하드리아누스 황제는 유대인이 예루살렘으로 들어가지 못하게 했고(에우세비우스 『교회사』 4,6 참조), 세베루스 황제는 유대인을 추방했으며(참조: 테르툴리아누스 『호교론』 21; 『유대인 반박』 13), 콘스탄티누스 황제도 예루살렘 재건을 방해하는 자들을 처벌하고 유대인을 추방했다(참조: 요한 크리소스토무스 『유대인 반박』 3; 아우구스티누스 『설교집』 5,5). P. Agaësse, "notes", *Sources Chrétiennes* 158 참조.

nes, et venit Spiritus Sanctus, et implevit totum locum, et factus est sonus, quasi ferretur flatus vehemens, et linguae divisae sunt velut ignis. Audistis Actus Apostolorum, hodie lecta est ipsa lectio: *Coeperunt linguis loqui quomodo Spiritus dabat eis pronuntiare.* Et omnes qui aderant illic, de diversis gentibus venientes Iudaei agnoscebant unusquisque linguam suam; et mirabantur illos idiotas et imperitos subito didicisse non unam aut duas linguas, sed omnium omnino gentium. Ubi ergo iam omnes linguae sonabant, omnes linguae crediturae ostendebantur. Isti autem qui multum amant Christum, et ideo nolunt communicare civitati quae interfecit Christum, sic honorant Christum, ut dicant illum remansisse ad duas linguas, latinam, et punicam, id est, afram. Solas duas linguas tenet Christus? Istae enim duae linguae solae sunt in parte Donati, plus non habent.

Evigilemus, fratres, videamus potius donum Spiritus Dei, et credamus ante dictis de illo, et videamus impleta quae ante dicta sunt in psalmo: *Non sunt loquelae neque sermones, quorum non audiantur voces eorum.* Et ne forte ipsae linguae venerunt ad unum locum, et non potius donum Christi venit ad omnes linguas, audi quid sequitur: *In omnem terram exiit sonus eorum, et in fines orbis terrae verba eorum.* Quare hoc? *Quia in sole posuit tabernaculum suum,* id est, in manifesto. Tabernaculum eius, caro eius; taberna-

---

14 사도 2,4.   15 시편 18,4.

앉아 있었는데 성령께서 오시어 온 장소를 가득 채우고, 세찬 바람이 부는 듯한 소리가 들려오더니, 불꽃 같은 혀들이 갈라져 내렸습니다. 오늘 읽은 독서에서 여러분은 사도행전 말씀을 들었습니다. "성령께서 표현의 능력을 주시는 대로 다른 언어들로 말하기 시작하였다."[14] 거기에 있던 사람들은 서로 다른 민족에게서 온 유대인들로서, 저마다 자기네 나라 말로 알아들었습니다. 무식하고 배운 것도 없는 이 사람들이 갑자기 한두 나라 말도 아니고 세상의 모든 나라 말을 하는 것을 보고 모두 놀랐습니다. 모든 언어가 울려 퍼진 이곳은 장차 모든 언어로 믿게 되리라는 것을 보여 주었습니다. 그런데 그리스도를 무척 사랑한다는 이 사람들은 그분을 죽인 도시와는 친교를 나누지 않겠다고 합니다. 이렇게 그리스도를 공경하는 그들은, 그분이 라틴어와 아프리카 말인 카르타고어 두 가지에만 살아남아 계시다고 말하는 듯합니다. 그리스도께서 꼭 이 두 가지 언어만 지니고 계십니까? 사실 도나투스파에는 이 두 가지 말만 있을 뿐, 그들은 더 이상의 언어들은 지니고 있지 않습니다.

형제 여러분, 하느님의 성령께서 주시는 선물을 잘 살펴보고, 그분에 관해서 예언된 바를 믿으며, 이미 시편에서 말한 다음 말씀이 어떻게 이루어졌는지 봅시다. "말도 없고 이야기도 없으며 그들 목소리조차 들리지 않는다."[15] 언어들이 한 장소에 모인 것이 아니라, 오히려 그리스도의 선물이 모든 언어들에게 온 것입니다. 이에 대해 말해 주는 다음 구절을 들어 보십시오. "그 소리는 온 땅으로, 그 말은 누리 끝까지 퍼져 나가네."[16] 왜 그렇습니까? "당신 장막을 해 속에 치셨기 때문입니다."[17] 곧, 밝히 치셨다는 말입니다. 그분의 장막이란 그분의 몸이며, 그분의 장막은 그분의 교회입

---

16 시편 18,5.    17 시편 18,5 참조.

culum eius, Ecclesia eius: in sole posita est, non est in nocte, sed in die. Sed quare illi non agnoscunt? Redite ad lectionem, ad quam heri finis factus est, et videte quare non agnoscunt: *Qui odit fratrem suum, in tenebris ambulat, et nescit quo eat; quoniam tenebrae excaecaverunt oculos eius.* Nos ergo sequentia videamus, et non simus in tenebris. Unde non erimus in tenebris? si amemus fratres. Unde probatur quia amamus fraternitatem? quia non scindimus unitatem, quia tenemus caritatem.

**4.** *Scribo vobis, filioli, quia remittuntur vobis peccata per nomen eius.* Ideo *filioli,* quia dimissis peccatis nascimini. Sed per cuius nomen remittuntur peccata? Numquid per Augustini? Ergo nec per nomen Donati. Videris quis Augustinus, aut quis Donatus: nec per nomen Pauli, nec per nomen Petri. Nam dividentibus, sibi Ecclesiam, et partes facere de unitate conantibus parturiens parvulos mater caritas in Apostolo, exponit viscera sua, conscindit quodammodo verbis ubera sua, plorat filios quos videt efferri, revocat ad unum nomen eos qui multa nomina sibi facere volebant, repellit ab amore suo ut Christus ametur, et dicit: *Numquid Paulus pro vobis crucifixus est? aut in nomine Pauli baptizati estis?* Quid dicit? No-

---

[18] 1코린 1,13.

니다. 그 장막을 해 속에, 곧 밤이 아니라 대낮에 친 것입니다. 그런데도 그들은 왜 이것을 알아보지 못하는 것입니까? 어제 마지막으로 읽은 성경 구절을 기억해 보십시오. 그러면 그들이 왜 그리스도를 알아보지 못하는지 알게 될 것입니다. "자기 형제를 미워하는 자는 어둠 속에 있습니다. 그는 어둠 속에서 걸어가면서 자기가 어디로 가는지 모릅니다. 어둠이 그의 눈을 멀게 하였기 때문입니다"(1요한 2,11). 이어지는 말씀을 듣고 어둠 속에 머물지 않도록 합시다. 어떻게 하면 어둠 속에 머물지 않겠습니까? 형제를 사랑하는 것입니다. 우리가 형제들을 사랑한다는 것은 어디에서 증명됩니까? 일치를 깨지 않는 것, 사랑을 간직하는 것이 바로 그 증거입니다.

4. "자녀 여러분, 내가 여러분에게 이 글을 쓰는 까닭은 여러분이 그분의 이름 덕분에 죄를 용서받았기 때문입니다"(1요한 2,12). 과연 우리는 '자녀'이니, 죄를 용서받아 새로 태어났기 때문입니다. 그렇지만 누구의 이름으로 죄를 용서받았습니까? 아우구스티누스의 이름을 통해서입니까? 물론 도나투스의 이름을 통해서도 아닙니다. 그대는 아우구스티누스가 누구이고 도나투스가 누구인지 알고 있습니다. 바오로나 베드로의 이름을 통해서도 아닙니다. 사도는 교회를 분열시키고 교회일치를 깨뜨리며 분파를 만드는 자들에게 어린 자녀들을 향한 모성적 사랑을 품고서 자신의 마음을 보여 줍니다. 자기 가슴을 찢으면서 말했다고나 할까요, 분열에 사로잡힌 자기 자녀들을 보며 눈물을 흘립니다. 그리하여 사도는 여러 이름을 가지고 싶어 하는 이들을 유일한 이름으로 다시 불러들입니다. 나아가 그들이 자기 사랑에서 벗어나 오직 그리스도만 사랑받으실 수 있도록 이렇게 말합니다. "바오로가 여러분을 위하여 십자가에 못 박히기라도 하였습니까? 아니면 여러분이 바오로의 이름으로 세례를 받았습니까?"[18] 뭐라고 합

lo mei sitis, ut mecum sitis: mecum estote; omnes illius sumus qui pro nobis mortuus est, qui pro nobis crucifixus est; unde et hic: *Dimittuntur vobis peccata per nomen eius,* non per hominis alicuius.

**5.** *Scribo vobis, patres.* Quare primo filii? *Quia remittuntur vobis peccata per nomen eius,* et regeneramini in novam vitam, ideo filii. Patres quare? *Quia cognovistis eum qui a principio est:* principium enim ad paternitatem pertinet. Novus Christus in carne, sed antiquus in divinitate. Quam antiquus putamus? quot annorum? Putamusne maior quam mater sua? Maior plane quam mater: *omnia enim per ipsum facta sunt.* Si omnia, et ipsam matrem antiquus fecit, de qua nasceretur novus. Putamusne ante matrem solam? Et ante avos matris antiquus. Avus matris ipsius Abraham; et Dominus dicit: *Ante Abraham ego sum.* Ante Abraham dicimus? Caelum et terra, antequam esset homo, facta sunt. Ante ista fuit Dominus, immo et est. Optime enim non ait: Ante Abraham ego fui; sed: *Ante Abraham ego sum.* Quod enim dicitur quia *fuit,* non est; et quod dicitur quia *erit,* nondum est: ille non novit nisi esse. Secun-

---

19 요한 1,3.
20 요한 8,58. 『성경』: "… 전부터 있었다."

니까? 저는 여러분이 제 사람들이 되기를 원치 않고, 그저 저와 함께 있는 사람들이 되기를 바랍니다. 여러분은 저와 더불어 계십시오. 우리 모두는 우리를 위하여 돌아가시고 우리를 위하여 십자가에 못 박히신 분의 것이기 때문입니다. 그래서 아무개의 이름으로가 아니라, "**그분의 이름 덕분에 죄를 용서받았다**"(1요한 2,12)고 말하는 것입니다.

5. "**아버지 여러분, 내가 여러분에게 이 글을 씁니다**"(1요한 2,13). 요한은 왜 자녀들에게 먼저 썼을까요? "그분의 이름 덕분에 죄를 용서받았고" 새로운 생명으로 다시 태어났기 때문에 자녀들입니다. 그러면 왜 아버지들입니까? "**처음부터 계신 그분을 여러분이 알고 있기 때문입니다**"(1요한 2,13). 한처음은 아버지께 해당되는 것입니다. 그리스도께서는 육신으로는 새로운 분이지만 신성으로는 오래된 분입니다. 우리는 무엇을 '오래'라고 생각합니까? 몇 해 정도입니까? 그분이 당신 어머니보다 연세가 더 많을 거라고 생각합니까? 과연 그분은 당신 어머니보다 연세가 많으십니다. "모든 것이 그분을 통하여 생겨났기 때문입니다."[19] 오래된 그분이 모든 것과 당신 어머니를 만드셨다면, 그분에게서 난 것은 새롭습니다. 그분이 그저 당신 어머니 한 분보다 먼저 계시다고 생각하십니까? 당신 어머니의 할아버지들보다 먼저 계십니다. 아브라함이 당신 어머니의 조상이신데도 주님께서는 "나는 아브라함이 태어나기 전부터 있다"[20]고 말씀하셨습니다. 아브라함보다만 먼저 계시다고 말합니까? 하늘과 땅은 사람이 생겨나기 전에 만들어졌습니다. 주님께서는 이것들보다 먼저 계셨습니다. 그래서 '나는 아브라함이 태어나기 전부터 있었다'고 말씀하지 않으시고 "나는 아브라함이 태어나기 전부터 있다"고 말씀하신 것은 옳습니다. '있었다'는 말은 지금은 더 이상 존재하지 않는다는 뜻입니다. '있을 것이다'는 말은 아직

dum quod Deus est, esse novit; fuisse et futurum esse non novit. Dies est ibi unus, sed sempiternus. Non ponunt illum diem in medio *hesternus* et *crastinus:* hesterno enim die finito, incipiens hodiernus venturo crastino finietur. Ille unus dies ibi est sine tenebris, sine nocte, sine spatiis, sine mensura, sine horis. Quod vis illum dic: si vis, dies est; si vis, annus est; si vis, anni sunt. Dictum est enim de ipso: *Et anni tui non deficient.* Quando autem dictus est dies? quando dictum est Domino: *Ego hodie genui te.* Ab aeterno Patre genitus, ex aeternitate genitus, in aeternitate genitus: nullo initio, nullo termino, nullo spatio latitudinis; quia est quod est, quia ipse est qui est. Hoc nomen suum dixit Moysi: *Dices eis: Qui est, misit me ad vos.* Quid ergo ante Abraham? quid ante Noe? quid ante Adam? Audi Scripturam: *Ante luciferum genui te.* Postremo ante caelum et terram. Quare? *Quia omnia per ipsum facta sunt, et sine ipso factum est nihil.* Ideo patres agnoscite: patres enim fiunt agnoscendo quod est ab initio.

---

21 시편 101,28.
22 시편 2,7.
23 탈출 3,14.
24 시편 109,3 참조.
25 요한 1,3.

존재하지 않는다는 뜻입니다. 그분은 '있음' 말고는 도무지 모르시는 분입니다. 그분은 하느님으로서 다만 '있음'을 아실 따름, '있었음'이나 '있을 것임'은 모르십니다. 하느님께는 꼭 '하루'만 있지만, 그것은 영원한 하루입니다. 그 '하루'는 '어제'와 '내일' 가운데 있지 않습니다. 어제는 이미 끝났고, 시작하고 있는 오늘은 다가오는 내일 끝날 것입니다. 어둠도, 밤도, 공간도 없거니와, 측량 단위도 시간도 없는 하루만 있습니다. 원하는 대로 이름을 붙여 부르십시오. 원한다면 '날'이라 해도 좋고, '해'라 해도 좋고, '여러 해'라고 해도 좋습니다. "당신의 햇수는 끝이 없습니다"[21]라고 그분을 두고 말했기 때문입니다. 그러면 '날'에 대해서는 언제 말씀하셨습니까? "내가 오늘 너를 낳았노라"[22]라고 주님께 말씀하셨을 때입니다. 그분은 영원하신 아버지에게서 나셨고, 영원으로부터 나셨고, 영원 속에서 나셨습니다. 시작도 없고 마침도 없으시며, 시공도 없으십니다. 그분은 '있음'이시고, 나아가 '있는 분'이시기 때문입니다. 당신의 이 이름을 모세에게 말씀하셨습니다. "너는 그들에게 ''있는 나'께서 나를 너희에게 보내셨다.' 하여라."[23] 그렇다면 아브라함 전이란 무슨 말입니까? 노아 전이란 무슨 말입니까? 아담 전이란 또 무슨 말입니까? 성경 말씀을 들어 보십시오. "나는 너를 새벽이 되기 전에 낳았노라."[24] 결국 그분은 하늘과 땅이 생기기 전에 나신 것입니다. 왜 그러합니까? "모든 것이 그분을 통하여 생겨났고 그분 없이 생겨난 것은 하나도 없기 때문입니다."[25] 그러므로 아버지들이여, 알아들으십시오. 처음부터 계신 그분을 알아뵙는 사람이 비로소 아버지가 된다는 사실을.

**6.** *Scribo vobis, iuvenes.* Filii sunt, patres sunt, iuvenes sunt; filii, quia nascuntur; patres, quia principium agnoscunt; iuvenes quare? *Quia vicistis malignum.* In filiis nativitas, in patribus antiquitas, in iuvenibus fortitudo. Si malignus a iuvenibus vincitur, pugnat nobiscum. Pugnat, sed non expugnat. Quare? Quia nos sumus fortes, an quia ille est fortis in nobis, qui inter manus persequentium infirmus inventus est? Ille nos fortes fecit, qui persequentibus non restitit. Crucifixus est enim ex infirmitate, sed vivit ex virtute Dei.

**7.** *Scribo vobis, pueri.* Unde pueri? *Quia cognovistis Patrem. Scribo vobis, patres;* commendat hoc, et repetit: *Quia cognovistis eum qui a principio est.* Mementote vos patres esse: si obliviscimini eum qui a principio est, perdidistis paternitatem. *Scribo vobis, iuvenes.* Etiam atque etiam considerate, quia iuvenes estis: pugnate, ut vincatis; vincite, ut coronemini; humiles estote, ne cadatis in pugna. *Scribo vobis, iuvenes, quia fortes estis, et verbum Dei in vobis manet, et vicistis malignum.*

---

26 2코린 13,4 참조.
27 「성경」: "자녀 여러분 …."

**6.** "젊은이 여러분, 내가 여러분에게 이 글을 씁니다"(1요한 2,13). 자녀들도 있고 아버지들도 있고 젊은이들도 있습니다. 태어났으므로 자녀이고, 처음을 알고 있기에 아버지인데, 젊은이는 왜 젊은이입니까? **"악한 자를 이겼기 때문입니다"**(1요한 2,13). 자녀들에게서 '탄생'을 보고, 아버지들에게서 '연로함'을 본다면, 젊은이들에게서는 '힘'을 봅니다. 젊은이들에게 지고 나면 악한 자는 우리에게도 싸움을 걸어옵니다. 싸움을 걸어오지만 우리를 이기지는 못합니다. 왜 그렇습니까? 우리가 강하기 때문입니다. 아니, 박해자들의 손에 넘어가 무력하게 보였던 그분이 우리 안에서 강하시기 때문이 아니겠습니까? 바로 이분이 우리를 강하게 해 주십니다. 당신을 박해하는 자들에게 대항하지 않으셨던 그분이 말입니다. 그리스도께서는 약한 모습으로 십자가에 못 박히셨지만, 하느님의 힘으로 살아 계십니다.[26]

**7.** "어린이 여러분, 내가 여러분에게 이 글을 씁니다"(1요한 2,14).[27] 왜 '어린이'입니까? **"여러분이 아버지를 알고 있기 때문입니다"**(1요한 2,14). 요한은 **"아버지 여러분, 내가 여러분에게 이 글을 씁니다"**(1요한 2,14)라고 말하면서 이렇게 덧붙여 강조합니다. **"처음부터 계신 그분을 여러분이 알고 있기 때문입니다"**(1요한 2,14). 여러분이 아버지라는 것을 기억하십시오. 그러나 여러분이 처음부터 계신 그분을 잊는다면 여러분의 아버지됨(父性)을 잃게 됩니다. "젊은이 여러분, 내가 여러분에게 이 글을 씁니다." 여러분이 젊은이라는 것을 깊이 생각하고 또 생각하십시오. 이기기 위해서 싸우고 월계관을 쓰기 위해서 이기십시오. 싸움에서 쓰러지지 않도록 겸손하십시오. "젊은이 여러분, 내가 여러분에게 이 글을 쓴 까닭은 여러분이 강하고 하느님의 말씀이 여러분 안에 머무르며 여러분이 악한 자를 이겼기 때문입니다"(1요한 2,14).

8. Haec omnia, fratres, quia cognovimus id quod a principio est, quia fortes sumus, quia cognovimus Patrem: omnia ista quasi cognitionem commendant, caritatem non commendant? Si cognovimus, amemus: nam cognitio sine caritate non salvos facit. *Scientia inflat, caritas aedificat.* Si confiteri vultis et non amare, incipitis daemonibus similes esse. Confitebantur daemones Filium Dei, et dicebant: *Quid nobis et tibi?* Et repellebantur. Confitemini, et amplectimini. Illi enim timebant de iniquitatibus suis; vos amate dimissorem iniquitatum vestrarum.

Sed quomodo poterimus amare Deum, si amamus mundum? Parat nos ergo inhabitari caritate. Duo sunt amores, mundi et Dei: si mundi amor habitet, non est qua intret amor Dei. Recedat amor mundi, et habitet Dei; melior accipiat locum. Amabas mundum, noli amare mundum; cum exhauseris cor tuum amore terreno, hauries amorem divinum; et incipit habitare iam caritas, de qua nihil mali potest procedere. Audite ergo verba purgantis modo. Quasi agrum invenit corda hominum. Sed quomodo invenit? Si silvam invenit, exstirpat; si agrum purgatum invenit, plantat. Plantare ibi vult arborem, caritatem. Et quam silvam vult exstirpare? amorem

---

[28] 1코린 8,1.      [29] 마태 8,29.

[30] 세상에 대한 사랑(amor mundi) 또는 자신에 대한 사랑(amor sui)과, 하느님에 대한 사랑(amor Dei)은 『신국론』의 중심 주제다. "두 사랑이 두 도성을 이루었다. 하느님을 멸시하면서까지 이르는 자기 사랑이 지상 도성을 만들었고, 자기를 멸시하면서까지 이르는 하느님 사랑이 천상 도성을 만들었다"(『신국론』 14,28). 아우구스티누스 『신국론』 성염 역주, 교부문헌총서 16, 분도출판사 2004, 1537 참조.

**8.** 형제 여러분, 우리가 처음부터 계신 그분을 알고 있고, 우리가 강하며, 우리가 아버지를 알고 있다는 이 모든 사실이, 언뜻 지식을 권고하는 듯 보이지만, 사실은 사랑을 권고하는 것이 아니겠습니까? 우리가 알고 있다면 사랑해야 합니다. 사랑이 없는 지식은 우리를 구원하지 못합니다. "지식은 교만하게 하고 사랑은 성장하게 합니다."[28] 여러분이 믿음을 고백하기를 원하면서도 사랑하기를 원하지 않는다면 여러분은 악마와 비슷해지기 시작하는 것입니다. 악마들도 하느님의 아들이라고 믿음을 고백했지만 "당신께서 저희와 무슨 상관이 있습니까?"[29]라고 말했습니다. 그들은 물론 쫓겨났습니다. 여러분은 믿음을 고백하며 그분을 껴안으십시오. 악마들은 자기 죄 때문에 두려워했지만, 여러분은 여러분이 받은 죄의 용서를 사랑하십시오.

그런데 우리가 세상을 사랑한다면 어떻게 하느님을 사랑할 수 있겠습니까? 그분은 우리가 사랑으로 살아가도록 준비시켜 주십니다. 사랑에는 두 가지가 있습니다. 세상에 대한 사랑과 하느님에 대한 사랑이 그것입니다.[30] 세상에 대한 사랑이 있는 곳에는 하느님에 대한 사랑이 들어올 수 없습니다. 세상에 대한 사랑은 물러가고 하느님에 대한 사랑이 깃들기를 바랍니다. 우리 안에 더 좋은 것이 자리를 차지하기를 바랍니다. 그대가 전에 세상을 사랑했다면 이제부터는 세상을 사랑하지 마십시오. 그대 마음을 세속적인 사랑으로 만족시켰다면, 이제는 하느님 사랑으로 목을 축이십시오. 그러면 여러분 안에 사랑이 깃들기 시작할 것입니다. 그 사랑에서는 어떤 악도 나올 수가 없습니다. 그러니 우리를 깨끗하게 하시는 분의 말씀을 들으십시오. 그분은 인간의 마음을 마치 밭처럼 살피십니다. 어떻게 살피십니까? 수풀이라고 여기시면 뽑아내실 것이고, 깨끗해진 밭이라고 여기시면 심으실 것입니다. 그분은 이 밭에 사랑이라는 나무를 심고 싶

mundi. Audi exstirpatorem silvae. *Nolite diligere mundum,* hoc enim sequitur, *neque ea quae sunt in mundo. Si quis dilexerit mundum, dilectio Patris non est in ipso.*

**9.** Audistis quia: *Si quis dilexerit mundum, dilectio Patris non est in ipso.* Ne quis dicat in corde suo falsum esse hoc, fratres: Deus dicit, per Apostolum Spiritus Sanctus locutus est, nihil verius: *Si quis dilexerit mundum, dilectio Patris non est in ipso.* Vis habere dilectionem Patris, ut sis coheres Filii? noli diligere mundum. Exclude malum amorem mundi, ut implearis amore Dei. Vas es, sed adhuc plenus es; funde quod habes, ut accipias quod non habes. Certe iam renati sunt ex aqua et Spiritu fratres nostri; et nos ante aliquot annos renati sumus ex aqua et Spiritu. Bonum est nobis ut non diligamus mundum, ne remaneant in nobis sacramenta ad damnationem, non firmamenta ad salutem. Firmamentum salutis est, habere radicem caritatis, habere virtutem pietatis, non formam solam. Bona forma, sancta forma: sed quid valet forma, si non teneat radicem? Sarmentum praecisum nonne in ignem mittitur? Habe formam, sed in radice. Quomodo autem radicamini, ut non eradicemini? tenendo caritatem, sicut dicit apostolus Paulus: *In*

---

31 에페 3,17.

어 하십니다. 그렇다면 뽑아내고 싶어 하시는 수풀은 무엇일까요? 세상에 대한 사랑입니다. 요한은 수풀을 뽑아내는 일에 대하여 이렇게 말합니다. **"여러분은 세상도 또 세상 안에 있는 것들도 사랑하지 마십시오. 누가 세상을 사랑하면, 그 사람 안에는 아버지 사랑이 없습니다"**(1요한 2,15).

**9.** 여러분은 방금 **"누가 세상을 사랑하면, 그 사람 안에는 아버지 사랑이 없습니다"**라는 말씀을 들으셨습니다. 형제 여러분, 이 말을 하는 요한의 마음속에 거짓이 있다고 말하는 이가 없기를 바랍니다. 그것은 하느님께서 하시는 말씀입니다. 성령께서 사도를 통해서 하신 말씀입니다. 이보다 더 진실한 말씀은 없습니다. **"누가 세상을 사랑하면, 그 사람 안에는 아버지 사랑이 없습니다."** 그대, 아드님과 공동 상속자가 되기 위해서 아버지 사랑을 지니고 싶습니까? 그렇다면 세상을 사랑하지 마십시오. 하느님에 대한 사랑을 마음에 가득 채우려거든 세상에 대한 나쁜 사랑을 몰아내십시오. 그대는 아직 속이 가득 찬 그릇과도 같습니다. 그대가 가진 것을 쏟아 버리고, 그대가 지니지 못한 것을 받으십시오. 물론 우리 형제들은 벌써 물과 성령으로 다시 났고, 우리도 벌써 몇 해 전에 물과 성령으로 다시 난 것이 사실입니다. 그러므로 세상을 사랑하지 않는 것이 좋습니다. 그러지 않으면 우리가 받는 성사는 구원의 토대가 되기는커녕 단죄가 될 것입니다. 구원의 토대란 사랑의 뿌리를 지니는 것이며 신심의 덕을 간직하는 것인데, 그것은 겉모양만으로 되는 것이 아닙니다. 겉모양이 좋고 거룩하다고 해도, 뿌리를 지니고 있지 못하다면 무슨 소용이 있습니까? 잘린 포도덩굴은 불에 던져지지 않겠습니까? 그대, 겉모양을 지니되 뿌리 속에서 지니십시오. 뿌리 뽑히지 않으려면 어떻게 뿌리 내려야 합니까? 바오로 사도가 "사랑에 뿌리를 내리고 그것을 기초로 삼아"[31] 살아가라고 말했듯이,

*caritate radicati et fundati.* Quomodo ibi radicabitur caritas, inter tanta silvosa amoris mundi? Exstirpate silvas. Magnum semen posituri estis; non sit in agro quod effocet semen. Haec sunt verba exstirpantia quae dixit: *Nolite diligere mundum, neque ea quae sunt in mundo. Si quis dilexerit mundum, non est caritas Patris in eo.*

**10.** *Quia omne quod in mundo est, desiderium est carnis, et desiderium oculorum, et ambitio saeculi,* tria dixit: *quae non sunt ex Patre, sed ex mundo sunt. Et mundus transit et desideria eius: qui autem fecerit voluntatem Dei, manet in aeternum, sicut et ipse manet in aeternum.*

Quare non amem quod fecit Deus? Quid vis? utrum amare temporalia, et transire cum tempore; an mundum non amare, et in aeternum vivere cum Deo? Rerum temporalium fluvius trahit: sed tamquam circa fluvium arbor nata est Dominus noster Iesus Christus. Adsumpsit carnem, mortuus est, resurrexit, ascendit in caelum. Voluit se quodammodo circa fluvium temporalium plantare. Raperis in praeceps? tene lignum. Volvit te amor mundi? tene Christum. Propter te factus est temporalis, ut tu fias aeternus; quia et ille sic factus est temporalis, ut maneret aeternus. Accessit illi aliquid ex tempore, non decessit ex aeternitate. Tu autem temporalis natus es,

---

32 『성경』에는 "살림살이에 대한 자만"이지만, 여기서는 라틴어 원문에 따라 "세속 야심" (ambitio saeculi)으로 옮겼다.

사랑을 지니는 것입니다. 그런데 세상에 대한 사랑이 수풀처럼 무성한 곳에 사랑이 어떻게 뿌리를 내리겠습니까? 수풀을 뽑아 버리십시오. 여러분이 이제 심으려는 씨는 아주 귀한 것입니다. 이 밭에는 그 씨를 질식시킬 것이라고는 없어야 합니다. 요한은 수풀을 뽑아내라고 이렇게 말하는 것입니다. "**여러분은 세상도 또 세상 안에 있는 것들도 사랑하지 마십시오. 누가 세상을 사랑하면 그 사람 안에는 아버지 사랑이 없습니다**"(1요한 2,15).

**10.** "**세상에 있는 모든 것, 곧 육의 욕망과 눈의 욕망과 세속 야심[32]은 아버지에게서 온 것이 아니라 세상에서 온 것입니다. 세상은 지나가고 세상의 욕망도 지나갑니다. 그러나 하느님의 뜻을 실천하는 사람은 영원히 남습니다**"(1요한 2,16-17).

하느님께서 만드신 것을 왜 사랑하지 말아야 한다는 것입니까? 그대, 무엇을 원합니까? 일시적인 것들을 사랑하여 시간과 함께 스러져 버릴 것입니까, 아니면 세상을 사랑하지 않고 하느님과 더불어 영원히 살 것입니까? 일시적인 것들의 물결이 우리를 잡아끌지만, 우리 주 예수 그리스도께서는 강가에 심어진 나무처럼 태어나셨습니다. 그분은 육신을 취하셨고 돌아가셨으며, 다시 살아나셔서 하늘로 올라가셨습니다. 그분은 어떤 의미로는 이 세상이라는 한시적인 강가에 당신 뿌리를 내리기를 원하셨습니다. 그대, 커다란 위험 속으로 떠내려가고 있습니까? 나무를 붙드십시오. 세상에 대한 사랑이 그대를 휘감고 있습니까? 그리스도를 붙드십시오. 바로 그대를 위해, 그대가 영원한 존재가 되도록 하기 위하여 그분은 한시적인 분이 되셨습니다. 그분은 영원한 분으로 남아 계시기 위하여 한시적인 분이 되신 것입니다. 그분은 시간을 통하여 들어오셨지만 영원으로부터 나가지는 않으셨습니다. 그러나 그대는 한시적으로 태어났고, 한시적인

et per peccatum temporalis factus es: tu factus es temporalis per peccatum, ille factus est temporalis per misericordiam dimittendi peccata. Quantum interest, cum duo sunt in carcere, inter reum et visitatorem ipsius? Homo enim aliquando venit ad amicum suum, et intrat visitare eum, et ambo in carcere videntur; sed multum distant et distincti sunt. Illum causa premit, illum humanitas adduxit. Sic in ista mortalitate, nos reatu tenebamur; ille misericordia descendit: intravit ad captivum redemptor, non oppressor. Dominus pro nobis sanguinem suum fudit, redemit nos, mutavit spem nostram. Adhuc portamus mortalitatem carnis, et de futura immortalitate praesumimus: et in mari fluctuamus, sed anchoram spei in terra iam fiximus.

**11.** Sed non diligamus mundum, neque ea quae in mundo sunt. Quae enim in mundo sunt: *desiderium carnis est, et desiderium oculorum, et ambitio saeculi.* Tria sunt ista: ne quis forte dicat: Quae in mundo sunt, Deus fecit, id est, caelum et terram, mare, solem, lunam, stellas, omnia ornamenta caelorum. Quae sunt ornamenta maris? omnia repentia. Quae terrae? animalia, arbores, volatilia. Ista sunt in mundo, Deus illa fecit. Quare ergo non amem quod Deus fecit? Spiritus Dei sit in te, ut videas quia haec omnia bona sunt: sed vae tibi si amaveris condita, et deserueris condito-

죄를 통하여 만들어졌습니다. 그대는 한시적인 죄를 통하여 만들어졌지만, 그분은 죄를 용서하는 자비를 통하여 한시적인 분이 되셨습니다. 두 사람이 감옥에 있다 해도, 죄수와 그를 만나러 온 사람 사이에는 얼마나 큰 차이가 있습니까? 어떤 사람이 [감옥에 갇힌] 친구를 찾아와 그를 만나러 들어가면 둘 다 감옥에 갇혀 있는 것처럼 보입니다. 그러나 이 둘의 차이는 크고 뚜렷합니다. 한 사람은 송사로 인해 억눌려 있지만, 다른 사람은 인정으로 와 있는 것입니다. 이처럼 우리는 죄로 말미암아 죽음에 사로잡혀 있는데, 그분께서는 자비로 말미암아 내려오셨습니다. 그분은 억압자가 아니라 구원자로서 죄수에게 들어오셨습니다. 주님께서는 우리를 위해서 피를 흘리시고, 우리를 구원하시고, 우리의 희망을 새롭게 하셨습니다. 우리는 아직 죽을 수밖에 없는 육신을 지니고 살아가지만, 장차 누릴 불멸의 보증을 지니고 있습니다. 우리는 아직 바다 위에서 떠돌고 있는 신세이지만, 희망의 닻은 벌써 육지에 내려두고 있습니다.

**11.** 그러므로 세상도 또 세상 안에 있는 것들도 사랑하지 맙시다. 세상 안에 있는 것들은 **"육의 욕망과 눈의 욕망과 세속 야심이기"**(1요한 2,16) 때문입니다. 이것은 세 가지인데, 그 누구도 이렇게 말하지 말아야 합니다. '세상 안에 있는 것, 곧 하늘과 땅, 바다, 해, 달, 별 그리고 하늘을 꾸미고 있는 모든 것을 하느님이 만드셨다. 바다를 꾸며 주는 것은 무엇인가? 헤엄치는 모든 것이다. 땅을 꾸며 주는 것은 무엇인가? 동물들과 나무들과 날짐승들이다. 세상 안에 있는 이런 것들은 하느님이 만드셨다. 그런데 어찌하여 하느님이 만드신 것을 내가 사랑하지 말아야 한단 말인가?' 하느님의 성령께서 그대 안에 머물러 그대가 이 모든 것을 좋게 보기를 바랍니다. 그러나 그대가 피조물을 사랑하면서 창조주를 떠나 버린다면 그대는 화를

rem. Pulchra sunt tibi; sed quanto est ille pulchrior qui ista formavit? Intendat Caritas vestra. Similitudinibus enim potestis instrui: ne subrepat vobis satanas, dicens quod solet dicere: Bene vobis sit in creatura Dei; quare illa fecit, nisi ut bene vobis sit? Et inebriantur, et pereunt, et obliviscuntur Creatorem suum: dum non temperanter, sed cupide utuntur creatis, Creator contemnitur. De talibus dicit Apostolus: *Coluerunt et servierunt creaturae potius quam Creatori, qui est benedictus in saecula.* Non te prohibet Deus amare ista, sed non diligere ad beatitudinem; sed approbare et laudare ut ames Creatorem.

Quemadmodum, fratres, si sponsus faceret sponsae suae anulum, et illa acceptum anulum plus diligeret quam sponsum qui illi fecit anulum; nonne in ipso dono sponsi adultera anima deprehenderetur, quamvis hoc amaret quod dedit sponsus? Certe hoc amaret quod dedit sponsus; tamen si diceret: Sufficit mihi anulus iste, iam illius faciem nolo videre, qualis esset? Quis non detestaretur hanc amentiam? Quis non adulterinum animum convinceret? Amas aurum pro viro, amas anulum pro sponso; si hoc est in te, ut ames anulum pro sponso tuo, et nolis videre sponsum tuum; ad hoc tibi arrham dedit, ut non te oppigneraret, sed averteret. Ad hoc utique

---

33 로마 1,25.

입을 것입니다. 과연 그대에게는 그것들이 아름답습니다. 그러나 이 아름다운 것들을 만드신 분은 얼마나 더 아름답습니까? 사랑하는 여러분, 잘 들어 보십시오. 다음 비유로써 여러분은 배울 수 있습니다. 악마가 늘 말하듯이, '하느님의 피조물에다 행복을 두어라. 너희가 피조물에게서 행복을 두지 못할 거라면 왜 굳이 하느님께서 그것을 만드셨겠는가'라고 속삭이며 여러분에게 기어 오지 못하게 해야 합니다. 그런데 사람들은 마음을 빼앗기고 정신을 잃어서 창조주를 잊어버립니다. 피조물을 절도 있게 이용하기는커녕 탐욕스레 사용함으로써 창조주를 멸시합니다. 이런 사람을 두고 사도는 "그들은 창조주 대신에 피조물을 받들어 섬겼습니다. 창조주께서는 영원히 찬미받으실 분이십니다"[33]라고 했습니다. 하느님은 그대가 피조물을 사랑하는 것을 금하지 않으십니다. 그러나 그대가 [마지막] 행복을 찾기 위해 사랑하는 것은 금하십니다. 피조물을 소중히 여기고 아름답게 노래하되 창조주를 사랑하기 위해서 그렇게 하십시오.

형제 여러분, 신랑이 자기 신부에게 반지를 만들어 주었다고 합시다. 반지를 받은 신부가 이 반지를 자기에게 만들어 준 신랑보다 반지를 더 사랑한다면, 결국 신랑이 준 선물 안에서 간음의 마음이 드러난 셈이 아니겠습니까? 물론 신랑이 준 선물을 사랑한 것이기는 하지만 말입니다. 신랑이 준 것을 사랑하는 것은 당연한 일입니다. 그러나 '이 반지면 나에게 충분해. 이제 그의 얼굴은 보고 싶지 않아'라고 말해서야 되겠습니까? 이런 미친 여자에게 누가 진절머리를 내지 않겠습니까? 이런 간음의 마음을 누가 단죄하지 않겠습니까? 이런 마음이 그대 안에 있어 그대가 그대의 신랑보다 반지를 더 사랑하고 그대의 신랑을 보고 싶어 하지 않는다면, 그대는 사람보다 금덩어리를 더 사랑하고 신랑보다 반지를 더 사랑하는 것입니다. 결국 그대를 붙들어 두기 위해서가 아니라, 그대를 떠나보내기 위해서

arrham dat sponsus, ut in arrha sua ipse ametur. Ergo dedit tibi Deus omnia ista, ama illum qui fecit. Plus est quod tibi vult dare, id est, seipsum, qui ista fecit. Si autem amaveris haec, quamvis illa Deus fecerit, et neglexeris Creatorem, et amaveris mundum; nonne tuus amor adulterinus deputabitur?

**12.** Mundus enim appellatur non solum ista fabrica quam fecit Deus, caelum et terra, mare, visibilia et invisibilia: sed habitatores mundi mundus vocantur, quomodo domus vocatur et parietes et inhabitantes. Et aliquando laudamus domum, et vituperamus inhabitantes. Dicimus enim: Bona domus, quia marmorata est et pulchre laqueata; et aliter dicimus: Bona domus, nemo ibi patitur iniuriam, nullae rapinae, nullae oppressiones ibi fiunt. Modo non parietes laudamus, sed inhabitatores parietum: domus tamen vocatur, sive illa, sive illa. Omnes enim dilectores mundi, quia dilectione inhabitant mundum; sicut caelum inhabitant quorum sursum est cor, et ambulant carne in terra: omnes ergo dilectores mundi mundus vocantur. Ipsi non habent nisi ista tria, desiderium carnis, desiderium oculorum, et ambitionem saeculi. Desiderant enim manducare, bibere, concumbere, uti voluptatibus istis. Numquid non est in his modus? Aut quando dicitur: *Nolite ista diligere,* hoc dicitur, ut non

그대에게 선물을 준 셈이 되었습니다. 신랑은 선물을 통해서 자신이 사랑받고자 선물을 준 것입니다. 하느님께서 이 모든 것을 그대에게 다 주셨으니 이것들을 만드신 분을 사랑하십시오. 그분이 그대에게 주시려는 것은 더 많습니다. 곧, 당신 자신을 주고 싶어 하십니다. 이것들을 만드신 당신 자신을 말입니다. 그런데도, 비록 하느님께서 만드신 것이기는 하지만 세상만 사랑하며 창조주를 무시한다면, 그대의 사랑은 간음으로 여겨지지 않겠습니까?

**12.** 하느님께서 만드신 이 작품, 곧 하늘과 땅, 바다, 보이는 것과 보이지 않는 것뿐만 아니라, 세상에 사는 사람들을 일컬어 '세상'이라고 합니다. 마치 건물과 그 안에 사는 사람을 같이 일컬어 집이라고 하는 것과 같습니다. 우리는 가끔 집은 칭찬하지만 그 안에 사는 사람을 비난하는 수가 있습니다. '대리석으로 지어졌고 아름다운 장식이 있어서 좋은 집이다'라고 말하기도 하지만, 다른 한편 '누구도 불의로 고통당하지 않거니와 도둑도 폭력도 없어서 좋은 집이다'라고 말하기도 합니다. 이때 우리가 칭송하는 것은 건물이 아니라, 그 안에 사는 사람입니다. 그럼에도 이런 경우나 저런 경우에도 그저 '집'이라고 불립니다. 세상을 사랑하는 사람은 모두 애착으로 세상에 사는 사람이 됩니다. 하늘에 사는 사람은 몸으로는 땅을 거닐고 있지만 마음은 하늘 드높이 두고 사는 사람입니다. 따라서 세상을 사랑하는 사람은 모두 '세상'이라 불립니다. 그들이 지니고 있는 것이라고는 육의 욕망과 눈의 욕망과 세속 야심, 이 세 가지뿐입니다. 그들이 갈구하는 것이라고는 먹는 것, 마시는 것, 동침하는 것 따위의 쾌락뿐입니다. 그런데 이런 것들은 절도 있게 할 수 없는 것입니까? **"이런 것들을 사랑하지 마십시오"**(1요한 2,15 참조)라는 말이, 먹지도 마시지도 말며 자식도 낳지 말

manducetis, aut non bibatis, aut filios non procreetis? Non hoc dicitur. Sed sit modus propter Creatorem, ut non vos illigent ista dilectione; ne ad fruendum hoc ametis, quod ad utendum habere debetis. Non autem probamini, nisi quando vobis proponuntur duo, hoc aut illud: Iustitiam vis, an lucra? Non habeo unde vivam, non habeo unde manducem, non habeo unde bibam. Sed quid, si non potes habere ista nisi per iniquitatem? Nonne melius amas quod non amittis, quam iniquitatem committis? Lucrum auri vides, damnum fidei non vides. Hoc ergo, ait nobis: *desiderium carnis est,* id est, desiderium earum rerum quae pertinent ad carnem, sicut cibus et concubitus, et cetera huiusmodi.

**13.** *Et desiderium oculorum:* desiderium oculorum dicit omnem curiositatem. Iam quam late patet curiositas? Ipsa in spectaculis, in theatris, in sacramentis diaboli, in magicis artibus, in maleficiis ipsa est curiositas. Aliquando tentat etiam servos Dei, ut velint quasi miraculum facere, tentare utrum exaudiat illos Deus in miraculis; curiositas est, hoc est desiderium oculorum; non est a Patre. Si dedit Deus, fac; obtulit enim ut facias: non enim qui non fecerunt, ad regnum Dei non pertinebunt. Cum gauderent Apostoli quia

---

34 세상 사물은 이용(uti, usus)의 대상이고, 하느님만이 향유(frui, fruitio)의 대상이라는 아우구스티누스의 핵심 사상이 여기서 되풀이되고 있다. 현세의 사물은 그 자체로 향유하기보다는 영원한 대상을 향유하기 위하여 사용해야 한다는 것이다. 참조: 「신국론」 11,25; 「그리스도교 교양」 1,3,3-1,4,5; 「삼위일체론」 10,10,13; 「가톨릭교회의 관습과 마니교도의 관습」

라는 말입니까? 그런 말이 아닙니다. 여러분이 이러한 애착에 얽매이지 않도록, 창조주를 좇아 절도가 있어야 한다는 것입니다. '이용'하기 위하여 여러분이 지니고 있는 것을 그 자체로 '향유'하려고 사랑하지 마십시오.³⁴ 이것이냐 저것이냐 양자택일을 앞두고 있을 때 비로소 여러분의 본색이 드러나게 됩니다. 정의를 원할 것인가, 아니면 이익을 찾을 것인가? 예컨대 제가 살아갈 길이 막막하고 먹고 마실 것도 없다고 합시다. 이런 상황에서 죄를 저지르지 않고서는 이런 것들을 얻을 수 없다면 어떻게 할까요? 죄를 짓는 것보다는, 잃을 염려가 없는 것을 사랑하는 것이 더 낫지 않겠습니까? 그대는 황금의 이익은 보면서도 믿음의 손실은 보지 못합니다. 그래서 요한은 '육의 욕망', 곧 음식이나 성욕 등과 같은 육신과 관련한 욕망에 관해 말한 것입니다.

**13.** '눈의 욕망'에 대해서 봅시다. 요한은 모든 호기심을 가리켜 눈의 욕망이라고 말합니다. 호기심은 도대체 어디까지 퍼져 있는 것입니까? 구경거리, 극장, 악마들의 주술, 마술, 악행 따위에 호기심은 존재합니다. 때로는 하느님의 종들까지도 유혹해서 기적 비슷한 짓거리를 행하게 하고, 하느님께서 기적으로 그들의 청을 들어주는지 떠보려 합니다. 이것이 호기심입니다. 이것이 눈의 욕망입니다. 호기심은 아버지로부터 오는 것이 아닙니다. 하느님께서 능력을 주셨다면 행하십시오. 그대가 행하라고 주신 것입니다. 그러나 그런 일을 못하는 사람이라고 해서 하느님 나라에 속하지 않는 것은 아닙니다. 악령들이 자기들에게 복종한다고 사도들이 기뻐하였

---

(*De moribus ecclesiae catholicae et de moribus Manichaeorum*) 1,3,4; 『여든세 가지 다양한 질문』(*De diversis quaestionibus octoginta tribus*) 9,30; 『고백록』 10,29,40.

daemonia eis subiecta erant, quid eis dixit Dominus? *Nolite in hoc gaudere; sed gaudete quoniam nomina vestra scripta sunt in caelo.* Inde voluit gaudere Apostolos, unde gaudes et tu. Vae tibi enim, si nomen tuum non est scriptum in caelo. Numquid vae tibi, si non suscitaveris mortuos? numquid vae tibi, si non ambulaveris in mari? numquid vae tibi, si non excluseris daemonia? Si accepisti unde facias, utere humiliter, non superbe. Nam et de quibusdam pseudoprophetis dixit Dominus, quia facturi sunt signa et prodigia. Ergo non sit ambitio saeculi. Ambitio saeculi superbia est. Iactare se vult in honoribus; magnus sibi videtur homo, sive de divitiis, sive de aliqua potentia.

**14.** Tria sunt ista, et nihil invenis unde tentetur cupiditas humana, nisi aut desiderio carnis, aut desiderio oculorum, aut ambitione saeculi. Per ista tria tentatus est Dominus a diabolo. Desiderio carnis tentatus est quando dictum est ei: *Si Filius Dei es, dic lapidibus istis ut panes fiant;* quando esurivit post ieiunium. Sed quomodo repulit tentatorem, et docuit pugnare militem? Adtende quid illi ait: *Non in solo pane vivit homo, sed in omni verbo Dei.*

Tentatus est et desiderio oculorum de miraculo, quando ei dixit: *Mitte te deorsum, quia scriptum est: angelis suis mandavit de te, ut suscipiant te, ne quando offendas ad lapidem pedem tuum.* Ille res-

---

35 루카 10,20.  
37 마태 4,3.  
36 마태 24,24.  
38 마태 4,4; 신명 8,3.

을 때 주님께서는 어떻게 말씀하셨습니까? "영들이 너희에게 복종하는 것을 기뻐하지 말고, 너희 이름이 하늘에 기록된 것을 기뻐하여라."[35] 그분께서는 사도들이 기뻐한 것처럼 그대도 기뻐하기를 바라셨습니다. 그대 이름이 하늘에 기록되어 있지 않다면 그대는 불행합니다. '죽은 사람을 살리지 못하면 그대는 불행하다, 바다 위를 걷지 못하면 그대는 불행하다, 악령을 내쫓지 못하면 그대는 불행하다'고 말해서야 되겠습니까? 그런 능력을 받았다면 행하되, 교만하지 말고 겸손하게 행하십시오. 주님께서는 거짓 예언자들에 대해, 그들도 "큰 표징과 이적들을 일으킬 것"[36]이라고 말씀하셨습니다. 그러므로 세속 야심이 없어야 합니다. 세속 야심은 교만입니다. 인간은 명예로써 자신을 드높이고 싶어 합니다. 재물이나 권력 따위로 자신을 대단한 인물이라 여기기도 합니다.

**14.** 탐욕은 세 가지이니, 모든 탐욕은 육의 욕망과 눈의 욕망과 세속 야심으로부터 나온다는 것을 그대는 압니다. 주님께서도 악마에게 이 세 가지로 유혹을 당하셨습니다. 이런 말을 들으셨을 때는 육의 욕망으로 유혹을 당하셨습니다. "당신이 하느님의 아들이라면 이 돌들에게 빵이 되라고 해 보시오."[37] 그때는 주님께서 단식하고 나서 몹시 시장하셨을 때였습니다. 그러나 그분은 어떻게 유혹자를 물리치셨고, 당신 군사들인 우리에게 어떻게 싸우라고 가르치셨습니까? 그분께서 하신 말씀에 주의하십시오. "사람은 빵만으로 살지 않고 하느님의 입에서 나오는 모든 말씀으로 산다."[38]

그분께서는 눈의 욕망으로도 유혹을 당하셨는데, 그것은 기적과 관련된 것입니다. 악마는 "당신이 하느님의 아들이라면 밑으로 몸을 던져 보시오. 성경에 이렇게 기록되어 있지 않소? '그분께서는 너를 위해 당신 천사들에게 명령하시리라.' 행여 네 발이 돌에 차일세라 그들이 손으로 너를 받쳐

titit tentatori: si enim faceret miraculum, non videretur nisi aut cessisse, aut curiositate fecisse: fecit enim quando voluit tamquam Deus, sed tamquam infirmos curans. Nam si tunc faceret, quasi tantummodo miraculum voluisse facere putaretur. Sed ne hoc homines sentirent, adtende quid respondit; et quando tibi talis tentatio evenerit, dic illud et tu: *Redi post me, Satanas; scriptum est enim: Non tentabis Dominum Deum tuum,* id est: Si hoc fecero, tentabo Deum. Hoc dixit, quod te voluit dicere. Quando tibi suggerit inimicus: Qualis homo, qualis christianus? modo vel unum miraculum fecisti, aut orationibus tuis mortui surrexerunt, aut febrientes sanasti? si vere esses alicuius momenti, faceres aliquod miraculum. Responde et dic: *Scriptum est: Non tentabis Dominum Deum tuum;* non ergo tentabo Deum, quasi tunc pertineam ad Deum si fecero miraculum, et non pertineam si non fecero. Et ubi sunt verba eius: *Gaudete quia nomina vestra scripta sunt in caelo?* De ambitione saeculi quomodo tentatus est Dominus? quando elevavit eum in excelsum, et dixit ei: *Haec omnia tibi dabo, si prostratus adoraveris me.* De elatione regni terreni voluit tentare regem saeculorum; sed Dominus qui fecit caelum et terram, diabolum calcabat. Quid mag-

---

39 마태 4,6; 루카 4,9-10; 참조: 시편 90,11.
40 마태 4,7 참조.
41 마태 4,7; 신명 6,16.
42 루카 10,20.
43 마태 4,9.

주리라'"39고 말했습니다. 주님께서는 유혹자에게 맞서셨습니다. 기적을 행하셨더라면 그것은 악마에게 굴복한 셈이 되었거나 호기심으로 말미암은 행위로 보였을 것입니다. 그러나 그분은 하느님으로서 원하실 때는 기적을 행하셨으나, 오직 병자들을 치유하기 위해서였습니다. 그때 기적을 행하셨더라면, 그분은 그저 기적이나 행하고 싶어 한다고들 여겼을 것입니다. 사람들이 이런 인상을 받지 않도록, 그분께서 어떻게 대답하셨는지 그대도 잘 들으십시오. 그리고 그대에게 같은 유혹이 닥쳐오거든 그대도 그렇게 말하십시오. "사탄아, 물러가라. 성경에 이렇게도 기록되어 있다. '주 너의 하느님을 시험하지 마라.'"40 달리 말하면, '네가 그렇게 하면 하느님을 시험하는 것이다'는 말씀과 같습니다. 그대가 말해 주기를 바라셨던 바를 당신 몸소 말씀하셨습니다. 원수가 그대에게 '너는 어떤 사람이냐? 너는 어떤 그리스도인이냐? 기적을 한 가지라도 행해 본 적이 있느냐? 너의 기도로 죽은 이들이 살아났느냐? 열병에 걸린 이들을 낫게 해 주었느냐?'라고 속삭일 때, 그대가 정말 그런 적이 있다면 어떤 기적을 행하려 들 것입니다. 그러나 그대는 이렇게 대답하십시오. "성경에 이렇게도 기록되어 있다. '주 너의 하느님을 시험하지 마라.'"41 '내가 기적을 행하면 하느님께 속하고, 기적을 행하지 않으면 하느님께 속하지 않는 양, 하느님을 나는 시험하지 않겠노라'고 말씀하십시오. "너희 이름이 하늘에 기록된 것을 기뻐하여라"42는 그분의 말씀이 어디 가겠습니까? 주님께서는 세속 야심으로부터 어떻게 유혹을 당하셨습니까? 악마가 그분을 높은 곳에 올려놓고 이렇게 말했습니다. "당신이 땅에 엎드려 나에게 경배하면 저 모든 것을 당신에게 주겠소."43 세상 왕국의 화려함으로 세기의 임금님을 유혹하려던 셈이었습니다. 그러나 하늘과 땅을 만드신 주님께서는 악마를 짓밟으셨습니다. 악마가 주님한테 졌다는 것이 뭐 그리 대단한 일이겠습니까?

둘째 강해 **145**

num, a Domino diabolum vinci? Quid ergo respondit diabolo, nisi quod te docuit ut respondeas? *Scriptum est: Dominum Deum tuum adorabis, et illi soli servies.*

Tenentes ista, non habebitis concupiscentiam mundi: non habendo concupiscentiam mundi, non vos subiugabit nec desiderium carnis, nec desiderium oculorum, nec ambitio saeculi; et facietis locum caritati venienti, ut diligatis Deum. Quia si fuerit ibi dilectio mundi, non ibi erit dilectio Dei. Tenete potius dilectionem Dei, ut quomodo Deus est aeternus, sic et vos maneatis in aeternum: quia talis est quisque, qualis eius dilectio est. Terram diligis? terra eris. Deum diligis? quid dicam? deus eris? Non audeo dicere ex me, Scripturas audiamus: *Ego dixi, dii estis, et filii Altissimi omnes.* Si ergo vultis esse dii et filii Altissimi, *nolite diligere mundum, nec ea quae sunt in mundo. Si quis dilexerit mundum, non est caritas Patris in illo. Quia omnia quae sunt in mundo, desiderium carnis est, et desiderium oculorum, et ambitio saeculi, quae non est ex Patre, sed ex mundo:* id est, ab hominibus dilectoribus mundi. *Et mundus transit, et desideria eius: qui autem facit voluntatem Dei, manet in aeternum, sicut et Deus manet in aeternum.*

---

44 마태 4,10; 신명 6,13.

그대도 당신께서 가르쳐 주신 대로 대답하라고 악마에게 이렇게 대답하신 것이 아니고 무엇이겠습니까? "성경에 기록되어 있다. '주 너의 하느님께 경배하고 그분만을 섬겨라.'"⁴⁴

 여러분이 이 말씀들을 잘 간직한다면, 세상 탐욕을 품지 않게 될 것입니다. 세상 탐욕을 품지 않으면, 육의 욕망도 눈의 욕망도 세속 야심도 여러분을 굴복시키지 못할 것입니다. 다가오는 사랑에 자리를 마련해 주십시오. 그리하여 여러분이 하느님을 사랑하게 되기를 바랍니다. 그러나 세상에 대한 사랑이 있는 곳에는 하느님에 대한 사랑이 없습니다. 오직 하느님에 대한 사랑만 지니십시오. 그리하여 하느님이 영원하시듯 여러분도 영원 속에 머물기를 바랍니다. 어떤 사람이냐는 어떤 사랑을 지니고 있느냐에 달렸습니다. 그대, 땅을 사랑합니까? 그대는 땅이 될 것입니다. 그대, 하느님을 사랑합니까? 제가 뭐라고 말할까요? 그대는 하느님이 됩니까? 감히 저 자신이 말하지는 않으렵니다. 성경 말씀을 들어 봅시다. "내가 이르건대 너희는 신이며 모두 지극히 높으신 분의 아들이다."⁴⁵ 그러므로 여러분, 신이 되고 싶고 지극히 높으신 분의 아들이 되고 싶으면 **"세상도 또 세상 안에 있는 것들도 사랑하지 마십시오. 누가 세상을 사랑하면, 그 사람 안에는 아버지 사랑이 없습니다. 세상에 있는 모든 것, 곧 육의 욕망과 눈의 욕망과 세속 야심은 아버지에게서 온 것이 아니라 세상에서 온 것입니다"**(1요한 2,15-16). 곧, 세상을 사랑하는 사람들로부터 오는 것입니다. **"세상은 지나가고 세상의 욕망도 지나갑니다. 그러나 하느님의 뜻을 실천하는 사람은 영원히 남습니다"**(1요한 2,17).

---

45 시편 81,6.

**요한의 첫째 서간 2,18-27**

¹⁸ 자녀 여러분, 지금이 마지막 때입니다. '그리스도의 적'이 온다고 여러분이 들은 그대로, 지금 많은 '그리스도의 적들'이 나타났습니다. 그래서 우리는 지금이 마지막 때임을 압니다. ¹⁹ 그들은 우리에게서 떨어져 나갔지만 우리에게 속한 자들은 아니었습니다. 그들이 우리에게 속하였다면 우리와 함께 남아 있었을 것입니다. 그러나 결국에는 그들이 아무도 우리에게 속하지 않는다는 사실이 드러났습니다. ²⁰ 여러분은 거룩하신 분에게서 기름부음을 받았습니다. 그래서 여러분은 모두 알고 있습니다. ²¹ 내가 여러분에게 이 글을 쓰는 까닭은, 여러분이 진리를 모르기 때문이 아니라 진리를 알기 때문입니다. 또 진리에서는 어떠한 거짓말도 나오지 않기 때문입니다. ²² 누가 거짓말쟁이입니까? 예수님께서 그리스도이심을 부인하는 사람이 아닙니까? 아버지와 아드님을 부인하는 자가 곧 '그리스도의 적'입니다. ²³ 아드님을 부인하는 자는 아무도 아버지를 모시고 있지 않습니다. 아드님을 믿는다고 고백하는 사람이라야 아버지도 모십니다. ²⁴ 여러분은 처음부터 들은 것을 여러분 안에 간직하십시오. 처음부터 들은 것을 여러분 안에 간직하면, 여러분도 아드님과 아버지 안에 머무르게 될 것입니다. ²⁵ 이것이 그분께서 우리에게 하신 약속, 곧 영원한 생명입니다.

²⁶ 나는 여러분을 속이는 자들과 관련하여 이 글을 씁니다. ²⁷ 그러나 여러분은 그분에게서 기름부음을 받았고 지금도 그 상태를 보존하고 있으므로, 누가 여러분을 가르칠 필요가 없습니다. 그분께서 기름부으심으로 여러분에게 모든 것을 가르치십니다. 기름부음은 진실하고 거짓이 없습니다. 여러분은 그 가르침대로 그분 안에 머무르십시오.

## Tractatus 3

**1.** *Pueri, novissima hora est.* In hac lectione pueros alloquitur, ut festinent crescere, quia novissima hora est. Aetas corporis non est in voluntate. Ita nullus secundum carnem crescit quando vult; sicut nullus quando vult nascitur: ubi autem nativitas in voluntate est, et crementum in voluntate est. Nemo ex aqua et Spiritu nascitur nisi volens. Ergo si vult, crescit; si vult, decrescit. Quid est crescere? proficere. Quid est decrescere? deficere. Quisquis novit natum se esse, audiat quia puer est et infans; avide inhiet uberibus matris, et cito crescit. Est autem mater Ecclesia: et ubera eius duo Testamenta Scripturarum divinarum. Hinc sugatur lac omnium sacramentorum temporaliter pro aeterna salute nostra gestorum, ut nutritus atque roboratus perveniat ad manducandum cibum, quod est: *In principio erat Verbum, et Verbum erat apud Deum, et Deus erat Verbum.* Lac nostrum Christus humilis est; cibus noster, idem ipse Christus aequalis Patri. Lacte te nutrit, ut pane pascat: nam corde contingere Iesum spiritaliter, hoc est cognoscere quia aequalis est Patri.

---

1 『성경』: "자녀 여러분 …."
2 요한 1,1.

## 셋째 강해

**1.** "**어린이 여러분, 지금이 마지막 때입니다**"(1요한 2,18).[1] 이 구절에서 요한은 어린이들에게 말하고 있습니다. 마지막 때가 왔으므로 빨리 자라야 한다는 것입니다. 육체의 나이는 의지에 달린 것이 아닙니다. 그 누구도 원한다고 해서 육체적으로 자라지 못합니다. 이는 아무도 원하는 때에 태어나지 못하는 것과 같습니다. 그러나 뜻대로 태어나고 뜻대로 자라는 것이 있습니다. 원하지 않고서는 누구도 물과 성령으로 태어나지 않습니다. 원하기만 하면 자라나고 원하기만 하면 쪼그라듭니다. 자라난다는 것은 무엇입니까? 진보하는 것입니다. 쪼그라든다는 것은 또 무엇입니까? 퇴행하는 것입니다. 자신이 태어났다는 사실을 알고 있는 사람은 누구나 어린이요 젖먹이라는 말을 들어야 합니다. 어린이는 어머니 가슴에서 젖을 악착같이 빨아 먹으면서 빨리 자라납니다. 이 어머니가 교회입니다. 교회의 젖가슴은 [신약과 구약] 두 성경입니다. 바로 여기서 우리는 우리의 영원한 구원을 위해 시간 안에서 벌어진 모든 신비의 젖을 빨아 먹어야 합니다. 그렇게 먹고 튼튼해져서 비로소 단단한 음식을 먹을 수 있게 됩니다. 그 음식에 대해 이렇게 기록되어 있습니다. "한처음에 말씀이 계셨다. 말씀은 하느님과 함께 계셨는데 말씀은 하느님이셨다."[2] 우리 젖은 바로 겸손하신 그리스도이십니다. 우리 음식은 아버지와 똑같은 그리스도 자신이십니다. 그분은 그대를 빵으로 양육하시고자 그대에게 젖을 먹이십니다. 마음을 통해 예수님과 영적으로 접촉한다는 것은 그분이 아버지와 똑같은 분이시라는 것을 안다는 것입니다.

**2.** Propterea et Mariam prohibebat se tangere, et dicebat ei: *Noli me tangere, nondum enim ascendi ad Patrem*. Quid est hoc? Discipulis se palpandum praebuit, et Mariae contactum vitavit? Nonne ipse est qui dubitanti discipulo dixit: *Mitte digitos, et palpa cicatrices?* Numquid iam ad Patrem ascenderat? Quare ergo Mariam prohibet, et dicit: *Noli me tangere; nondum enim ascendi ad Patrem?* An hoc dicturi sumus, quod a viris se tangi non timuit, et a mulieribus tangi timuit? Contactus illius omnem carnem mundat. Quibus primo voluit manifestari, ab his se timuit contrectari? Nonne viris resurrectio eius per feminas nuntiata est, ut contraria arte serpens vinceretur? Quia enim ille mortem primo homini per feminam nuntiavit; et viris vita per feminam nuntiata est. Quare ergo se tangi noluit, nisi quia contactum illum spiritalem intellegi voluit? Contactus spiritalis est de corde mundo. Ille adtingit de corde mundo Christum, qui eum intellegit Patri coaequalem. Qui autem nondum intellegit divinitatem Christi, usque ad carnem venit, usque ad divinitatem non venit. Quid autem magnum est, usque illuc adtingere, usque quo persecutores qui crucifixerunt? Illud est magnum, intellegere Verbum Deum apud Deum in principio, per quod facta sunt omnia: qualem se cognosci volebat, quando ait Philippo: *Tanto tempore*

---

3 요한 20,17.
4 요한 20,27 참조.

**2.** 바로 이 때문에 마리아[막달레나]에게 당신을 만지지 말라고 말씀하셨던 것입니다. "내가 아직 아버지께 올라가지 않았으니 나를 더 이상 붙들지 마라."³ 무슨 뜻으로 이 말씀을 하셨을까요? 제자들에게는 만지도록 허락하시고 마리아가 손대는 것은 금하신 것은 무슨 까닭입니까? 아직도 의심하고 있던 제자에게 "네 손가락을 대 보고 내 상처를 만져 보아라"⁴고 하신 분이 바로 그분이 아닙니까? 이때엔 이미 아버지께로 올라가셨던 것인가요? 그렇다면 왜 마리아에게는 금하시면서 "내가 아직 아버지께 올라가지 않았으니 나를 더 이상 붙들지 마라"고 하십니까? 그분은 남자가 만지는 것은 두려워하지 않고 여자가 만지는 것은 두려워하셨다고 말해야 합니까? 그분을 만지면 온몸이 깨끗해집니다. 가장 먼저 당신을 보여 주시고자 했던 이 여인들이 당신을 만지는 것을 왜 두려워하셨겠습니까? 그분의 부활이 여자를 통하여 남자에게 선포된 것은 뱀이 썼던 술책에 맞서 이기기 위함이 아니었습니까? 뱀이 여인을 통하여 첫 사람에게 죽음을 알렸지만, 생명은 여인을 통하여 남자들에게 선포되었습니다. 그렇다면 왜 당신을 만지는 것을 원하지 않으셨습니까? 이제는 그분을 영적으로 접촉해야 한다는 사실을 깨닫게 하려는 것이 아니고 무엇이겠습니까? 이 영적 접촉은 깨끗한 마음에서 일어납니다. 깨끗한 마음으로 그리스도를 만지는 사람은 그분이 아버지와 똑같은 분이시라는 것을 깨닫게 됩니다. 그러나 아직 그리스도의 신성을 깨닫지 못한 사람은 육신까지는 이르렀지만, 신성에는 도달하지 못했습니다. 그분을 십자가에 못 박았던 박해자들조차 만졌던 그 육신을 만지는 것이 뭐 그리 대단한 일입니까? 그러나 그분이 한처음에 하느님과 함께 계셨던 하느님이신 말씀이라는 사실, 만물이 바로 이 말씀을 통해 창조되었다는 사실을 깨닫는 것이야말로 대단한 일입니다. "필립보야, 내가 이토록 오랫동안 너희와 함께 지냈는데도, 너는 나를 모른다는

*vobiscum sum, et non cognovistis me, Philippe? Qui videt me, videt et Patrem.*

**3.** Sed ne quis piger sit ad proficiendum, audiat: *Pueri, novissima hora est.* Proficite, currite, crescite, novissima hora est. Ipsa novissima hora diuturna est, tamen novissima est. Horam enim pro tempore posuit novissimo; quia in novissimis temporibus veniet Dominus noster Iesus Christus. Sed dicturi sunt aliqui: Quomodo novissimum tempus? quomodo novissima hora? certe prius veniet Antichristus, et tunc veniet dies iudicii. Vidit Ioannes cogitationes istas: ne quasi securi fierent, et ideo non esse horam novissimam putarent, quod venturus esset Antichristus, ait illis: *Et sicut audistis quod Antichristus sit venturus, nunc antichristi multi facti sunt.* Numquid posset habere multos antichristos, nisi hora novissima?

**4.** Quos dixit antichristos? Sequitur, et exponit. *Unde cognoscimus quod novissima sit hora.* Unde? *Quia antichristi multi facti sunt. Ex nobis exierunt:* Videte antichristos. *Ex nobis exierunt.* Ergo plangimus damnum. Audi consolationem: *Sed non erant ex nobis.* Omnes haeretici, omnes schismatici ex nobis exierunt, id est, ex

---

5 요한 14,9.

말이냐? 나를 본 사람은 곧 아버지를 뵌 것이다"[5]라고 필립보에게 말씀하셨을 때, 그리스도께서는 당신을 그렇게 알아주기를 바라셨던 것입니다.

**3.** 진보하는 데 게으르지 않으려는 사람은 이 말씀을 들으십시오. **"어린이 여러분, 지금이 마지막 때입니다"**(1요한 2,18). 마지막 때가 왔으니 앞으로 나아가고 뛰어가고 성장하라는 뜻입니다. 이 마지막 때는 오래 지속되고 있기는 하지만 여전히 마지막입니다. '때'라는 말은 마지막 시기를 뜻합니다. 마지막 시기에 우리 주 예수 그리스도께서 오실 것이기 때문입니다. 어떤 이는 '어째서 마지막 시기란 말인가? 어떻게 마지막 때란 말인가? 분명 그리스도의 적이 먼저 오고 그다음에야 심판 날이 올 것이다'라고 말할 것입니다. 이미 이런 생각들을 꿰뚫어 본 요한은, 그리스도의 적이 아직 오지 않았으니 지금이 마지막 때가 아닌 줄로 여기며 마음을 풀어놓지 못하게 하려고 이렇게 말했습니다. **"'그리스도의 적'이 온다고 여러분이 들은 그대로, 지금 많은 '그리스도의 적들'이 나타났습니다"**(1요한 2,18). 마지막 때가 아니라면, 어떻게 많은 그리스도의 적들이 있을 수 있겠습니까?

**4.** 누구를 두고 그리스도의 적들이라고 일컫습니까? 이어서 이렇게 설명합니다. **"그래서 우리는 지금이 마지막 때임을 압니다"**(1요한 2,18). 어디서 알 수 있습니까? **"많은 그리스도의 적들이 나타났고, 그들은 우리에게서 떨어져 나갔다"**(1요한 2,18-19 참조)는 사실에서 알 수 있습니다. 그리스도의 적들을 보십시오. **"그들은 우리에게서 떨어져 나갔습니다"**(1요한 2,19). 그래서 우리는 이 손실을 두고 눈물을 흘립니다. 이제 위로가 되는 말을 들어 보십시오. **"그들은 우리에게 속한 자들은 아니었습니다"**(1요한 2,19). 모든 이단자들이나 열교자들은 우리에게서 떨어져 나갔습니다. 교회로부터

Ecclesia exeunt; sed non exirent, si ex nobis essent. Antequam exirent ergo, non erant ex nobis. Si antequam exirent, non erant ex nobis; multi intus sunt, non exierunt, sed tamen antichristi sunt. Audemus hoc dicere: ut quid, nisi ut unusquisque cum intus est, non sit antichristus? Descripturus enim et designaturus est antichristos; et videbimus eos nunc.

Et interrogare debet unusquisque conscientiam suam, an sit antichristus. Latine enim antichristus, contrarius est Christo. Non quomodo nonnulli intellegunt Antichristum ideo dictum, quod ante Christum venturus sit, id est, post eum venturus sit Christus; non sic dicitur, nec sic scribitur; sed antichristus, id est, contrarius Christo. Iam quis sit contrarius Christo, nunc advertitis ipso exponente, et intellegitis non posse exire foras nisi antichristos; eos autem qui non sunt Christo contrarii, foras exire nullo modo posse. Qui enim non est Christo contrarius, in corpore ipsius haeret, et membrum computatur. Numquam sibi sunt membra contraria. Corporis integritas universis membris constat. Et quid de concordia membrorum dicit Apostolus? *Si patitur unum membrum, compatiuntur omnia membra; et si glorificatur unum membrum, congau-*

---

6 아우구스티누스 교회론의 핵심 주제다. '보이는 교회'(ecclesia visibilis = 지상 교회, 육적 교회)에는 세례로 속하겠지만, '보이지 않는 교회'(ecclesia invisibilis = 천상 교회, 영적 교회)에는 사랑으로 속하게 된다는 것이다. "하느님의 이루 말할 수 없는 예지의 눈으로 보면, 교회 밖에 있는 듯 보이지만 교회 안에 있는 사람이 있고, 교회 안에 있는 듯 보이지만 교회 밖에 있는 사람이 있다"[『세례론』(*De baptismo*) 5,27,38]. 참조: 『요한 서간 강해』 6,13 각주 47; W. Simonis, *Ecclesia visibilis et invisibilis. Untersuchungen zur Ekklesiologie und Sakramentenlehre in der afrikanischen Tradition von Cyprian bis Augustinus*, Frankfurt 1970.

떨어져 나간 것입니다. 그들이 우리에게 속한 자들이었다면 떨어져 나가지 않았을 것입니다. 그러므로 이들은 우리에게서 떨어져 나가기 전에도 이미 우리에게 속한 자들이 아니었습니다. 이들이 떨어져 나가기 전에 이미 우리에게 속한 자들이 아니었다면, 그리스도의 적들임에도 불구하고 떨어져 나가지 않고 [교회] 안에 있는 사람도 많다는 뜻입니다.[6] 제가 감히 이렇게 말하는 것은, 여러분 각자가 [교회] 안에 있으면서 그리스도의 적이 되지 않도록 하려는 것이 아니겠습니까? 이제 요한은 그리스도의 적을 묘사하고 지명할 것입니다. 과연 그들이 누구인지 지금 보도록 합시다.

각자는 자기가 그리스도의 적이 아닌지 자기 양심에게 물어보아야 합니다. 라틴어로 '안티크리스투스'antichristus(그리스도의 적)는 '그리스도에게 반대하는 자'라는 뜻입니다. 어떤 이는 '그리스도의 적'이라는 낱말이 '그리스도 앞에(안테 크리스툼) 올 사람'을 뜻한다고 생각합니다. 그리스도께서는 그 사람 다음에 오신다는 것입니다. 그러나 이 낱말은 그렇게 말해지지도 않거니와 그렇게 적혀지지도 않습니다. 그리스도의 적은 그리스도를 반대하는 자입니다. 이미 여러분은 요한의 설명에 힘입어 누가 그리스도를 반대하는 자인지 알아차렸습니다. 그리고 그리스도의 적이 아니고서는 [교회] 밖으로 나갈 수 없다는 것을 깨닫고 있습니다. 그리스도를 반대하지 않는 사람은 결코 [교회] 밖으로 나갈 수 없습니다. 그리스도를 반대하지 않는 사람은 그리스도의 몸에 결합되어 있어 그 지체로 여겨집니다. 지체들끼리 서로 반대하는 일은 없습니다. 모든 지체들을 갖추고 있을 때 완전한 몸이 되는 것입니다. 이 지체들의 화목에 대해서 바오로 사도가 뭐라고 했습니까? "한 지체가 고통을 겪으면 모든 지체가 함께 고통을 겪습니다. 한 지체가 영광을 받으면 모든 지체가 함께 기뻐합니다."[7]▶ 한 지체가 영

*dent omnia membra*. Si ergo in glorificatione membri cetera membra congaudent, et in passione omnia membra patiuntur; concordia membrorum non habet antichristum. Et sunt qui intus sic sunt in corpore Domini nostri Iesu Christi; quandoquidem adhuc curatur corpus ipsius, et sanitas perfecta non erit nisi in resurrectione mortuorum: sic sunt in corpore Christi, quomodo humores mali. Quando evomuntur, tunc relevatur corpus: sic et mali quando exeunt, tunc Ecclesia relevatur. Et dicit quando eos evomit atque proiicit corpus: Ex me exierunt humores isti, sed non erant ex me. Quid est: Non erant ex me? Non de carne mea praecisi sunt, sed pectus mihi premebant cum inessent.

5. *Ex nobis exierunt; sed,* nolite tristes esse, *non erant ex nobis.* Unde probas? *Quod si fuissent ex nobis, permansissent utique nobiscum.* Hinc ergo videat Caritas vestra, quia multi qui non sunt ex nobis, accipiunt nobiscum sacramenta, accipiunt nobiscum baptismum, accipiunt nobiscum quod norunt fideles se accipere, benedictionem, eucharistiam, et quidquid in sacramentis sanctis est; ipsius altaris communicationem accipiunt nobiscum, et non sunt ex nobis. Tentatio probat quia non sunt ex nobis. Quando illis tentatio venerit, velut occasione venti, volant foras; quia grana non erant. Omnes autem tunc volabunt, quod saepe dicendum est, cum area Do-

---

◀7 1코린 12,26.

광스럽게 되면 다른 모든 지체도 함께 기뻐하고, 한 지체가 고통을 당할 때 모든 지체도 함께 아파한다면, 지체들이 화목하여 그리스도의 적이 없다는 뜻입니다. 그럼에도 우리 주 예수 그리스도의 몸 안에는 그리스도의 적들이 있습니다. 아직 [그리스도의] 몸도 치유를 받아야 하고, 죽은 이들이 부활할 때가 아니고는 완전한 건강이라고는 존재하지 않기 때문입니다. 이처럼 그리스도의 몸 안에는 나쁜 고름 같은 것이 있습니다. 고름을 제거하면 몸이 가벼워집니다. 이처럼 악인들이 떨어져 나가면 교회도 가벼워집니다. 고름을 짜내고 뽑아 버리면 몸이 이렇게 말합니다. '이 고름은 나에게서 떨어져 나갔지만 나에게 속한 것이 아니었다.' '나에게 속하지 않은 것'이 무엇입니까? 그것은 내 몸에서 잘려 나가지 않고 안에 있으면서 내 가슴을 내리누르던 것이었습니다.

**5.** "**그들은 우리에게서 떨어져 나갔습니다**"(1요한 2,19). 그러나 슬퍼하지 마십시오. "**그들은 우리에게 속한 자들이 아니었기**"(1요한 2,19 참조) 때문입니다. 어떻게 증명합니까? "**그들이 우리에게 속하였다면 우리와 함께 남아 있었을 것입니다**"(1요한 2,19). 사랑하는 형제 여러분, 보십시오. 우리에게 속하지 않은 숱한 사람들이 우리와 함께 성사를 받습니다. 그들은 우리와 함께 세례를 받고, 나아가 신자라면 자신이 받은 것이 무엇인지 알면서 받고 있는 것들, 곧 축복과 성찬 그리고 거룩한 성사에 담긴 모든 것을 우리와 함께 받고 있습니다. 그들 스스로 우리와 함께 제대의 친교를 나누고 있지만 우리에게 속한 자들이 아닙니다. 시련이 닥치면 그들이 우리에게 속한 자들이 아니라는 사실이 드러납니다. 시련이 닥치면 그들은 바람처럼 밖으로 날아가 버립니다. 알곡이 아니기 때문입니다. 자주 되풀이해야 할 말이지만, 그들은 심판 날 주님의 타작마당에 바람이 불기 시작하면 모

minica coeperit ventilari in die iudicii. *Ex nobis exierunt, sed non erant ex nobis: quod si fuissent ex nobis, permansissent utique nobiscum.*

Nam vultis nosse, carissimi, quam certissime dicatur hoc, ut qui forte exierunt et redeunt, non sint antichristi, non sint contrarii Christo? Qui non sunt antichristi, non potest fieri ut remaneant foris. Sed de voluntate sua quisque aut antichristus, aut in Christo est. Aut in membris sumus, aut in humoribus malis. Qui se in melius commutat, in corpore membrum est: qui autem in malitia permanet, humor malus est; et quando exierit, relevabuntur qui premebantur. *Ex nobis exierunt, sed non erant ex nobis: quod si fuissent ex nobis, permansissent utique nobiscum: sed ut manifestarentur, quod non omnes erant ex nobis.* Ideo addidit: *ut manifestarentur,* quia et intus cum sunt, non ex nobis sunt; non tamen manifesti sunt, sed exeundo manifestantur.

*Et vos unctionem habetis a Sancto, ut ipsi vobis manifesti sitis.* Unctio spiritalis ipse Spiritus Sanctus est, cuius sacramentum est in unctione visibili. Hanc unctionem Christi dicit omnes qui habent, cognoscere malos et bonos; nec opus esse ut doceantur, quia ipsa unctio docet eos.

---

8 『요한 서간 강해』 전체에서 '기름부음'(unctio)은 '성령'과 같은 뜻이다.

두 날아가 버릴 것입니다. "그들은 우리에게서 떨어져 나갔지만 우리에게 속한 자들은 아니었습니다. 그들이 우리에게 속하였다면 우리와 함께 남아 있었을 것입니다"(1요한 2,19).

사랑하는 여러분, [교회로부터] 떨어져 나갔다가 다시 돌아온 사람들이 그리스도의 적이 아니며, 그리스도를 반대하는 사람이 아니라는 것을 어떻게 그토록 분명히 말할 수 있는지 알고 싶으십니까? 그리스도의 적이 아닌 사람은 밖에 남아 있을 수 없습니다. 그러나 자신의 의지에 따라 그리스도의 적이 될 수도 있고 그리스도 안에 머무를 수도 있습니다. 또한 지체 안에 머물 수도 있고 고약한 고름 속에 머물 수도 있습니다. 자신을 더 낫게 변화시키는 사람은 지체들의 몸 안에 있고, 악행에 항구한 사람은 고약한 고름입니다. 이런 사람이 떨어져 나가 버리면 짓눌리던 사람들은 가벼워질 것입니다. "그들은 우리에게서 떨어져 나갔지만 우리에게 속한 자들은 아니었습니다. 그들이 우리에게 속하였다면 우리와 함께 남아 있었을 것입니다. 그러나 결국에는 그들이 아무도 우리에게 속하지 않는다는 사실이 드러났습니다"(1요한 2,19). 그런데 요한은 "사실이 드러났습니다"라고 덧붙였습니다. 그들은 [교회] 안에 있지만 우리에게 속하는 자들이 아니기 때문입니다. [교회 안에 있을 때는] 분명히 드러나지 않았지만 나가면서 분명히 드러나기 때문입니다.

"여러분은 거룩하신 분에게서 기름부음을 받았습니다. 그래서 여러분은 모두 알고 있습니다"(1요한 2,20). 이 영적 기름부음은 성령 자신입니다.[8] 그분의 성사는 눈에 보이는 기름부음 안에 있습니다. 그리스도의 이 기름부음을 받은 모든 사람은 악인과 선인을 알아내고, 아무에게도 가르침을 받을 필요가 없다고 합니다. 기름부음 자체가 그들을 가르치기 때문이라는 것입니다.

**6.** *Scribo vobis, non quod nescieritis veritatem; sed quia nostis eam, et quia omne mendacium non est ex veritate.* Ecce admoniti sumus quomodo cognoscamus antichristum. Quid est Christus? Veritas. Ipse dixit: *Ego sum veritas. Omne autem mendacium non est ex veritate:* omnes igitur qui mentiuntur, nondum sunt ex Christo. Non dixit quoddam mendacium ex veritate, et quoddam mendacium non ex veritate. Sententiam adtendite; ne vos palpetis, ne vos aduletis, ne vos decipiatis, ne vos illudatis: *Omne mendacium non est ex veritate.* Videamus ergo quomodo antichristi mentiuntur quia non est unum genus mendacii.

*Quis est mendax, nisi is qui negat quod Iesus non est Christus?* Aliam significationem habet Iesus, aliam habet Christus: cum sit unus Iesus Christus salvator noster, Iesus tamen proprium nomen est illi. Quomodo Moyses proprio nomine appellatus est, quomodo Elias, quomodo Abraham; sic tamquam proprium nomen habet Dominus noster Iesus: Christus autem sacramenti nomen est. Quomodo si dicatur propheta, quomodo si dicatur sacerdos; sic Christus commendatur unctus, in quo esset redemptio totius populi Israel. Iste Christus sperabatur venturus a populo Iudaeorum; et quia humilis venit, non est agnitus; quia lapis parvus erat, offenderunt in illum, et fracti sunt. Sed crevit lapis, et factus est mons magnus; et quid ait Scriptura? *Quicumque offenderit in lapidem istum, con-*

---

9 요한 14,6.         10 다니 2,35 참조.

6. "내가 여러분에게 이 글을 쓰는 까닭은, 여러분이 진리를 모르기 때문이 아니라 진리를 알기 때문입니다. 또 진리에서는 어떠한 거짓말도 나오지 않기 때문입니다"(1요한 2,21). 보십시오. 우리가 어떻게 그리스도의 적을 알아내야 하는지 우리에게 권고하고 있습니다. 그리스도는 누구십니까? 진리이십니다. 그분 스스로 "나는 진리이다"⁹라고 말씀하셨습니다. 그런데 "**진리에서는 어떠한 거짓말도 나오지 않습니다**". 거짓말하는 사람은 누구나 아직 그리스도로부터 온 사람이 아닙니다. 요한은 어떤 거짓말은 진리에서 나오고 어떤 거짓말은 진리에서 나오지 않는다고 말하지 않았습니다. 그의 말을 주의 깊게 들어 보십시오. 아첨하거나 비위를 맞추거나 속이거나 조롱하지 마십시오. "**진리에서는 어떠한 거짓말도 나오지 않기 때문입니다**." 그렇다면 그리스도의 적들이 어떻게 거짓말을 하는지 봅시다. 거짓말은 한 가지만 있는 것이 아니기 때문입니다.

"**누가 거짓말쟁이입니까? 예수님께서 그리스도이심을 부인하는 사람이 아닙니까?**"(1요한 2,22). '예수'가 뜻하는 바가 다르고, '그리스도'가 뜻하는 바가 다릅니다. 우리 구세주 예수 그리스도는 한 분이시지만, 당신의 고유한 이름은 '예수'입니다. 모세나 엘리야나 아브라함이 고유한 이름으로 불리는 것과 같이, 우리 주 예수님도 고유한 이름을 지니고 계십니다. 그러나 '그리스도'는 성사의 이름입니다. 어떤 이는 예언자라 불리고 어떤 이는 사제라 불리듯, 그리스도는 온 이스라엘 백성의 구원을 이룩하실 '기름부음받은이'라는 뜻입니다. 유대 백성이 이 그리스도께서 오시기를 기다리고 있었습니다. 그러나 비천한 모습으로 오셨기 때문에 알아뵙지 못했습니다. 그분이 작은 돌이었기 때문에 사람들은 그 돌에 부딪쳐 산산조각 나 버렸습니다. 그러나 돌은 자라나서 커다란 산이 되었습니다.¹⁰ 이에 대해서 성경은 뭐라고 했습니까? "그 돌에 부딪치는 자는 누구나 부서지고, 그

*quassabitur; et super quem venerit lapis iste, conteret eum.* Discernenda sunt verba: offendentem dixit conquassari; super quem autem venerit, conteri. Primo quia humilis venit, offenderunt in illum homines: quia excelsus venturus est ad iudicium, super quem venerit, conteret eum. Sed illum non conteret venturus, quem non quassavit cum venit. Qui in humilem non offendit, non formidabit excelsum. Breviter audistis, fratres: Qui in humilem non offendit, non formidabit excelsum. Omnibus enim malis lapis offensionis est Christus; quidquid dicit Christus, amarum est illis.

**7.** Etenim audite, et videte. Omnes certe qui exeunt de Ecclesia, et ab unitate Ecclesiae praeciduntur, antichristi sunt: nemo dubitet; ipse enim designavit: *Ex nobis exierunt, sed non erant ex nobis: nam si fuissent ex nobis, permansissent utique nobiscum.* Quicumque ergo non manent nobiscum, sed exeunt ex nobis, manifestum est quod antichristi sunt. Et quomodo probantur antichristi? ex mendacio. *Et quis est mendax, nisi qui negat quod Iesus non est Christus?* Interrogemus haereticos: quem invenis haereticum, qui negat quia Iesus non est Christus? Videat Caritas vestra magnum sacramentum. Adtendite quid inspiraverit nobis Dominus Deus, et quid insinuare vobis velim.

---

11 루카 20,18. 『성경』: "그 돌 위에 떨어지는 자는 누구나 부서지고, 그 돌에 맞는 자는 누구나 으스러질 것이다."

돌에 깔리는 자는 으스러질 것이다."[11] 이 말씀을 잘 식별해야 합니다. 부딪치는 자는 부서지고, 깔리는 자는 으스러질 것이라고 했습니다. 그분은 처음에 비천한 모습으로 오셨기 때문에 사람들은 그분에게 부딪쳤습니다. 그러나 그분은 심판하러 영광스럽게 오실 것이기 때문에, 그들 위에 떨어져 으스러뜨릴 것입니다. 그러나 그분이 다시 오실 때에는, 처음 오셨을 때 부숴 버리지 않은 사람을 으스러뜨리지도 않으실 것입니다. 비천한 분[그리스도]께 부딪치지 않는 사람은 영광스러운 분[그리스도]을 두려워하지 않을 것입니다. 형제 여러분, 간단히 말씀드릴 터이니 들어 보십시오. 비천하신 분께 부딪치지 않는 사람은 영광스러운 분을 두려워하지 않을 것입니다. 그리스도는 모든 악인에게 반대 받는 돌입니다. 이들에게는 그리스도께서 하시는 말씀이 모두 쓰기만 합니다.

**7.** 여러분, 듣고 또 보시기 바랍니다. 교회에서 떨어져 나가고 교회의 일치에서 잘려 나가는 사람은 모두 그리스도의 적입니다. 누구도 이 사실을 의심하지 마시기 바랍니다. 요한이 친히 이렇게 지적했습니다. "**그들은 우리에게서 떨어져 나갔지만 우리에게 속한 자들은 아니었습니다. 그들이 우리에게 속하였다면 우리와 함께 남아 있었을 것입니다**"(1요한 2,19). 우리와 함께 남아 있지 않고 우리에게서 떨어져 나간 사람은 누구나 그리스도의 적임이 분명해졌습니다. 그리스도의 적들은 어떻게 증명됩니까? 거짓말로써 증명됩니다. "**누가 거짓말쟁이입니까? 예수님께서 그리스도이심을 부인하는 사람이 아닙니까?**"(1요한 2,22). 예수님께서 그리스도이심을 부인하는 사람을 이단자라고 생각하지 않느냐고 이단자들에게 물어봅시다. 사랑하는 형제 여러분, 이 큰 신비를 잘 보십시오. 주 하느님께서 우리에게 영감을 주시어 제가 여러분에게 알려 드리려는 것에 귀를 기울여 보십시오.

Ecce exierunt a nobis, et facti sunt Donatistae; interrogamus eos utrum Iesus sit Christus; statim confitentur quia Iesus Christus est. Si ergo ille est antichristus qui negat Iesum esse Christum, nec nos possunt illi dicere antichristos, nec nos illos; quia et nos confitemur, et illi. Si ergo nec illi nos dicunt, nec nos illos; ergo nec illi a nobis exierunt, nec nos ab ipsis. Si ergo non a nobis exivimus, in unitate sumus: si in unitate sumus, quid faciunt in hac civitate duo altaria? quid faciunt divisae domus, divisa coniugia? quid facit communis lectus, et divisus Christus? Admonet nos, vult nos fateri quod verum est. Aut ipsi a nobis exierunt, aut nos ab ipsis. Sed absit ut nos ab ipsis: habemus enim testamentum Dominicae hereditatis, recitamus, et ibi nos invenimus: *Dabo tibi gentes hereditatem tuam, et possessionem tuam terminos terrae.* Tenemus hereditatem Christi: illi eam non tenent; non communicant orbi terrarum, non communicant universitati redemptae sanguine Domini. Habemus ipsum Dominum resurgentem a mortuis, qui se dubitantium manibus discipulorum praebuit palpandum. Et cum adhuc illi dubitarent, ait illis: *Oportebat Christum pati, et resurgere tertia die, et praedicari in nomine eius paenitentiam et remissionem peccatorum.* Ubi?

---

12 가톨릭교회와 도나투스 교회가 갈라져 저마다 주교와 주교좌를 따로 두고 있던 히포 교구를 비롯한 북아프리카 전체 상황을 가리킨다.
13 시편 2,8.
14 루카 24,26-27 참조.

자, 그들은 우리에게서 떨어져 나가 도나투스파가 되었습니다. 우리가 그들에게 예수님께서 그리스도이시냐고 물어보면, 그들은 즉시 예수님은 그리스도이시라고 고백합니다. 예수님께서 그리스도이심을 부인하는 사람이 그리스도의 적이라면, 그들은 우리를 일컬어 이단자라고 할 수 없고, 우리 또한 그들을 이단자라 말할 수 없습니다. 우리도 그들도 다 [예수님이 그리스도이시라고] 고백하기 때문입니다. 그들도 우리더러 [이단자라] 말하지도 않고 우리도 그들더러 [이단자라] 말하지도 않는다면, 이는 결국 그들은 우리에게서 떨어져 나가지도 않았고 우리도 그들에게서 떨어져 나오지 않았다는 말이 됩니다. 우리가 서로에게서 떨어져 나간 것이 아니라면, 우리는 일치 안에 있는 셈입니다. 우리가 일치 안에 있다면 무엇 때문에 이 도시에는 두 제단이 있는 것입니까?[12] 왜 집안이 갈라지고 부부가 헤어집니까? 어찌하여 한 침대를 쓰면서도 그리스도는 나누어집니까? 바로 이 때문에 요한은 우리가 진실을 고백하게 하도록 권고하는 것입니다. 그들이 우리에게서 떨어져 나간 것인지, 아니면 우리가 그들에게서 떨어져 나온 것인지에 대해서 말입니다. 그러나 사실은, 우리가 그들에게서 떨어져 나온 것이 아닙니다. 우리는 주님의 유산인 성경을 지녔고, 그것을 읽으며, 거기서 "내가 민족들을 너의 재산으로, 땅 끝까지 너의 소유로 주리라"[13]는 말씀을 듣습니다. 우리는 그리스도의 유산을 지녔지만 그들은 지니고 있지 않습니다. 곧, 그들은 온 세상과 친교를 나누고 있지 않으며 주님의 피로써 해방된 우주와도 친교를 이루고 있지 않습니다. 우리는 죽은 이들 가운데서 부활하셨으며 의심하는 제자들에게 손으로 만질 수 있도록 해 주신 주님을 모시고 있습니다. 그분은 아직도 의심하는 제자들에게 "그리스도는 고난을 겪고 사흘 만에 다시 살아나야 한다. 죄의 용서를 위한 회개가 그의 이름으로 모든 민족들에게 선포되어야 한다"[14]고 말씀하셨습

qua? quibus? *Per omnes gentes, incipiens ab Ierusalem.* Securi sumus de unitate hereditatis. Quisquis huic hereditati non communicat, foras exiit.

**8.** Sed non contristemur: *Ex nobis exierunt, sed non erant ex nobis; nam si fuissent ex nobis, permansissent utique nobiscum.* Si ergo ex nobis exierunt, antichristi sunt; si antichristi sunt, mendaces sunt; si mendaces sunt, negant Iesum esse Christum. Iterum redimus ad difficultatem quaestionis. Singulos interroga, confitentur Iesum esse Christum. Coartat nos angustus intellectus in hac Epistola. Videtis certe quaestionem; haec quaestio et nos et ipsos turbat, si non intellegatur. Aut nos sumus antichristi, aut illi sunt antichristi: illi nos antichristos vocant, et dicunt quod exivimus ab eis; nos illos similiter: sed designavit haec Epistola antichristos. Quicumque negat quod Iesus non sit Christus, ipse est antichristus. Iam ergo quaeramus quis neget; et non adtendamus ad linguam, sed ad facta.

Si enim omnes interrogentur, omnes uno ore confitentur Iesum esse Christum. Quiescat paululum lingua, vitam interroga. Si invenerimus hoc, si ipsa Scriptura nobis dixerit quia negatio non tantum lingua fit, sed et factis; certe invenimus multos antichristos qui

---

15 루카 24,47.

니다. 어디서? 어떻게? 누구에게 말입니까? "예루살렘에서부터 시작하여 모든 민족들에게입니다."15 우리는 유산이 하나뿐임을 확신합니다. 누구든지 이 유산과 친교를 나누지 않으면 밖으로 떨어져 나가게 됩니다.

**8.** 그러나 슬퍼하지는 맙시다. "그들은 우리에게서 떨어져 나갔지만 우리에게 속한 자들은 아니었습니다. 그들이 우리에게 속하였다면 우리와 함께 남아 있었을 것입니다"(1요한 2,19). 그들이 우리에게서 떨어져 나갔다면 그들은 그리스도의 적입니다. 그들이 그리스도의 적이라면 그들은 거짓말쟁이입니다. 그들이 거짓말쟁이라면 그들은 예수님께서 그리스도이심을 부인합니다. 우리는 다시 어려운 문제로 되돌아왔습니다. 그들 하나하나에게 물어보십시오. 하나같이 예수님은 그리스도라고 고백할 것입니다. 요한 서간에서 우리에게 대단한 이해력을 요구하고 있습니다. 이 문제를 분명히 보십시오. 잘 이해하지 않으면, 이것은 그들과 우리를 다 괴롭히는 문제가 됩니다. 우리가 그리스도의 적인가, 아니면 그들이 그리스도의 적인가 하는 문제입니다. 그들은 우리야말로 그리스도의 적이고, 우리가 그들에게서 떨어져 나왔다고 합니다. 우리 또한 그들에 관해서 비슷하게 말합니다. 그렇지만 이 서간은 그리스도의 적을 지목하고 있습니다. 예수가 그리스도이심을 부인하는 사람은 누구든지 그리스도의 적이라는 것입니다(1요한 2,22 참조). 그러면 누가 부인하는지 찾아봅시다. 그리고 말이 아니라 행실을 들어 봅시다.

그들 모두에게 물어보면, 모두가 한 입으로 예수님은 그리스도라고 고백합니다. 말은 잠시 쉬게 하고 삶을 물어보십시오. 말로만이 아니라 행동으로도 부인할 수 있다고 우리에게 들려주는 성경 말씀을 찾는다면, 입으로 그리스도를 고백하면서도 행실로는 그리스도에게서 떨어져 나온 많은

ore profitentur Christum, et moribus dissentiunt a Christo. Ubi invenimus hoc in Scriptura? Paulum audi apostolum: de talibus cum loqueretur, ait: *Confitentur enim se nosse Deum, factis autem negant.* Invenimus et ipsos antichristos: quisquis factis negat Christum, antichristus est. Non audio quid sonet, sed video quid vivat. Opera loquuntur, et verba requirimus? Quis enim malus non bene vult loqui? Sed quid dicit talibus Dominus? *Hypocritae, quomodo potestis bona loqui, cum sitis mali?* Voces vestras ad aures meas profertis; ego cogitationes vestras inspicio: voluntatem malam ibi video, et falsos fructus ostenditis. Novi quid unde colligam; non colligo de tribulis ficus, non colligo de spinis uvas. Unaquaeque enim arbor a fructu cognoscitur. Magis mendax est antichristus qui ore profitetur Iesum esse Christum, et factis negat. Ideo mendax, quia aliud loquitur, aliud agit.

**9.** Iam ergo, fratres, si facta interroganda sunt, non solum multos invenimus antichristos foras exiisse; sed multos nondum manifestos, qui minime foras exierunt. Quotquot enim habet Ecclesia periuros, fraudatores, maleficos, sortilegorum inquisitores, adulteros, ebriosos, foeneratores, mangones, et omnia quae numerare non

---

16 티토 1,16.

그리스도의 적들을 우리는 분명히 찾을 수 있게 됩니다. 성경 어디에서 이런 구절을 찾아볼 수 있습니까? 바오로 사도의 말을 들어 봅시다. "그들은 하느님을 안다고 주장하지만 행동으로는 그분을 부정합니다."[16] 바로 그들이 그리스도의 적임을 우리는 알아냈습니다. 행실로써 그리스도를 부인하는 사람이야말로 그리스도의 적입니다. 저는 소리 내는 것은 듣지 못하지만 사는 것은 봅니다. 행동이 말하고 있는데 무슨 말이 필요하겠습니까? 번드르르하게 말하기를 원하지 않는 악인이 도대체 누구입니까? 그런 자들에게 주님께서는 뭐라고 하십니까? "독사의 자식들아, 너희가 악한데 어떻게 선한 말을 할 수 있겠느냐?"[17] 여러분의 목소리가 제 귀에 들려오지만, 저는 여러분의 생각을 들여다봅니다. 거기서 악의를 봅니다. 여러분은 거짓 열매를 드러내고 있을 따름입니다. 저는 어디서 열매를 거두어야 할지 압니다. 저는 엉겅퀴에서 무화과를 따지 않고, 가시나무에서 포도를 거두지 않습니다. 모든 나무는 그 열매로 알아보는 법입니다. 큰 거짓말쟁이는 입으로는, 예수님은 그리스도라고 고백하면서도 행동으로는 부인하는 그리스도의 적입니다. 말은 이러하고 행동은 저러하므로 거짓말쟁이라 하는 것입니다.

**9.** 그러므로 형제 여러분, 행동을 따져 물어야 한다면, 우리는 밖으로 떨어져 나간 그리스도의 적만 많을 뿐 아니라, 아직 드러나지도 않고 밖으로 떨어져 나가지도 않은 그리스도의 적도 많다는 것을 알게 됩니다. 얼마나 많은 위증자, 사기꾼, 악행을 일삼는 이, 점집 찾는 이, 간음하는 이, 술 취한 이, 고리대금업자, 노예 상인, 그리고 이루 헤아릴 수도 없는 무리들이

---

17 마태 12,34.

possumus; contraria sunt doctrinae Christi, contraria sunt verbo Dei: Verbum autem Dei Christus est; quidquid contrarium est Verbo Dei, in Antichristo est. Antichristus enim contrarius est Christo. Et vultis nosse quam aperte resistant isti Christo? Aliquando evenit ut aliquid mali faciant, et incipiant corripi; quia Christum non audent blasphemare, ministros eius blasphemant, a quibus corripiuntur: si autem ostenderis illis quia Christi verba dicis, non verba tua; conantur quantum possunt ut te convincant verba tua te dicere, non verba Christi: si autem manifestum fuerit quia verba Christi dicis, eunt et in Christum, incipiunt reprehendere Christum: Quomodo, inquiunt, et quare tales nos fecit? Nonne dicunt hoc quotidie homines convicti de factis suis? Prava voluntate perversi, artificem accusant. Clamat illis artifex de caelo — quia ipse nos fecit, qui nos refecit —: Quid te feci? Ego hominem feci, non avaritiam; ego hominem feci, non latrocinium; ego hominem feci; non adulterium. Audisti quia laudant me opera mea. Ex ore trium puerorum ipse hymnus erat qui ab ignibus defendebat. Laudant opera Domini Dominum; laudat caelum, terra, mare; laudant omnia quae sunt in caelo; laudant Angeli, laudant stellae, laudant luminaria; laudat quidquid natat, quidquid volat, quidquid ambulat, quidquid repit; laudant ista omnia Dominum. Numquid audisti quia laudat

---

[18] 다니 3,24.90 참조.

교회 안에 있습니까! 이들이 그리스도의 가르침에도 반대하고 하느님의 말씀에도 반대하는 자들입니다. 그런데 하느님의 말씀은 바로 그리스도이십니다. 하느님의 말씀을 반대하는 것은 무엇이나 다 그리스도의 적에게 속합니다. 그리스도의 적이란 그리스도를 반대하는 사람입니다. 그들이 얼마나 드러내 놓고 그리스도를 반대하는지 알고 싶으십니까? 사람들이 때로 뭔가를 잘못하면 그 잘못을 꾸짖는 경우가 있습니다. 이때 그들은 아직 감히 그리스도를 직접 모독하지는 못하고, 자기를 꾸짖은 그분의 일꾼을 모독합니다. 그대가 그대의 말이 아니라 그리스도의 말씀을 전하는 것이라는 사실을 보여 주면, 그들은 그것이 그대의 말이지 그리스도의 말씀이 아니라고 설득하기 위해 갖은 일을 다 합니다. 그러다가 그 말이 그리스도의 말씀이라는 것이 밝혀지면 그때는 그리스도께로 가서 그리스도를 비난하기 시작합니다. '어쩌자고, 우리를 이 꼴로 만들었습니까?'라고 말입니다. 자기 행동에 자신만만한 이들은 날마다 이렇게 말하지 않습니까? 비뚤어진 의지로 말미암아 악해졌으면서 창조주를 탓하는 것입니다. 그래서 창조주께서는 하늘로부터 그들에게 이렇게 소리치십니다. 우리를 창조하시고 재창조하신 분께서 말입니다. '내가 네게 무엇을 했단 말이냐? 나는 사람을 만들었지 탐욕을 만들지는 않았다. 나는 사람을 만들었지 강도질을 만들지는 않았다. 나는 사람을 만들었지 간음을 만들지는 않았다. 너희는 내가 만든 것들이 나를 찬미하는 소리를 들었다.' 불가마 속의 세 젊은이 입에서 나온 이 찬가가 그들을 불로부터 지켜 주었던 것입니다.[18] 주님의 업적이 주님을 찬양합니다. 하늘도 땅도 바다도 주님을 찬미합니다. 하늘에 있는 모든 것이 주님을 찬미합니다. 천사들이 찬미하고 별도 찬미합니다. 빛나는 천체가 찬미합니다. 헤엄치는 모든 것, 날아다니는 모든 것, 걸어 다니는 모든 것, 기어 다니는 모든 것, 이 모든 것들이 주님을 찬

Dominum avaritia? numquid audisti quia laudat Dominum ebriositas; quia laudat luxuria, laudat nugacitas? Quidquid ibi non audis laudem dare Domino, non fecit Dominus. Corrige quod tu fecisti, ut salvetur quod in te Deus fecit. Si autem non vis, et amas et amplecteris peccata tua; contrarius es Christo. Intus sis, foris sis, antichristus es: intus sis, foris sis, palea es. Sed quare foris non es? quia occasionem venti non invenisti.

**10.** Iam ista manifesta sunt, fratres. Ne quis dicat: Christum non colo, sed Deum colo Patrem ipsius. *Omnis qui negat Filium, nec Filium nec Patrem habet: et qui confitetur Filium, et Filium et Patrem habet.* Vos grana adloquitur; et qui palea erant, audiant, et grana fiant. Unusquisque considerans conscientiam suam, si mundi amator est, mutetur; fiat amator Christi, ne sit antichristus. Si quis ei dixerit quod antichristus sit, irascitur, iniuriam sibi factam putat; fortassis inscriptionem minatur, si audiat a litigante quod antichris-

---

19 「성경」에는 '아드님과'가 없음.

20 교회는 거룩한 사람과 죄스런 사람이 섞여 있는 '뒤섞인 몸'(corpus permixtum)과 같다는, 아우구스티누스의 '뒤섞인 교회'(ecclesia permixta) 이론이다[「그리스도교 교양」(De doctrina christiana) 3,32,45 참조]. 교회는 밀과 가라지가 뒤섞여 있는 밭과 같고(마태 13,24-30), 겨와 알곡이 뒤섞인 타작마당과 같으며(마태 3,12), 좋은 물고기와 나쁜 물고기가 뒤섞여 있는 그물과 같고(마태 13,47-50), 금 그릇과 질그릇이 뒤섞여 있는 집안과 같다(2티모 2,20). 가라지를 뽑아내거나, 나쁜 물고기를 골라낼 수 있는 권한은 오로지 하느님께 있고,

미합니다. 탐욕이 주님을 찬미한다는 말을 들어 보았습니까? 술주정이 주님을 찬미한다는 말을 들어 보았습니까? 방탕함이 주님을 찬미하고, 천박함이 주님을 찬미한다는 말을 들어 보았습니까? 주님을 찬미한다는 말을 들어 보지 못한 것은 무엇이나 주님께서 만드신 것이 아닙니다. 그러므로 그대는 그대가 행한 것을 바로잡으십시오. 그리하여 그대 안에서 하느님께서 하신 바가 살아나게 하십시오. 그리하기를 원치 않고 여전히 그대의 죄를 사랑하고 집착한다면 그대는 그리스도를 반대하는 자입니다. [교회] 안에 있든 밖에 있든 그대는 그리스도의 적입니다. 안에 있든 밖에 있든 여러분은 겨에 지나지 않습니다. 여러분이 밖에 있지 않는 이유가 무엇인지 아십니까? 바람 부는 때를 아직 만나지 못했기 때문입니다.

10. 형제 여러분, 이것은 이미 분명합니다. 그러니 아무도 '나는 그리스도는 존경하지 않지만 그 아버지 하느님은 존경한다'고 말하지 마십시오. **"아드님을 부인하는 자는 아무도 아드님과[19] 아버지를 모시고 있지 않습니다. 아드님을 믿는다고 고백하는 사람이라야 아드님과 아버지도 모십니다"**(1요한 2,23). 이 말씀은 밀인 여러분에게 주는 말씀입니다. 가라지인 사람들은 잘 듣고 밀이 되기를 바랍니다.[20] 각자 자기 양심을 살펴보십시오. 세상의 연인이라면 변화되십시오. 그리하여 그리스도의 연인이 되십시오. 그리스도의 적이 되지 마십시오. 누군가에게 그리스도의 적이라고 말하면 그는 화를 내며 모욕당했다고 생각할 것입니다. 함께 싸우던 사람에게서 자기가 그리스도의 적이라는 소리를 들으면 고소하겠노라 위협할지도 모

---

가라지를 불태우고 나쁜 물고기는 내버리는 일은 세상 마지막 날에 주님 몸소 하실 몫이라는 것이다. 아우구스티누스가 활용한 이 비유들에 관한 본격적인 연구는 P. Borgomeo, *L'Église de ce temps dans la prédication de Saint Augustin*, Paris 1972, 307-22 참조.

tus sit. Dicit ei Christus: Patiens esto; si falsum audisti, gaude mecum, quia et ego falsa ab antichristis audio: si autem verum audisti, conveni conscientiam tuam; et si audire times, esse plus time.

**11.** *Ergo vos quod ab initio audistis, in vobis maneat. Quod si in vobis manserit quod ab initio audistis; et vos in Filio et Patre manebitis. Haec est pollicitatio quam ipse pollicitus est nobis.* Forte enim mercedem quaereres, et diceres: Ecce in me quod ab initio audivi custodio, obtempero; pericula, labores, tentationes pro ista permansione sustineo: quo fructu? qua mercede? Quid mihi postea dabit, quia in hoc saeculo me video laborare inter tentationes? Non video hic requiem esse aliquam; mortalitas ipsa adgravat animam, et corpus quod corrumpitur premit ad inferiora: sed tolero omnia, ut illud quod ab initio audivi, maneat in me; et dicam Deo meo: *Propter verba labiorum tuorum ego custodivi vias duras.* Ad quam ergo mercedem?

Audi, et noli deficere. Si deficiebas in laboribus, promissa mercede fortis esto. Quis est qui operetur in vinea, et recedat illi de corde quod accepturus est? Fac illum oblitum mercedem suam, deficiunt manus. Memoria promissae mercedis perseverantem facit in

---

21 시편 16,4 참조.

릅니다. 그러나 그리스도께서는 그에게 이렇게 말씀하실 것입니다. '참아라. 네가 거짓을 들었다면 나와 함께 기뻐하여라. 나도 그리스도의 적들로부터 거짓을 듣고 있기 때문이다. 그러나 네가 참을 들었다면 네 양심을 살펴보아라. 네가 [그리스도의 적이라는] 소리를 듣는 것이 두렵다면, [그리스도의 적이] 되는 것을 더 두려워하여라.'

**11.** "**여러분은 처음부터 들은 것을 여러분 안에 간직하십시오. 처음부터 들은 것을 여러분 안에 간직하면, 여러분도 아드님과 아버지 안에 머무르게 될 것입니다. 이것이 그분께서 우리에게 하신 약속입니다**"(1요한 2,24-25). 그대는 아마도 상급을 요구하며 이렇게 말할 것입니다. '처음부터 제가 들은 것을 잘 지키고 순종했습니다. 이를 위해 저는 위험도, 노동도, 유혹도 다 끝까지 견디어 냈는데, 그 결실은 무엇이며 상급은 무엇입니까? 저는 이 세상에서 유혹 가운데 살고 있으니, 나중에 제게 무엇을 주실 겁니까? 여기서는 어떠한 안식도 얻지 못하고, 죽어야 하는 운명은 영혼을 짓누르고, 썩어 버릴 육신은 저를 심연으로 몰아붙입니다. 그래도 저는 처음부터 들어 온 것이 제 안에 머물도록 하기 위해서 이 모든 것을 다 견디어 내고 있습니다. 그리고 주님께 아뢰옵니다. '저는 당신 입술에서 나온 말씀을 위하여 험한 길을 지켰사옵니다'[21]라고 말입니다. 그러니 무슨 상급을 주시렵니까?'

잘 듣고 약해지지 마십시오. 고생으로 약해지거든 약속된 상급을 생각하며 힘을 내십시오. 포도밭에서 일하는 사람치고 자기가 받을 대가를 마음속으로 생각하지 않을 사람이 있겠습니까? 자기 보수를 잊어버리게 하면 손에 힘이 빠질 것입니다. 약속된 보수를 기억하면 꿋꿋이 일해 나가게 될 것입니다. 그대를 속일 수도 있는 사람으로부터 약속을 받아도 이러

opere, et homo promisit qui te potest fallere. Quanto fortior esse debes in agro Dei, quando promisit veritas, cui nec succedi potest, nec mori, nec fallere potest eum cui promissum est? Et quid est promissum? Videamus quid promisit. Aurum est, quod hic multum amant homines, an argentum? An possessiones, ad quas fundunt homines aurum, quamvis multum ament aurum? An amoena praedia, amplae domus, multa mancipia, animalia numerosa? Non haec est quaedam merces ad quam nos hortatur, ut in labore duremus. Quid dicitur merces ista? Vita aeterna. Audistis, et gavisi exclamastis: amate quod audistis, et liberamini a laboribus vestris in requiem vitae aeternae. Ecce quid promittit Deus, vitam aeternam. Ecce quid minatur Deus, ignem aeternum. Quid illis ad dexteram constitutis? *Venite, benedicti Patris mei, percipite regnum quod vobis paratum est ab origine mundi.* Ad sinistram quid? *Ite in ignem aeternum, qui praeparatus est diabolo, et angelis eius.* Illud nondum amas, vel hoc time.

**12.** Mementote ergo, fratres mei, quia vitam aeternam nobis promisit Christus. *Haec est,* inquit, *pollicitatio quam ipse pollicitus est nobis, vitam aeternam. Haec scripsi vobis de his qui vos seducunt.*

---

22 아우구스티누스의 설교나 강해 도중에 청중들은 박수나 환호로 화답하곤 했다. 참조: 『요한 서간 강해』 3,11; 7,10; 『설교집』 131,5; 163/B,5; 180,14; 302,7.

하거늘, 진리이신 분께서 약속하셨다면 하느님의 밭에서 얼마나 더 씩씩하게 일해야 하겠습니까? 누구에게 미루는 법도 없고, 죽어 없어지는 법도 없으며, 약속한 사람을 속이는 법도 없는 진리이신 분께서 약속하셨으니 말입니다. 그 약속은 무엇입니까? 그분께서 약속하신 것을 봅시다. 세상 사람들이 너무도 좋아하는 금이나 은인가요? 아니면 그토록 좋아하는 금을 쏟아부어 마련한 재산인가요? 혹은 경관 좋은 땅, 널찍한 저택, 많은 종들과 수많은 가축들인가요? 우리로 하여금 고생 가운데 꿋꿋할 수 있도록 격려하는 상급은 그런 것이 아닙니다. 이 상급은 무엇입니까? 바로 영원한 생명입니다. 여러분은 이 말을 듣고 크게 환호했습니다.[22] 여러분이 들은 것을 사랑하십시오. 그러면 그대들도 현세의 고생에서 해방되어 영원한 생명의 안식을 누리게 될 것입니다. 하느님께서 약속하시는 것은 바로 영원한 생명입니다. 하느님께서 위협하시는 것은 영원한 불입니다. 오른쪽에 서게 된 사람들에게 뭐라고 하셨습니까? "내 아버지께 복을 받은 이들아, 와서, 세상 창조 때부터 너희를 위하여 준비된 나라를 차지하여라."[23] 그리고 왼쪽에 서게 된 사람들에게는 뭐하고 하셨습니까? "악마와 그 부하들을 위하여 준비된 영원한 불 속으로 들어가라."[24] 그대, 아직 그 상급을 사랑하지는 못한다면, 적어도 불을 두려워하십시오.

**12.** 그러므로 나의 형제 여러분, 그리스도께서 우리에게 영원한 생명을 약속하셨다는 것을 기억하십시오. **"이것이 그분께서 우리에게 하신 약속, 곧 영원한 생명입니다. 나는 여러분을 속이는 자들과 관련하여 이 글을 씁니**

---

[23] 마태 25,34.
[24] 마태 25,41.

Nemo vos seducat ad mortem; promissionem vitae aeternae desiderate. Quid potest mundus promittere? Quidquid libet promittat, fortassis crastina morituro promittit. Et qua fronte ad illum qui manet in aeternum, exiturus es? Sed minatur mihi potens homo, ut aliquid mali faciam. Quid minatur? carceres, catenas, ignes, tormenta, bestias: numquid ignem aeternum? Exhorresce quod minatur Omnipotens, ama quod pollicetur Omnipotens; et vilescit omnis mundus, sive promittens, sive terrens.

*Haec scripsi vobis de his qui vos seducunt; ut sciatis quia unctionem habetis, et unctio quam accepimus ab eo, permaneat in nobis.* Unctionis sacramentum est, virtus ipsa invisibilis, unctio invisibilis, Spiritus Sanctus; unctio invisibilis, caritas illa est quae in quocumque fuerit, tamquam radix illi erit, quamvis ardente sole arescere non potest. Omne quod radicatum est, nutritur calore solis, non arescit.

**13.** *Et non habetis necessitatem ut aliquis vos doceat, quia unctio ipsius docet vos de omnibus.* Quid ergo nos facimus, fratres, quia docemus vos? Si unctio eius docet vos de omnibus, quasi nos sine causa laboramus. Et ut quid tantum clamamus? Dimittamus vos unctioni illius, et doceat vos unctio ipsius. Sed modo mihi facio

---

25 『성경』: "나는 여러분을 속이는 자들과 관련하여 이 글을 씁니다. 그러나 여러분은 그분에게서 기름부음을 받았고 지금도 그 상태를 보존하고 있으므로, …."

다"(1요한 2,25-26). 아무도 여러분을 죽음으로 이끌지 않기를 바랍니다. 영원한 생명의 약속을 갈망하십시오. 세상이 무엇을 약속해 줄 수 있겠습니까? 무슨 약속을 해 준다고 한들, 내일이면 죽을지도 모를 사람에게 해 주는 것입니다. 그대는 이승을 떠날 때 영원히 계시는 그분을 어떻게 마주 대하겠습니까? 그러나 내가 악한 짓을 하면 나를 위협하는 세상 권력자가 있습니다. 그는 무엇으로 위협합니까? 감옥, 쇠사슬, 불, 고문, 맹수 따위인데, 이런 것들이 영원한 불에 비길 것입니까? 그대는 전능하신 분께서 위협하시는 것을 두려워하고, 전능하신 분께서 약속하시는 바를 사랑하십시오. 그러면 온 세상이 약속하든 위협하든 하찮아질 것입니다.

"나는 여러분을 속이는 자들과 관련하여 이 글을 썼습니다. 그것은 여러분이 기름부음을 지니고 있음을 알게 하고 그분에게서 받은 기름부음이 우리 안에 보존되게 하려는 것입니다"(1요한 2,26-27). [25] 기름부음의 성사는 보이지 않는 힘 자체이고, 보이지 않는 기름부음인 성령입니다. 보이지 않는 기름부음이란 바로 사랑입니다. 이 사랑은 누구 안에 머무르든지 그에게 뿌리가 되어, 햇볕이 아무리 뜨겁게 내리쬐도 결코 마르는 법이 없습니다. 뿌리 내린 모든 것은 햇볕의 열기로 자라나 시들지 않습니다.

**13.** "**누가 여러분을 가르칠 필요가 없습니다. 그분께서 기름부으심으로 여러분에게 모든 것을 가르치십니다**"(1요한 2,27). 형제 여러분, 저희가 여러분을 가르치고 있는데, 이제 저희는 무엇을 해야겠습니까? 그분의 기름부음이 여러분에게 모든 것을 가르치신다면, 저희는 마냥 헛수고만 하는 셈입니다. 그렇다면 저희는 무엇 때문에 이렇게 외치고 있는 것입니까? 저희가 여러분을 그분의 기름부음에 맡겨 드리기만 하면, 그분 자신의 기름부음으로써 여러분을 가르쳐 주실 것이니 말입니다. 그러나 저는 저 자신에

quaestionem, et illi ipsi apostolo facio: dignetur audire parvulum quaerentem a se; ipsi Ioanni dico: Unctionem habebant quibus loquebaris? Tu dixisti, *Quia unctio ipsius docet vos de omnibus.* Ut quid talem Epistolam fecisti? Quid illos tu docebas? quid instruebas? quid aedificabas?

Iam hic videte magnum sacramentum, fratres: sonus verborum nostrorum aures percutit, magister intus est. Nolite putare quemquam aliquid discere ab homine. Admonere possumus per strepitum vocis nostrae; si non sit intus qui doceat, inanis fit strepitus noster. Adeo, fratres, vultis nosse? Numquid non sermonem istum omnes audistis? Quam multi hinc indocti exituri sunt? Quantum ad me pertinet, omnibus locutus sum; sed quibus unctio illa intus non loquitur, quos Spiritus Sanctus intus non docet, indocti redeunt. Magisteria forinsecus, adiutoria quaedam sunt, et admonitiones. Cathedram in caelo habet qui corda docet. Propterea ait et ipse in Evangelio: *Nolite vobis dicere magistrum in terra; unus est magister vester Christus.* Ipse vobis ergo intus loquatur, quando nemo hominum illic est; quia etsi aliquis est a latere tuo, nullus est in corde tuo. Et non sit nullus in corde tuo; Christus sit in corde tuo;

---

26 마태 23,10.

게도, 또 사도(요한)께도 물음을 하나 던지고 싶습니다. 사도께서는 제가 드리는 이 보잘것없는 질문을 기꺼이 들어 주시기 바랍니다. 사도 요한께 여쭙습니다. 당신께서 말씀을 전하신 그 사람들은 이미 기름부음을 받지 않았습니까? 당신께서는 **"그분께서 기름부으심으로 여러분에게 모든 것을 가르치십니다"**(1요한 2,27)라고 말씀하셨습니다. 그렇다면 이 편지는 뭣 때문에 쓰신 것입니까? 그들에게 무엇을 가르치신 것입니까? 무엇을 일깨우셨습니까? 또 무엇을 양성하셨습니까?

형제 여러분, 바로 여기 커다란 신비가 있습니다. 우리 말소리는 귀에 울릴 따름이지만, 스승께서는 안에 계십니다. 사람으로부터 뭔가를 배운다고 생각하지 마십시오. 우리는 목소리를 높여 훈계할 수는 있습니다. 그러나 안에서 가르쳐 주시는 분이 계시지 않는다면 우리가 목소리를 높이는 것도 헛일이 되고 말 것입니다. 형제 여러분, 이 사실을 알고 싶습니까? 여러분 모두가 이 강해를 듣지 않았습니까? 그런데도 아무것도 알아듣지 못한 채 자리를 뜨게 될 사람도 얼마나 많겠습니까? 저는 할 수 있는 만큼 여러분 모두에게 말했습니다. 그러나 기름부음이 그 사람 안에서 말하지 않고, 성령께서 안에서 가르쳐 주시지 않는다면, 결국 알아듣지 못한 채 돌아갈 수밖에 없을 것입니다. 외적 가르침은 하나의 도움이나 훈계일 따름입니다. 사람들의 마음을 가르치는 분의 좌座는 하늘에 있습니다. 그래서 그분께서는 복음서에서 "너희는 선생이라고 불리지 않도록 하여라. 너희의 선생님은 그리스도 한 분뿐이시다"[26]라고 말씀하셨던 것입니다. 그러므로 어떤 인간도 머물지 못하는 내면 속에서 그분 몸소 여러분에게 말씀하시기를 바랍니다. 누군가 그대 곁에 있을 수는 있지만, 아무도 그대 마음속에는 있을 수 없기 때문입니다. 그러므로 그대 마음 안에는 아무도 없기를, 오직 그리스도만이 그대 마음 안에 계시기를 바랍니다. 그분 자신의

unctio ipsius sit in corde, ne sit in solitudine cor sitiens, et non habens fontes quibus irrigetur. Interior ergo magister est qui docet: Christus docet, inspiratio ipsius docet. Ubi illius inspiratio et unctio illius non est, forinsecus inaniter perstrepunt verba.

Sic sunt ista verba, fratres, quae forinsecus dicimus, quomodo est agricola ad arborem: forinsecus operatur, adhibet aquam et diligentiam culturae; quaelibet forinsecus adhibeat, numquid poma format? numquid nuditatem lignorum vestit umbra foliorum? numquid tale aliquid intrinsecus agit? Sed quis agit hoc? Audite agricolam Apostolum, et videte quid sumus, et audite magistrum interiorem: *Ego plantavi, Apollo rigavit; sed Deus incrementum dedit: neque qui plantat est aliquid, neque qui rigat; sed qui incrementum dat Deus.* Hoc ergo vobis dicimus: sive plantemus, sive rigemus loquendo, non sumus aliquid; sed ille qui incrementum dat Deus, id est, unctio illius quae docet vos de omnibus.

기름부음이 마음 안에 계시어, 목마른 마음이 물 길을 샘도 없는 외로움에 빠져 들지 않기를 바랄 따름입니다. 가르치시는 분은 내적 스승이십니다. 그리스도께서 가르치시고, 그분의 영감이 가르치십니다. 그분의 영감과 그분의 기름부음이 안 계시는 곳에서는, 바깥에서 요란하게 들려오는 말이 아무 소용없습니다.

형제 여러분, 바깥에서 들려 드리는 이 말은 마치 나무를 대하는 농부와도 같다고 하겠습니다. 농부는 바깥에서 일합니다. 농부는 물을 길어 나르고 부지런히 보살핍니다. 그러나 바깥에서 무엇인가 가져다줄 수 있을지라도, 농부가 열매를 만들 수 있습니까? 앙상한 나뭇가지를 무성한 잎사귀로 덮을 수 있겠습니까? 도대체 농부가 나무 안에서 무슨 일을 할 수 있단 말입니까? 그렇다면 누가 그런 일을 하겠습니까? 농부이신 사도의 말씀을 들어 보고, 저희가 누구인지 보십시오. 그리고 내적 스승의 말씀을 들으십시오. "나는 심고 아폴로는 물을 주었습니다. 그러나 자라게 하신 분은 하느님이십니다. 그러니 심는 이나 물을 주는 이는 아무것도 아닙니다. 오로지 자라게 하시는 하느님만이 중요합니다."[27] 저희도 여러분에게 이렇게 말씀드립니다. 저희가 말로써 심거나 물 줄지라도 저희는 아무것도 아닙니다. 그러나 자라게 하시는 분은 하느님이십니다. 곧, 여러분에게 모든 것을 가르치시는 그분의 기름부음이십니다.

---

[27] 1코린 3,6-7.

### 요한의 첫째 서간 2,27-3,9

²⁷ 그러나 여러분은 그분에게서 기름부음을 받았고 지금도 그 상태를 보존하고 있으므로, 누가 여러분을 가르칠 필요가 없습니다. 그분께서 기름부으심으로 여러분에게 모든 것을 가르치십니다. 기름부음은 진실하고 거짓이 없습니다. 여러분은 그 가르침대로 그분 안에 머무르십시오.

²⁸ 그러니 이제 자녀 여러분, 그분 안에 머무르십시오. 그래야 그분께서 나타나실 때에 우리가 확신을 가질 수 있고, 그분의 재림 때에 그분 앞에서 부끄러운 일을 당하지 않을 것입니다.

**의로움의 실천**

²⁹ 그분께서 의로우신 분이심을 깨달으면, 의로운 일을 실천하는 사람들이 모두 하느님에게서 태어났다는 것도 알게 됩니다.

3 ¹ 아버지께서 우리에게 얼마나 큰 사랑을 주시어 우리가 하느님의 자녀라 불리게 되었는지 생각해 보십시오. 과연 우리는 그분의 자녀입니다. 세상이 우리를 알지 못하는 까닭은 세상이 그분을 알지 못하였기 때문입니다. ² 사랑하는 여러분, 이제 우리는 하느님의 자녀입니다. 우리가 어떻게 될지는 아직 드러나지 않았지만, 그분께서 나타나시면 우리도 그분처럼 되리라는 것은 알고 있습니다. 그분을 있는 그대로 뵙게 될 것이기 때문입니다. ³ 그분께 이러한 희망을 두는 사람은 모두, 그리스도께서 순결하신 것처럼 자신도 순결하게 합니다.

⁴ 죄를 저지르는 자는 모두 불법을 자행하는 자입니다. 죄는 곧 불법입니다. ⁵ 여러분도 알다시피, 그분께서는 죄를 없애시려고 나타나셨던 것입니다. 그분 안에는 죄가 없습니다. ⁶ 그분 안에 머무르는 사람은 아무도 죄를 짓지 않습니다. 죄를 짓는 자는 모두 그분을 뵙지도 못하고 알지도 못한 자입니다. ⁷ 자녀 여러분, 아무에게도 속지 마십시오. 의로운 일을 실천하는 이는 그분께서 의로우신 것처럼 의로운 사람입니다. ⁸ 죄를 저지르는 자는 악마에게 속한 사람입니다. 악마는 처음부터 죄를 지었기 때문입니다. 그래서 악마가 한 일

을 없애 버리시려고 하느님의 아드님께서 나타나셨던 것입니다. **9** 하느님에게서 태어난 사람은 아무도 죄를 저지르지 않습니다. 하느님의 씨가 그 사람 안에 있기 때문입니다. 그는 하느님에게서 태어났기 때문에 죄를 지을 수가 없습니다.

## Tractatus 4

**1.** Meministis, fratres, hesternam lectionem ad hoc terminatam, quia *non habetis necessitatem, ut quis doceat vos, sed ipsa unctio docet vos de omnibus*. Hoc autem, sicut vos recordari certus sum, sic exposuimus vobis, quia nos qui forinsecus loquimur ad aures vestras, ita sumus quasi operarii, adhibentes culturam forinsecus ad arborem, sed incrementum dare non possumus, nec fructus formare; ille autem qui vos creavit, et redemit, et vocavit, per fidem et Spiritum suum habitans in vobis, nisi loquatur vobis intus, sine causa nos perstrepimus. Unde hoc apparet? Quia cum multi audiant, non omnibus persuadetur quod dicitur; sed illis solis quibus intus loquitur Deus. Illis autem intus loquitur, qui ei locum praebent; illi autem Deo locum praebent, qui diabolo locum non praebent. Habitare enim vult diabolus corda hominum, et loqui ibi omnia quae valent ad seductionem. Sed quid ait Dominus Iesus? *Princeps huius mundi missus est foras.* Unde missus est? numquid extra caelum et terram? numquid extra fabricam mundi? sed extra corda credentium. Foras misso invasore, habitet redemptor; quia ipse redemit qui creavit. Et diabolus iam forinsecus oppugnat, non vincit illum qui intus possidet. Forinsecus autem oppugnat, immittendo varias tentationes: sed ille non consentit cui Deus intus loquitur, et

---

1 요한 12,31.

## 넷째 강해

**1.** 형제 여러분, "누가 여러분을 가르칠 필요가 없습니다. 그분께서 기름 부으심으로 여러분에게 모든 것을 가르치십니다"(1요한 2,27)라는 말씀으로 어제 강해를 마무리하였음을 기억하십시오. 이 구절에 대해서 제가 여러분에게 설명드린 바도 기억하고 계시리라 믿습니다. 저희는 바깥에서 여러분 귀에 대고 말하는 사람으로서, 일꾼과도 같다고 말했습니다. 저희는 밖에서 나무를 가꾸지만, 자라게 하거나 열매 맺게 할 수는 없습니다. 여러분을 지어내시고 구원하시며 불러 주신 그분께서, 믿음과 당신 성령을 통해 여러분 안에 살고 계시는 그분께서 여러분 안에서 말씀하시지 않는다면, 저희는 헛고생하는 것입니다. 어디에서 이 사실이 드러납니까? 듣는 사람이 많아도 모두가 알아듣는 것이 아니고, 다만 하느님께서 그 안에서 말씀하시는 사람들만 알아듣기 때문입니다. 하느님께서 그 안에서 말씀해 주시는 사람들은 그분께 자리를 마련해 드립니다. 이렇게 하느님께 자리를 마련해 드리는 사람은 악마에게 자리를 내주지 않습니다. 사실 악마는 사람의 마음속에 살고 싶어 하고, 거기서 유혹으로 이끄는 모든 말을 교묘하게 속삭입니다. 그러나 주 예수님께서 뭐라고 하셨습니까? "이제 이 세상의 우두머리가 밖으로 쫓겨날 것이다"[1]라고 하셨습니다. 어디서 쫓겨났습니까? 하늘과 땅으로부터입니까? 세상 피조물로부터입니까? 아닙니다. 그들은 바로 믿는 이들의 마음으로부터 쫓겨났습니다. 침략자가 밖으로 쫓겨나고 이제는 구세주께서 거기 살고 계십니다. 창조하신 바로 그분께서 구원하시기 때문입니다. 그래서 악마는 이제 밖에서만 서성거릴 뿐, 안에 자리 잡고 계신 분을 이길 수 없습니다. 악마는 밖에서 맴돌면서 여러 가지로 유혹하지만, 그 사람 안에서는 하느님께서 말씀하고 계시고, 여러

unctio quam audistis.

**2.** Et *verax est,* inquit, eadem unctio; id est, ipse Spiritus Domini qui docet homines, mentiri non potest. *Et non est mendax. Sicut docuit vos, permanete in ipsa. Et nunc, filioli, manete in eo, ut cum manifestatus fuerit, habeamus fiduciam in conspectu eius, ut non confundamur ab eo in adventu eius.* Videtis, fratres; credimus in Iesum quem non vidimus. Adnuntiaverunt eum qui viderunt, qui contrectaverunt, qui verbum ex ore ipsius audierunt; et ut haec persuaderent generi humano, ab illo missi sunt, non a seipsis ire ausi sunt. Et quo missi sunt? Audistis cum Evangelium legeretur: *Ite, praedicate Evangelium universae creaturae quae sub caelo est.* Ubique ergo discipuli missi sunt, adtestantibus signis et prodigiis ut crederetur illis, quia ea dicebant quae viderant. Et credimus in eum quem non vidimus, et venturum eum exspectamus. Quicumque illum fide exspectant, cum venerit gaudebunt; qui sine fide sunt, cum venerit quod nunc non vident, erubescent. Et confusio illa non erit unius diei et transiet, quomodo solent confundi qui inveniuntur in aliqua culpa, et eis insultatur ab hominibus. Confusio illa traducet confusos ad sinistram, ut audiant: *Ite in ignem aeternum, qui paratus est diabolo et angelis eius.* Maneamus ergo in verbis eius, ne confundamur cum venerit. Ipse enim dicit in Evangelio eis qui

---

2 마르 16,15. 「성경」: "너희는 온 세상에 가서 모든 ···."    3 마태 25,41.

분이 들은 바 있는 기름부음께서 계시기에 그 유혹에 동의하지 않습니다.

**2.** 요한은 이 기름부음이 "**진실하다**"(1요한 2,27 참조)고 했습니다. 사람을 가르치시는 주님의 성령께서는 거짓말을 하실 수 없습니다. "**거짓이 없습니다. 여러분은 그 가르침대로 그분 안에 머무르십시오. 그러니 이제 자녀 여러분, 그분 안에 머무르십시오. 그래야 그분께서 나타나실 때에 우리가 확신을 가질 수 있고, 그분의 재림 때에 그분 앞에서 부끄러운 일을 당하지 않을 것입니다**"(1요한 2,27-28). 형제 여러분, 보십시오. 우리는 뵈옵지도 못한 예수님을 믿고 있습니다. 그분을 뵙고 만지고 그분 입에서 나온 말씀을 직접 들은 이들이 우리에게 그분을 알려 주었습니다. 그들은 이것을 사람들에게 알리도록 그분으로부터 파견된 것이지, 감히 스스로 간 것은 아닙니다. 그들은 어디로 파견되었습니까? 여러분은 복음이 봉독될 때 "너희는 하늘 아래 있는 모든 피조물에게 복음을 선포하여라"[2]는 말씀을 들었습니다. 제자들은 모든 곳으로 파견되었습니다. 제자들은 사람들이 자신들을 믿도록 표징과 기적으로 증거하면서, 자기들이 본 것을 말했습니다. 그런데 우리는 직접 뵈옵지도 못한 그분을 믿습니다. 그리고 장차 오실 그분을 기다리고 있습니다. 신앙으로 그분을 기다리는 이는 누구나 그분이 오실 때 기뻐할 것입니다. 그러나 믿음이 없는 사람은 지금 보이지 않는 그분이 오실 때 부끄러움을 당할 것입니다. 그 부끄러움은 흔히 어떤 잘못을 들켜서 사람들에게 욕먹는 자가 겪는 그런 부끄러움처럼, 하루만 있으면 지나가 버리는 것이 아닙니다. 이 부끄러움은 부끄러움 당하는 사람들을 왼쪽으로 가게 해서 "악마와 그 부하들을 위하여 준비된 영원한 불 속으로 들어가라"[3]는 말씀을 듣게 할 것입니다. 그러니 그분께서 오실 때 부끄러움을 당하지 않도록 그분 말씀 안에 머무릅시다. 그분은 복음에서 당

in eum crediderant: *Si permanseritis in verbo meo, vere discipuli mei estis.* Et quasi dicerent: Quo fructu? *Et cognoscetis,* inquit, *veritatem, et veritas liberabit vos.* Modo enim salus nostra in spe, nondum in re: non enim tenemus iam quod promissum est, sed venturum speramus. Fidelis autem est qui promisit; non te fallit: tantum tu noli deficere, sed exspecta promissionem. Non enim novit fallere veritas. Tu noli esse mendax, ut aliud profitearis, aliud agas; tu serva fidem, et servat ille pollicitationem. Si autem non tu servaveris fidem, tu te fraudasti, non ille qui promisit.

**3.** *Si scitis quia iustus est, scitote quia omnis qui facit iustitiam, ex ipso est natus.* Iustitia modo nostra ex fide. Iustitia perfecta non est nisi in angelis; et vix in angelis, si Deo comparentur: tamen si qua perfecta iustitia animarum et spirituum est quos Deus creavit, in angelis est sanctis, iustis, bonis, nullo lapsu aversis, nulla superbia cadentibus, sed manentibus semper in contemplatione Verbi Dei, et nihil aliud dulce habentibus, nisi a quo creati sunt; in ipsis perfecta iustitia est: in nobis autem ex fide coepit esse secundum Spiritum.

Audistis cum psalmus legeretur: *Incipite Domino in confessione. Incipite,* inquit: initium iustitiae nostrae, confessio est peccatorum.

---

4 요한 8,31.    5 요한 8,32.    6 시편 146,7 참조.

신을 믿는 사람들에게 이렇게 말씀하십니다. "너희가 내 말 안에 머무르면 참으로 나의 제자가 된다."[4] 그리하면 어떤 결과가 있느냐는 질문을 받기라도 하신 양, "그러면 너희가 진리를 깨닫게 될 것이다. 그리고 진리가 너희를 자유롭게 할 것이다"[5]라고 덧붙여 말씀하셨습니다. 지금 우리 구원은 희망 속에 있고 아직 실재 속에 있지 않습니다. 우리는 이미 약속된 바를 지금 지니고 있지는 못하지만, 장차 이루어질 것을 희망합니다. 이것을 약속하신 분은 성실하셔서 그대를 속이지 않습니다. 그러므로 그대는 실망하지 말고 약속을 고대하십시오. 진리는 속일 줄을 모릅니다. 말은 이렇게 하면서 행동은 저렇게 하는 거짓말쟁이가 되지 마십시오. 그대가 믿음을 간직하면 그분은 약속을 지키실 것입니다. 그대가 믿음을 간직하지 않는다면 그대를 속이는 것은 그대 자신이지 약속하신 분이 아닙니다.

3. "그분께서 의로우신 분이심을 깨달으면, 의로운 일을 실천하는 사람들이 모두 하느님에게서 태어났다는 것도 알게 됩니다"(1요한 2,29). 우리의 의로움은 믿음에서 오는 것입니다. 완전한 의로움은 천사들에게만 있지만, 하느님께 비하면 아무것도 아닙니다. 그럼에도 하느님께서 창조하신 것 가운데 영혼과 정신의 완전한 의로움이 있다면 그것은 거룩하고 의롭고 선한 천사들 안에만 있습니다. 그들은 타락하여 하느님을 저버리지도 않았고 교만에 빠지지도 않았습니다. 천사들은 하느님 말씀 안에 늘 머물러 관상하면서, 그들을 창조해 주신 분 말고는 그 어디에도 즐거움을 두지 않았습니다. 이런 천사들에게는 완전한 의로움이 있습니다. 그러나 우리 안에서는 성령에 따른 신앙으로부터 의로움이 시작됩니다.

여러분은 시편을 읽는 동안 "너희는 주님을 고백하기 시작하여라"[6]라는 말을 들었습니다. '시작하여라'고 말했습니다. 우리 의로움의 시작은 죄의

Coepisti non defendere peccatum tuum, iam inchoasti iustitiam: perficietur autem in te, quando nihil aliud facere delectabit, quando absorbebitur mors in victoriam, quando nulla concupiscentia titillabit, quando non erit lucta cum carne et sanguine, quando erit corona victoriae, triumphus de inimico; tunc erit perfecta iustitia. Modo adhuc pugnamus: si pugnamus, in stadio sumus; ferimus, et ferimur: sed qui vincat, exspectatur. Ille autem vincit, qui et quod ferit, non de viribus suis praesumit, sed de hortatore Deo. Solus diabolus adversum nos pugnat. Nos si cum Deo sumus, diabolum vincimus: nam et si tu solus cum diabolo pugnaveris, vinceris. Exercitatus hostis est; quot palmarum? Considerate quo deiecerit: Ut mortales nasceremur, primo ipsam originem nostram de paradiso deiecit. Quid ergo faciendum est, quia ipse exercitatus est? Invocetur Omnipotens adversus exercitatum diabolum. Habitet in te qui non potest vinci, et securus vinces eum qui vincere solet. Sed quos? in quibus non habitat Deus. Nam, ut noveritis, fratres, contempsit Adam in paradiso positus praeceptum Dei, et erexit cervicem veluti in potestate sua esse cupiens, et nolens subdi voluntati Dei, et lapsus est ab illa immortalitate, ab illa beatitudine. Homo autem quidam iam exercitatus, natus mortalis, cum sederet in stercore putris vermibus, diabolum vicit: vicit et ipse Adam, et in Iob ipse; quia de

---

7 1코린 15,54 참조.

고백입니다. 그대의 죄를 변명하지 않기 시작할 때 그대는 이미 의로움을 지니기 시작한 것입니다. 그리고 그대가 [의로움 말고는] 다른 그 무엇도 행하기를 원치 않을 때, 승리가 죽음을 삼켜 버릴 때,[7] 어떤 탐욕에도 휘둘리지 않게 될 때, 살과 피와 더불어 더 이상 싸우지 않게 될 때, 원수를 이겨서 승리의 월계관을 얻었을 때, 그때 비로소 완전한 의로움이 여러분 안에 있을 것입니다. 지금 우리는 싸우고 있습니다. 우리가 싸우고 있다면 우리가 경기장에 있다는 뜻입니다. 타격을 주기도 하지만 받기도 합니다. 누가 이길지는 기다려 봐야 합니다. 자기 힘이 아니라, 독려하시는 하느님께 의지하여 타격을 가하는 사람이 승리합니다. 악마는 혼자서 우리를 거슬러 싸웁니다. 우리가 하느님과 함께 있으면 악마를 이깁니다. 그대도 혼자서 악마와 싸운다면 지고 말 것입니다. 원수는 능수능란한 싸움꾼이어서 얼마나 많은 승리를 거두었는지 모릅니다. 우리가 추락해 나온 그곳을 생각해 보십시오. 원수는 낙원으로부터 우리 선조들을 쫓아냈고, 우리는 죽을 인생으로 태어나게 되었습니다. 그가 이렇게 능수능란하다면 어떻게 해야 하겠습니까? 능수능란한 악마를 거슬러 전능하신 분께 기도해야 합니다. 싸움에 지는 것이 애초에 불가능한 분께서 여러분 안에 계셔 주시기를 빕니다. 그리하면 그대는, 대개의 경우 승자가 되는 악마를 확실히 이길 것입니다. 그런데 [악마가 늘 이기는 이는] 누구입니까? 그 안에 하느님께서 사시지 않는 사람들입니다. 형제 여러분, 잘 알다시피, 낙원에 있던 아담이 하느님의 명을 업신여기며 하느님의 뜻에 순명하지 않고 자기 힘으로 서려고 머리를 쳐듦으로써 불멸에서도 행복에서도 떨어져 나오게 된 것입니다. 이와 반대로 죽을 인간으로 태어났지만 이미 싸움에 숙련된 사람으로서, 구더기들이 우글거리는 거름더미 위에 앉아 악마를 이긴 사람이 있었습니다. 바로 아담이 욥 자신 안에서 이긴 것입니다. 욥은 아담과

genere ipsius, Iob. Ergo Adam victus in paradiso, vicit in stercore. In paradiso cum esset, audivit persuasionem mulieris, quam illi immiserat diabolus: in stercore autem cum esset, ait Evae: *Tamquam una ex insipientibus mulieribus locuta es.* Ibi aurem apposuit; hic responsum dedit: cum esset laetus, audivit; cum esset flagellatus, vicit. Ideo videte quid sequitur, fratres, in Epistola ista; quia hoc nobis commendat, ut diabolum quidem vincamus, sed non ex nobis. *Si scitis quia iustus est,* ait, *scitote quia omnis qui facit iustitiam, ex ipso est natus:* ex Deo, ex Christo. Et quia dixit: *Ex ipso est natus,* hortatur nos. Iam ergo quia nati ex illo sumus, perfecti sumus.

**4.** Audite: *Ecce qualem dilectionem dedit nobis Pater, ut filii Dei vocemur et simus.* Nam qui vocantur et non sunt, quid illis prodest nomen ubi res non est? Quam multi vocantur medici, qui curare non norunt? Quam multi vocantur vigiles, qui tota nocte dormiunt? Sic multi vocantur christiani, et in rebus non inveniuntur; quia hoc quod vocantur non sunt, id est in vita, in moribus, in fide, in spe, in caritate. Hic autem quid audistis, fratres? *Ecce qualem dilectionem dedit nobis Pater, ut filii Dei vocemur et simus. Propter hoc mundus non cognoscit nos, quia non cognovit eum, et nos non cognos-*

---

8 욥 2,10.

같은 인류이기 때문입니다. 낙원에서 패배한 아담이 거름더미에서 승리한 것입니다. 낙원에서는 악마가 보낸 여인의 속삭임에 귀 기울였지만, 거름더미에서는 하와에게 "당신은 미련한 여자들처럼 말하는구려"[8]라고 말합니다. 저기서는 [아담이] 귀를 기울였지만, 여기서는 [욥이] 답을 줍니다. 즐거울 때에는 말을 들었지만, 매를 맞을 때는 싸움에 이겼습니다. 그러므로 형제 여러분, 이 편지의 이어지는 말씀을 들어 보십시오. 요한은 우리에게 악마를 이기라고 격려하고 있지만 우리 힘으로 그리하라는 것이 아닙니다. "그분께서 의로우신 분이심을 깨달으면, 의로운 일을 실천하는 사람들이 모두 하느님에게서 태어났다는 것도 알게 됩니다"(1요한 2,29). 하느님에게서 태어났다는 것은 그리스도에게서 태어났다는 말입니다. '하느님에게서 태어났다'는 말씀으로 우리에게 권고하고 있습니다. 우리는 이미 그분에게서 태어났으므로, 우리는 완전합니다.

**4.** 여러분 들어 보십시오. "**아버지께서 우리에게 얼마나 큰 사랑을 주시어 우리가 하느님의 자녀라 불리게 되었는지 생각해 보십시오**"(1요한 3,1). 그렇게 불리기는 하지만 그렇지 않은 사람이라면, 실제로 그렇지 않은 곳에서 그 이름이 그에게 무슨 소용입니까? 의사라 불리지만 치료할 줄 모르는 의사가 얼마나 많습니까? 파수꾼이라 불리지만 밤새 잠만 자는 파수꾼은 또 얼마나 많습니까? 이처럼 많은 사람이 그리스도인이라 불리지만 실상에서는 그렇지 않습니다. 삶과 행실, 믿음과 희망과 사랑에서 자신들이 불리는 그 이름대로 살지 않기 때문입니다. 형제 여러분, 여기서 들으신 말씀이 무엇입니까? "**아버지께서 우리에게 얼마나 큰 사랑을 주시어 우리가 하느님의 자녀라 불리게 되었는지 생각해 보십시오. 세상이 우리를 알지 못하는 까닭은 세상이 그분을 알지 못하였기 때문입니다**"(1요한 3,1). "또한

*cit mundus.* Totus mundus christianus, et totus mundus impius; per totum enim mundum impii, et per totum mundum pii: illi illos non cognoscunt. Quomodo putamus quia non cognoscunt? insultant bene viventibus. Adtendite et videte, quia forte sunt et inter vos. Unusquisque vestrum qui iam pie vivit, qui contemnit saecularia, qui non vult ire ad spectacula, qui non vult se inebriare quasi solemniter, et, quod est gravius, accedente patrocinio, sanctorum dierum fieri immundus; qui ista facere noluerit, quomodo ei insultatur ab his qui faciunt? Numquid insultaretur ei si agnosceretur? Quare autem non agnoscitur? mundus eum non agnoscit. Quis est mundus? Illi habitatores mundi, quomodo dicitur domus, habitatores eius. Iam ista saepe dicta sunt, et non ea vobis cum odio repetimus. Iam cum auditis mundum in mala significatione, non intellegatis nisi dilectores mundi; quia per dilectionem inhabitant, et per quod inhabitant, nomen habere meruerunt. *Propter hoc mundus non cognovit nos, quia non cognovit eum.* Ambulabat et ipse Dominus Iesus Christus, in carne erat Deus, latebat in infirmitate. Et unde non est cognitus? Quia omnia peccata arguebat in hominibus. Illi amando delectationes peccatorum, non agnoscebant Deum: amando quod febris suadebat, iniuriam medico faciebant.

---

9 『요한 서간 강해』 2,12; 5,9 참조.

우리는 세상을 알지 못합니다." 온 세상이 그리스도인이고 온 세상이 불경스럽기도 합니다. 온 세상에 불경한 이들이 퍼져 있고 온 세상에 경건한 이들도 퍼져 있습니다. 이들은 서로가 서로를 알지 못합니다. 어떻게 서로를 알지 못한다고 말할 수 있습니까? 불경한 이들은 잘 사는 이들을 비웃습니다. 잘 보십시오. 아마 여러분 가운데에도 그런 사람이 있을지도 모릅니다. 여러분 각자는 경건하게 살면서 세상 것들을 하찮게 여기고, 구경거리를 보러 가려고도 하지 않으며, 술에 만취하려고도 하지 않습니다. 나아가, 더 중요한 일이거니와, 무슨 성인 축일에는 몸을 더럽히지도 않습니다. 이런 짓을 하고 싶어 하지 않는 사람들이 왜 이런 짓을 일삼는 자들의 빈정거림을 받아야 합니까? 이들이 알려져 있었다면 비난받았겠습니까? 어째서 알려지지 않았습니까? 세상이 그들을 알지 못하기 때문입니다. 세상은 누구입니까? 세상에 사는 사람들입니다. 마치 '집'이라는 말이 그 집에 사는 사람들을 뜻하는 것과 같습니다. 이 이야기를 자주 했지만, 저는 지겨워하지도 않고 거듭 여러분에게 들려 드립니다.⁹ '세상'이라는 낱말을 나쁜 뜻으로 알아들을 때는 '세상을 사랑하는 사람'만을 가리키는 것으로 아십시오. 사랑하기 때문에 거기 사는 것입니다. 거기에 산다는 것만으로도 [세상이라는] 이름을 지녀 마땅합니다. **"세상이 우리를 알지 못하는 까닭은 세상이 그분을 알지 못하였기 때문입니다"**(1요한 3,1). 주 예수 그리스도께서도 [세상에서] 거니셨고, 하느님으로서 육신 안에 계셨고, 허약함 안에 숨어 계셨습니다. 그런데 왜 그분은 알려지지 않았습니까? 사람들 안에 있는 모든 죄를 드러내셨기 때문입니다. 사람들은 죄의 쾌락을 사랑하면서 하느님을 알아뵙지 못했습니다. 열병의 꼬드김은 사랑하면서 의사에게는 모욕을 퍼붓는 격입니다.

넷째 강해 199

5. Quid ergo nos? Iam nati sumus ex ipso; sed quia in spe sumus: *Dilectissimi,* inquit, *nunc filii Dei sumus.* Iam nunc? Quid est ergo quod exspectamus, si iam filii Dei sumus? *Et nondum,* inquit, *manifestatum est quid erimus.* Quid autem erimus aliud, quam filii Dei? Audite quid sequitur: *Scimus quia cum apparuerit, similes ei erimus; quoniam videbimus eum sicuti est.* Intellegat Caritas vestra. Magna res: *Scimus quia cum apparuerit, similes ei erimus; quoniam videbimus eum sicuti est.* Iam illud adtendite quid vocatur *est.* Nostis quid vocatur. *Est* quod vocatur, et non solum vocatur, sed vere *est,* incommutabile est; semper manet, mutari nescit, nulla ex parte corrumpitur: nec proficit, quia perfectum est; nec deficit, quia aeternum est. Et quid est hoc? *In principio erat Verbum, et Verbum erat apud Deum, et Deus erat Verbum.* Et quid est hoc? *Qui cum in forma Dei esset, non rapinam arbitratus est esse aequalis Deo.* Hoc modo Christum in forma Dei, Verbum Dei, Unicum Patri, aequalem Patri, non possunt videre mali. Secundum id vero quod Verbum caro factum est, poterunt et mali: quia in die iudicii videbunt et mali; quia sic veniet iudicaturus quomodo venerat iudicandus. In ipsa forma homo, sed Deus: nam *maledictus omnis qui*

---

10 요한 1,1.
11 필리 2,6.

**5.** 우리는 어떠합니까? 우리는 이미 그분에게서 태어났습니다. 그러나 희망 안에 있습니다. 요한은 "**사랑하는 여러분, 이제 우리는 하느님의 자녀입니다**"(1요한 3,2)라고 했는데 지금부터 벌써 그러하다는 말입니까? 우리가 이미 하느님의 자녀라면 무엇을 더 기다려야 합니까? "**우리가 어떻게 될지는 아직 드러나지 않았습니다**"(1요한 3,2)라고 요한은 말합니다. 그렇다면 하느님의 자녀가 아닌, 다른 무엇이 되리라는 말인가요? 이어지는 말씀을 들어 봅시다. "**그분께서 나타나시면 우리도 그분처럼 되리라는 것은 알고 있습니다. 그분을 있는 그대로 뵙게 될 것이기 때문입니다**"(1요한 3,2). 사랑하는 여러분, 잘 들어 보십시오. 위대한 사실입니다. "**그분께서 나타나시면 우리도 그분처럼 되리라는 것은 알고 있습니다. 그분을 있는 그대로 뵙게 될 것이기 때문입니다.**" '있는 그대로'est라고 한 것에 유의하십시오. 여러분은 누가 그렇게 불렸는지 알고 있습니다. '있는 이'est라고 불리는 분은 그렇게 불릴 뿐만 아니라, 참으로 '있음'est 자체인 분이시고, 변함도 없으십니다. 한결같이 계시며, 변덕을 모르시고, 그분께 속한 어떤 것도 썩어 없어지지 않습니다. 그분은 완전하시기에 나아감도 없으시고, 영원하시기에 물러섬도 없으십니다. 그렇다면 그분은 누구십니까? "한처음에 말씀이 계셨다. 말씀은 하느님과 함께 계셨는데 말씀은 하느님이셨다."[10] [다시 묻거니와] 그분은 누구십니까? "그분께서는 하느님의 모습을 지니셨지만 하느님과 같음을 당연한 것으로 여기지 않으신 분입니다."[11] 이처럼 하느님의 모습을 지니신 그리스도, 하느님의 말씀이신 그리스도, 아버지와 하나이시고 아버지와 같으신 그리스도를 악인들은 뵐 수 없습니다. 그러나 나중에는 악마들도 사람이 되신 그리스도를 뵐 수 있습니다. 심판 날에는 그들도 그분을 뵐 것입니다. 그분은 심판받으러 오셨던 것처럼 심판하러 오실 것입니다. 그분은 형상으로는 사람이셨지만 하느님이십니다. 그

*spem suam ponit in homine.* Homo venit ut iudicaretur, homo veniet ut iudicet. Et si non videbitur, quid est quod scriptum est: *Videbunt in quem confixerunt?* De impiis enim dictum est quia videbunt, et confundentur. Quomodo non videbunt impii, quando alios ponet ad dexteram, alios ad sinistram? Ad dexteram positis dicet: *Venite, benedicti Patris mei, percipite regnum.* Ad sinistram positis dicet: *Ite in ignem aeternum.* Videbunt, sed formam servi: formam Dei non videbunt. Quare? Quia impii sunt; et ipse Dominus dicit: *Beati mundo corde, quoniam ipsi Deum videbunt.* Ergo visuri sumus quamdam visionem, fratres, quam nec oculus vidit, nec auris audivit, nec in cor hominis ascendit: visionem quamdam, visionem praecellentem omnes pulchritudines terrenas, auri, argenti, nemorum atque camporum, pulchritudinem maris et aeris, pulchritudinem solis et lunae, pulchritudinem stellarum, pulchritudinem angelorum, omnia superantem; quia ex ipsa pulchra sunt omnia.

**6.** Quid ergo nos erimus, quando hoc videbimus? Quid nobis promissum est? *Similes ei erimus; quoniam videbimus eum sicuti est.* Quomodo potuit, lingua sonuit; cetera corde cogitentur. Quid enim vel ipse Ioannes dixit ad comparationem eius qui est, vel quid a no-

---

12 예레 17,5 참조.     13 요한 19,37.
14 마태 25,34.     15 마태 25,41.
16 마태 5,8.     17 1코린 2,9; 참조: 이사 64,3.

래서 "사람에게 자기 희망을 두는 자는 모두 저주를 받으리라"¹²고 했습니다. 심판받으러 오셨을 때도 사람이셨고, 심판하러 오실 때도 사람이십니다. 그분을 뵈올 수 없다면, "그들은 자기들이 찌른 이를 바라볼 것이다"¹³라고 성경에 쓰인 것은 무슨 까닭입니까? 사실 이 말씀은 악인들을 두고 기록된 것인데, 그들은 그분을 뵈옵고 부끄러움을 당하리라는 것입니다. 어떤 이는 오른쪽에 또 어떤 이는 왼쪽에 서게 될 터인데, 어떻게 악인들이 그분을 뵙지 못하겠습니까? 그분은 오른쪽 사람들에게 이렇게 말할 것입니다. "내 아버지께 복을 받은 이들아, 와서 나라를 차지하여라."¹⁴ 그리고 왼쪽 사람들에게는 "영원한 불 속으로 들어가라"¹⁵고 말할 것입니다. 이들은 그분을 종의 모습으로는 뵙겠지만 하느님의 모습으로는 뵙지 못할 것입니다. 왜 그렇습니까? 악인들이기 때문입니다. 주님 친히 말씀하십니다. "행복하여라, 마음이 깨끗한 사람들! 그들은 하느님을 볼 것이다."¹⁶ 그러므로 형제 여러분, 우리는 "어떠한 눈도 본 적이 없고 어떠한 귀도 들은 적이 없으며 사람의 마음에도 떠오른 적이 없는 것들을"¹⁷ 보도록 불리었습니다. 지상의 온갖 아름다움을 훨씬 뛰어넘는 것을 우리는 보게 될 것입니다. 금과 은, 초목과 산천, 바다와 공기, 해와 달, 별들과 천사들의 아름다움 같은 모든 아름다움을 초월하는 아름다움을 뵈옵는다는 것입니다. 바로 이 아름다움에서 다른 모든 아름다움이 나옵니다.

**6.** 그렇다면 이 아름다움을 볼 때 우리는 어떻게 되겠습니까? 우리에게 무슨 약속이 주어졌습니까? **"우리도 그분처럼 될 것입니다. 그분을 있는 그대로 뵙게 될 것이기 때문입니다"**(1요한 3,2 참조). 말은 할 수 있는 만큼만 표현할 따름, 나머지는 마음으로 알아들어야 합니다. '있는 분'이신 그리스도와 견주어 요한 자신도 무슨 말을 할 수 있었겠습니까? 더구나 그분의 공

bis potest dici hominibus longe imparibus meritis ipsius?

Redeamus ergo ad illam unctionem ipsius, redeamus ad illam unctionem quae intus docet quod loqui non possumus, et quia modo videre non potestis, officium vestrum in desiderio sit. Tota vita christiani boni, sanctum desiderium est. Quod autem desideras, nondum vides: sed desiderando capax efficeris, ut cum venerit quod videas, implearis. Sicuti enim si velis implere aliquem sinum, et nosti quam magnum est quod dabitur, extendis sinum vel sacci vel utris vel alicuius rei: nosti quantum missurus es, et vides quia angustus est sinus; extendendo facis capaciorem: sic Deus differendo extendit desiderium, desiderando extendit animum, extendendo facit capacem. Desideremus ergo, fratres, quia implendi sumus. Videte Paulum extendentem sinum, ut possit capere quod venturum est. Ait enim: *Non quia iam acceperim, aut iam perfectus sim: fratres, ego me non arbitror apprehendisse.* Quid ergo agis in hac vita, si nondum apprehendisti? *Unum autem, quae retro oblitus, in ea quae ante sunt extentus, secundum intentionem sequor ad palmam supernae vocationis.* Extentum se dixit, et secundum intentionem sequi se dixit. Minorem se sentiebat ad capiendum quod oculus non vidit, nec auris audivit, nec in cor hominis ascendit. Haec est vita nostra, ut desiderando exerceamur. Tantum autem nos exercet

---

18 필리 3,12-13 참조.
19 필리 3,13-14 참조.

로에 도무지 견줄 수 없는 우리 사람이야 무슨 할 말이 있겠습니까?

이제 그리스도의 기름부음 주제로 돌아갑시다. 우리가 말로 표현하지 못하는 것을 안에서 가르쳐 주시는 기름부음께 돌아갑시다. 지금은 여러분이 볼 수 없기 때문에, 여러분의 의무는 열망하는 데 있습니다. 좋은 그리스도인의 온 생활은 거룩한 열망입니다. 그대는 열망하는 것을 아직은 보지 못합니다. 그러나 열망하면서 보는 능력을 펼치게 되고, 보아야 할 것이 올 때 비로소 그대는 충만해질 것입니다. 그릇 같은 데에 뭔가를 넣고 싶은데 그 안에 넣을 것은 너무 많다고 가정합시다. 그러면 그릇이나 자루나 그 비슷한 것의 용량을 늘릴 것입니다. 그 안에 담아야 할 것은 큰데 그릇이 작다는 것을 알면 그릇의 용량을 늘릴 것입니다. 마찬가지로 하느님께서는 기다리게 하시면서 열망을 키워 주시고, 열망으로써 영혼을 넓히시며, 영혼을 넓히시면서 [당신을 받아들일 수 있는] 능력을 갖추어 주십니다. 그러니 형제 여러분, 열망합시다. 그리하면 우리가 채워질 것입니다. 바오로 사도를 보십시오. 그는 앞으로 다가올 것을 받아들일 수 있도록 자신의 그릇을 늘렸습니다. 그는 이렇게 말합니다. "나는 이미 그것을 얻은 것도 아니고 완성된 것도 아닙니다. 형제 여러분, 나는 이미 그것을 차지하였다고 여기지 않습니다."[18] 그대가 아직 차지하지 않았다면, 이 세상에서 무엇을 해야 할까요? "다만 한 가지, 나는 내 뒤에 있는 것을 잊어버리고 앞에 있는 것을 향하여 내달리고 있습니다. 하늘로 부르시어 주시는 상을 얻으려고 그 목표를 향하여 달려가고 있는 것입니다."[19] 그는 내달리고 있고, 목표를 향하여 달려갈 따름이라고 했습니다. 그는 어떠한 눈도 본 적이 없고 어떠한 귀도 들은 적이 없으며 사람의 마음에도 떠오른 적이 없는 것들을 차지하기에는 자신이 너무 작다고 느꼈습니다. 열망하면서 단련되는 것, 이것이 바로 우리 삶입니다. 거룩한 열망은 우리의 열

sanctum desiderium, quantum desideria nostra amputaverimus ab amore saeculi. Iam diximus aliquando, exinani quod implendum est. Bono implendus es, funde malum. Puta quia melle te vult implere Deus: si aceto plenus es, ubi mel pones? Fundendum est quod portabat vas: mundandum est ipsum vas; mundandum est, etsi cum labore, cum tritura, ut fiat aptum cuidam rei. Maledicamus, aurum dicamus, vinum dicamus; quidquid dicimus quod dici non potest, quidquid volumus dicere: Deus vocatur. Et quod dicimus Deus, quid diximus? Duae istae syllabae sunt totum quod exspectamus? Quidquid ergo dicere valuimus, infra est: extendamus nos in eum, ut cum venerit, impleat. *Similes enim ei erimus; quoniam videbimus eum sicuti est.*

**7.** *Et omnis qui habet spem hanc in ipso.* Videtis quia in spe nos posuit. Videtis quemadmodum congruit apostolus Paulus coapostolo suo: *Spe salvi facti sumus. Spes autem quae videtur, non est spes. Quod enim videt quis, quid sperat? Si enim quod non videmus speramus, per patientiam exspectamus.* Ipsa patientia exercet desiderium. Mane tu, nam manet ille: Et persevera in ambulando, ut pervenias; quia quo tendis, non migrabit. Videte: *Et omnis qui habet spem hanc in ipso, castificat semetipsum, sicut et ipse castus est.*

---

[20] 로마 8,24-25.

망을 세상에 대한 사랑으로부터 떼어 놓기까지 우리를 훈련시킵니다. 이미 몇 차례 말씀드렸지만, 채울 수 있도록 비우십시오. 그대, 선으로 채워지도록 악을 쏟아 버리십시오. 하느님께서 그대에게 꿀을 채워 주려 하신다고 생각해 봅시다. 그대가 식초로 가득 차 있다면 꿀은 어디에 담을 수 있겠습니까? 그릇이 담고 있는 것을 쏟아 내야 합니다. 그릇 자체가 깨끗해져야 합니다. 고생하며 두들겨서 그릇을 이 선물에 알맞게 만들어야 합니다. [이 선물을] 금이라 부르거나 포도주라 부른다면 그것은 잘못입니다. 우리가 온갖 이름을 다 붙여 불러 보지만, 그것은 말해질 수 없는 것입니다. 무엇이라고 말하고 싶어 하든, 사실 그 이름은 '하느님'입니다. '하느님'이라고 말할 때는 무엇을 말한 것이겠습니까? 이 세 음절의 말마디가 과연 우리가 바라는 그 전부일까요? 우리가 뭐라고 할 수 있든, 그것은 [하느님의 참모습에] 못 미치는 것들입니다. 그분을 향해 나아갑시다. 그리하면 그분께서 오실 때 우리를 채우실 것입니다. "**우리도 그분처럼 될 것입니다. 그분을 있는 그대로 뵙게 될 것이기 때문입니다**"(1요한 3,2 참조).

**7.** "**그분께 이러한 희망을 두는 사람은 모두**"(1요한 3,3). 이처럼 요한은 우리를 희망 속에 세워 준다는 것을 여러분은 보고 계십니다. 바오로 사도도 자기 동료 사도(요한)와 같은 생각이라는 것을 아십니다. "우리는 희망으로 구원을 받았습니다. 보이는 것을 희망하는 것은 희망이 아닙니다. 보이는 것을 누가 희망합니까? 우리는 보이지 않는 것을 희망하기에 인내심을 가지고 기다립니다."[20] 인내는 열망을 훈련시켜 줍니다. 그대, [충실히] 머무르십시오. 그분께서 [충실히] 머물러 계시기 때문입니다. 목표에 도달하도록 꾸준히 걸어가십시오. 그대가 향해 가는 목표는 옮겨 다니지 않을 것입니다. 보십시오. "**그분께 이러한 희망을 두는 사람은 모두, 그리스도께서**

Videte quemadmodum non abstulit liberum arbitrium, ut diceret: *castificat semetipsum.* Quis nos castificat nisi Deus? Sed Deus te nolentem non castificat. Ergo quod adiungis voluntatem tuam Deo, castificas teipsum. Castificas te, non de te, sed de illo qui venit ut inhabitet te. Tamen quia agis ibi aliquid voluntate, ideo et tibi aliquid tributum est. Ideo autem tibi tributum est, ut dicas sicut in psalmo: *Adiutor meus esto, ne derelinquas me.* Si dicis: *Adiutor meus esto,* aliquid agis: nam si nihil agis, quomodo ille adiuvat?

**8.** *Omnis qui facit peccatum, et iniquitatem facit.* Nemo dicat: Aliud est peccatum, aliud iniquitas; nemo dicat: Ego peccator homo sum, sed iniquus non sum. *Omnis* enim *qui facit peccatum, et iniquitatem facit. Peccatum est iniquitas.* Quid ergo facimus de peccatis nostris et iniquitatibus? Audi quid dicat: *Et scitis quia ille manifestatus est, ut peccatum auferat; et peccatum in ipso non est.* In quo non est peccatum, ipse venit auferre peccatum. Nam si esset et in illo peccatum, auferendum esset illi, non ipse auferret. *Omnis qui in ipso manet, non peccat.* In quantum in ipso manet, in tantum non peccat. *Omnis qui peccat, non vidit eum, neque cognovit eum.*

---

21 시편 26,9 참조.

순결하신 것처럼 자신도 순결하게 합니다"(1요한 3,3). 요한이 "자신도 순결하게 합니다"라고 말하면서 자유의지를 제거하지 않는 것을 보십시오. 그러나 하느님 아니시면 누가 우리를 순결하게 하겠습니까? 그렇지만 하느님께서는 원하지 않는 사람을 순결하게 하시지는 않습니다. 그러므로 그대 뜻을 하느님의 뜻에 맞추어야 그대 자신을 순결하게 하는 것입니다. 그대가 순결하게 하는 것은 그대 자신의 힘으로써가 아니라 그대 안에 살려고 오신 분으로 말미암은 것입니다. 그렇지만 그대도 의지로써 무언가를 해야 하는 만큼, 그대 몫도 있는 것입니다. 그대의 몫이 거기 있으니, 그대도 시편에서처럼 "저의 도움이 되어 주시고, 저를 버리지 마소서"[21]라고 말해야 하는 것입니다. 그대가 '저의 도움이 되어 주소서'라고 말한다면, 그것은 그대도 무언가 하고 있다는 뜻입니다. 그대가 아무것도 하지 않는다면, 그분이 어떻게 도와주시겠습니까?

**8.** "**죄를 저지르는 자는 모두 불법을 자행하는 자입니다**"(1요한 3,4). 누구도 죄와 불법이 서로 다르다고 말해서는 안 됩니다. 또 누구도 '나는 죄인이지만 악인은 아니다'고 말해서도 안 됩니다. "**죄를 저지르는 자는 모두 불법을 자행하는 자**"이고, "**죄는 곧 불법이기**" 때문입니다. 그렇다면 우리 죄와 불법에 대해 무엇을 해야 하겠습니까? 요한의 말을 들어 봅시다. "**그분께서는 죄를 없애시려고 나타나셨던 것입니다. 그분 안에는 죄가 없습니다**"(1요한 3,5). 죄가 없는 분이 죄를 없애 주시려고 오셨다는 것입니다. 그분 안에 죄가 있었다면 그분에게서도 죄를 없애 주어야 했겠지만, 당신 스스로는 죄를 없앨 수 없었을 것입니다. "**그분 안에 머무르는 사람은 아무도 죄를 짓지 않습니다**"(1요한 3,6). 그리스도 안에 머무를수록 죄를 짓지 않게 됩니다. "**죄를 짓는 자는 모두 그분을 뵙지도 못하고 알지도 못한 자**

Magna ista quaestio: *Omnis qui peccat, non vidit eum, neque cognovit eum.* Non est mirum. Non eum vidimus, sed visuri sumus; non eum cognovimus, sed cognituri sumus: credimus in eum quem non cognovimus. An forte ex fide cognovimus, et specie nondum cognovimus? Sed in fide et vidimus et cognovimus. Si enim nondum videt fides, quare dicimur illuminati? Est illuminatio per fidem, est illuminatio per speciem. Modo cum peregrinamur, per fidem ambulamus, non per speciem. Ergo et iustitia nostra per fidem est, non per speciem. Erit perfecta nostra iustitia, cum videbimus per speciem. Modo non relinquamus eam iustitiam quae est ex fide, quoniam *iustus ex fide vivit,* sicut ait Apostolus. *Omnis qui manet in ipso, non peccat.* Nam *omnis qui peccat, non vidit eum, neque cognovit eum.* Non credit iste qui peccat: si autem credit, quantum ad fidem eius pertinet, non peccat.

**9.** *Filioli, nemo vos seducat. Qui facit iustitiam, iustus est, sicut et ille iustus est.* Numquid quando audivimus quia iusti sumus, *sicut et ille,* aequales nos debemus putare Deo? Debetis nosse quid est *sicut.* Iamdudum enim dixit: *Castificat semetipsum, sicut ipse castus est.* Iam ergo par et aequalis est castitas nostra castitati Dei, et

---

22 세례 받은 사람을 가리켜 '빛을 받은 이'(illuminati)라고 불렀다. 믿음의 빛을 받은 사람이라는 뜻이다. 『요한 복음 강해』 44,1 참조.

23 2코린 5,7 참조.   24 로마 1,17.

입니다"(1요한 3,6). 여기서 큰 문제가 생깁니다. "**죄를 짓는 자는 모두 그분을 뵙지도 못하고 알지도 못한다**"는 것입니다. 놀랄 일은 아닙니다. 우리는 그분을 뵙지 못했지만 뵙게 될 것입니다. 우리는 그분을 알지 못하지만 알게 될 것입니다. 우리는 알지 못하는 그분을 믿고 있습니다. 우리가 믿음으로는 그분을 알지만, 뵈옴으로는 아직 그분을 알지 못한다는 말입니까? 그러나 우리는 믿음 안에서 그분을 뵙고 또 알고 있습니다. 믿음이 아직 보지 못한다면 왜 우리는 '빛을 받은 이'[22]라고 불리겠습니까? 믿음에서 오는 조명이 있고 뵈옴에서 오는 조명이 있습니다. 지금 나그네살이 하는 우리는 뵈옴이 아니라 믿음으로 걸어가고 있습니다.[23] 그러므로 우리의 의로움 또한 뵈옴에서가 아니라 믿음에서 옵니다. 그러나 우리가 직접 그분을 뵙게 될 때 마침내 우리의 의로움이 완성될 것입니다. 지금은 믿음에서 오는 이 의로움을 버리지 맙시다. "의로운 이는 믿음으로 살 것이다"[24]라고 바오로 사도가 말했기 때문입니다. "**그분 안에 머무르는 사람은 아무도 죄를 짓지 않습니다. 죄를 짓는 자는 모두 그분을 뵙지도 알지도 못한 자이기**"(1요한 3,6) 때문입니다. 죄를 짓는 사람은 믿지 않습니다. 그러나 믿는다면 그 믿음의 정도에 따라 죄를 짓지 않을 것입니다.

9. "**자녀 여러분, 아무에게도 속지 마십시오. 의로운 일을 실천하는 이는 그분께서 의로우신 것처럼 의로운 사람입니다**"(1요한 3,7). 우리가 "**그분께서 의로우신 것처럼 의로운 사람**"이라는 말을 들었다고 해서 우리가 하느님과 같다고 생각해야 하겠습니까? 여기서 '처럼'이라는 말을 제대로 알아들어야 합니다. 조금 전에 요한은 "**그리스도께서 순결하신 것처럼 자신도 순결하게 합니다**"(1요한 3,3)라고 말했습니다. 그렇다고 우리의 순결함이 하느님의 순결함과 똑같고 우리의 의로움이 하느님의 의로움과 똑같다는 뜻

iustitia nostra iustitiae Dei? Quis hoc dicat? Sed, *sicut,* non semper ad aequalitatem dici solet. Quomodo, verbi gratia, visa basilica ista ampla, si velit facere aliquis minorem, sed tamen proportione ad mensuras eius, ut verbi gratia, si lata est ista simplum, et longa duplum; faciat et ille latam simplum, et longam duplum; videtur sic fecisse sicut est ista. Sed ista habet, verbi gratia, centum cubitos, illa triginta: et sic est, et impar est. Videtis quia non semper, sicut, ad parilitatem et aequalitatem refertur. Verbi gratia, videte quantum sit inter faciem hominis, et imaginem de speculo: facies in imagine, facies in corpore; imago in imitatione, corpus in veritate. Et quid dicimus? Nam sicut hic oculi, ita et ibi: sicut hic aures, ita et ibi aures sunt. Dispar est res; sed, *sicut,* ad similitudinem dicitur.

Habemus ergo et nos imaginem Dei; sed non illam quam habet Filius aequalis Patri; tamen et nos pro modulo nostro si non sicut ille essemus, ex nulla parte similes diceremur. Ergo castificat nos sicut et ipse castus est; sed ille castus aeternitate, nos casti fide: iusti sumus sicut et ipse iustus est; sed ipse in ipsa incommutabili perpetuitate, nos iusti credendo in quem non videmus, ut aliquando videamus. Et cum perfecta fuerit iustitia nostra, cum facti aequales angelis fuerimus; nec tunc illi aequabitur. Quanto ergo modo ab illo longe est; quando nec tunc par erit?

입니까? 누가 그렇게 말할 수 있습니까? '처럼'이라는 말이 늘 동등함을 일컫지는 않습니다. 예컨대 이 큰 성당을 보고 이보다 더 작은 성당을 같은 비례로 지을 생각을 한다고 칩시다. 가령 이 성당의 길이가 폭의 두 배라면, 작은 성당에서도 길이를 폭의 두 배로 잡아 건축한다고 합시다. 이때 작은 성당은 큰 성당'처럼' 지어진 것으로 보입니다. 그렇지만 예컨대 큰 성당이 백 척이고 작은 성당이 서른 척이라면, '처럼'이지만 '다른' 것입니다. '처럼'이라는 말이 언제나 동일함과 동등함을 뜻하는 것은 아닙니다. 예를 들어, 사람의 본얼굴과 거울에 비친 그 모습이 얼마나 다른지를 생각해 보십시오. 비친 얼굴과 육신의 얼굴, 베껴낸 상像과 진짜 몸이 얼마나 다른지 보십시오. 이제 무슨 말을 더 하겠습니까? 여기에 있는 눈'처럼' 저기에도 눈이 있습니다. 여기에 있는 귀'처럼' 저기에도 귀가 있습니다. 실재는 다르되, '처럼'은 유사성을 뜻하기 위해 일컬어지는 것입니다.

　우리도 하느님의 모상을 지니고 있습니다만 그 모상은 성부와 같으신 성자가 지니고 계셨던 것과는 다른 것입니다. 그렇지만 우리 또한 우리 나름으로 작으나마 그분과 같지 않다면, 어떤 식으로도 우리가 그분과 닮았다는 말을 들을 수 없을 것입니다. 그리스도께서는 당신이 순결하시므로 우리를 순결하게 하십니다. 그러나 그분은 영원으로부터 순결하시고 우리는 믿음으로 순결합니다. 그분께서 의로우신 것처럼 우리도 의롭습니다. 그러나 그분은 불변의 영원한 본성으로 의로우시고 우리는 지금 뵙지는 못하지만 장차 뵙게 될 분을 믿음으로써 의로운 것입니다. 따라서 우리의 의로움이 완전해져서 천사들과 같아질 그때에도 우리의 의로움이 하느님의 의로움과 같아지지는 않을 것입니다. 이처럼 그때조차도 [우리 의로움이 그분 의로움과] 같지 않을 것이라면, 지금의 우리는 그분과 얼마나 멀리 있는 것입니까?

**10.** *Qui facit peccatum, de diabolo est; quia ab initio diabolus peccat. De diabolo est,* nostis quid dicat: imitando diabolum. Nam neminem fecit diabolus, neminem genuit, neminem creavit; sed quicumque fuerit imitatus diabolum, quasi de illo natus, fit filius diaboli imitando, non proprie nascendo. Quomodo es filius Abrahae? numquid Abraham te genuit? Quomodo Iudaei, filii Abrahae non imitantes fidem Abrahae, facti sunt filii diaboli: de carne Abraham nati sunt, et fidem Abrahae non sunt imitati. Si ergo qui inde nati sunt, exheredati sunt, quia non sunt imitati; tu qui non de illo natus es, efficeris filius, et sic eris filius imitando. Et si diabolum fueris imitatus, quia ille superbus exstitit et impius adversus Deum, eris filius diaboli, imitando; non quia creavit te, aut genuit te.

**11.** *In hoc manifestatus est Filius Dei.* Eia, fratres, omnes peccatores ex diabolo nati sunt, in quantum peccatores. Adam a Deo factus est: sed quando consensit diabolo, ex diabolo natus est; et tales omnes genuit qualis erat. Cum ipsa concupiscentia nati sumus; et antequam nos debita nostra addamus, de illa damnatione nascimur. Nam si cum nullo peccato nascimur, quid est quod cum infantibus ad baptismum curritur, ut solvantur? Ergo duas nativitates adtendite, fratres, Adam et Christum: Duo sunt homines; sed unus ipso-

---

25 '탐욕'(concupiscentia)은 '출산을 통해'(per generationem) 인류에게 유전되므로 갓난아기를 비롯한 모든 인간은 세례의 은총으로 원죄에서 해방되어야 한다는 아우구스티누스의 '원죄'(peccatum originale) 이론. 아우구스티누스 『죄벌과 용서 그리고 유아세례』(*De peccatorum meritis et remissione et de baptismo pavulorum*) 참조.

10. "죄를 저지르는 자는 악마에게 속한 사람입니다. 악마는 처음부터 죄를 지었기 때문입니다"(1요한 3,8). 여러분은 '악마에게 속한다'는 말이 무슨 뜻인지 아십니다. 곧 악마를 본받는다는 뜻입니다. 악마는 누구를 만들지도, 누구를 낳지도, 누구를 창조하지도 않습니다. 그렇지만 누구든 악마를 본받으면 악마로부터 태어난 셈입니다. 진짜 탄생으로써가 아니라 악마를 본받음으로써 악마의 자식이 되어 버립니다. 그대는 어떻게 아브라함의 자손입니까? 아브라함이 그대를 낳았습니까? 아브라함의 자손인 유대인들은 아브라함의 믿음을 본받지 않아서 악마의 자식이 되었습니다. 육신으로는 아브라함에게서 났지만 아브라함의 믿음은 본받지 않았던 것입니다. 아브라함에게서 난 그들이 본받지 않은 탓으로 상속권을 빼앗겼다면, 악마에게서 나지 않은 그대는 본받음으로써 그의 자녀가 될 것입니다. 그대가 교만하고 사악하게 하느님께 맞서는 악마를 본받는다면 악마의 자식이 될 것입니다. 그것은 악마가 그대를 창조하였거나 낳았기 때문이 아니라, 그대가 그를 본받았기 때문입니다.

11. "악마가 한 일을 없애 버리시려고 하느님의 아드님께서 나타나셨던 것입니다"(1요한 3,8). 그렇습니다. 형제 여러분, 죄인들은 누구나 다 악마로부터 났습니다. 그래서 죄인들입니다. 아담은 하느님으로부터 창조되었지만 악마에게 동의한 다음에는 악마로부터 났습니다. 그리고 악마는 누구를 낳든지 다 자기처럼 낳습니다. 우리는 다 탐욕을 가지고 태어납니다. 우리 스스로 죄를 짓기 전에도 우리는 그 단죄로부터 태어나는 것입니다. 우리가 죄 없이 태어난다면 왜 우리는 갓난아기들이 죄에서 해방되도록 세례를 서두르겠습니까?[25] 그러니 형제 여러분, 두 가지 탄생, 곧 아담과 그리스도를 잘 생각해 보십시오. 둘 다 사람입니다. 그러나 그 가운데 하

rum homo homo, alter ipsorum homo Deus. Per hominem hominem, peccatores sumus: per hominem Deum, iustificamur. Nativitas illa deiecit ad mortem; ista nativitas erexit ad vitam; nativitas illa trahit secum peccatum; nativitas ista liberat a peccato. Ideo enim venit Christus homo, ut solveret peccata hominum. *In hoc manifestatus est Filius Dei, ut solvat opera diaboli.*

**12.** Cetera commendo Caritati vestrae, ne vos gravem. Ipsa enim quaestio est, in qua solvenda laboramus, quia peccatores nos dicimus: si enim quis dixerit se esse sine peccato, mendax est. Et in ipsius Epistola Ioannis invenimus: *Si dixerimus quia peccatum non habemus, nos ipsos seducimus.* Meminisse enim debetis priorum: *Si dixerimus quia peccatum non habemus, nos ipsos seducimus, et veritas in nobis non est.* Et rursus in consequentibus audis: *Qui natus est ex Deo, non peccat: Qui facit peccatum, non vidit eum, neque cognovit eum: Omnis qui facit peccatum, de diabolo est.* Ex Deo non est peccatum. Iterum terret nos. Quomodo nati sumus ex Deo, et quomodo nos fatemur peccatores? An dicturi sumus, quia de Deo nati non sumus? Et quid faciunt ista sacramenta in infantibus? Quid dixit Ioannes? *Qui natus est ex Deo, non peccat.* Ipse

나는 사람일 따름이고, 다른 한 분은 하느님이신 사람입니다. 단지 사람일 따름인 사람 때문에 우리는 죄인이지만, 하느님이신 사람 때문에 우리는 의롭게 됩니다. 저 탄생은 우리를 죽음에 몰아붙이지만 이 탄생은 생명을 향하여 우리를 일으켜 줍니다. 저 탄생은 죄를 달고 다니지만, 이 탄생은 죄에서 해방시킵니다. 사람의 죄를 없애기 위해서 사람이신 그리스도께서 오셨기 때문입니다. "**악마가 한 일을 없애 버리시려고 하느님의 아드님께서 나타나셨던 것입니다**"(1요한 3,8).

**12.** 사랑하는 형제 여러분, 여러분에게 부담을 드리지 않기 위하여 나머지는 여러분에게 맡겨 드리겠습니다. 사실 우리가 풀어야 할 문제가 있습니다. 그것은 왜 우리 자신을 죄인이라고 말하는가 하는 것입니다. 사실 누가 죄 없다고 말한다면 그는 거짓말쟁이입니다. 요한도 자기 편지에서 이렇게 말합니다. "**만일 우리가 죄 없다고 말한다면, 우리는 자신을 속이는 것입니다**"(1요한 1,8). 여러분은 전에 이미 들었던 말씀을 되새겨야 하겠습니다. "**만일 우리가 죄 없다고 말한다면, 우리는 자신을 속이는 것이고, 우리 안에 진리가 없는 것입니다**"(1요한 1,8). 그런데 이어서 듣게 되는 말씀은 이와는 반대입니다. "**하느님에게서 태어난 사람은 아무도 죄를 저지르지 않습니다**"(1요한 3,9). "**죄를 짓는 자는 모두 그분을 뵙지도 못하고 알지도 못한 자입니다**"(1요한 3,6). "**죄를 저지르는 자는 악마에게 속한 사람입니다**"(1요한 3,8). 죄는 하느님으로부터 오지 않습니다. 다시금 우리를 곤란하게 합니다. 우리가 하느님에게서 태어났다면 어떻게 우리가 죄인이라고 고백할 수 있단 말입니까? 우리가 하느님에게서 태어나지 않았다고 말해야 하는 겁니까? 그렇다면 갓난아기들에게 이 성사는 왜 베푸는 것입니까? 요한은 뭐라고 말했습니까? "**하느님에게서 태어난 사람은 아무도 죄**

Ioannes iterum dixit: *Si dixerimus quia peccatum non habemus, nosmetipsos seducimus, et veritas in nobis non est.* Magna quaestio est et angusta; et ad hanc solvendam intentam fecerim Caritatem vestram. In nomine Domini cras quod inde dederit, disseremus.

를 저지르지 않습니다"(1요한 3,9)라고 했습니다. 바로 이 요한이 거듭 이렇게 말했습니다. "만일 우리가 죄 없다고 말한다면, 우리는 자신을 속이는 것이고, 우리 안에 진리가 없는 것입니다"(1요한 1,8). 크고도 고민스러운 문제입니다. 사랑하는 형제 여러분, 여러분이 이 문제를 풀어 보시기 바랍니다. 주님께서 주시는 바를 주님의 이름으로 내일 다루어 보겠습니다.[26]

---

[26] 아우구스티누스는 설교나 강해 끝에 해결되지 않은 문제를 더러 남겨 놓기도 했는데, 이는 청중으로 하여금 다음 설교나 강해 주제에 관하여 미리 생각하고 준비할 수 있도록 배려하는 아우구스티누스다운 교육 방식이었다. 참조: 『시편 상해』 126.13; 『요한 복음 강해』 4,16; P. Agaësse (ed.), *Sources Chrétiennes* 75, 242-243.

요한의 첫째 서간 3,4-17

⁴ 죄를 저지르는 자는 모두 불법을 자행하는 자입니다. 죄는 곧 불법입니다. ⁵ 여러분도 알다시피, 그분께서는 죄를 없애시려고 나타나셨던 것입니다. 그분 안에는 죄가 없습니다. ⁶ 그분 안에 머무르는 사람은 아무도 죄를 짓지 않습니다. 죄를 짓는 자는 모두 그분을 뵙지도 못하고 알지도 못한 자입니다. ⁷ 자녀 여러분, 아무에게도 속지 마십시오. 의로운 일을 실천하는 이는 그분께서 의로우신 것처럼 의로운 사람입니다. ⁸ 죄를 저지르는 자는 악마에게 속한 사람입니다. 악마는 처음부터 죄를 지었기 때문입니다. 그래서 악마가 한 일을 없애 버리시려고 하느님의 아드님께서 나타나셨던 것입니다. ⁹ 하느님에게서 태어난 사람은 아무도 죄를 저지르지 않습니다. 하느님의 씨가 그 사람 안에 있기 때문입니다. 그는 하느님에게서 태어났기 때문에 죄를 지을 수가 없습니다. ¹⁰ 하느님의 자녀와 악마의 자녀는 이렇게 뚜렷이 드러납니다. 의로운 일을 실천하지 않는 자는 모두 하느님께 속한 사람이 아닙니다. 자기 형제를 사랑하지 않는 자도 그렇습니다.

**사랑의 실천**

¹¹ 여러분이 처음부터 들은 말씀은 이것입니다. 곧 우리가 서로 사랑해야 한다는 것입니다. ¹² 악마에게 속한 사람으로서 자기 동생을 죽인 카인처럼 되어서는 안 됩니다. 그가 무슨 까닭으로 동생을 죽였습니까? 자기가 한 일은 악하고 동생이 한 일은 의로웠기 때문입니다. ¹³ 그리고 형제 여러분, 세상이 여러분을 미워하여도 놀라지 마십시오. ¹⁴ 우리는 형제들을 사랑하기 때문에 우리가 이미 죽음에서 생명으로 건너갔다는 것을 압니다. 사랑하지 않는 자는 죽음 안에 그대로 머물러 있습니다. ¹⁵ 자기 형제를 미워하는 자는 모두 살인자입니다. 그리고 여러분도 알다시피, 살인자는 아무도 자기 안에 영원한 생명을 지니고 있지 않습니다. ¹⁶ 그분께서 우리를 위하여 당신 목숨을 내놓으신 그 사실로 우리는 사랑을 알게 되었습니다. 그러므로 우리도 형제들을 위하여 목숨을 내놓아야 합니다. ¹⁷ 누구든지 세상 재물을 가지고 있으면서도 자기 형제가 궁핍한 것을 보고 그에게 마음을 닫아 버리면, 하느님 사랑이 어떻게 그 사람 안에 머무를 수 있겠습니까?

## Tractatus 5

**1.** Intente audite, obsecro vos, quia res non minima versatur in medio: et non dubito quia hesterno die adfuistis intente, quod et hodie intentius convenistis.

Est enim non parva quaestio, quomodo dicat in ista Epistola: *Qui natus est ex Deo, non peccat:* et quomodo in eadem Epistola superius dixit: *Si dixerimus quia peccatum non habemus, nos ipsos seducimus, et veritas in nobis non est.* Quid facturus est quem uterque sermo ex eadem Epistola in medio coartavit? Si se confessus fuerit peccatorem, timet ne dicatur illi: Non ergo ex Deo natus es; quia scriptum est: *Qui natus est ex Deo, non peccat.* Si autem dixerit se iustum, et non habere peccatum, accipit ex alia parte plagam ex ipsa Epistola: *Si dixerimus quia peccatum non habemus, nos ipsos seducimus, et veritas in nobis non est.* Positus ergo homo in medio, quid dicat, et quid confiteatur, aut quid profiteatur, non invenit. Profiteri se esse sine peccato, periculosum est; et non solum periculosum, sed etiam mendosum: *Nos ipsos,* inquit, *seducimus, et veritas in nobis non est, si dixerimus quia peccatum non habemus.* Sed utinam non haberes, et diceres! verum enim diceres, nec in veritate promenda ullum iniquitatis vel vestigium formida-

## 다섯째 강해

**1.** 이제 다룰 문제는 보통 중요한 것이 아니기 때문에, 정신을 바짝 차려서 들어 주시기를 부탁드립니다. 여러분이 어제 정신 차려서 들으셨으니, 오늘은 더 정신 차려 들으시리라 믿어 마지않습니다.

요한이 이 편지에서 "**하느님에게서 태어난 사람은 아무도 죄를 저지르지 않습니다**"(1요한 3,9)라고 하면서, 같은 편지의 더 앞에서는 어떻게 "**만일 우리가 죄 없다고 말한다면, 우리는 자신을 속이는 것이고, 우리 안에 진리가 없는 것입니다**"(1요한 1,8)라고 말했는지를 살펴보는 것은 작은 문제가 아닙니다. 같은 편지의 두 [상반된] 진술 사이에 끼어 곤혹스러워하는 사람이 무엇을 해야 하겠습니까? 누군가가 스스로 죄인이라고 고백하려 할 때, '당신은 하느님에게서 태어나지 않았소. 성경에는 '**하느님에게서 태어난 사람은 아무도 죄를 저지르지 않는다**'고 기록되어 있기 때문이오'라는 소리를 들을까 두려워집니다. 반대로 스스로 의롭고 죄가 없다고 말한다면 똑같은 편지의 다른 부분으로부터 오는 타격을 받습니다. "**만일 우리가 죄 없다고 말한다면, 우리는 자신을 속이는 것이고, 우리 안에 진리가 없는 것입니다**"라는 구절과 상충하게 되는 것입니다. 이렇게 두 틈바구니에 끼인 사람은 무엇을 말하고 무엇을 고백하고 무엇을 선언해야 할지 몰라 합니다. 자기는 죄가 없다고 주장하는 것은 위험합니다. 위험할 뿐만 아니라 거짓입니다. "**만일 우리가 죄 없다고 말한다면, 우리는 자신을 속이는 것이고, 우리 안에 진리가 없는 것입니다.**" 그대가 죄가 없어서 그렇게 말하면 얼마나 좋겠습니까! [그렇다면] 그대는 진리를 말하는 셈이고, 진리를 말하는 데 어떤 불법이나 죄악도 두려워하지 않을 것이기 때문입니다. 그러나 그대가 이렇게 말한다면 잘못 말하는 것입니다. 거짓말을 하는 것

res. Sed ideo male facis si dicis quia mendacium dicis: *Veritas, inquit, in nobis non est, si dixerimus quia peccatum non habemus.* Non ait: Non habuimus; ne forte de praeterita vita dictum videretur. Habuit enim peccata homo iste; sed ex quo natus est ex Deo, coepit non habere. Si ita esset, nulla nos angustaret quaestio. Diceremus enim: Fuimus peccatores, sed modo iustificati sumus; habuimus peccatum, sed modo non habemus. Non hoc ait: sed quid ait? *Si dixerimus quia peccatum non habemus, nos ipsos seducimus, et veritas in nobis non est.* Post aliquantum rursus: *Qui natus est ex Deo,* inquit, *non peccat.* Numquid Ioannes ipse non erat natus ex Deo? Si Ioannes non erat natus ex Deo, de quo audistis quia supra pectus Domini recumbebat; aliquis sibi audet promittere regenerationem factam in se, quam ille habere non meruit, qui super pectus Domini recumbere meruit? Quem Dominus plus quam ceteros diligebat, ipsum solum de Spiritu non genuerat?

**2.** Adtendite nunc verba ista: adhuc angustias nostras commendo, ut per intentionem vestram, quae oratio est et pro nobis et pro vobis, dilatet Deus, et det exitum; ne aliquis in verbo eius inveniat

이기 때문입니다. 요한은 "만일 우리가 죄 없다고 말한다면, [우리는 자신을 속이는 것이고,] 우리 안에 진리가 없는 것입니다"(1요한 1,8)라고 말했기 때문입니다. 요한이 '우리가 죄가 없었다'라고 과거형을 쓰지 않은 것은 과거사에 대한 이야기로 여기지 않게 하려는 것이었습니다. '이 사람은 죄가 있었다. 그러나 하느님에게서 태어난 이후로는 죄가 없기 시작했다'는 식으로 생각하지 않도록 하기 위함이었습니다. 정녕 그러하였다면 이 문제는 우리를 전혀 괴롭히지 않을 것입니다. 그럴 경우, 이렇게 말하면 그만입니다. '우리는 죄인이었으나, 지금은 의롭게 되었다. 전에는 죄가 있었지만, 지금은 죄가 없다'고 말입니다. 요한은 이렇게 말하지 않았습니다. 뭐라고 했습니까? "만일 우리가 죄 없다고 말한다면, 우리는 자신을 속이는 것이고, 우리 안에 진리가 없는 것입니다"라 하고, 더 뒤에 가서는 "하느님에게서 태어난 사람은 아무도 죄를 저지르지 않습니다"(1요한 3,9)라고 말했습니다. 요한 자신도 하느님에게서 태어난 사람이 아니었습니까? 여러분이 들으셨다시피 요한은 주님의 가슴에 기대었던 분인데, 이런 분이 하느님에게서 태어나지 않았다면 도대체 누가 있어 제 안에 거듭남이 있었노라 감히 확언할 수 있겠습니까? 그 거듭남은 주님의 가슴에 기댈 자격이 있는 이마저 누릴 자격이 없었던 셈이니 말입니다. 주님께서 다른 이들보다 더 사랑하셨던 분인데, 이 한 분조차 성령으로 태어나게 하지 않으셨다는 말입니까?

**2.** 이제 이 말을 잘 들으십시오. 저는 우리의 곤혹스러움을 다시금 여러분 앞에 펼쳐 놓거니와, 그것은 여러분을 위해서나 저를 위해서나 바로 기도가 되는 여러분의 지향을 통하여 하느님께서 길을 넓혀 주시고 빠져나갈 곳을 마련해 주시도록 하기 위함입니다. 그분의 말씀 가운데 어떤 것도 멸

occasionem perditionis suae, quod verbum non est praedicatum et conscriptum, nisi ad medicinam et salutem.

*Omnis,* inquit, *qui facit peccatum, et iniquitatem facit.* Ne forte discernas: *Peccatum iniquitas est.* Ne dicas, peccator sum, sed iniquus non sum: *Peccatum iniquitas est. Et scitis quia in hoc ille manifestatus est, ut peccata auferat; et peccatum in illo non est.* Et quid prodest nobis quia venit sine peccato? *Omnis qui non peccat, in ipso manet: et omnis qui peccat, non vidit eum, neque cognovit eum. Filioli, nemo vos seducat. Qui facit iustitiam, iustus est, sicut et ille iustus est.* Iam ista diximus, quia *sicut* secundum quamdam similitudinem, non secundum aequalitatem, dici solet. *Qui facit peccatum, de diabolo est; quia ab initio diabolus peccat.* Et hoc diximus, quia neminem creavit diabolus, neque genuit; sed imitatores eius tamquam ex illo nascuntur. *In hoc manifestatus est Filius Dei, ut solvat opera diaboli.* Ergo ut solvat peccata ille qui non habet peccatum.

Deinde sequitur: *Omnis qui natus est ex Deo, non facit peccatum, quia semen eius in ipso manet; et non potest peccare, quia ex Deo natus est.* Fortiter instrinxit. Fortassis secundum quoddam peccatum dixit, *non peccat,* non secundum omne peccatum: ut quod ait: *Qui natus est ex Deo, non peccat,* certum quoddam pec-

---

1 『요한 서간 강해』 4,9 참조.

망의 계기가 되지 말아야 하며, 치유와 구원을 위해서가 아니라면 어떠한 말도 선포되거나 기록되지 말아야 하겠습니다.

요한은 "**죄를 저지르는 자는 모두 불법[악]을 자행하는 자입니다**"(1요한 3,4)라고 말합니다. (죄와 악을) 구별하려고 하지 마십시오. "**죄는 곧 불법[악]입니다**"(1요한 3,4). '나는 죄인이지만 악인은 아니다'라고 말하지 마십시오. "**죄는 곧 불법입니다. 여러분도 알다시피, 그분께서는 죄를 없애시려고 나타나셨던 것입니다. 그분 안에는 죄가 없습니다**"(1요한 3,4-5). 죄 없이 오셨다는 것이 우리에게 무슨 도움이 됩니까? "**그분 안에 머무르는 사람은 아무도 죄를 짓지 않습니다. 죄를 짓는 자는 모두 그분을 뵙지도 못하고 알지도 못한 자입니다. 자녀 여러분, 아무에게도 속지 마십시오. 의로운 일을 실천하는 이는 그분께서 의로우신 것처럼 의로운 사람입니다**"(1요한 3,6-7). 앞서 말씀드렸듯이, '처럼'이라는 낱말은 흔히 유사성을 말하기 위해 쓰는 것이지, 동일성을 가리키는 것이 아닙니다.[1] "**죄를 저지르는 자는 악마에게 속한 사람입니다. 악마는 처음부터 죄를 지었기 때문입니다**"(1요한 3,8). 악마는 누구를 창조하거나 낳아 본 적이 없고, 다만 악마를 본받는 사람들이 악마에게서 태어나게 된다고 말씀드린 바 있습니다. "**악마가 한 일을 없애 버리시려고 하느님의 아드님께서 나타나셨던 것입니다**"(1요한 3,8). 그러니까 죄 없는 분이 이 세상에 오신 것은 죄를 없애기 위해서였습니다.

말씀은 이렇게 이어집니다. "**하느님에게서 태어난 사람은 아무도 죄를 저지르지 않습니다. 하느님의 씨가 그 사람 안에 있기 때문입니다. 그는 하느님에게서 태어났기 때문에 죄를 지을 수가 없습니다**"(1요한 3,9). 바로 이 말씀이 우리를 강하게 압박합니다. "**죄를 저지르지 않습니다**"라고 한 것은, 모든 죄에 대해서가 아니라, 특정한 죄에 국한해서 한 말일 것입니다. 그렇다면 "**하느님에게서 태어난 사람은 아무도 죄를 저지르지 않습니

catum intellegas, quod non potest admittere homo qui ex Deo natus est: et tale peccatum est illud, ut si quisquam illud admiserit, confirmet cetera; si quis autem hoc non admiserit, solvat cetera. Quod est hoc peccatum? facere contra mandatum. Quod est mandatum? *Mandatum novum do vobis, ut vos invicem diligatis.* Intendite. Hoc mandatum Christi dilectio vocatur: per hanc dilectionem peccata solvuntur. Haec si non teneatur, et grave peccatum est, et radix omnium peccatorum.

3. Intendite, fratres; protulimus aliquid in quo bene intellegentibus soluta est quaestio. Sed numquid cum celerioribus tantum ambulamus viam? Et qui tardius ambulant, non sunt relinquendi. Versemus hoc quibus possumus verbis, ut ad omnes perveniat.

Puto enim, fratres, quia omnis homo sollicitus est pro anima sua, qui non sine causa intrat Ecclesiam, qui non temporalia quaerit in Ecclesia, qui non propterea intrat ut transigat negotia saecularia; sed ideo intrat, ut aliquid sibi aeternum promissum teneat, quo perveniat: necesse est cogitet quemadmodum ambulet in via, ne remaneat, ne retro eat, ne aberret, ne claudicando non perveniat. Qui ergo sollicitus est, tardus sit, velox sit, non recedat de via. Hoc ergo dixi, quia *qui natus est ex Deo, non peccat,* fortassis secundum

---

2 요한 13,34.

다"(1요한 3,9)라고 말할 때의 그 죄는, 하느님에게서 태어난 사람은 지을 수 없는 어떤 특정한 죄로 알아들어야겠습니다. 그 죄란 이러합니다. 누가 그 죄를 지을 경우 다른 죄들마저 굳게 하고, 그 죄를 짓지 않으면 다른 죄들도 풀어 주는 그런 죄 말입니다. 그런 죄는 무엇입니까? 계명을 거슬러 행하는 것입니다. 계명은 무엇입니까? "내가 너희에게 새 계명을 준다. 서로 사랑하여라."² 잘 들으십시오. 그리스도의 이 계명을 사랑이라 부릅니다. 이 사랑을 통하여 죄가 없어집니다. 이 사랑을 지키지 않으면 무거운 죄가 되고, 그것이야말로 모든 죄의 뿌리가 됩니다.

**3.** 형제 여러분, 잘 들으십시오. 저희는 잘 알아듣는 사람에게는 해결책이 되는 어떤 것을 제안하였습니다. 그렇지만 빨리 따라오는 사람들하고만 길을 걸어가서야 되겠습니까? 더 늦게 오는 사람들을 버려두고 갈 수는 없는 법입니다. 말로써 표현해 볼 수 있는 것이라면 최선을 다해서, 모든 이들이 알아들을 수 있도록 해야겠습니다.

형제 여러분, 저는 모든 이가 자기 영혼의 구원을 염려한다고 생각합니다. 아무 이유 없이 교회에 들어오지 않는 이도, 교회 안에서 한시적인 것들을 추구하지 않는 이도, 세속 장사에 매달려 입문하지 않는 이도 모두 그러하다는 것입니다. 그러나 영원한 약속을 간직한 채 거기에 이르고자 하는 사람은 (교회에) 들어옵니다. 그렇다면 어떻게 길을 걸어갈 것인지 생각해야 하고, 머물지도, 되돌아가지도, 헤매지도 않을 뿐 아니라, 절름거리느라 목적지에 도달하지도 못하는 일이 생기지 않으려면 어떻게 해야 하는지 생각할 필요가 있습니다. (목적지에 도달하는 일을) 염려하는 사람은 느린 걸음이든 빠른 걸음이든 이 길에서 벗어나지는 말아야 합니다. **"하느님에게서 태어난 사람은 아무도 죄를 저지르지 않습니다"**라고 할 때

quoddam peccatum voluit intellegi; nam erit contrarium illi loco: *Si dixerimus quia peccatum non habemus, nos ipsos seducimus, et veritas in nobis non est.* Sic ergo potest solvi quaestio. Est quoddam peccatum quod non potest admittere ille qui natus est ex Deo; et quo non admisso solvuntur cetera, quo admisso confirmantur cetera.

Quod est hoc peccatum? Facere contra mandatum Christi, contra Testamentum novum. Quod est mandatum novum? *Mandatum novum do vobis, ut vos invicem diligatis.* Qui facit contra caritatem et contra dilectionem fraternam, non audeat gloriari, et dicere natum se esse ex Deo: qui autem in dilectione fraterna constitutus est, certa sunt peccata quae non potest admittere, et hoc maxime ne oderit fratrem. Et quid de ceteris peccatis facit, unde dictum est: *Si dixerimus quia peccatum non habemus, nos ipsos seducimus, et veritas in nobis non est?* Audiat securitatem de alio loco Scripturae: *Caritas cooperit multitudinem peccatorum.*

**4.** Caritatem ergo commendamus; caritatem commendat haec Epistola. Post resurrectionem Dominus quid aliud interrogavit Petrum, nisi: *Amas me?* Et parum fuit semel interrogare; et iterum nihil aliud, et tertio nihil aliud. Cum iam tertio ille taedio adficeretur, quasi non sibi crederet, quomodo qui nesciret quid in illo ageretur;

---

3 요한 13,34.  4 1베드 4,8.

에는 어떤 특정한 죄로 이해해야 한다고 말씀드렸습니다. "**만일 우리가 죄 없다고 말한다면, 우리는 자신을 속이는 것이고, 우리 안에 진리가 없는 것입니다**"(1요한 1,8)라는 말씀과 모순되기 때문입니다. 문제는 이렇게 해결될 수 있습니다. 곧, 하느님에게서 태어난 사람은 지을 수 없는 특정한 죄가 있다는 것입니다. 이 죄를 저지르지 않으면 다른 죄도 없어질 것이며, 이 죄를 저지르면 다른 죄도 굳어질 것입니다.

이 죄는 무엇입니까? 그리스도의 계명을 어기는 것이고, 새로운 계약을 거스르는 것입니다. 새 계명은 무엇입니까? "내가 너희에게 새 계명을 준다. 서로 사랑하여라."³ 사랑과 형제애를 거슬러 행하는 사람은 자기가 하느님에게서 태어난 사람이라고 감히 자랑하지도 말하지도 말아야 합니다. 그러나 형제애 안에 세워진 사람은 도무지 저지를 수 없는 어떤 죄가 있으니, 그것은 특히 형제를 미워하는 죄입니다. 그렇다면 "**만일 우리가 죄 없다고 말한다면, 우리는 자신을 속이는 것이고, 우리 안에 진리가 없는 것입니다**"라고 할 때, 다른 죄들에 대해서는 어떻게 알아들어야 하겠습니까? 성경의 다른 곳에서 울려오는 확실한 말씀에 귀 기울여 보십시오. "사랑은 많은 죄를 덮어 줍니다."⁴

**4.** 저희가 여러분에게 당부하는 것이 바로 사랑이며, (요한의) 이 편지가 여러분에게 당부하는 것도 바로 사랑입니다. 주님께서는 부활하신 다음 베드로에게 "너는 나를 사랑하느냐?"는 것 말고 무엇을 물으셨습니까? 그리고 한 번 묻는 것만으로는 부족하여 두 번째도 세 번째도 똑같은 질문을 하셨습니다. 세 번째 물음에 베드로는 주님께서 자기를 신뢰하지 않으시고 자기 마음의 진실을 몰라주신다는 생각에 슬픈 기색이 되었지만, 주님

tamen et primo, et secundo et tertio hoc interrogavit. Ter negavit timor, ter confessus est amor. Ecce amat Petrus Dominum. Quid praestaturus Domino? Non enim et ipse non turbatus est in illo psalmo: *Quid retribuam Domino pro omnibus quae retribuit mihi?* Qui enim dicebat haec in psalmo, adtendebat quanta sibi essent praestita a Deo; et quaerebat quid retribueret Deo, et non inveniebat. Quidquid enim retribuere volueris, ab ipso accepisti ut reddas. Et quid invenit ut retribuat? quod, ut diximus, fratres, ab ipso acceperat, hoc invenit quod retribueret. *Calicem salutaris accipiam, et nomen Domini invocabo.* Quis enim illi dederat calicem salutarem, nisi ille cui volebat retribuere? Accipere autem calicem salutarem, et invocare nomen Domini, hoc est satiari caritate; et ita satiari, ut non solum non oderis fratrem, sed paratus sis mori pro fratre. Perfecta ista caritas est, ut paratus sis mori pro fratre. Hanc ipse Dominus in se exhibuit, mortuus pro omnibus, orans pro eis a quibus crucifigebatur, et dicens: *Pater, ignosce illis, quia nesciunt quid faciunt.* Sed si solus hoc fecit, non erat magister, si discipulos non habebat. Secuti discipuli hoc fecerunt. Lapidabatur Stephanus, et genu fixo ait: *Domine, ne statuas illis hoc delictum.* Amabat a quibus occidebatur, quia et pro ipsis moriebatur. Audi et apostolum

---

5 시편 115,12.
6 시편 115,13.
7 루카 23,34.
8 사도 7,60.

께서는 처음에도, 두 번째도, 세 번째도 이것만을 물으셨습니다. 두려움은 세 번 부인했지만, 사랑은 세 번 고백했던 것입니다. 보십시오, 베드로는 주님을 사랑합니다. 베드로는 주님께 무엇을 드리겠습니까? "나 무엇으로 주님께 갚으리오? 내게 베푸신 그 모든 은혜를"[5]이라는 시편 말씀을 두고 베드로라고 염려하지 않을 수 있었겠습니까? 시편 작가는 이렇게 말하면서 자신이 하느님으로부터 받은 모든 것을 유심히 살폈습니다. 그리고 하느님께 갚아 드릴 것을 찾았으나 찾지 못하였습니다. 그대가 그분께 무엇을 되돌려 드리고 싶다 한들, 돌려드리려는 것 모두 하느님으로부터 받은 것입니다. 시편 작가는 그분께 갚아 드릴 것으로 무엇을 찾았습니까? 형제 여러분, 이미 말씀드렸듯이, 그는 하느님으로부터 받은 것, 바로 이것을 되돌려 드립니다. "구원의 잔을 들고서 주님의 이름을 받들어 부르네."[6] 이 구원의 잔을 누가 그에게 주었습니까? 그가 갚아 드리려고 했던 바로 그분이 아니겠습니까? 구원의 잔을 들고서 주님의 이름을 부른다는 것은 사랑으로 넉넉하다는 뜻입니다. 그리하여 형제를 미워하지 않을 뿐만 아니라, 형제를 위해 죽을 준비를 갖추기까지 한 것입니다. 형제를 위해서 죽을 준비가 되어 있는 것, 이것이 바로 완전한 사랑입니다. 주님 몸소 이 완전한 사랑을 보여 주셨습니다. 그분께서는 모든 사람을 위해서 돌아가시며 자신을 십자가에 못 박는 사람들을 위해서 "아버지, 저들을 용서해 주십시오. 저들은 자기들이 무슨 일을 하는지 모릅니다"[7]라고 기도하셨습니다. 그러나 당신 홀로 그리 행하시고 [당신의 모범을 따르는] 제자들을 두지 못하셨다면, 스승이 아니셨을 것입니다. 그분을 따라서 제자들도 그렇게 행하였습니다. 스테파노도 돌에 맞으면서 무릎을 꿇고 "주님, 이 죄를 저 사람들에게 돌리지 마십시오"[8] 하고 외쳤습니다. 스테파노는 자기를 죽이는 사람들을 사랑했고 그들을 위하여 죽은 것입니다. 바오로 사도의

Paulum: *Et ipse,* inquit, *impendar pro animabus vestris.* Inter illos enim erat pro quibus Stephanus deprecabatur, quando eorum manibus moriebatur.

Perfecta ergo caritas haec est. Si quis tantam habuerit caritatem, ut paratus sit pro fratribus etiam mori, perfecta est in illo caritas. Sed numquid mox ut nascitur, iam prorsus perfecta est? Ut perficiatur, nascitur: cum fuerit nata, nutritur; cum fuerit nutrita roboratur; cum fuerit roborata, perficitur: cum ad perfectionem venerit, quid dicit? *Mihi vivere Christus est, et mori lucrum. Optabam dissolvi et esse cum Christo; multo enim magis optimum: manere in carne necessarium propter vos.* Propter eos volebat vivere, pro quibus paratus erat mori.

**5.** Et ut noveritis quia ipsa est perfecta caritas, quam non violat, et in quam non peccat qui natus est ex Deo; hoc Dominus dicit Petro: *Petre, amas me?* Et ille: *Amo.* Non ait: Si amas me, obsequere mihi. Quando enim erat Dominus in carne mortali, esurivit, sitivit: eo tempore quo esuriebat et sitiebat, susceptus est hospitio; ministrarunt illi qui habuerunt, de substantia sua, sicut legimus in Evangelio. Suscepit eum hospitio Zachaeus: salvus factus est a morbo,

---

9 2코린 12,15.  10 필리 1,21.23-24.
11 요한 21,17 참조.  12 루카 8,3 참조.

말씀도 들어 보십시오. "여러분을 위해서라면 나 자신도 남김없이 내놓겠습니다."[9] 사실 바오로도 스테파노가 사람들 손에 죽어 가면서 기도해 주었던 사람들 가운데 하나였습니다.

 이것이 바로 완전한 사랑입니다. 누군가가 형제들을 위해 죽을 준비까지 갖춘 사랑을 지녔다면, 이 사람 안에 완전한 사랑이 있습니다. 그렇다고 이 사랑이 태어나는 그 순간부터 곧바로 완전하다는 말입니까? 아닙니다. 완전해지기 위해 태어나는 것입니다. 태어나면 자라고, 자라면 건장해지며, 건장해지면 완전해집니다. 완전해졌을 때에 관해서는 [바오로 사도께서] 뭐라고 말씀하십니까? "사실 나에게는 삶이 곧 그리스도이며 죽는 것이 이득입니다. 나의 바람은 이 세상을 떠나 그리스도와 함께 있는 것입니다. 그편이 훨씬 낫습니다. 그러나 내가 이 육신 속에 머물러 있는 것이 여러분에게는 더 필요합니다."[10] 바오로는 그들을 위해서 살기를 원했고, 그들을 위하여 죽을 준비도 되어 있었습니다.

**5.** 바로 이것이 완전한 사랑이며, 하느님에게서 태어난 사람은 이 사랑을 거스를 수도 없고, 이 사랑 안에서는 죄를 저지를 수도 없다는 것을 여러분이 알도록 하기 위하여 주님께서 베드로에게 이렇게 말씀하셨던 것입니다. "베드로야, 너는 나를 사랑하느냐?"[11] 그러자 베드로는 "예, 사랑합니다"라고 대답하였습니다. 주님께서는 '네가 나를 사랑한다면 나에게 복종하라'고 말씀하지 않으셨습니다. 주님께서는 죽을 인간의 몸으로 사셨을 때 굶주리기도 하셨고 목마르기도 하셨습니다. 굶주리고 목마르셨을 때 주님께서는 대접을 받아들이셨습니다. 복음에서 읽듯이, 재산을 가지고 있는 사람들은 가진 것으로써 주님을 섬기고 있었습니다.[12] 자캐오도 주님을 손님으로 모셔 들였습니다. 그는 의사를 모셔 들임으로써 병에서 치유

suscepto medico. Quo morbo? Avaritiae. Erat enim ditissimus, et princeps publicanorum. Adtendite sanatum a morbo avaritiae. *Dimidium,* inquit, *bonorum meorum do pauperibus; et si cui aliquid tuli, quadruplum reddam.* Ideo servavit alterum dimidium, non quo frueretur, sed unde debita solveret. Suscepit ergo tunc medicum hospitio, quia erat infirmitas carnis in Domino, cui hoc obsequium praeberent homines: et hoc, quia voluit praestare obsequentibus; obsequentibus enim proderat, non illi. Cui enim angeli ministrabant, horum obsequium requirebat? Nec Elias servus illius hoc necessarium habebat aliquando, cui panem et carnem per corvum mittebat; et tamen ut vidua religiosa benediceretur, mittitur servus Dei, pascitur a vidua quem Deus in secreto pascebat. Verumtamen quamquam de his servis Dei sibi praestent, qui eorum indigentiam considerant, propter illam mercedem a Domino in Evangelio manifestissime positam: *Qui suscipit iustum in nomine iusti, mercedem iusti accipiet; et qui suscipit prophetam in nomine prophetae, mercedem prophetae accipiet; et qui dederit calicem aquae frigidae uni ex his minimis tantum in nomine discipuli, amen dico vobis, non perdet mercedem suam.* Quamvis ergo sibi praestent qui hoc faciunt, tamen nec hoc poterat praeberi ascensuro in caelum. Quid illi poterat retribuere Petrus, qui amabat illum? Audi quid: *Pasce*

---

13 루카 19,8.
14 1열왕 17,4-16 참조.
15 마태 10,41-42 참조.

되었습니다. 무슨 병이었습니까? 탐욕이라는 병이었습니다. 그는 큰 부자로서, 세관장이었습니다. 그가 탐욕이라는 병에서 어떻게 나았는지 보십시오. "제 재산의 반을 가난한 이들에게 주겠습니다. 그리고 제가 다른 사람 것을 횡령하였다면 네 곱절로 갚겠습니다"[13]라고 말합니다. 그는 나누어 주고 남은 나머지 반도 스스로 누리기 위해서가 아니라 빚을 갚기 위해서 보존했던 것입니다. 자캐오는 바로 그때 의사이신 분을 손님으로 맞아들인 셈입니다. 사실 주님 안에도 육신의 허약함이 있었기에, 사람들이 그분께 이러한 호의를 베풀어 드렸던 것입니다. 이 호의는 주님께서 그들에게 베풀고자 하셨던 것입니다. 호의를 베푼 이들에게 유익한 것이지, 그분께 도움을 드린 것은 아닙니다. 천사들도 시중들었던 분께서 그들의 호의가 필요하셨겠습니까? 그분의 종인 엘리야도 더러 이 도움이 필요하였기에 주님께서 까마귀를 시켜서 빵과 고기를 보내 주셨습니다. 그럼에도, 어떤 신심 깊은 과부가 축복을 받도록 하느님의 종[엘리야]이 파견되었을 때에는, 하느님께서 남모르게 챙겨 먹이시던 이 하느님의 종이 과부에게 음식을 얻어먹었습니다.[14] 그러므로 하느님의 종들의 궁핍함을 염려하며 도움을 베푼다 할지라도, 그것은 사실 주님께서 복음서에서 그토록 뚜렷이 약속하신 상을 받기 위해 그리하는 셈입니다. "의인을 의인의 이름으로 받아들이는 이는 의인이 받는 상을 받을 것이고, 예언자를 예언자의 이름으로 받아들이는 이는 예언자가 받는 상을 받을 것이다. 내가 진실로 너희에게 말한다. 이 작은 이들 가운데 한 사람에게 그가 제자라서 시원한 물 한 잔이라도 마시게 하는 이는 자기가 받을 상을 결코 잃지 않을 것이다."[15] 결국 그들이 행한 것이 자신들에게 유익하였지만, 그것은 머지않아 승천하실 분께는 도움이 될 수 없는 것이었습니다. 주님을 사랑하던 베드로가 무엇으로 주님께 되갚을 수 있었겠습니까? 그대, 이 말씀을 들어 보십시오.

*oves meas;* id est: Fac pro fratribus quod pro te feci. Omnes sanguine meo redemi: nolite dubitare mori pro veritatis confessione, ut ceteri vos imitentur.

**6.** Sed haec, ut diximus, fratres, perfecta caritas est; qui natus est ex Deo, habet illam. Intendat Caritas vestra, videte quid dicam. Ecce accepit sacramentum nativitatis homo baptizatus; sacramentum habet, et magnum sacramentum, divinum, sanctum, ineffabile. Considera quale: ut novum hominem faciat dimissione omnium peccatorum. Adtendat tamen in cor, si perfectum est ibi, quod factum est in corpore: videat si habet caritatem, et tunc dicat: Natus sum ex Deo. Si autem non habet, characterem quidem impositum habet, sed desertor vagatur. Habeat caritatem; aliter non se dicat natum ex Deo. Sed habeo, inquit, sacramentum. Audi Apostolum: *Si sciam omnia sacramenta, et habeam omnem fidem, ita ut montes transferam, caritatem autem non habeam, nihil sum.*

**7.** Hoc, si meministis, commendavimus, cum istam Epistolam legere inciperemus, nihil in ea nobis sic commendari, quomodo caritatem. Et si videtur alia et alia dicere, illuc facit reditum; et ad ipsam

---

[16] 요한 21,15.
[17] 1코린 13,2. 그리스어 '미스테리온'(*mysterion*)은 라틴어로는 '신비'(misterium)라고 옮겨지기도 하고 '성사'(sacramentum)라고 옮겨지기도 한다. 바오로 사도가 말하는 그리스어 '신비'에서 '성사'라는 주제를 끌어내는 아우구스티누스의 수사학 솜씨다.
[18] 『요한 서간 강해』 머리말 참조.

"내 양들을 돌보아라."¹⁶ 이는 '내가 너를 위해서 한 것을 너도 네 형제들을 위해서 하여라. 나는 그들 모두를 내 피로써 구원하였으니, 너희는 진리를 고백하기 위해 죽기를 주저하지 말아라. 그리하여 다른 이들이 너희를 본받도록 하여라'는 말씀과 같습니다.

**6.** 형제 여러분, 이미 말씀드린 바와 같이, 이것이 완전한 사랑입니다. 하느님에게서 태어난 사람은 그 사랑을 지니고 있습니다. 사랑하는 여러분, 제가 말씀드리는 바를 잘 알아들으십시오.

세례 받은 사람은 탄생의 성사를 받았습니다. 위대한 성사, 거룩하고 신비롭고, 말로 표현할 수 없는 성사를 받은 것입니다. 그것이 무엇인지 생각해 보십시오. 그것은, 모든 죄를 용서받아 새사람이 되게 하는 성사입니다. 그렇지만 몸에서 이루어진 것이 마음 안에서도 완성되었는지 살펴보십시오. 사랑을 지니고 있는지 살펴보라는 말입니다. 사랑을 지니고 있다면 '나는 하느님에게서 태어났다'고 말하십시오. 그러나 사랑을 지니지 못했다면, 그는 단지 주어진 인호만 받았을 뿐, 떠돌아다니는 방랑자입니다. 사랑을 지니십시오. 그렇지 않다면 하느님에게서 태어났다고 말하지 마십시오. 그래도 '나는 성사sacramentum를 지니고 있다'고 말하겠지요. 바오로 사도의 말씀을 들어 보십시오. "내가 모든 신비sacramentum를 깨닫고 산을 옮길 수 있는 큰 믿음이 있다 하여도 나에게 사랑이 없으면 나는 아무것도 아닙니다."¹⁷

**7.** 기억하시겠지만 저는 이 서간 강해를 시작하면서, 이 서간이 사랑 말고는 우리에게 아무것도 명령하지 않는다고 말씀드린 바 있습니다.¹⁸ 요한이 이것저것 말하는 것 같아 보여도 언제나 사랑으로 되돌아오게 합니다. 그

caritatem omnia vult referre quaecumque dixerit. Videamus si et hic hoc facit. Adtende: *Omnis qui natus est ex Deo, non facit peccatum.* Quaerimus quod peccatum: quia si omne intellexeris, contrarius erit illi loco: *Si dixerimus quia peccatum non habemus, nosmetipsos seducimus, et veritas in nobis non est.* Ergo dicat quod peccatum, doceat nos; ne forte ego temere dixerim peccatum hoc esse violationem caritatis, quia supra dixit: *Qui odit fratrem suum, in tenebris est, et in tenebris ambulat, et nescit quo eat, quia tenebrae excaecaverunt oculos eius.* Sed forte dixit aliquid in posterioribus, et nominavit caritatem. Videte quia circuitus ille verborum hunc habet finem, hunc habet exitum. *Omnis qui natus est ex Deo, non peccat; quia semen eius in ipso manet.* Semen Dei, id est, verbum Dei; unde dicit Apostolus: *Per Evangelium ego vos genui. Et non potest peccare, quia ex Deo natus est.* Dicat hoc, videamus in quo non potest peccare. *In hoc manifestati sunt filii Dei et filii diaboli. Omnis qui non est iustus, non est a Deo, et qui non diligit fratrem suum.* Certe iam manifestum est unde dicat: *Et qui non diligit,* inquit, *fratrem suum.* Dilectio ergo sola discernit inter filios Dei et filios diaboli. Signent se omnes signo crucis Christi; respondeant omnes: Amen; cantent omnes: Alleluia; baptizentur omnes,

---

19 1코린 4,15. 『성경』: "내가 복음을 통하여 여러분의 아버지가 되었습니다."

는 무엇을 말하든지 모두 이 사랑과 관련하여 말하려 했습니다. 여기서도 과연 그렇게 하는지 한번 봅시다. "하느님에게서 태어난 사람은 아무도 죄를 저지르지 않습니다"(1요한 3,9). 무슨 죄를 짓지 않는다는 말인지 물어봅시다. 혹시 모든 죄라고 생각하면, "만일 우리가 죄 없다고 말한다면, 우리는 자신을 속이는 것이고, 우리 안에 진리가 없는 것입니다"(1요한 1,8)라는 말씀과 모순될 것입니다. 그렇다면 무슨 죄인지 (요한이) 몸소 말씀해 주시고 우리를 가르쳐 주시기를 바랍니다. 그리하여 제가 사랑을 거스르는 것이 죄라고 말하기를 두려워하지 않게 되기를 바랍니다. 요한은 앞서 "자기 형제를 미워하는 자는 어둠 속에 있습니다. 그는 어둠 속에서 살아가면서 자기가 어디로 가는지 모릅니다. 어둠이 그의 눈을 멀게 하였기 때문입니다"(1요한 2,11)라고 말했기 때문입니다. 그러나 아마도 요한은 나중에 뭔가를 말했고 그것을 사랑이라고 일컬은 것 같습니다. 말씀들이 돌고돌아 어떤 결론과 해답을 지니게 되는지 보십시오. "하느님에게서 태어난 사람은 아무도 죄를 저지르지 않습니다. 하느님의 씨가 그 사람 안에 있기 때문입니다"(1요한 3,9). 하느님의 씨는 곧 하느님의 말씀입니다. 그래서 바오로 사도는 이렇게 말합니다. "내가 복음을 통하여 여러분을 낳았습니다."[19] "하느님에게서 태어난 사람은 아무도 죄를 저지르지 않습니다"라고 하셨으니, 어떤 의미에서 죄를 지을 수 없는지 (요한 당신께서) 말씀해 주시고 우리가 살펴볼 수 있기를 바랍니다. "하느님의 자녀와 악마의 자녀는 이렇게 뚜렷이 드러납니다. 의로운 일을 실천하지 않는 자는 모두 하느님께 속한 사람이 아닙니다. 자기 형제를 사랑하지 않는 자도 그렇습니다"(1요한 3,10). 당신께서 "자기 형제를 사랑하지 않는 자"라고 말씀하시는 데서 이미 뚜렷이 드러납니다. 오직 사랑만이 하느님의 자녀와 악마의 자식을 구별해 줍니다. 모두가 다 그리스도의 십자성호를 긋고, 모두가 '아멘' 하고

intrent Ecclesias, faciant parietes basilicarum: non discernuntur filii Dei a filiis diaboli, nisi caritate. Qui habent caritatem, nati sunt ex Deo: qui non habent, non sunt nati ex Deo. Magnum indicium, magna discretio. Quidquid vis habe; hoc solum non habeas, nihil tibi prodest: alia si non habeas, hoc habe, et implesti Legem. *Qui enim diligit alterum, Legem implevit,* ait Apostolus; et: *Plenitudo Legis caritas.*

Puto istam margaritam esse illam quam homo negotiator quaesisse describitur in Evangelio, qui invenit unam margaritam, et vendidit omnia quae habebat, et emit eam. Haec est margarita pretiosa, caritas, sine qua nihil tibi prodest quodcumque habueris: quam si solam habeas, sufficit tibi. Modo cum fide vides, tunc cum specie videbis. Si enim amamus cum non videmus, quomodo amplectemur cum viderimus? Sed ubi nos debemus exercere? in amore fraterno. Potes mihi dicere: Non vidi Deum; numquid potes mihi dicere: Non vidi hominem? Dilige fratrem. Si enim fratrem quem vides dilexeris, simul videbis et Deum; quia videbis ipsam caritatem, et intus inhabitat Deus.

---

20 로마 13,8.
21 로마 13,10.
22 마태 13,46 참조.

대답하고, '알렐루야'를 노래한다 할지라도, 또 모두가 다 세례를 받고, 교회에 다니고, 성전을 지어 올린다 할지라도, 하느님의 자녀와 악마의 자식을 구별하는 것은 오직 하나, 사랑뿐입니다. 사랑이 있는 사람은 하느님에게서 태어난 사람이고 사랑이 없는 사람은 하느님에게서 태어난 사람이 아닙니다. 사랑이야말로 위대한 표지요, 위대한 식별입니다. 그대, 원하는 것 다 가지십시오. 그러나 이것 하나를 지니지 못한다면, 그대에게 아무 소용이 없습니다. 그러나 다른 것은 가지고 있지 못할지언정, 사랑을 지니고 있다면 그대는 법을 완성한 것입니다. 그래서 바오로 사도는 "남을 사랑하는 사람은 율법을 완성한 것입니다",[20] "사랑은 율법의 완성입니다"[21]라고 말합니다.

복음서에서 말하는 장사꾼이 찾는 진주가 바로 이 사랑이라고 저는 생각합니다. 그는 값진 진주를 하나 발견하자, 가진 것을 모두 팔아 그것을 샀습니다.[22] 이 값진 진주가 바로 사랑입니다. 사랑 없이는 그대가 지니고 있는 모든 것이 그대에게 아무 소용이 없습니다. 그러나 그대, 이 사랑 하나만 지닌다면, 그것으로 넉넉합니다. 지금은 믿음으로 뵙지만 그때에는 얼굴을 맞대고 뵐 것입니다. 지금 우리가 뵈옵지도 못하면서 사랑한다면, 장차 뵈올 때에는 얼싸안지 않겠습니까? 그렇다면 우리는 어디에서 훈련해야 합니까? 형제적 사랑에서 훈련해야 합니다. 그대는 저에게 '나는 하느님을 뵙지 못했다'고 말할 수 있을 것입니다. 그러나 그대는 결코 '나는 사람을 보지 못했다'고 말할 수는 없지 않습니까? 형제를 사랑하십시오. 그대, 보이는 형제를 사랑하면 바로 그때 하느님도 뵐 것입니다. 사랑 자체를 뵐 것이니, 하느님은 사랑 안에서 살아가시기 때문입니다.

**8.** *Qui non est iustus, non est ex Deo; et qui non diligit fratrem suum. Quia haec est adnuntiatio:* vide quomodo confirmat: *Quia haec est adnuntiatio quam audivimus ab initio, ut diligamus invicem.* Manifestavit nobis inde se dicere: contra hoc mandatum quisquis facit, in peccato illo est scelerato, in quod incidunt qui non nascuntur ex Deo. *Non sicut Cain qui ex maligno erat, et occidit fratrem suum. Et cuius rei gratia occidit? Quia opera eius maligna fuerunt, fratris vero eius iusta.* Ergo ubi est invidia, amor fraternus esse non potest. Intendat Caritas vestra. Qui invidet, non amat. Peccatum diaboli est in illo; quia et diabolus invidendo deiecit. Cecidit enim, et invidit stanti. Non ideo voluit deicere ut ipse staret, sed ne solus caderet. Tenete in animo ex hoc quod subiecit, invidiam non posse esse in caritate. Habes aperte cum laudaretur ipsa caritas: *Caritas non aemulatur.* Non fuit caritas in Cain; et nisi esset caritas in Abel, non acciperet Deus sacrificium eius. Cum enim ambo obtulissent, ille de fructibus terrae, ille de fetibus ovium; quid putatis, fratres, quia Deus fructus terrae neglexit, et fetus ovium dilexit? Non intendit Deus ad manus; sed in corde vidit: et quem vidit cum caritate offerre, ipsius sacrificium respexit; quem vidit cum invidia offerre, ab ipsius sacrificio oculos avertit. Opera ergo bona Abel

---

23 1코린 13,4.

8. "의로운 일을 실천하지 않는 자는 모두 하느님께 속한 사람이 아닙니다. 자기 형제를 사랑하지 않는 자도 그렇습니다. 여러분이 처음부터 들은 말씀은 이것입니다"(1요한 3,10-11). 요한이 이 말씀을 어떻게 강조하는지 보십시오. "여러분이 처음부터 들은 말씀은 이것입니다. 곧 우리가 서로 사랑해야 한다는 것입니다"(1요한 3,11). 요한은 자신이 말하는 근거를 우리에게 분명히 보여 줍니다. 이 계명을 거스르는 이는 누구든지, 하느님에게서 태어나지 않은 이들이 떨어지는 죄를 저지른다는 것입니다. "악마에게 속한 사람으로서 자기 동생을 죽인 카인처럼 되어서는 안 됩니다. 그가 무슨 까닭으로 동생을 죽였습니까? 자기가 한 일은 악하고 동생이 한 일은 의로웠기 때문입니다"(1요한 3,12). 시기가 있는 곳에는 형제적 사랑이 있을 수 없습니다. 사랑하는 여러분, 알아들으십시오. 시기하는 자는 사랑하지 못합니다. 악마의 죄는 바로 이 시기에 있습니다. 악마도 시기로써 인간이 넘어지게 하였기 때문입니다. 악마는 자신이 넘어졌기 때문에 서 있는 사람을 시기했습니다. 자기가 일어서기 위해 남을 넘어뜨린 것이 아니라, 저 혼자 넘어지기 싫어 그리한 것입니다. 여러분, 여기서 밝히 드러난 사실을 마음에 새겨 두십시오. 시기는 사랑 안에 있을 수 없다는 것 말입니다. 바오로가 사랑을 노래한 곳에서 그대는 분명히 알아듣게 됩니다. "사랑은 시기하지 않습니다."[23] 카인에게는 사랑이 없었습니다. 아벨에게도 사랑이 없었다면, 하느님께서는 그의 제물을 받지 않으셨을 것입니다. 둘 다 제물을 바치는데, 하나는 땅에서 난 곡식을, 다른 하나는 어린 양들 가운데 하나를 바쳤습니다. 형제 여러분, 하느님께서 왜 땅에서 난 곡식은 하찮게 여기고 어린 양은 좋아하셨을까요? 하느님께서는 손을 보시지 않고 마음을 보셨습니다. 사랑으로 바친 봉헌 제물은 굽어보아 주셨지만, 시기로 바친 봉헌 제물에서는 눈을 돌리셨습니다. 요한이 아벨의 행위가 의롭다고

non dicit nisi caritatem; opera mala Cain non dicit nisi odium fraternum. Parum est quia odit fratrem suum, et invidit operibus bonis; quia imitari noluit, necare voluit. Et hinc apparuit quia filius erat diaboli, et ille hinc apparuit iustus Dei. Hinc ergo discernuntur homines, fratres mei. Nemo adtendat linguas, sed facta et cor. Si non bene faciat pro fratribus suis, ostendit quid in se habeat. Tentationibus probantur homines.

**9.** *Nolite mirari, fratres, si odit nos mundus.* Numquid saepe vobis dicendum est quid est mundus? Non caelum, non terra, nec ista opera quae Deus fecit; sed dilectores mundi. Ista saepe dicendo quibusdam onerosus sum: sed usque adeo non frustra dico, ut aliqui interrogentur an dixerim, et non respondeant. Ergo vel inculcando haereat aliquid in cordibus audientium. Quid est mundus? Mundus est, quando in malo ponitur, dilectores mundi: mundus quando in laude ponitur, caelum et terra est, et quae in his opera Dei; unde dicitur: *Et mundus per eum factus est.* Item mundus est plenitudo terrae, sicut dixit ipse Ioannes: *Non solum autem nostrorum peccatorum propitiator est, sed et totius mundi.* Mundi dicit omnium fidelium per orbem sparsorum. Mundus autem in malo, amatores mundi sunt. Qui amant mundum, fratrem amare non possunt.

---

24 『성경』: "여러분을."   25 요한 1,10.

한 것은 오직 사랑 때문이요, 카인의 행위를 악하다고 한 것은 오직 형제에 대한 미움 때문이었습니다. 동생을 미워하고 동생의 선행을 시기하는 것만으로는 충분하지 않았습니다. 동생을 본받으려 하지 않고 죽이려 했기 때문입니다. 이렇게 카인은 악마의 자식이었음이 드러났고, 아벨은 하느님의 의로운 사람이었음이 드러났습니다. 나의 형제 여러분, 사람은 이렇게 식별됩니다. 그 누구도 말에 귀 기울이지 말고, 그 행동과 마음을 보십시오. 자기 형제에게 잘하지 않는 사람은 마음속에 지니고 있는 것을 그대로 드러냅니다. 사람의 본색은 시련 중에 알아보게 되는 법입니다.

**9.** "**형제 여러분, 세상이 우리를[24] 미워하여도 놀라지 마십시오**"(1요한 3,13). 세상이 무엇인지에 대해 여러분에게 더 말할 필요가 있겠습니까? 세상이란 하늘도, 땅도, 하느님이 이룩하신 업적도 아닙니다. 그것은 다만 세상을 사랑하는 사람들을 일컫는 것입니다. 제가 같은 말을 자주 되풀이해서 어떤 분은 싫증 날 수도 있겠습니다만, 사실은 공연히 이렇게 말씀드리는 것이 아닙니다. 제가 무슨 말을 했는지 어떤 분들에게 여쭈어 보았을 때 대답을 안 하셨기 때문입니다. 그러므로 무리해서라도 청중의 마음속에 뭔가는 남아 있게 되기를 바랍니다. 세상이란 무엇입니까? 나쁜 뜻으로는 세상을 사랑하는 사람들이고, 좋은 뜻으로는 하늘과 땅이며 그 안에 든 하느님의 업적입니다. 그래서 "세상이 그분을 통하여 생겨났다"[25]고 한 것입니다. 이런 뜻에서 세상은 온 땅을 가리킵니다. 그래서 요한은 "**그분은 우리 죄만이 아니라 온 세상의 죄를 위한 속죄 제물이십니다**"(1요한 2,2)라고 말했습니다. 여기서 세상이란 온 세상에 퍼져 있는 모든 믿는 이들을 가리킵니다. 그렇지만 나쁜 뜻으로는 세상을 사랑하는 사람들을 뜻합니다. 세상을 사랑하는 사람은 자기 형제를 사랑할 수 없습니다.

**10.** *Si odit nos mundus: nos scimus.* Quid nos scimus? *quia transivimus de morte ad vitam.* Unde scimus? *Quia diligimus fratres.* Nemo interroget hominem; redeat unusquisque ad cor suum: si ibi invenerit caritatem fraternam, securus sit, quia transiit a morte ad vitam. Iam in dextera est: non adtendat quia modo gloria eius occulta est; cum venerit Dominus, tunc apparebit in gloria. Viget enim, sed adhuc in hieme; viget radix, sed quasi aridi sunt rami: intus est medulla quae viget, intus sunt folia arborum, intus fructus; sed aestatem exspectant. Ergo *nos scimus quia transivimus de morte ad vitam, quia diligimus fratres. Qui non diligit, manet in morte.* Ne putetis, fratres, leve esse, odisse aut non diligere, audite quod sequitur: *Omnis qui odit fratrem suum, homicida est.* Iam ergo si contemnebat quisquam odium fraternum, numquid et homicidium in corde suo contempturus est? Non movet manus ad occidendum hominem, homicida iam tenetur a Domino; vivit ille, et iste iam interfector iudicatur. *Omnis qui odit fratrem suum, homicida est. Et scitis quia omnis homicida non habet vitam aeternam in se manentem.*

**11.** *In hoc cognoscimus dilectionem.* Perfectionem dilectionis dicit, perfectionem illam quam commendavimus. *In hoc cognoscimus di-*

10. "세상이 우리를 미워한다면, 우리는 압니다"(1요한 3,13-14 참조). 무엇을 압니까? "우리가 이미 죽음에서 생명으로 건너갔다는 것을 압니다"(1요한 3,14). 어떻게 압니까? "우리가 형제를 사랑하기 때문입니다"(1요한 3,14). 누구도 사람에게 물어보지 마십시오. 자기 마음으로 돌아가면 됩니다. 거기서 형제적 사랑을 발견한다면 그는 죽음에서 생명으로 건너간 것이 확실합니다. 이미 [선택받은 양들과 함께] 오른쪽에 서 있으므로, 지금 잠시 그분의 영광이 숨겨져 있다고 해서 염려하지 마십시오. 주님께서 오실 때 영광 속에 나타나실 것입니다. 힘으로 가득 차 있지만 아직은 겨울입니다. 뿌리는 건장하지만 가지는 아직 메말라 있습니다. 안에는 수액이 활기차게 흐르고, 안에는 나뭇잎이 무성하며, 안에는 열매가 있지만, 여름을 기다리고 있습니다. 그러므로 "우리는 형제들을 사랑하기 때문에 우리가 이미 죽음에서 생명으로 건너갔다는 것을 압니다. 사랑하지 않는 자는 죽음 안에 그대로 머물러 있습니다"(1요한 3,13-14). 형제 여러분, 미워하거나 사랑하지 않는 것이 가벼운 죄라고 생각하지 마십시오. 이어지는 말씀을 들어 보십시오. "자기 형제를 미워하는 자는 모두 살인자입니다"(1요한 3,15). 형제 미워하기를 대수롭지 않게 여겼다고 자기 마음속에 있는 살인마저 가벼이 여겨서야 되겠습니까? 사람을 죽이려고 손을 움직이지 않았다 해도, 이미 주님께서는 살인자로 여기십니다. [미움받는] 그 사람이 아직 살아 있어도, [미워하는] 이 사람은 이미 살인자로 심판받은 것입니다. "자기 형제를 미워하는 자는 모두 살인자입니다. 그리고 여러분이 알다시피, 살인자는 아무도 자기 안에 영원한 생명을 지니고 있지 않습니다"(1요한 3,15).

11. "그 사실로 우리는 사랑을 알게 되었습니다"(1요한 3,16). 요한은 완전한 사랑에 대해 말하고 있는데, 이것은 저희가 당부한 바 있는 바로 그 사랑

*lectionem, quia ille pro nobis animam suam posuit: et nos debemus animas pro fratribus ponere.* Ecce unde veniebat: *Petre, amas me? pasce oves meas.* Nam ut noveritis quia sic ab eo pasci volebat oves suas, ut animam suam pro ovibus poneret; hoc illi continuo dixit: *Cum iuvenis esses, praecingebas te, et ibas quo volebas; cum autem fueris senior, alius te praecinget, et tollet te quo tu non vis. Hoc autem dixit,* ait evangelista, *significans qua morte clarificaturus erat Deum:* ut cui dixerat: *Pasce oves meas,* doceret eum ponere animam pro ovibus suis.

**12.** Unde incipit caritas, fratres? Modicum adtendite: quo perficiatur audistis; ipsum finem et modum ipsum et Dominus in Evangelio commendavit: *Maiorem caritatem nemo habet,* ait, *quam ut animam suam ponat pro amicis suis.* Perfectionem ergo eius ostendit in Evangelio, et hic commendata est eius perfectio; sed interrogatis vos, et dicitis vobis: Quando possumus habere istam caritatem? Noli cito de te desperare: forte nata est, sed nondum perfecta est; nutri eam, ne effocetur. Sed dicturus es mihi: Et unde novi? Quo enim perficiatur audivimus; unde incipiat audiamus.

---

26 요한 21,15-16 참조.    27 요한 21,18.
28 요한 21,19.    29 요한 15,13.

입니다. "그분께서 우리를 위하여 당신 목숨을 내놓으신 그 사실로 우리는 사랑을 알게 되었습니다. 그러므로 우리도 형제들을 위하여 목숨을 내놓아야 합니다"(1요한 3,16). 보십시오, 바로 여기서 이 말씀이 나옵니다. "베드로야, 너는 나를 사랑하느냐? 내 양들을 돌보아라."[26] 주님께서는 베드로가 자기 양들을 위해 목숨을 내놓기까지 양떼를 돌보기를 원하셨음을 알게 하시려고 이어서 이렇게 말씀하십니다. "네가 젊었을 때에는 스스로 허리띠를 매고 원하는 곳으로 다녔다. 그러나 늙어서는 네가 두 팔을 벌리면 다른 이들이 너에게 허리띠를 매어 주고서, 네가 원하지 않는 곳으로 데려갈 것이다."[27] "예수님께서는 이렇게 말씀하시어, 베드로가 어떠한 죽음으로 하느님을 영광스럽게 할 것인지 가리키신 것이다"[28]라고 복음사가는 말합니다. 그리고 이렇게 덧붙입니다. "내 양들을 돌보아라." 이는 자기 양들을 위해서 목숨을 내놓아야 한다는 것을 가르치시려는 것이었습니다.

**12.** 형제 여러분, 사랑은 어디서 시작됩니까? 조금만 주의를 기울여 보십시오. 여러분은 사랑이 어떻게 완성되는지 들었습니다. 주님 친히 사랑의 끝과 사랑의 한계에 대해서 복음서에서 말씀하셨습니다. "자기 친구들을 위하여 목숨을 내놓는 것보다 더 큰 사랑은 없다."[29] 주님께서 복음서에서 사랑의 완성을 보여 주셨고, 요한의 이 편지에서도 사랑의 완성을 명하고 있습니다. 그러나 여러분은 '우리는 언제 그런 사랑을 지닐 수 있겠느냐'고 서로 묻고 이야기합니다. 그대 자신에 대해서 섣불리 실망하지는 마십시오. 아마 사랑이 태어났지만 아직 완전하지는 않을 것입니다. 그 사랑이 시들지 않도록 키우십시오. 그러나 그대는 어떻게 그걸 아느냐고 저에게 묻고 싶으시겠지요. 우리는 사랑이 어떻게 완성되는지에 대해서 들었거니와, 이제 그 사랑이 어디서 시작되는지 들어 봅시다.

Sequitur, et dicit: *Qui autem habuerit facultates mundi, et viderit fratrem suum esurientem, et clauserit viscera sua ab eo; quomodo poterit dilectio Dei manere in eo?* Ecce unde incipit caritas. Si nondum es idoneus mori pro fratre, iam idoneus esto dare de tuis facultatibus fratri. Iam percutiat viscera tua caritas, ut non de iactantia facias, sed de intimo adipe misericordiae; ut consideres illum in egestate positum. Si enim superflua non potes dare fratri tuo, animam tuam potes ponere pro fratre? Iacet pecunia in sinu tuo, quam tibi fures possunt auferre; et si illam non auferent fures, moriendo illam deseres, etiam si te illa viventem non deserat: quid inde facturus es? Esurit frater tuus, in necessitate positus est; fortassis suspenditur, a creditore angustatur; non habet ipse, habes tu: frater tuus est, simul empti estis, unum est pretium vestrum, ambo sanguine Christi redempti estis: vide si misereris, si habes facultates mundi. Quid ad me pertinet, forte dicis? Ego daturus sum pecuniam meam, ne ille molestiam patiatur? Si hoc tibi responderit cor tuum, dilectio Patris non in te manet. Si dilectio Patris non in te manet, non es natus ex Deo. Quomodo te gloriaris esse christia-

요한은 이어서 말합니다. "누구든지 세상 재물을 가지고 있으면서도 자기 형제가 궁핍한 것을 보고 그에게 마음을 닫아 버리면, 하느님 사랑이 어떻게 그 사람 안에 머무를 수 있겠습니까?"(1요한 3,17). 자, 사랑이 어디서 시작되는지 보십시오. 그대가 아직 형제를 위해서 죽을 만큼은 안 된다 할지라도, 지금 그대의 재물 가운데 얼마는 형제에게 줄 수 있을 정도는 되어야 합니다. 벌써 사랑이 그대의 마음을 두드리고 있습니다. 그것은 자랑하기 위해서가 아니라, 마음 깊은 곳에서 우러나는 자비로 말미암은 것이어야 합니다. 그리하여 궁핍한 처지에 있는 형제를 염려해야 합니다. 남는 것도 그대 형제에게 줄 수 없다면, 어떻게 형제를 위해 그대의 목숨을 내놓을 수 있겠습니까? 그대 주머니에 든 돈은 도둑이 훔쳐 갈 수도 있습니다. 그 돈을 도둑이 훔쳐 가지 않는다 하더라도, 그대가 죽을 때는 버리고 가야 합니다. 설령 그 돈이 살아 있는 그대를 버리지 않는다 할지라도 말입니다. 그러니 그대, 무엇을 하시렵니까? 그대의 형제는 굶주려 궁핍한 처지에 있습니다. 그는 아마 꼼짝달싹 못 하며 빚쟁이에게 시달리고 있을지도 모릅니다. 그는 가진 게 없는데 그대는 가진 게 있습니다. 그는 그대의 형제이며, 그대들은 함께 구원(속량)된 사람들입니다. 그대들의 상급은 하나입니다. 그대들 둘 다 그리스도의 피로써 구원(속량)되었다는 말입니다. 그러므로 그대, 세상 재물을 지니고 있다면 그대가 자비의 마음을 지니고 있는지 살펴보십시오. 그대, 그것이 내게 무슨 상관이냐고 말하렵니까? 궁핍한 사람이 괴로움을 겪지 않도록 내가 내 돈을 주어야 하느냐고 말하렵니까? 그대 마음이 그대에게 이렇게 대답한다면, 그대 안에는 [하느님] 아버지의 사랑이 머무르지 않습니다. 그대 안에 아버지의 사랑이 머무르지 않으면, 그대는 하느님에게서 태어난 사람이 아닙니다. 그렇다면 그대는 어떻게 그리스도인이라고 자랑할 수 있단 말입니까? 그대는 이름만

num? Nomen habes, et facta non habes. Si autem nomen secutum fuerit opus, dicat te quisquam paganum, tu factis ostende te christianum. Nam si factis non ostendis te christianum, omnes te christianum vocent, quid tibi prodest nomen, ubi res non invenitur? *Qui autem habuerit facultates mundi, et viderit fratrem suum egentem, et clauserit viscera sua ab eo; quomodo potest dilectio Dei manere in eo?* Et sequitur: *Filioli, non diligamus verbo tantum et lingua, sed opere et veritate.*

**13.** Puto manifestatum esse vobis magnum et necessarium secretum et sacramentum, fratres mei. Quid valeat caritas, omnis Scriptura commendat; sed nescio si alicubi amplius quam in ista Epistola commendetur. Rogamus vos et obsecramus in Domino, ut et illa quae audistis memoria teneatis; et ad ea quae adhuc dicenda sunt, donec finiatur ipsa Epistola, intenti veniatis, intenti audiatis. Aperite autem cor ad semina bona: exstirpate spinas, ne effocetur in vobis quod seminatur, sed potius crescat seges; et gaudeat agricola, et horreum vobis praeparet tamquam frumentis, non ignem tamquam paleis.

가졌지, 그 행동은 지니지 못했습니다. 그러나 이름이 행동을 따른다면, 누가 그대를 이교도라 부른다 할지라도, 행동으로써 그대가 그리스도인임을 보여 주십시오. 그대가 행동으로써 그리스도인이라는 것을 보여 주지 않는다면 모두가 그대를 그리스도인이라고 불러 준다 한들 그 이름이 무슨 소용이 있습니까? 실상이 없는데 말입니다. "누구든지 세상 재물을 가지고 있으면서도 자기 형제가 궁핍한 것을 보고 그에게 마음을 닫아 버리면, 하느님 사랑이 어떻게 그 사람 안에 머무를 수 있겠습니까?"(1요한 3,17). 그리고 이어서 이렇게 말합니다. "자녀 여러분, 말과 혀로 사랑하지 말고 행동으로 진리 안에서 사랑합시다"(1요한 3,18).

13. 나의 형제 여러분, 저는 여러분에게 위대하고도 필수 불가결한 비밀과 신비를 밝혀 드렸다고 믿습니다. 사랑이 얼마나 소중한지에 대해서는 성경 전체가 권고하고 있지만, 이 편지에서보다 더 폭넓게 권고하는 곳은 없다고 생각합니다. 여러분이 들으신 바를 기억에 새겨 간직하시기를 주님 안에서 부탁하고 간청합니다. 그리고 이 편지가 끝날 때까지 아직 드려야 할 말씀을 들으러 주의 깊은 마음으로 와 주시고, 귀여겨 들어 주시기 바랍니다. 좋은 씨앗에는 마음을 열고, 가시덤불은 뽑아내십시오. 뿌려진 씨가 여러분 안에서 숨 막히지 않고 더 잘 자라나게 하십시오. 그리하여 [마지막 추수 때] 가라지의 불이 아니라 알곡의 곳간이 여러분에게 마련되어 농부께서 기뻐하시기를 빕니다.

## 요한의 첫째 서간 3,18-4,3

¹⁸ 자녀 여러분, 말과 혀로 사랑하지 말고 행동으로 진리 안에서 사랑합시다. ¹⁹ 이로써 우리가 진리에 속해 있음을 알게 되고, 또 그분 앞에서 마음을 편히 가질 수 있을 것입니다. ²⁰ 마음이 우리를 단죄하더라도 그렇습니다. 하느님께서는 우리의 마음보다 크시고 또 모든 것을 아시기 때문입니다. ²¹ 사랑하는 여러분, 마음이 우리를 단죄하지 않으면 우리는 하느님 앞에서 확신을 가지게 됩니다. ²² 그리고 우리가 청하는 것은 다 그분에게서 받게 됩니다. 우리가 그분의 계명을 지키고 그분 마음에 드는 것을 하기 때문입니다. ²³ 그분의 계명은 이렇습니다. 그분께서 우리에게 명령하신 대로, 그분의 아드님이신 예수 그리스도의 이름을 믿고 서로 사랑하라는 것입니다. ²⁴ 그분의 계명을 지키는 사람은 그분 안에 머무르고, 그분께서도 그 사람 안에 머무르십니다. 그리고 그분께서 우리 안에 머무르신다는 것을 우리는 바로 그분께서 우리에게 주신 성령으로 알고 있습니다.

### 영의 식별

4 ¹ 사랑하는 여러분, 아무 영이나 다 믿지 말고 그 영이 하느님께 속한 것인지 시험해 보십시오. 거짓 예언자들이 세상으로 많이 나갔기 때문입니다. ² 여러분은 하느님의 영을 이렇게 알 수 있습니다. 예수 그리스도께서 사람의 몸으로 오셨다고 고백하는 영은 모두 하느님께 속한 영입니다. ³ 그러나 예수님을 믿는다고 고백하지 않는 영은 모두 하느님께 속하지 않는 영입니다. 그것은 '그리스도의 적'의 영입니다. 그 영이 오리라고 여러분이 전에 들었는데, 이제 이미 세상에 와 있습니다.

## Tractatus 6

**1.** Si meministis, fratres, hesterno nos clausisse sermonem ad istam sententiam, quae sine dubio manere debuit et debet in corde vestro, quia ipsam novissimam audistis: *Filioli, non diligamus verbo tantum et lingua, sed opere et veritate.* Deinde sequitur: *Et in hoc cognoscimus quia ex veritate sumus, et coram ipso persuademus cordi nostro: quia si male senserit cor nostrum, maior est Deus corde nostro, et novit omnia.* Dixerat: *Non diligamus verbo tantum et lingua, sed opere et veritate.* Quaeritur a nobis, in quo opere et in qua veritate agnoscitur qui diligit Deum, vel qui diligit fratrem suum. Iam superius dixerat quo usque caritas perficiatur; quod et Dominus in Evangelio ait: *Maiorem hac nemo habet caritatem, quam ut animam suam ponat pro amicis suis.* Et iste hoc dixerat: *Sicut ille animam suam pro nobis posuit, debemus et nos animas pro fratribus ponere.* Haec est perfectio caritatis; et maior omnino non potest inveniri.

Sed quia non in omnibus perfecta est, et desperare non debet in quo perfecta non est, si iam nata est quae perficiatur: et utique si nata est, nutrienda est, et quibusdam suis nutrimentis ad perfectionem propriam perducenda. Quaesivimus inchoationem caritatis unde incipiat, et ibi continue invenimus: *Si quis habet facultates mun-*

---

1 요한 15,13.

## 여섯째 강해

**1.** 형제 여러분, 기억하신다면 어제 강해는 이 구절에서 끝났습니다. 그 구절은 의심할 나위 없이 여러분 마음속에 남아 있어야 했고 또 남아 있어야 합니다. 여러분이 최근에 들은 말씀이기 때문입니다. "**자녀 여러분, 말과 혀로 사랑하지 말고 행동으로 진리 안에서 사랑합시다**"(1요한 3,18). 그리고 이렇게 이어집니다. "**이로써 우리가 진리에 속해 있음을 알게 되고, 또 그분 앞에서 마음을 편히 가질 수 있을 것입니다. 우리 마음이 가책을 받더라도 그렇습니다. 하느님께서는 우리의 마음보다 크시고 또 모든 것을 아시기 때문입니다**"(1요한 3,19-20). 요한은 '말과 혀가 아니라 행동으로 진리 안에서 사랑하자'고 말했습니다. 어떤 행동과 어떤 진리 안에서 하느님을 사랑하거나 자기 형제를 사랑하는 사람을 알아볼 수 있는지 우리는 묻게 됩니다. 어디까지 가야 사랑이 완성되는지는 이미 앞에서 말한 바 있습니다. 주님께서도 복음서에서 말씀하십니다. "자기 친구들을 위하여 목숨을 내놓는 것보다 더 큰 사랑은 없다."[1] 요한도 이렇게 말했습니다. "**그분께서 우리를 위하여 당신 목숨을 내놓으셨듯이 우리도 형제들을 위하여 목숨을 내놓아야 합니다**"(1요한 3,16 참조). 이것이 바로 사랑의 완성입니다. 이보다 더 큰 사랑은 어디서도 찾을 수 없습니다.

그러나 사랑이 누구에게나 완전한 것은 아닙니다. 그러므로 사랑이 자기 안에 완성되지 않았다고 해서 실망하지 마십시오. 완성되어 가는 사랑이 이미 태어났습니다. 사랑이 태어났다면 그 완성에 이를 수 있도록 자신의 양식으로 키워야 합니다. 우리는 사랑의 기원이 어디에 있는지 물었고, 다음 구절에서 그 해답을 찾았습니다. "**누구든지 세상 재물을 가지고 있으**

*di, et viderit fratrem suum egentem, et clauserit viscera sua adversus eum; quomodo dilectio Patris manet in illo?* Ergo hic incipit ista caritas, fratres, ut de suis superfluis tribuat egenti, in angustiis aliquibus constituto; ex eo quod sibi abundat secundum tempus, a tribulatione temporali liberet fratrem. Hinc exordium est caritatis. Hanc ita coeptam, si verbo Dei et spe futurae vitae nutrieris, pervenies ad illam perfectionem, ut paratus sis animam tuam ponere pro fratribus tuis.

**2.** Sed quia multa talia fiunt ab his qui alia quaerunt, et qui fratres non amant; revocemur ad testimonium conscientiae. Unde probamus quia talia multa fiunt ab his qui fratres non amant? Quam multi se in haeresibus et schismatibus martyres dicunt! Videntur sibi animam ponere pro fratribus suis. Si pro fratribus animam ponerent, non se ab universa fraternitate separarent. Item quam multi sunt qui iactantiae causa multa tribuunt, multa donant; et non ibi quaerunt nisi laudem humanam et gloriam popularem, plenam ventis, nulla stabilitate solidatam! Quia ergo sunt tales, ubi probanda erit caritas fraterna? quia voluit illam probari, et ait admonens: *Fi-*

---

2 일부 과격한 도나투스파는 자기 교회의 정통성과 신앙의 진정성을 드러내고자 스스로 목숨을 끊는 일조차 서슴지 않았다. 이런 자들을 순교자로 떠받드는 도나투스파를 빗대어 하는 말이다. 참조: 아우구스티누스 『서간집』 185,3,12; 포시디우스 『아우구스티누스의 생애』 13.

면서도 자기 형제가 궁핍한 것을 보고 그에게 마음을 닫아 버리면, 하느님 사랑이 어떻게 그 사람 안에 머무를 수 있겠습니까?"(1요한 3,17). 자신에게 넘치는 재산을 궁핍한 처지에 있는 가난한 사람에게 주는 데서 사랑은 시작됩니다. 일시적으로 자신에게 넘치는 것을 줌으로써 형제를 일시적인 환난에서 구하게 됩니다. 바로 여기서 사랑이 태동합니다. 이렇게 사랑이 시작되고, 하느님의 말씀과 미래의 생명에 대한 희망으로 사랑을 키운다면 그대는 완전한 사랑에 이르게 될 것입니다. 그대 형제들을 위해서 그대의 목숨을 내놓을 준비가 될 것입니다.

**2.** 그렇지만 어떤 이들은 전혀 다른 것을 붙좇고, 형제를 사랑하지 않으면서도 [자기 목숨을 내놓는 따위의] 일을 숱하게 행하기 때문에 양심의 증언을 들어 보아야 하겠습니다. 형제를 사랑하지도 않는 자들이 이런 일들을 많이 행한다는 증거를 어디에서 찾을 수 있겠습니까? 심지어 이단자와 열교자 가운데 얼마나 많은 사람들이 스스로 순교자라고 떠들고 있습니까!² 그들은 자기 형제들을 위해서 목숨을 내놓는 것처럼 보입니다. 자기 형제들을 위해서 목숨을 내놓는다면 보편 교회³에서 떠나지 말아야 합니다. 게다가, 얼마나 많은 사람들이 남에게 보이기 위해서 많은 것을 베풀고 선사하는지 모르겠습니다. 그들은 거기서 허풍 가득하고 부질없는 사람들의 칭찬과 인간적 영광을 좇고 있을 따름입니다! 그런 사람들이 있을진대, 형제적 사랑은 도대체 어디서 증명할 수 있겠습니까? 요한은 형제적 사랑이 증명되기를 바랐기에 이렇게 권고합니다. **"자녀 여러분, 말과 혀로**

---

3 '형제애'(fraternitas)는 '교회' 또는 '공동체'를 일컫는 용어이기도 하다. 참조: J. Ratzinger, "Fraternité", in: *Dictionnaire de spiritualité ascétique et mystique*, vol. 5, Paris 1964, 1141-1167; A. Hamman, "Fratello/Sorella", in: *Nuovo Dizionario Patristico e di antichità cristiane*, vol. 2, Casale Moferrato 2007, 2004-2005.

*lioli, non diligamus verbo tantum et lingua, sed opere et veritate.* Quaerimus, in quo opere, in qua veritate? Potest esse manifestius opus, quam tribuere pauperibus? Multi hoc iactantia faciunt, non dilectione. Potest esse maius opus, quam mori pro fratribus? Et hoc multi volunt putari se facere, iactantia nominis comparandi, non visceribus dilectionis. Restat ut ille diligat fratrem, qui ante Deum ubi solus videt, cordi suo persuadet, et interrogat cor suum an vere propter fratrum dilectionem hoc faciat; et perhibet illi testimonium oculus qui penetrat cor, quo homo adtendere non potest. Ideo Paulus apostolus, quia paratus erat mori pro fratribus, et dicebat: *Ipse impendar pro animabus vestris;* tamen quia Deus hoc videbat in corde ipsius, non homines quibus loquebatur, ait illis: *Mihi autem minimum est ut a vobis diiudicer, aut ab humano die.* Et ostendit etiam ipse quodam loco quia solent ista fieri inani iactantia, non firmamento caritatis; ait enim cum de ipsius caritatis commendatione loqueretur: *Si distribuero omnia mea pauperibus, et tradidero corpus meum ut ardeam, caritatem autem non habeam, nihil mihi prodest.* Potest enim quisquam hoc facere sine caritate? Potest. Nam qui non habent caritatem, diviserunt unitatem. Quaerite ibi, et videbitis multos multa tribuere pauperibus; videbitis alios paratos ad suscipiendam mortem, ita ut desistente persecutore, seipsos

---

4 2코린 12,15.  5 1코린 4,3.
6 1코린 13,3. 『성경』: "내가 모든 재산을 나누어 주고 내 몸까지 자랑스레 넘겨준다 하여도 …."

**사랑하지 말고 행동으로 진리 안에서 사랑합시다**"(1요한 3,18). 우리는 어떤 행동과 어떤 진리 안에서냐고 묻습니다. 가난한 사람들에게 주는 것보다 더 확실한 행동이 있을 수 있습니까? 그런데 많은 사람들은 사랑 때문이 아니라, 남에게 보이기 위해서 그렇게 합니다. 형제를 위해서 죽는 것보다 더 큰 행동이 있을 수 있습니까? 그런데 많은 사람들은 마음에서 우러나는 사랑도 없이 그저 이름이나 남길 야심으로, 자기가 행동하는 사람처럼 여겨지기를 원합니다. 자신이 참으로 형제들에 대한 사랑으로 말미암아 이렇게 행동하는지, 홀로 보고 계시는 하느님 앞에서 자기 마음을 살피고 물어보는 사람이야말로 형제를 사랑한다고 하겠습니다. 사람이 헤아릴 수 없는 마음을 꿰뚫어 보시는 눈이 그에게 증언하십니다. 바오로 사도께서 그러하셨습니다. 바오로는 형제들을 위해서 죽을 각오가 되어 있었기 때문에 "여러분을 위해서라면 나 자신도 남김없이 내놓겠습니다"[4]라고 말하였습니다. 그러나 바오로의 말을 듣는 사람들이 아니라, 오직 하느님만 바오로의 마음 안에서 보고 계셨기에, 바오로는 사람들에게 이렇게 말합니다. "그러나 내가 여러분에게 심판을 받든지 세상 법정에서 심판을 받든지, 나에게는 조금도 문제가 되지 않습니다."[5] 또 이런 행동들을 사랑의 토대 위에서가 아니라 헛된 자랑삼아 곧잘 행하게 된다는 사실을 바오로는 다른 곳에서도 보여 줍니다. 바오로는 사랑의 송가에서 이렇게 말합니다. "내가 모든 재산을 가난한 사람에게 나누어 주고 내 몸까지 자랑스레 넘겨 준다 하여도 나에게 사랑이 없으면 나에게는 아무 소용이 없습니다."[6] 과연 사랑 없이 그렇게 할 수 있는 사람이 있겠습니까? 할 수 있습니다. 사랑이 없는 사람이란 일치를 깬 사람입니다. 얼마나 많은 사람이 가난한 사람에게 많은 것을 베푸는지 살펴보십시오. 더러는 박해자가 없는 까닭에 스스로 목숨을 끊을 정도로 죽을 준비가 된 사람도 보실 것입니다. 이들은

praecipitent: isti sine dubio sine caritate hoc faciunt.

Revocemur ergo ad conscientiam, de qua dicit Apostolus: *Nam gloria nostra haec est, testimonium conscientiae nostrae.* Revocemur ad conscientiam, de qua idem dicit: *Opus autem suum probet unusquisque, et tunc in semetipso gloriam habebit, et non in altero.* Opus ergo suum probet unusquisque nostrum, utrum de vena caritatis emanet, utrum de radice dilectionis rami bonorum operum pullulent. *Opus autem suum probet unusquisque,* ait, *et tunc in semetipso gloriam habebit, et non in altero:* non quando illi perhibet testimonium lingua aliena, sed quando perhibet conscientia propria.

**3.** Hoc ergo hic commendat. *In hoc cognoscimus quia ex veritate sumus,* quando opere et veritate, non verbis et lingua tantum diligimus: *et coram ipso persuademus cordi nostro.* Quid est *coram ipso?* Ubi ipse videt. Unde ipse Dominus in Evangelio: *Cavete,* inquit, *facere iustitiam vestram coram hominibus, ut videamini ab eis: alioquin mercedem non habebitis apud Patrem vestrum qui in caelis est.* Et quid est: *Nesciat sinistra tua quid faciat dextera tua:* nisi quia dextera, pura conscientia est; sinistra, mundi cupiditas? Multi per cupiditatem mundi multa mira faciunt; sinistra operatur, non dextra. Dextra debet operari, et nesciente sinistra, ut nec mis-

---

7 2코린 1,12.      8 갈라 6,4.

의심할 나위 없이 사랑 없이 행하는 사람들입니다.

그러니 바오로 사도가 말하는 양심으로 돌아갑시다. "우리의 양심도 증언하듯이 우리가 자랑하는 바는 이렇습니다."[7] 바오로가 다음과 같이 말하는 양심으로 돌아갑시다. "저마다 자기 행동을 살펴보십시오. 그러면 자기 자신에게는 자랑거리라 하여도 남에게는 자랑거리가 못 될 것입니다."[8] 우리 각자는 자기 행동이 사랑의 수맥에서 나온 것인지, 선행의 가지들이 사랑의 뿌리에서 싹튼 것인지 살펴보아야 합니다. "저마다 자기 행동을 살펴보십시오. 그러면 자기 자신에게는 자랑거리라 하여도 남에게는 자랑거리가 못 될 것입니다." 증언하는 것은 남의 혀가 아니라 자기 양심입니다.

**3.** 요한은 이렇게 권고합니다. 우리가 말과 혀로써가 아니라 행동으로 진리 안에서 사랑한다면, **"이로써 우리가 진리에 속해 있음을 알게 되고, 또 그분 앞에서 마음을 편히 가질 수 있을 것입니다"**(1요한 3,19). '그분 앞에서' 란 무슨 뜻입니까? 하느님께서 보시는 곳입니다. 주님 친히 복음서에서 말씀하십니다. "너희는 사람들에게 보이려고 그들 앞에서 의로운 일을 하지 않도록 조심하여라. 그러지 않으면 하늘에 계신 너희 아버지에게서 상을 받지 못한다."[9] "오른손이 하는 일을 왼손이 모르게 하여라"[10]라는 말씀은 무슨 뜻입니까? 오른손은 깨끗한 양심을 가리키고, 왼손은 세상에 대한 탐욕을 뜻하는 것이 아니고 무엇이겠습니까? 많은 사람들이 세상에 대한 탐욕으로 말미암아 놀라운 일들을 행하지만, 그것은 왼손이 한 짓이지 오른손이 한 일은 아닙니다. 우리가 사랑으로써 어떤 선행을 할 때, 세상에 대

---

9 마태 6,1.      10 마태 6,3.

ceat se cupiditas saeculi, quando aliquid boni dilectione operamur. Et ubi hoc cognoscimus? Ante Deum es, interroga cor tuum: vide quid fecisti, et quid ibi appetisti; salutem tuam, an laudem hominum ventosam. Intus vide: nam homo iudicare non potest quem videre non potest. Si persuademus cordi nostro, coram ipso persuadeamus.

*Quia si male sentiat cor nostrum,* id est, accuset nos intus, quia non eo animo facimus quod faciendum sit; *maior est Deus corde nostro, et novit omnia.* Cor tuum abscondis ab homine; a Deo absconde si potes. Quomodo abscondes ab eo, cui dictum est a peccatore quodam timente et confitente: *Quo ibo a spiritu tuo? et a facie tua quo fugiam?* Quaerebat qua fugeret, ut evaderet iudicium Dei, et non inveniebat. Ubi enim non est Deus? *Si ascendero,* inquit, *in caelum, ibi es: si descendero in infernum, ades.* Quo iturus es? quo fugies? Vis audire consilium? Si vis ab illo fugere, ad ipsum fuge. Ad ipsum fuge confitendo, non ab ipso latendo: latere enim non potes, sed confiteri potes. Dic illi: *Refugium meum es tu;* et nutriatur in te dilectio, quae sola perducit ad vitam. Perhibeat tibi testimonium conscientia tua, quia ex Deo est. Si ex Deo est, noli illam velle ante homines iactare; quia nec laudes hominum te levant in

---

11 『성경』: "마음이 우리를 단죄하더라도 그렇습니다."
12 시편 138,7.
13 시편 138,8.
14 시편 31,7.

한 탐욕이 뒤섞이지 않도록 왼손이 모르게 오른손이 일하도록 해야 합니다. 그것을 어떻게 알겠습니까? 그대는 하느님 앞에 있으니, 그대 마음에 물어보십시오. 그대가 행한 것과 그것을 하면서 원했던 것이 여러분의 구원이었는지, 아니면 사람들의 헛된 찬사였는지 살펴보십시오. 내면을 들여다보십시오. 사람은 보지 못하는 사람을 판단할 수 없기 때문입니다. 우리 마음을 편히 가지려거든 그분 앞에서 편히 가집시다.

"우리 마음이 가책을 받더라도 그렇습니다"(1요한 3,20).[11] 곧, 우리가 지녀야 할 지향을 가지고 행동하지 않았기 때문에 마음속에서 우리를 고발한다면, 그것은 "**하느님께서는 우리의 마음보다 크시고 또 모든 것을 아시기 때문입니다**"(1요한 3,20). 그대는 그대의 마음을 사람들에게 감춥니다. 할 수 있다면 하느님께도 감추어 보십시오. 그분께 어떻게 감추겠습니까? 어떤 죄인이 두려움과 믿음으로 그분께 아뢰었습니다. "당신 얼을 피해 어디로 가겠습니까? 당신 얼굴 피해 어디로 달아나겠습니까?"[12] 하느님의 심판을 피해 도망갈 곳을 찾았지만 구하지 못했습니다. 도대체 하느님께서 계시지 않은 곳이 어디입니까? "제가 하늘로 올라가도 거기에 당신 계시고 저승에 잠자리를 펴도 거기에 또한 계십니다."[13] 그대 어디로 가겠습니까? 어디로 도망가겠습니까? 조언을 듣고 싶습니까? 하느님에게서 도망치고자 한다면 바로 그분께 도망치십시오. 그대 자신을 숨기면서가 아니라 오히려 고백하면서 그분께 피신하십시오. 그분에게는 숨길 수가 없고, 고백할 수 있을 따름입니다. "당신은 저의 피신처"[14]라고 그분께 아뢰십시오. 그러면 오직 생명으로만 이끌어 주는 사랑이 그대 안에 자라날 것입니다. 사랑이 하느님에게서 왔는지 그대의 양심이 그대에게 증언하게 되기를 바랍니다. 사랑이 하느님에게서 왔다면, 사람 앞에서 자랑하려 하지 마십시오. 사람들의 칭찬이 그대를 하늘에 올려 주는 것도 아니고, 사람들의 모

caelum, nec vituperationes inde te deponunt. Ille videat qui coronat; ille sit testis quo iudice coronaris. *Maior est Deus corde nostro, et novit omnia.*

**4.** *Dilectissimi, si cor non male senserit, fiduciam habemus ad Deum.* Quid est, *cor non male senserit?* Verum nobis responderit, quia diligimus, et germana dilectio est in nobis: non ficta, sed sincera; salutem fraternam quaerens, nullum emolumentum exspectans a fratre, nisi salutem ipsius. *Fiduciam habemus ad Deum; et quidquid postulaverimus, accipiemus ab eo, quia mandata eius servamus.* Ideo non in conspectu hominum, sed ubi ipse Deus videt in corde. *Fiduciam ergo habemus ad Deum; et quidquid postulaverimus, ab eo accipiemus:* sed, *quia mandata eius servamus.* Quae sunt mandata eius? Numquid semper repetendum est? *Mandatum novum do vobis, ut vos invicem diligatis.* Ipsam caritatem loquitur, ipsam commendat. Quisquis ergo habuerit caritatem fraternam, et coram Deo habuerit, ubi Deus videt, corque eius interrogatum sub iusto examine, non ei aliud responderit, quam germanam ibi esse radicem caritatis, unde boni fructus exsistant; habet fiduciam apud Deum, et quidquid postulaverit, ab eo accipiet, quia mandata eius servat.

---

15 『성경』: "사랑하는 여러분, 마음이 우리를 단죄하지 않으면 …."
16 요한 13,34.

욕이 그대를 내려 보내는 것도 아니기 때문입니다. 월계관을 씌워 주시는 분이 그대를 보게 하십시오. 그대에게 월계관을 씌워 주시는 심판관을 증인으로 삼으십시오. "하느님께서는 우리의 마음보다 크시고 또 모든 것을 아시기 때문입니다"(1요한 3,20).

4. "사랑하는 여러분, 마음이 가책을 느끼지 않으면 우리는 하느님 앞에서 확신을 가지게 됩니다"(1요한 3,21).[15] '마음이 가책을 느끼지 않는다'는 것은 무슨 뜻입니까? 형제에게 아무런 대가도 바라지 않고 형제의 구원을 추구할 때, 우리는 사랑할 뿐 아니라 참된 사랑이 우리 안에 있다고 진정으로 대답할 수 있으며, 그 사랑은 꾸밈없고 진실한 것입니다. "우리는 하느님 앞에서 확신을 가지게 됩니다. 그리고 우리가 청하는 것은 다 그분에게서 받게 됩니다. 우리가 그분의 계명을 지키기 때문입니다"(1요한 3,21-22). 우리는 사람들이 보는 앞에서가 아니라, 하느님께서 보시는 곳인 마음 안에서 사랑합니다. "우리는 하느님 앞에서 확신을 가지게 됩니다. 그리고 우리가 청하는 것은 다 그분에게서 받게 됩니다." 그러나 "우리가 그분의 계명을 지키기 때문입니다". 그분의 계명이란 어떤 것입니까? 이 말씀을 늘 되풀이할 필요가 있겠습니까? "내가 너희에게 새 계명을 준다. 서로 사랑하여라."[16] 그분께서 말씀하시는 것도 사랑이며, 그분께서 권고하시는 것도 사랑입니다. 누구든지 하느님 앞에서, 곧 하느님께서 보고 계신 곳에서 형제적 사랑을 지니고 정당한 성찰로 자기 마음을 살핀다면, 거기서는 좋은 열매를 내는 사랑의 참된 뿌리가 내리는 것 말고는 다른 어떤 반응도 없을 것입니다. 그런 사람은 하느님 앞에서 확신을 가질 수 있고, 하느님의 계명을 지키기 때문에 청하는 것은 다 그분에게서 받게 됩니다.

**5.** Occurrit quaestio quaedam, quia non ille aut ille homo, aut tu aut ego, qui si petiero aliquid a Domino Deo nostro, et non accepero, facile de me potest dicere unusquisque: Non habet caritatem; et de quolibet homine huius temporis facile dici potest; et sentiat quis quod vult homo de homine: maiorem quaestionem non faciunt, nisi illi viri, quos sanctos constat fuisse cum scriberent, et modo esse cum Deo. Quis habet caritatem, si eam Paulus non habebat, qui dicebat: *Os nostrum patet ad vos, o Corinthii, cor nostrum dilatatum est; non angustamini in nobis;* qui dicebat: *Impendar pro animabus vestris:* et tanta gratia in illo erat, ut manifestaretur eum habere caritatem? Invenimus eum tamen petisse, et non accepisse. Quid dicimus, fratres? Quaestio est; intenti estote ad Deum Magna et ista quaestio est. Quomodo de peccato ubi dictum est: *Qui natus est ex Deo, non peccat;* invenimus hoc esse peccatum violare caritatem, et hoc proprie designatum esse in hoc loco; sic et nunc quaerimus quid dixerit. Si enim verba adtendas, planum videtur; si exempla, obscurum est. Verbis his nihil est planius: *Et quidquid postulaverimus, accipiemus ab eo; quia mandata eius servamus, et quae placent illi, in conspectu eius facimus. Quidquid postulaverimus,* ait, *accipiemus ab eo.*

---

17 2코린 6,11-12 참조.
18 2코린 12,15. 「성경」: "여러분을 위해서라면 나는 모든 것을 더없이 기쁘게 내놓고 …."

**5.** 여기서 물음이 하나 생깁니다. 그것은 이런저런 사람에 관한 것도 아니고, 그대나 저에 관한 것도 아닙니다. 제가 우리 주 하느님께 무언가를 청했는데 아무것도 받지 못했다면, 누군가는 저에 대하여 '그 사람은 사랑이 없어'라고 쉽게 말해 버릴 것입니다. 이 시대를 살아가는 사람은 다른 사람에 관해서 쉽게 말해 버릴 수 있으니, 각자 원하는 대로 다른 사람에 대해서 느끼면 그만입니다. 그런데 더 큰 문제는 과거에 글도 썼고, 지금은 하느님 곁에 있어 성인으로 여겨지는 분들의 경우에 생깁니다. 바오로가 사랑을 지니지 않았다면 누가 사랑을 지니고 있습니까? 바오로는 이렇게 말했습니다. '코린토 신자 여러분, 우리는 여러분에게 솔직히 말하였습니다. 우리의 마음은 활짝 열려 있습니다. 여러분은 우리에게 옹색하게 대하지 마십시오.'[17] "여러분을 위해서라면 나 자신도 남김없이 내놓겠습니다."[18] 바오로 안에는 많은 은총이 있었고, 바오로가 사랑을 지니고 있다는 것이 분명하게 드러나지 않았습니까? 그런데 바오로도 청했지만 받지 못했다는 사실을 우리는 알고 있습니다. 형제 여러분, 우리가 무슨 말을 하고 있는 것입니까? 과연 문제입니다. 하느님께 눈길을 돌리십시오. 이 문제는 대단히 큽니다. 요한은 죄에 관해서 이야기하면서 **"하느님에게서 태어난 사람은 아무도 죄를 저지르지 않습니다"**(1요한 3,9)라고 합니다. 죄란 사랑을 거스르는 것이며, 여기서 말하는 죄는 바로 사랑을 거스르는 죄를 가리킨다는 것을 우리는 알고 있습니다. 이제 요한이 말하고자 했던 것을 알아봅시다. 말마디만 살펴보면 분명한 것 같은데, 구체적인 예를 들어 보면 모호해집니다. 그러나 다음 말씀보다 더 분명한 것은 없습니다. **"우리가 청하는 것은 다 그분에게서 받게 됩니다. 우리가 그분의 계명을 지키고 [그분 앞에서] 그분 마음에 드는 것을 하기 때문입니다"**(1요한 3,22). 요한은 말합니다. **"우리가 청하는 것은 다 그분에게서 받게 됩니다."**

Angustavit vehementer. Quia et ibi angustaret, si diceret omne peccatum: sed ideo invenimus locum exponendi, quia de certo peccato dixit, non de omni; sed de quodam peccato, quod omnis qui ex Deo natus est, non facit: et invenimus ipsum quoddam peccatum violationem esse caritatis. Et habemus exemplum de Evangelio manifestum, quando ait Dominus: *Si non venissem, peccatum non haberent.* Quid ergo? ad innocentes Iudaeos venerat, quia sic loquitur? Ergo si ipse non veniret, peccatum non haberent? Praesentia ergo medici fecit aegrotum, febrem non abstulit? Quis hoc vel demens dicat? Ille non venit nisi curare et sanare aegrotos. Quare ergo dixit: *Si non venissem, peccatum non haberent,* nisi quia certum quoddam peccatum voluit intellegi? Quoddam enim peccatum non haberent Iudaei. Quod peccatum? Quo in eum non crediderunt, quo praesentem contempserunt. Sicut ergo ibi peccatum dixit, et non est consequens ut omne peccatum intellegamus, sed certum peccatum; sic et hic non omne peccatum, ne contrarius sit illi loco ubi ait: *Si dixerimus quia peccatum non habemus, nosmetipsos seducimus, et veritas in nobis non est;* sed certum quoddam peccatum, id est, violationem caritatis. Hic autem plus nos constrinxit: Si petierimus, dixit, si nos non accusaverit cor nostrum, et renuntiaverit in conspectu Dei quia vera dilectio est in nobis; *quidquid postulaverimus, ab eo accipiemus.*

---

19 요한 15,22 참조.

이 구절은 우리에게 심각한 고민거리를 안겨 줍니다. 요한이 모든 종류의 죄에 관해서 말한 것이라면, 이 구절은 우리를 곤란하게 합니다. 그러나 모든 죄가 아니라 하느님에게서 태어난 사람이라면 저지르지 않는 특정한 죄에 관해서 말하고 있다는 사실을 우리는 알고 있습니다. 그 죄는 바로 사랑을 거스르는 죄라는 것을 우리가 압니다. 이에 대한 확실한 증언이 복음서에 있습니다. 주님께서는 "내가 오지 않았으면 그들은 죄가 없었을 것이다"[19]라고 말씀하십니다. 무슨 말씀입니까? 주님께서 무죄한 유대인에게 오셨기에 이렇게 말씀하시는 것입니까? 주님께서 오시지 않았더라면 그들에게는 죄가 없었겠습니까? 의사가 왔는데 열이 떨어지기는커녕 오히려 병이 도졌다는 말입니까? 누가 그따위 헛소리를 하겠습니까? 그분께서는 병자들을 돌보고 낫게 하시려고 오셨습니다. 그러므로 "내가 오지 않았으면 그들은 죄가 없었을 것이다"라는 말씀은 분명 특정한 죄를 염두에 두신 것이 아니고 무엇이겠습니까? 사실 [주님께서 오시지 않았더라면] 유대인들은 그 특정한 죄를 짓지 않았을 것입니다. 어떤 죄입니까? 그분을 믿지 않고, 그분의 현존을 업신여긴 죄 말입니다. 이처럼 다른 구절에서도 죄에 관해 말씀하실 때, 모든 종류의 죄에 관해 말씀하신 것이라고 알아들을 필요는 없습니다. 오히려 어떤 특정한 죄로 알아들어야 합니다. 마찬가지로 여기서도, **"만일 우리가 죄 없다고 말한다면, 우리는 자신을 속이는 것이고 우리 안에 진리가 없는 것입니다"**(1요한 1,8)라는 말씀과 모순되지 않으려면, 모든 종류의 죄를 문제 삼을 필요는 없겠습니다. 오히려 특정한 죄, 곧 사랑을 거스르는 죄라고 여겨야 하겠습니다. 그런데, 더욱 난감한 문제가 있습니다. 우리 마음이 우리를 단죄하지 않고, 우리 안에 참된 사랑이 있다고 하느님 앞에서 증언하며 기도하면, **"우리가 청하는 것은 다 그분에게서 받게 됩니다"**(1요한 3,22)라고 요한이 말하기 때문입니다.

**6.** Iam ergo dixi Caritati vestrae, fratres, nemo adtendat ad nos. Quid enim sumus nos? Aut quid estis vos? Quid, nisi Ecclesia Dei, quae nota est omnibus? Et si illi placet, in illa sumus; et qui dilectione in illa manemus, ibi perseveremus, si volumus ostendere dilectionem quam habemus. Verumtamen de apostolo Paulo quid mali sensuri sumus? Ipse non diligebat fratres? Apud ipsum non erat testimonium conscientiae eius in conspectu Dei? Non erat in Paulo radix illa caritatis, unde omnes boni fructus procedebant? quis hoc demens dixerit? Ubi ergo invenimus petisse Apostolum et non accepisse? Ait ipse: *In magnitudine revelationum ne extollar, datus est mihi stimulus carnis meae, angelus satanae, qui me colaphizet: propter quod ter Dominum rogavi ut auferret eum a me; et dixit mihi: Sufficit tibi gratia mea; nam virtus in infirmitate perficitur.* Ecce non est exauditus, ut auferretur ab illo angelus satanae. Sed quare? quia non ei proderat. Ergo exauditus est ad salutem, qui non est exauditus ad voluntatem. Noverit magnum sacramentum Caritas vestra: quod ideo commendamus vobis, ne excidat vobis in tentationibus vestris. Sancti ad salutem per omnia exaudiuntur, semper exaudiuntur ad salutem aeternam: ipsam desiderant; quia secundum hanc semper exaudiuntur.

---

[20] 2코린 12,7-9.

**6.** 사랑하는 형제 여러분, 이미 말씀드렸듯이 그 누구도 저희에게 마음 쓰지 말아 주십시오. 저희가 무엇이며 또 여러분이 무엇입니까? 우리는 모든 사람에게 알려진 하느님의 교회가 아니고 무엇이겠습니까? 그분을 기쁘게 해 드리고자 우리는 교회 안에 있습니다. 우리가 지닌 사랑을 드러내고자 한다면 우리는 교회 안에 사랑으로 머물러야 하고, 항구히 머물러야 합니다. 우리가 바오로 사도에게 어떤 나쁜 감정을 지닐 수 있겠습니까? 그분은 형제들을 사랑하지 않았습니까? 하느님 앞에서 떳떳한 양심의 증언이 없었습니까? 모든 좋은 열매를 맺게 하는 사랑의 뿌리가 바오로에게 없었습니까? 어떤 미친 사람이 그런 말을 하겠습니까? 바오로 스스로도 이렇게 말했습니다. "그 계시들이 엄청난 것이기에 더욱 그렇습니다. 그래서 내가 자만하지 않도록 하느님께서 내 몸에 가시를 주셨습니다. 그것은 사탄의 하수인으로, 나를 줄곧 찔러 대 내가 자만하지 못하게 하시려는 것이었습니다. 이 일과 관련하여, 나는 그것이 나에게서 떠나게 해 주십사고 주님께 세 번이나 청하였습니다. 그러나 주님께서는, '너는 내 은총을 넉넉히 받았다. 나의 힘은 약한 데에서 완전히 드러난다.' 하고 말씀하셨습니다."[20] 자, 사탄의 하수인이 자신에게서 떠나게 해 달라는 그의 청을 들어주지 않으신 것을 보십시오. 왜 그랬을까요? 그에게 도움이 되지 않았기 때문입니다. [바오로의] 뜻대로 들어주지는 않으셨지만, 구원을 위해서는 들어주셨습니다. 사랑하는 여러분, 이 큰 신비를 깨달으십시오. 유혹 속에서 눈멀지 않기를 당부합니다. 구원을 위해서는 성인들의 모든 간청이 들어졌고, 영원한 구원을 위해서도 언제나 들어졌습니다. 그들은 영원한 구원을 열망했고, 그 열망은 늘 받아들여졌습니다.

**7.** Sed discernamus exauditiones Dei. Invenimus enim quosdam non exauditos ad voluntatem, exauditos ad salutem: et rursus quosdam invenimus exauditos ad voluntatem, et non exauditos ad salutem. Hoc discernite, hoc tenete exemplum eius, qui non est exauditus ad voluntatem, sed exauditus ad salutem. Audi apostolum Paulum; nam ipsam exauditionem ad salutem ostendit illi Deus: *Sufficit tibi,* inquit, *gratia mea; nam virtus in infirmitate perficitur.* Rogasti, clamasti, ter clamasti: ipsum semel quod clamasti audivi, non averti aures meas a te; novi quid faciam: tu vis auferri medicamentum quo ureris; ego novi infirmitatem qua gravaris. Ergo iste ad salutem exauditus est, ad voluntatem non est exauditus.

Quos invenimus exauditos ad voluntatem, non exauditos ad salutem? Invenimus, putamus, aliquem nequam, aliquem impium exauditum a Deo ad voluntatem, non exauditum ad salutem? Si alicuius hominis exemplum posuero, forte dicturus es mihi: Tu illum dicis iniquum, nam iustus erat; si iustus non esset, a Deo non exaudiretur. Talem propositurus sum, de cuius iniquitate et impietate nemo dubitet. Diabolus ipse petiit Iob, et accepit. Nonne et hic de diabolo audistis quia *qui facit peccatum, ex diabolo est?* Non quia ille creavit, sed quia iste imitatur. Nonne de illo dictum est: *In veritate non*

---

[21] 1코린 12,9.
[22] 욥 1,11-12 참조.

**7.** 그러나 하느님께서 들어주시는 것들을 식별해야 합니다. 사실 어떤 사람에게는 자기 뜻대로는 안 들어주시지만 구원을 위해서는 들어주신다는 것을 우리는 알고 있습니다. 또 어떤 사람에게는 자기 뜻대로 들어주시지만 그 구원을 위해서는 안 들어주시기도 합니다. 자기 뜻대로는 안 들어주셨는데 구원을 위해서는 들어주신 그분[바오로]의 예를 잘 새기고 식별하시기 바랍니다. 바오로 사도의 말을 들어 보십시오. 하느님께서 그의 구원을 위해서는 들어주셨다는 것을 바오로에게 보여 주십니다. "너는 내 은총을 넉넉히 받았다. 나의 힘은 약한 데에서 완전히 드러난다."[21] 그리고 이렇게 말씀하십니다. '너는 간청하고 부르짖었으며 세 번씩이나 울부짖었다. 네 부르짖는 소리를 들을 때마다 네게서 내 귀를 막지 않았다. 너는 너를 괴롭히는 병이 거두어지기를 바라지만, 나는 너를 짓누르는 약함을 알고 있다.' 결국 바오로가 자기 구원을 위해 간청한 것은 들어주셨지만, 자기 뜻대로 청한 것은 들어주시지 않았습니다.

   자기 뜻대로 들어주셨지만, 그 구원을 위해서는 들어주시지 않은 예를 찾아볼 수 있겠습니까? 어떤 죄인이나 악인이 자기 뜻대로 청하는 것을 하느님께서 들어주셨지만, 구원을 위해서는 들어주시지 않은 경우를 찾아내고 생각할 수 있겠습니까? 제가 어떤 인간의 예를 든다면 아마도 그대는 저에게 이렇게 말할 것입니다. '당신은 그를 악하다고 말하지만 그는 의로운 사람이었어요. 의롭지 않았다면 하느님께서 들어주시지 않았겠지요'라고 말입니다. 그래서 저는 그 누구도 의심할 수 없이 죄악과 불의로 가득한 존재를 예로 들어 보겠습니다. 악마는 욥을 [유혹하겠노라] 청해서 얻어냈습니다.[22] 이 편지에서도 **"죄를 저지르는 자는 악마에게 속한 사람입니다"**(1요한 3,8)라는 악마에 관한 말씀을 듣지 않았습니까? 악마가 죄인을 창조한 것이 아니라, 죄인이 악마를 모방하기 때문입니다. 악마에 관해서

*stetit?* Nonne ipse est antiquus ille serpens qui per feminam venenum primo homini propinavit? Qui et ipsi Iob feminam propterea servavit, per quam maritus non consolaretur, sed tentaretur. Ipse diabolus petiit sanctum virum tentandum, et accepit: petiit Apostolus ut auferretur ab eo stimulus carnis, et non accepit. Sed Apostolus magis exauditus est quam diabolus. Apostolus enim exauditus est ad salutem, etsi non ad voluntatem: diabolus exauditus est ad voluntatem, sed ad damnationem. Ideo enim concessus est iste tentandus, ut eo probato esset ille cruciandus. Sed hoc, fratres, non tantum in veteribus Libris invenimus, sed et in Evangelio. Petierunt daemones a Domino, cum eos excluderet ab homine, ut ire permitterentur in porcos. Non eis posset dicere Dominus, ut nec illuc accederent? Non enim, si nollet, rebellaturi erant contra regem caeli et terrae. Certi tamen mysterii gratia et certa dispensatione dimisit daemones in porcos, ut ostenderet diabolum in eis dominari, qui vitam porcorum gerunt. Daemones ergo exauditi sunt, Apostolus non est exauditus? An potius quod verius est dicamus: Immo Apostolus exauditus est, daemones non sunt exauditi? Illorum voluntas facta est, huius sanitas perfecta est.

**8.** Secundum hoc intellegere debemus quia Deus etsi voluntati nostrae non dat, saluti dat. Quid si enim hoc petieris quod tibi obest, et

---

23 요한 8,44.     24 창세 3,1-6 참조.

는 "그 안에 진리가 없다"²³고 하지 않았습니까? 그 악마는 여인을 꼬드겨서 첫 남자로 하여금 독을 마시게 한 옛 뱀이 아니었습니까?²⁴ 바로 그 악마가, 남편에게 위로보다는 유혹거리가 된 여인을 욥과 함께 살게 하지 않았습니까? 이 악마가 거룩한 사람 욥을 유혹하겠노라 청해서 얻어냈습니다. 그러나 바오로 사도는 자기 몸에서 가시를 빼내 주시기를 간청하였지만 얻어내지 못하였습니다. 그러나 하느님께서는 악마보다 사도의 청을 더 잘 들어주셨습니다. 사도의 뜻대로는 안 들어주셨지만 구원을 위해서는 들어주셨고, 악마의 뜻대로 들어주셨지만 단죄를 위하여 들어주셨기 때문입니다. 그러므로 욥이 유혹을 당하도록 허락하신 까닭은 그 시련을 이겨 냄으로써 악마가 고통을 당하게 하려는 것이었습니다. 형제 여러분, 이런 예는 구약성경에서만 볼 수 있는 것이 아니라 복음서에서도 찾을 수 있습니다. 주님께서 어떤 사람에게서 악마를 쫓아내실 때, 악마들은 돼지 속에 들어가게 허락해 주십사 주님께 간청했습니다. 주님께서 악마더러 돼지에게 다가가지 말라고 말씀하실 수 없었겠습니까? 주님께서 원하시지 않으셨더라면, 그 악마들은 하늘과 땅의 임금님을 거슬러 반항할 수 없었을 것입니다. 그러나 주님께서는 신비로운 은총으로써 악마들로 하여금 돼지 속에 들어가도록 허락하셨습니다. 그것은 악마는 돼지처럼 사는 사람들을 지배한다는 것을 보여 주시려는 것이었습니다. 그런데도 악마의 청은 들어주셨고 사도의 청은 안 들어주신다고 해야 하겠습니까? 오히려 사도의 청은 들어주셨고 악마의 청은 안 들어주셨다고 말해야 더 옳지 않겠습니까? 악마의 뜻은 이루어졌지만, 사도의 구원은 완성되었습니다.

**8.** 이처럼 하느님께서 우리 뜻대로 주시지 않을 때라도, 구원을 위해서는 주신다는 사실을 알아야 합니다. 그대가 해로운 것을 청할 때, 그것이 그

medicus novit quia obest tibi? Non enim non te exaudit medicus, quando forte tu frigidam aquam petis, et si prodest, statim dat; si non prodest, non dat. Non exaudivit, an potius ad sanitatem exaudivit, quia voluntati contradixit? Sit ergo in vobis caritas, fratres; sit in vobis, et securi estote: et quando non vobis datur quod petitis, exaudimini; sed nescitis. Multi dati sunt in manus suas malo suo; de quibus dicit Apostolus: *Tradidit eos Deus in desideria cordis eorum.* Petiit aliquis magnam pecuniam; accepit malo suo. Quando illam non habebat, parum timebat; habere illam coepit, praeda factus est potentiori. Nonne malo suo exauditus est, qui voluit habere unde a latrone quaereretur, quem pauperem nemo quaerebat? Discite rogare Deum, ut medico committatis, quod ipse novit faciat. Tu morbum confitearis, ille medicamentum adhibeat. Tu tantum caritatem tene. Nam ille secare vult, urere vult; tu si clamas, et non exaudiris in sectione, in ustione et tribulatione, novit ille quo usque putre est. Tu iam vis revocet manus, et ille vulneris sinum adtendit; scit quo usque perveniat. Non te exaudit ad voluntatem, sed exaudit ad sanitatem.

Certi ergo estote, fratres mei, quia quod ait Apostolus verum est: *Quid enim oremus, sicut oportet, nescimus; sed ipse Spiritus inter-*

---

25 로마 1,24 참조.

대에게 해롭다는 것을 의사가 알고 있다면 어찌하겠습니까? 그대가 찬물을 청할 때, 찬물이 그대에게 유익하다면 의사는 즉시 줍니다. 그러나 그대에게 유익하지 않다면 주지 않습니다. 이때 의사가 그대의 간청을 들어주지 않았다고 할 수는 없습니다. 그대의 뜻에는 어긋났지만, 건강을 위하여 들어주지 않았습니까? 그러므로 형제 여러분, 여러분 안에 사랑이 깃들기를 바랍니다. 여러분 안에 사랑이 머물러 여러분이 평안하시기를 빕니다. 여러분이 청하는 것이 주어지지 않을 때에도 여러분의 청은 받아들여진 것입니다. 그러나 여러분은 그 사실을 모르고 있습니다. 많은 것들이 스스로의 불행을 위하여 사람들의 손에 주어졌습니다. 바오로 사도는 그런 사람들에 대해 이렇게 말합니다. "하느님께서는 그들 마음의 욕망에 그들을 넘기셨습니다."[25] 어떤 사람이 큰돈을 청해 자신의 불행을 자초했습니다. 그 돈이 없을 때는 큰 걱정 없이 살았는데, 큰돈을 가지면서부터 그는 더 힘센 사람의 사냥감이 되었습니다. 가난한 그를 아무도 찾지 않았겠지만, 도둑의 표적이 되는 것을 가지려 했기에 자신의 불행을 위하여 그 청이 받아들여진 것이 아니겠습니까? 의사가 할 줄 아는 바를 의사에게 맡기듯, 여러분은 하느님께 청하는 법을 배우십시오. 그대는 병을 고백하고, 의사는 약을 처방할 것입니다. 그대, 오직 사랑만 지니십시오. 의사는 째기를 원하고 지지기를 원합니다. 그대가 소리를 질러도 의사는 들어주지 않고 째고 지지고 고통을 주는 것은, 종기가 어디까지 퍼져 있는지 의사가 알고 있기 때문입니다. 그대는 의사가 이제 그만 손을 떼기를 바라지만, 의사는 상처의 깊이를 보고 어디까지 손을 대야 하는지 알고 있습니다. 의사는 그대의 뜻을 들어주지는 않지만, 그대의 건강을 허락해 줍니다.

그러므로 나의 형제 여러분, 바오로 사도가 한 말이 참되다는 확신을 가지십시오. "우리는 올바른 방식으로 기도할 줄 모르지만, 성령께서 몸소

*pellat gemitibus inenarrabilibus, quia ipse interpellat pro sanctis.* Quid est: *Ipse Spiritus interpellat pro sanctis,* nisi ipsa caritas quae in te per Spiritum facta est? Ideo enim dicit idem Apostolus: *Caritas Dei diffusa est in cordibus nostris per Spiritum Sanctum qui datus est nobis.* Caritas ipsa gemit, caritas ipsa orat; contra hanc aures claudere non novit qui illam dedit. Securus esto, caritas roget; et ibi sunt aures Dei. Non fit quod vis, sed fit quod expedit. Ergo *quidquid postulaverimus,* inquit, *accipiemus ab eo.* Iam dixi, si ad salutem intellegas, nulla quaestio est: si non ad salutem, quaestio est, et magna, quae te calumniatorem facit Paulo apostolo. *Quidquid postulaverimus, accipiemus ab eo; quia mandata eius servamus, et quae placent illi, in conspectu eius facimus. In conspectu eius,* intus ubi videt.

**9.** Et quae illa mandata sunt? *Hoc est,* inquit, *mandatum illius, ut credamus nomini Filii eius Iesu Christi, et diligamus invicem.* Videtis quia hoc est mandatum; videtis quia contra hoc mandatum qui facit, peccatum facit, quo caret omnis qui natus est ex Deo. *Sicut dedit nobis mandatum:* ut diligamus invicem. *Et qui servaverit mandatum eius:* Videtis quia nihil aliud nobis praecipitur, nisi ut diligamus invicem: *Et qui servaverit mandatum eius, in ipso mane-*

---

26 로마 8,26 참조.
27 로마 5,5.

말로 다할 수 없이 탄식하시며 성도들을 위해서 간구해 주십니다."[26] '성령께서 몸소 성도들을 위해 간구해 주신다'는 말은 사랑 자체가 성령을 통하여 그대 안에 만들어졌다는 뜻이 아니고 무엇이겠습니까? 그래서 바오로 사도는 이렇게 말합니다. "우리가 받은 성령을 통하여 하느님의 사랑이 우리 마음에 부어졌기 때문입니다."[27] 사랑 자체께서 탄식하시고 사랑 자체께서 기도하십니다. 사랑을 주신 분은 사랑을 거슬러 귀를 막으실 줄 모르십니다. 안심하십시오. 사랑께서 기도하십니다. 그리고 거기에 하느님의 귀가 있습니다. 그대가 원하는 것은 이루어지지 않을지라도, 그분께서 계획하신 것은 이루어집니다. 그래서 요한은 **"우리가 청하는 것은 다 그분에게서 받게 됩니다"**(1요한 3,22)라고 말합니다. 제가 이미 말씀드렸지만, 그대가 구원을 생각한다면 아무 문제가 없습니다. 그러나 구원을 생각하지 않는다면 그대를 바오로 사도의 비난자로 만들어 버릴 만큼 문제는 커집니다. **"우리가 청하는 것은 다 그분에게서 받게 됩니다. 우리가 그분의 계명을 지키고 [그분 앞에서] 그분 마음에 드는 것을 하기 때문입니다"**(1요한 3,22). '그분 앞에서'란 하느님께서 보고 계시는 우리 마음속입니다.

**9.** 그 계명은 무엇입니까? 요한은 이렇게 말합니다. **"그분의 계명은 이렇습니다. 그분의 아드님이신 예수 그리스도의 이름을 믿고 서로 사랑하라는 것입니다"**(1요한 3,23). 이것이 계명이라는 것을 여러분은 알고 계십니다. 이 계명을 거슬러 행동하는 사람은 죄를 저지르는 것입니다. 하느님에게서 태어난 모든 사람은 이 죄에서 자유롭습니다. **"그분께서 우리에게 명령하신 대로"**(1요한 3,23) 서로 사랑합시다. **"그분의 계명을 지키는 사람"**(1요한 3,24)이라는 대목에서, 서로 사랑하라는 것 말고는 다른 어떤 계명도 우리에게 주어지지 않았다는 사실을 보게 됩니다. **"그분의 계명을 지키는 사람**

*bit, et ipse in eo. Et in hoc cognoscimus quia manet in nobis de Spiritu quem dedit nobis.* Nonne manifestum est quia hoc agit Spiritus Sanctus in homine, ut sit in illo dilectio et caritas? Nonne manifestum est quod ait apostolus Paulus: *Caritas Dei diffusa est in cordibus nostris per Spiritum Sanctum qui datus est nobis?* De caritate enim loquebatur, et dicebat quia in conspectu Dei debemus interrogare cor nostrum. *Quod si non male senserit cor nostrum:* id est, si confiteatur quia de dilectione fratris fit, quidquid fit in bono opere. Accessit etiam quod de mandato cum diceret, hoc ait: *Hoc est mandatum eius, ut credamus nomini Filii eius Iesu Christi, et diligamus invicem. Et qui facit mandatum eius, in ipso manet, et ipse in eo. In hoc cognoscimus quia manet in nobis de Spiritu quem dedit nobis.* Si enim inveneris te habere caritatem, habes Spiritum Dei ad intellegendum: valde enim necessaria res est.

**10.** Primis temporibus cadebat super credentes Spiritus Sanctus; et loquebantur linguis quas non didicerant, quomodo Spiritus dabat eis pronuntiare. Signa erant tempori opportuna. Oportebat enim ita significari in omnibus linguis Spiritum Sanctum, quia Evangelium Dei per omnes linguas cursurum erat toto orbe terrarum. Significatum est illud, et transiit. Numquid modo quibus imponitur manus ut

---

28 로마 5,5.   29 사도 2,4 참조.

은 그분 안에 머무르고, 그분께서도 그 사람 안에 머무르십니다. 그리고 그분께서 우리 안에 머무르신다는 것을 우리는 바로 그분께서 우리에게 주신 성령으로 알고 있습니다"(1요한 3,24). 사람 안에 사랑과 애덕이 머물게 하려고 사람 안에서 일하시는 분이 성령이시라는 것이 분명하지 않습니까? 바오로 사도의 말대로 "우리가 받은 성령을 통하여 하느님의 사랑이 우리 마음에 부어졌다"[28]는 것이 명백하지 않습니까? 요한은 사랑에 관하여 말하며, 우리가 하느님 앞에서 우리 마음에게 물어보아야 한다고 말합니다. "우리 마음이 가책을 느끼지 않는다면"(1요한 3,21 참조)이라는 말은 바꾸어 말하면, '형제에 대한 사랑으로 행하기만 하면 무슨 일이나 다 선행이 된다고 고백한다면'이라는 뜻입니다. 이 계명에 관하여 말할 때, 요한은 이렇게 덧붙입니다. "그분의 계명은 이렇습니다. […] 그분의 아드님이신 예수 그리스도의 이름을 믿고 서로 사랑하라는 것입니다. 그분의 계명을 지키는 사람은 그분 안에 머무르고, 그분께서도 그 사람 안에 머무르십니다. 그리고 그분께서 우리 안에 머무르신다는 것을 우리는 바로 그분께서 우리에게 주신 성령으로 알고 있습니다"(1요한 3,23-24). 그대가 사랑을 지니고 있다는 것을 깨닫게 되면, 그대는 지식을 주시는 하느님의 성령을 모시게 됩니다. 이것은 꼭 필요한 일입니다.

**10.** 초세기에는 성령께서 믿는 이들 위에 내려오시고, 그들은 성령께서 발설하도록 시키시는 대로 전혀 배우지도 못했던 여러 가지 언어로 말하였습니다.[29] 이 표징들은 그 시대에 어울리는 것이었습니다. 사실 성령께서는 모든 언어로 알려질 필요가 있었는데, 하느님의 복음이 모든 언어로 온 세상에 두루 퍼져 나가야 했기 때문입니다. 그것은 하나의 표징이었지만 지나갔습니다. 아직도 성령을 받기 위하여 안수 받는 사람들이 여러 가지

accipiant Spiritum Sanctum, hoc exspectatur, ut linguis loquantur? Aut quando imposuimus manum istis infantibus, adtendit unusquisque vestrum utrum linguis loquerentur; et cum videret eos linguis non loqui, ita perverso corde aliquis vestrum fuit ut diceret: Non acceperunt isti Spiritum Sanctum; nam si accepissent, linguis loquerentur quemadmodum tunc factum est? Si ergo per haec miracula non fiat modo testimonium praesentiae Spiritus Sancti; unde fit, unde cognoscit quisque accepisse se Spiritum Sanctum?

Interroget cor suum: si diligit fratrem, manet Spiritus Dei in illo. Videat, probet seipsum coram oculis Dei; videat si est in illo dilectio pacis et unitatis, dilectio Ecclesiae toto terrarum orbe diffusae. Non adtendat eum solum diligere fratrem quem adtendit ante se: multos enim non videmus fratres nostros, et in unitate Spiritus illis copulamur. Quid mirum quia nobiscum non sunt? In uno corpore sumus, unum caput habemus in caelo. Fratres, oculi nostri non se vident, quasi non se norunt. An in caritate compaginis corporalis non norunt se? Nam, ut noveritis quia in coniunctione caritatis se norunt: quando ambo patent, non licet ut aliquid adtendat dexter, quod non adtendat sinister. Dirige radium dextrum sine altero, si potes. Simul coeunt, simul diriguntur; intentio una est, loca diversa sunt. Si ergo omnes qui tecum diligunt Deum, unam intentionem tecum habent, noli adtendere quia corpore in loco separatus es;

언어를 말하게 되리라고 기대합니까? 우리가 이 어린 아기들에게 안수할 때, 여러분 모두는 그들이 여러 가지 언어로 말하리라고 기대하십니까? 그들이 여러 가지 언어로 말하지 않는 것을 보고는, 여러분 가운데 누군가 나쁜 마음을 품고서 이렇게 말할 것입니다. '이들은 성령을 받지 않았다. 성령을 받았다면 예전에 그랬던 것처럼 여러 가지 언어를 말하지 않았겠는가!' 오늘날 성령께서 현존하신다는 증거가 [여러 언어를 말하는] 이 기적에서 오지 않는다면, 그 증거는 어디에서 나오며, 우리는 어떻게 성령을 받았다는 사실을 알 수 있습니까?

자기 마음에 물어보시기 바랍니다. 형제를 사랑하면 성령께서 그 안에 머물러 계십니다. 하느님의 눈앞에서 자신을 살펴보고 스스로를 시험해 보십시오. 자신 안에 평화와 일치에 대한 사랑, 온 세상에 널리 퍼져 있는 교회에 대한 사랑이 있는지 살펴보십시오. 자기 앞에 있는 형제를 사랑하는 데만 신경 쓰지 마십시오. 우리가 보지 못하는 우리 형제들도 많을 뿐 아니라, 우리는 그들과 성령의 일치 안에 연결되어 있습니다. 그들이 우리와 함께 있지 않다는 것이 뭐 그리 놀랍습니까? 우리는 한 몸 안에 있고, 하늘에 하나의 머리를 모시고 있습니다. 형제 여러분, 우리 두 눈은 서로 보지 못하고, 서로를 거의 알지 못합니다. 그렇다고 해서 온몸을 일치시키는 사랑 안에서도 서로 모르겠습니까? 여러분도 알다시피, 사랑으로 연결되었기에 서로 아는 것입니다. 두 눈을 다 뜨고 있을 때, 오른쪽 눈이 한 곳을 바라보면 왼쪽 눈이 같은 것을 보지 않을 수 없기 때문입니다. 할 수 있다면 다른 쪽 눈 없이 오른쪽 눈만으로 광선을 쳐다보십시오. 그 두 눈은 동시에 움직이고, 동시에 모아집니다. 있는 곳은 다르지만 지향은 하나입니다. 그러므로 그대와 함께 하느님을 사랑하는 모든 사람은 그대와 함께 같은 지향을 지니고 있으므로, 그대가 몸으로 떨어진 곳에 있다는 사실

aciem cordis simul fixistis in lumine veritatis. Ergo si vis nosse quia accepisti Spiritum, interroga cor tuum: ne forte sacramentum habes, et virtutem sacramenti non habes. Interroga cor tuum: si est ibi dilectio fratris, securus esto. Non potest esse dilectio sine Spiritu Dei: quia Paulus clamat: *Caritas Dei diffusa est in cordibus nostris per Spiritum Sanctum qui datus est nobis.*

**11.** *Dilectissimi, nolite omni spiritui credere.* Quia dixerat: *In hoc cognoscimus quia manet in nobis de Spiritu quem dedit nobis.* Unde autem cognoscitur ipse Spiritus adtendite: *Dilectissimi, nolite omni spiritui credere, sed probate spiritus si ex Deo sunt.* Et quis est qui probat spiritus? Difficilem rem nobis proposuit, fratres mei: bonum est nobis ut dicat ipse unde discernamus. Dicturus est; ne formidetis; sed primo videte, adtendite; videte hinc exprimi illud unde vani haeretici calumniantur. Adtendite, videte quid ait: *Dilectissimi, nolite omni spiritui credere, sed probate spiritus si ex Deo sunt.*

Spiritus Sanctus nomine aquae appellatus est in Evangelio, Domino clamante et dicente: *Si quis sitit, veniat ad me, et bibat; qui*

---

30 아우구스티누스에 따르면, 심지어 이단자와 열교자도 유효한 성사를 베풀 수 있다. 성사를 베푸는 이는 집전자가 아니라 그리스도 자신이고, 성사의 '유효성'(validitas)은 전적으로 그리스도에게 달려 있기 때문이다. 그러나 비록 유효한 성사를 지니고 있고, '성사의 친교'(communio sacramentorum)를 누리고 있다 할지라도, 사랑이 없으면 성사의 참된 '효력'(effectus)을 누릴 수 없다. 성사의 본질은 사랑이며, 성사는 사랑과 일치 안에서만 그 힘을 지니기 때문이라는 것이다. 최원오 「교부들의 교회론」 『가톨릭 신학과 사상』 50 (2004) 가톨릭대학교 출판부, 154-9 참조.

에 마음 쓰지 마십시오. 여러분은 진리의 빛에 마음의 시선을 동시에 고정하였습니다. 그러므로 그대가 성령을 받았는지 알고 싶으면, 그대 마음에 물어보십시오. 성사는 지니고 있지만 성사의 힘은 지니지 못한 것이 아닌지 물어보십시오.³⁰ 그대 마음 안에 형제에 대한 사랑이 있는지 물어보십시오. 그리고 안심하십시오. 하느님의 성령 없이는 이 사랑이 존재할 수 없습니다. 그래서 바오로는 이렇게 외치고 있습니다. "우리가 받은 성령을 통하여 하느님의 사랑이 우리 마음에 부어졌기 때문입니다."³¹

**11.** **"사랑하는 여러분, 아무 영이나 다 믿지 마십시오"**(1요한 4,1). 요한은 **"그분께서 우리 안에 머무르신다는 것을 우리는 바로 그분께서 우리에게 주신 성령으로 알고 있습니다"**(1요한 3,24)라고 말했습니다. 성령을 어디서 알아뵙게 되는지 눈여겨보십시오. **"사랑하는 여러분, 아무 영이나 다 믿지 말고 그 영이 하느님께 속한 것인지 시험해 보십시오"**(1요한 4,1). 그렇다면 영을 시험하는 사람은 누구입니까? 나의 형제 여러분, 요한은 어려운 문제를 우리에게 던졌습니다. 우리가 어떻게 [영을] 식별해야 하는지 성령께서 말씀하시도록 하는 것이 좋습니다. 성령께서 말씀하실 것이니, 두려워하지 마십시오. 우선 눈여겨보시고 주의 깊게 살펴보십시오. 이단자들이 헛되이 모함하며 인용하는 대목이 바로 이곳이라는 것을 알아야 합니다. 요한이 들려주는 말씀을 주의 깊게 들으십시오. **"사랑하는 여러분, 아무 영이나 다 믿지 말고 그 영이 하느님께 속한 것인지 시험해 보십시오."**

복음서에서는 성령이 물이라는 이름으로 불립니다. 주님께서 이렇게 큰 소리로 말씀하셨기 때문입니다. "목마른 사람은 다 나에게 와서 마셔라.

---

31 로마 5,5.

*credit in me, flumina aquae vivae fluent de ventre eius.* Evangelista autem exposuit unde diceret: secutus enim ait: *Hoc autem dicebat de Spiritu quem accepturi erant qui in eum erant credituri.* Quare non multos baptizavit Dominus? Sed quid ait? *Spiritus autem nondum erat datus, quia Iesus nondum erat clarificatus.* Quia ergo illi Baptismum habebant, et Spiritum Sanctum nondum acceperant, quem die Pentecostes misit Dominus de caelo; ut daretur Spiritus, exspectabatur clarificatio Domini. Et antequam clarificaretur, et antequam mitteret eum, invitabat tamen homines ut se praepararent ad accipiendam aquam, de qua dixit: *Qui sitit, veniat et bibat;* et: *Qui credit in me, flumina aquae vivae fluent de ventre eius.* Quid est: *flumina aquae vivae?* quid est illa aqua? Nemo me interroget; Evangelium interroga. *Hoc autem dicebat, ait, de Spiritu quem accepturi erant hi qui in eum erant credituri.* Aliud est ergo aqua sacramenti, aliud aqua quae significat Spiritum Dei. Aqua sacramenti visibilis est; aqua Spiritus invisibilis. Ista abluit corpus, et significat quod fit in anima: per illum Spiritum ipsa anima mundatur et saginatur. Ipse est Spiritus Dei, quem non possunt habere haeretici, et quicumque se ab Ecclesia praecidunt. Et quicumque non aperte praecidunt, sed per iniquitatem praecisi sunt, et intus tamquam paleae volvuntur, et grana non sunt, non habent istum Spiritum. Iste Spiritus nomine aquae a Domino significatus est; et

---

32 요한 7,37-38.   33 요한 7,39.   34 요한 7,39.

나를 믿는 사람은 […] '그 속에서부터 생수의 강들이 흘러나올 것이다'."32 이어지는 대목에서 복음사가는 주님께서 말씀하신 바를 이렇게 설명합니다. "이는 당신을 믿는 이들이 받게 될 성령을 가리켜 하신 말씀이었다."33 주님께서는 왜 많은 사람에게 세례를 베풀지 않으셨습니까? 요한이 뭐라고 합니까? "예수님께서 영광스럽게 되지 않으셨기 때문에, 성령께서 아직 와 계시지 않았던 것이다."34 그들은 세례는 지니고 있었지만, 주님께서 성령강림 날 하늘에서 보내 주신 성령을 아직 받지 못했던 것입니다. 영을 받기 위해서는 주님께서 영광스럽게 되실 때까지 기다려야 했던 것입니다. 그렇지만, 주님께서는 영광스럽게 되시기 전에, 또 영을 보내시기 전에, 물을 받을 준비를 시키려고 사람들을 초대하셨습니다. "목마른 사람은 다 나에게 와서 마셔라." 이어서 "나를 믿는 사람은 […] '그 속에서부터 생수의 강들이 흘러나올 것이다'"라고 말씀하셨습니다. 생수의 강은 무엇입니까? 그 물은 무엇입니까? 아무도 저에게 물어보지 마시고, 복음사가에게 여쭈어 보십시오. 요한은 "이는 당신을 믿는 이들이 받게 될 성령을 가리켜 하신 말씀이었다"라고 합니다. 그러니까 성사의 물이 다르고, 하느님의 영을 뜻하는 물이 다릅니다. 성사의 물은 눈에 보이지만, 영의 물은 보이지 않습니다. 성사의 물은 몸을 씻고 영혼 안에서 벌어지는 일을 드러냅니다. 영의 물로 말미암아 영혼은 깨끗해지고 양육됩니다. 그분은 하느님의 영이신데, 이단자들과, 교회로부터 떨어져 나간 사람들은 [하느님의 영을] 지닐 수 없습니다. 드러나게 떨어져 나가지는 않았지만 죄로 말미암아 [교회에서] 떨어져 나간 사람들이나, [교회] 안에서 밀이 아니라 가라지처럼 처신하는 사람들도 이 영을 지니지 못합니다. 주님께서 물이라는 이름으로 부르신 이 영은 이러한 뜻을 지니고 있으니, 우리가 요한의 이 편지

audivimus ab hac Epistola: *Nolite omni spiritui credere;* et testantur verba illa Salomonis: *Ab aqua aliena abstine te.* Quid est aqua? Spiritus. Numquid semper aqua Spiritum significat? Non semper; sed quibusdam locis Spiritum significat, quibusdam locis baptismum significat, quibusdam locis populos significat, quibusdam locis consilium significat. Habes quodam loco dictum: *Fons vitae consilium, possidentibus eum.* Ergo per diversa loca Scripturarum nomen aquae diversa significat. Nunc tamen nomine aquae Spiritum Sanctum audistis, non ex interpretatione nostra, sed ex Evangelico testimonio, ubi ait: *Hoc autem dicebat de Spiritu quem erant accepturi hi qui in eum erant credituri.* Si ergo aquae nomine significatur Spiritus Sanctus, et dicit nobis Epistola ista: *Nolite omni spiritui credere, sed probate spiritus si ex Deo sunt;* intellegamus inde dictum esse: *Ab aqua aliena abstine te, et de fonte alieno ne biberis.* Quid est: *De fonte alieno ne biberis?* Spiritui alieno ne credideris.

**12.** Restat ergo examen, unde probetur quia Spiritus Dei est. Posuit quidem signum, et hoc fortasse difficile; videamus tamen. Ad illam caritatem redituri sumus; ipsa est quae nos docet, quia ipsa est unctio. Tamen hic quid ait? *Probate spiritus si ex Deo sunt: quia multi*

---

35 잠언(칠십인역) 9,18.
36 잠언 16,22.

에서 들은 대로입니다. **"아무 영이나 다 믿지 마십시오"**(1요한 4,1). 또 "이상한 물을 삼가라"³⁵는 솔로몬의 말이 증언합니다. 물은 무엇입니까? 영입니다. 그렇다면 물은 언제나 영을 뜻하는 것입니까? 늘 그렇지는 않습니다. 그러나 어떤 구절을 보면, 물은 때로는 영을, 때로는 세례를, 때로는 백성을, 때로는 식견을 뜻합니다. 그대는 이런 구절도 찾을 수 있습니다. "식견은 그것을 지닌 이에게 생명의 샘이 된다."³⁶ 그러니까 성경의 여러 가지 구절을 통해 물이라는 이름은 여러 가지를 뜻합니다. 그러나 여러분은 우리의 해석에 따라서가 아니라, 복음서의 증언에 따라, 물이라는 이름은 성령을 일컫는다고 들었습니다. 이 복음서는 "이는 당신을 믿는 이들이 받게 될 성령을 가리켜 하신 말씀이었다"고 합니다. 물이라는 이름이 성령을 뜻할뿐더러, 요한의 이 편지가 우리에게 **"아무 영이나 다 믿지 말고 그 영이 하느님께 속한 것인지 시험해 보십시오"**(1요한 4,1)라고 말하고 있으니, 우리는 "이상한 물을 삼가고, 이상한 샘에서 마시지 마라"³⁷는 말씀에 대하여 생각해 보아야 하겠습니다. "이상한 샘에서 마시지 마라"는 것은 무슨 뜻입니까? 이상한 영을 믿지 말라는 말입니다.

**12.** 이제 우리에게 남은 것은, 하느님의 영이라는 것을 어떻게 증명할 것인지 살펴보는 일입니다. 요한은 표징을 제시하였는데, 좀 어려울지도 모르겠습니다. 그래도 한번 봅시다. 이제 우리는 사랑으로 되돌아갈 것입니다. 우리를 가르치는 분은 사랑이시니, 사랑은 기름부음[성령]이기 때문입니다. 그럼에도 요한은 뭐라고 말합니까? **"그 영이 하느님께 속한 것인지**

---

37 잠언(칠십인역) 9,18.

*pseudoprophetae exierunt in istum mundum.* Iam ibi sunt omnes haeretici et omnes schismatici. Quomodo ergo probo spiritum? Sequitur: *In hoc cognoscitur Spiritus Dei.* Erigite aures cordis. Laborabamus, et dicebamus: Quis novit? quis discernit? Ecce dicturus est signum. *In hoc cognoscitur Spiritus Dei: omnis spiritus qui confitetur Iesum Christum in carne venisse, ex Deo est. Et omnis spiritus qui non confitetur Iesum Christum in carne venisse, non est ex Deo: et hic est antichristus, de quo audistis quod venturus sit; et nunc in isto mundo est.* Quasi eriguntur aures ad discernendos spiritus; et tale quiddam audivimus, unde nihilo minus non discernamus. Quid enim ait? *Omnis spiritus qui confitetur Iesum Christum in carne venisse, ex Deo est.* Ergo spiritus qui est apud haereticos, ex Deo est; quia confitentur Iesum Christum in carne venisse? Iam hic erigunt se forte adversus nos, et dicunt: Vos non habetis spiritum ex Deo; sed nos confitemur Iesum Christum in carne venisse; iste autem illos negavit Spiritum Dei habere, qui non confitentur Iesum Christum in carne venisse. Quaere ab Arianis; confitentur Iesum Christum in carne venisse; quaere ab Eunomianis: confitentur Iesum Christum in carne venisse; quaere a Macedonianis: confitentur Iesum Christum in carne venisse; interroga

---

38 알렉산드리아의 사제였던 아리우스는 성자의 신성을 부정하고, 성자는 초월적 존재이기는 하되 성부와 본질이 다를 뿐 아니라, 피조물에 지나지 않는다고 주장했다. 아리우스파의 이설은 니케아 공의회(325년)와 제1차 콘스탄티노플 공의회(381년)에서 단죄되었다.

시험해 보십시오. 거짓 예언자들이 세상으로 많이 나갔기 때문입니다"(1요한 4,1). 이미 거기에는 모든 이단자와 모든 열교자가 있습니다. 그러면 어떻게 영을 시험합니까? 요한은 이어서 이렇게 말합니다. "**여러분은 하느님의 영을 이렇게 알 수 있습니다**"(1요한 4,2). 마음의 귀를 기울이십시오. 우리는 [지금까지] 애써 말해 왔습니다. 누가 [하느님의 영을] 알고, 또 누가 식별합니까? 요한이 이제 곧 말하게 될 표징은 바로 이것입니다. "**여러분은 하느님의 영을 이렇게 알 수 있습니다. 예수 그리스도께서 사람의 몸으로 오셨다고 고백하는 영은 모두 하느님께 속한 영입니다. 그러나 예수 그리스도께서 사람의 몸으로 오셨다고 고백하지 않는 영은 모두 하느님께 속하지 않는 영입니다. 그것은 '그리스도의 적'의 영입니다. 그 영이 오리라고 여러분이 전에 들었는데, 이제 이미 세상에 와 있습니다**"(1요한 4,2-3 참조). 영을 식별한다는 말에 귀가 번쩍 뜨입니다. 그렇지만, 우리가 들은 것만으로는 영의 식별이 그리 쉽게 이루어질 것 같지는 않습니다. 요한은 뭐라고 말합니까? "**예수 그리스도께서 사람의 몸으로 오셨다고 고백하는 영은 모두 하느님께 속한 영입니다**"(1요한 4,2). 예수 그리스도께서 사람의 몸으로 오셨다고 고백하기만 하면, 이단자들에게 있는 영도 하느님께 속한 것입니까? 아마도 그들은 이미 우리를 거슬러 '너희는 하느님의 영을 모시고 있지 않지만, 우리는 예수 그리스도께서 사람의 몸으로 오셨다는 것을 고백하고 있다'고 내세울 것입니다. 게다가, 예수 그리스도께서 사람의 몸으로 오셨다고 고백하지 않는 사람은 하느님의 영을 모실 수 없다고 할 것입니다. 아리우스파[38]에게 물어보십시오. 그들도 예수 그리스도께서 육신으로 오셨다고 고백합니다. 에우노미우스파[39]▶에게 물어보십시오. 그들도 예수 그리스도께서 사람의 몸으로 오셨다고 고백합니다. 마케도니우스파[40]▶에게 물어보십시오. 그들도 예수 그리스도께서 사람의 몸으로 오

Cataphrygas: confitentur Iesum Christum in carne venisse; interroga Novatianos: confitentur Iesum Christum in carne venisse. Omnes ergo istae haereses Spiritum Dei habent? Non ergo pseudoprophetae sunt? Nulla est ergo ibi deceptio, nulla est ibi seductio? Certe antichristi sunt, qui ex nobis exierunt, sed non erant ex nobis.

**13.** Quid ergo facimus? Unde discernimus? Intendite: eamus simul corde, et pulsemus. Vigilat ipsa caritas, quia ipsa pulsatura est, ipsa apertura: modo intellegetis in nomine Domini nostri Iesu Christi. Iam superius audistis quia dictum est: *Qui negat Iesum Christum in carne venisse, hic est antichristus.* Et ibi quaesivimus, quis neget; quia nec nos negamus, nec illi negant. Et invenimus quosdam factis negare; et adhibuimus testimonium de Apostolo, qui ait: *Confitentur enim se nosse Deum, factis autem negant.* Sic ergo et modo quaeramus in factis, non in lingua.

---

◀39 아리우스 근본주의자 에우노미우스(325~394년)는 자기 스승 아에티우스와 더불어, '신아리우스파'라고도 불리는 에우노미우스파의 주인공이다. 그들은 성부와 성자의 본질이 다를 뿐 아니라, 성자는 성부에게서 나지도 않았다고 주장했다. 에우노미우스는 제1차 콘스탄티노플 공의회에서 결정적으로 단죄되었으나, 에우노미우스 이단 공동체는 5세기 무렵까지 존속했다.

◀40 335년경 콘스탄티노플의 사제였던 마케도니우스를 중심으로 형성된 마케도니우스파는 성자는 성부와 본질이 비슷하지만 같지는 않다고 주장했을 뿐 아니라, 성령의 신성마저 부정하였다. 제1차 콘스탄티노플 공의회에서 니케아 신앙에 서명하기를 거부한 이 이단은 5세기 무렵까지 살아남았다.

41 교계제도와 성직자의 권위를 부정하고 예언자 중심의 성령 교회를 주장하며 170년경 프리기아 지방에서 시작된 몬타누스 이단의 추종자를 가리킨다. 엄격한 금욕주의를 추구한 이들은 프리기아 언저리에서 활동한 까닭에 '카타프리기아파'라고 불린다.

셨다고 고백합니다. 카타프리기아파[41]에게 물어보십시오. 그들도 예수 그리스도께서 사람의 몸으로 오셨다고 고백합니다. 노바티아누스파[42]에게 물어보십시오. 그들도 예수 그리스도께서 사람의 몸으로 오셨다고 고백합니다. 그런데 이 모든 이단자들이 하느님의 영을 모시고 있습니까? 그들은 거짓 예언자들이 아닙니까? 거기에는 속임수도 전혀 없고 꼬드김도 전혀 없습니까? 그들은 우리에게서 떨어져 나갔기 때문에 분명 그리스도의 적입니다. 아니, 우리에게 속한 사람들이 아니었습니다.

**13.** 그렇다면 우리는 무엇을 해야겠습니까? 어떻게 식별해야겠습니까? 잘 들으십시오. 우리 모두 한 마음으로 가서 두드려 봅시다. 두드리는 분도 사랑이시고, 열어 주시는 분도 사랑이시기 때문입니다. 여러분은 이제 우리 주 예수 그리스도의 이름으로 깨닫게 될 것입니다. 여러분은 이미 앞에서 **"예수 그리스도께서 사람의 몸으로 오셨다는 것을 부인하는 자는 그리스도의 적"**(1요한 2,22; 4,3 참조)이라는 말을 들었습니다. 그래서 우리는 [예수 그리스도께서 사람의 몸으로 오셨다는 것을] 부인하는 자가 누구인지 물었습니다. 우리도 부인하지 않고, 그들[이단자들]도 부인하지 않기 때문입니다. 그러나 어떤 사람은 행동으로 부인한다는 사실을 우리는 알고 있으니, 이렇게 말씀하시는 사도의 증언을 활용해 보았습니다. "그들은 하느님을 안다고 주장하지만 행동으로는 그분을 부정합니다."[43] 그러니 이제 말이 아니라 행동을 살펴보도록 합시다.

---

42 데키우스 황제의 혹독한 박해(250~251년)가 끝난 뒤, 로마의 주교로 선출된 코르넬리우스가 배교자들에게 관용을 베풀어 다시 교회로 받아들이자, 이에 반발한 노바티아누스는 엄격한 참회 규정을 내세우며 로마의 대립 주교, 곧 첫 대립 교황이 되어 노바티아누스 열교를 세웠다.

43 티토 1,16.

Quis est spiritus qui non est ex Deo? *Qui negat Iesum Christum in carne venisse.* Et quis est spiritus qui est ex Deo? *Qui confitetur Iesum Christum in carne venisse.* Quis est qui confitetur Iesum Christum in carne venisse? Eia, fratres, opera adtendamus, non strepitum linguae. Quaeramus quare venerit in carne Christus, et invenimus qui eum negant in carne venisse. Nam si linguas adtendas, multas haereses auditurus es confitentes Christum in carne venisse; sed convincit illos veritas. Quare venit Christus in carne? Nonne Deus erat? Nonne de illo scriptum est: *In principio erat Verbum, et Verbum erat apud Deum, et Deus erat Verbum?* Nonne ipse pascebat angelos, et ipse pascit angelos? Nonne sic huc venit, ut inde non recederet? Nonne sic ascendit, ut nos non dimitteret? Quare ergo venit in carne? Quia oportebat nobis ostendi spem resurrectionis. Deus erat, et in carne venit; Deus enim mori non poterat, caro mori poterat; ideo ergo venit in carne, ut moreretur pro nobis. Quemadmodum autem mortuus est pro nobis? *Maiorem hac caritatem nemo habet, quam ut animam suam ponat pro amicis suis.* Caritas ergo illum adduxit ad carnem. Quisquis ergo non habet caritatem, negat Christum in carne venisse. Hic nunc iam interroga omnes haereticos: Christus venit in carne? Venit; hoc credo,

---

44 요한 1,1.
45 요한 15,13.

하느님께 속하지 않는 영은 누구입니까? "예수 그리스도께서 사람의 몸으로 오셨다는 것을 부인하는 영입니다"(1요한 4,3 참조). 하느님께 속한 영은 누구입니까? "예수 그리스도께서 사람의 몸으로 오셨다고 고백하는 영"(1요한 4,2)입니다. 예수 그리스도께서 사람의 몸으로 오셨다고 고백하는 사람은 누구입니까? 자, 형제 여러분, 수다스러운 말이 아니라 행동을 유심히 봅시다. 그리스도께서 왜 사람의 몸으로 오셨는지 물어보고, 그분이 사람의 몸으로 오셨다는 것을 부인하는 사람이 누구인지 찾아봅시다. 말에만 주의를 기울인다면, 숱한 이단자들이 저마다 그리스도께서 사람의 몸으로 오셨다고 고백하는 것을 듣게 될 것입니다. 그러나 진리가 그들의 잘못을 드러낼 것입니다. 그리스도께서는 왜 사람의 몸으로 오셨습니까? 그분은 하느님이 아니셨습니까? 그분에 대해서 "한처음에 말씀이 계셨다. 말씀은 하느님과 함께 계셨는데 말씀은 하느님이셨다"[44]고 기록되어 있지 않습니까? 그분께서 천사들을 양육하셨고, 아직도 천사들을 양육하고 계시지 않습니까? 그분은 저 위를 떠나지 않고도 이 아래로 오시지 않았습니까? 그분은 우리를 버리지 않고도 승천하셨지 않습니까? 그런데 왜 사람의 몸으로 오셨습니까? 우리에게 부활의 희망을 보여 주셔야 했기 때문입니다. 그분은 하느님이셨는데 사람의 몸으로 오셨습니다. 하느님께서는 죽으실 수 없었지만, 사람의 몸으로는 죽으실 수 있었습니다. 우리를 위하여 죽으시려고 사람의 몸으로 오신 것입니다. 그분은 어찌하여 우리를 위해 죽으셨습니까? "친구들을 위하여 목숨을 내놓는 것보다 더 큰 사랑은 없다."[45] 사랑이 그분을 사람의 몸으로 이끈 것입니다. 그래서 사랑이 없는 사람은 누구든지 그리스도께서 사람의 몸으로 오셨다는 것을 부인합니다. 이제 이것을 모든 이단자들에게 물어보십시오. '그리스도께서 사람의 몸으로 오셨습니까?' '오셨음을 믿고 고백합니다.' '그대는 이 사실을 부인하고

hoc confiteor. Immo hoc negas. Unde nego? Audis quia hoc dico. Immo ego convinco quia negas. Dicis voce, negas corde; dicis verbis, negas factis. Quomodo, inquis, nego factis? Quia ideo venit in carne Christus, ut moreretur pro nobis. Ideo mortuus est pro nobis, quia caritatem multam docuit: *Maiorem hac caritatem nemo habet, quam ut animam suam ponat pro amicis suis.* Tu non habes caritatem; quia pro honore tuo dividis unitatem. Ergo hinc intellegite spiritum ex Deo. Pulsate, tangite vasa fictilia, ne forte crepuerint et male resonent: videte si integre sonant, videte si ibi est caritas. Tollis te ab unitate orbis terrarum, dividis Ecclesiam per schismata, dilanias corpus Christi. Ille venit in carne, ut colligat: tu ideo clamas, ut spargas. Ergo ipse est spiritus Dei, qui dicit Iesum in carne venisse: qui dicit non lingua, sed factis; qui dicit non sonando, sed amando. Ille autem non est spiritus Dei, qui negat Iesum Christum in carne venisse: negat et ipse non lingua, sed vita; non verbis, sed factis. Manifestum est ergo unde cognoscamus fratres. Multi intus, quasi intus sunt; nemo autem foris, nisi vere foris.

---

[46] 요한 15,13.

[47] 아우구스티누스는 교회 '안'(intus)과 '밖'(foris)을 물리적·공간적·가시적 개념이 아니라, 영적이며 비가시적인 개념으로 받아들인다. 그 까닭에 '사랑'으로 참되게 교회 '안'에 머무는 일이야말로, 세례로써 제도 교회 '안'에 소속되는 일보다 훨씬 중요하다. 아우구스티누스의 이러한 교회론적 전망은 다음 문장에 함축적으로 담겨 있다. "앞을 훤히 내다보시는 하느님의 이루 말할 수 없는 예지의 눈으로 보면, 교회 밖에 있는 듯 보이지만 교회 안에 있는 사람이 있고, 교회 안에 있는 듯 보이지만 교회 밖에 있는 사람이 있다"(아우구스티누스 『세례론』, 5,27,38). 그러므로 눈에 보이는 것만으로는 누가 참으로 교회 안에 있고 교회 밖에 있는지 판단할 수 없다. 교회 안에 있지만 악마의 자녀로 단죄받을 수도 있듯이, 그리스도의 것이 교회 밖에도 있을 수 있기 때문이다(『세례론』, 4,9,13 참조). 오직 하느님만이 어떤 양이

있습니다.' '내가 어떻게 부인합니까?' '그대는 내가 하는 말을 들어 보시오. 그대가 부인한다는 것을 내가 밝혀 주겠소. 그대는 소리로는 고백하지만 마음으로는 부인합니다. 그대는 말로는 떠벌리지만 행동으로 부인합니다. 그대는 '내가 어떻게 행동으로 부인하느냐'고 말할 것이오. 그래서 그리스도께서 우리를 위해 죽으시려고 사람의 몸으로 오신 것이오. 그분은 우리에게 많은 사랑을 가르치셨기에 우리를 위하여 돌아가신 것이오. '친구들을 위하여 목숨을 내놓는 것보다 더 큰 사랑은 없다.'[46] 그대는 사랑을 지니고 있지 않소. 그대는 그대의 명예를 위해서 일치를 깨고 있기 때문이오.' 여러분, 이 영이 하느님께 속한 것인지 생각해 보십시오. 여러분은 질그릇에 금이 가 나쁜 소리가 나지는 않는지 두드리고 만져 봅니다. 온전하게 소리가 나는지 살펴보고, 거기에 사랑이 있는지 눈여겨봅니다. 그대는 세상의 일치에서 그대를 잘라 내고, 교회를 열교로 갈라놓으며, 그리스도의 몸을 찢고 있습니다. 그분께서는 한데 모으시기 위해서 사람의 몸으로 오셨는데, 그대는 흩어 버리기 위해 소리를 질러 대고 있습니다. 예수님께서 사람의 몸으로 오셨다고 말하는 이가 바로 하느님의 영입니다. 그는 혀가 아니라 행동으로 말합니다. 그는 소리 내면서 말하지 않고 사랑하면서 말합니다. 그러나 예수 그리스도께서 사람의 몸으로 오셨다는 것을 부인하는 자는 하느님의 영이 아닙니다. 그는 혀가 아니라 삶으로 부인하며, 말이 아니라 행동으로 부인합니다. 그러므로 우리가 어떻게 형제들을 알아보아야 하는지 분명해졌습니다. 많은 사람이 [교회] 안에 있고, 안에 있는 것처럼 보입니다. 그러나 참으로 [교회] 밖에 있는 사람이 아니라면, 아무도 [교회] 밖에 있지 않습니다.[47]

---

울타리 밖에 있으며, 어떤 늑대가 울타리 안에 있는지 아신다(『세례론』 6,1,1 참조). 『요한 서간 강해』 3,4 각주 6 참조.

**14.** Adeo ut noveritis quia ad facta retulit: *Et omnis spiritus,* ait, *qui solvit Christum, in carne venisse, non est ex Deo.* Solvere factis intellegitur. Quid tibi ostendit? qui negat; quia dixit, *solvit.* Ille venit colligere, tu venis solvere. Distringere vis membra Christi. Quomodo non negas Christum in carne venisse, qui dirumpis Ecclesiam Dei, quam ille congregavit? Contra Christum ergo venis; antichristus es. Intus sis, foris sis; antichristus es: sed quando intus es, lates; quando foris es, manifestaris. Solvis Iesum, et negas eum in carne venisse: non es ex Deo. Ideo dicit in Evangelio: *Qui solverit unum de mandatis istis minimis, et docuerit sic, minimus vocabitur in regno caelorum.* Quid est: solvitur? Quid est: docetur? Solvitur factis, et docetur quasi verbis. *Qui praedicas non furandum, furaris.* Solvit ergo in facto qui furatur, et quasi docet sic; *minimus vocabitur in regno caelorum,* id est, in Ecclesia huius temporis. De illo dictum est: *Quae dicunt facite; quae autem faciunt, facere nolite. Qui autem fecerit, et sic docuerit, magnus vocabitur in regno caelorum.* Ex eo quod dixit hic, fecerit, contra hoc ibi dixit, solve-

---

48 『성경』: "예수 그리스도께서 사람의 몸으로 오셨다고 고백하는 영은 모두 하느님께 속한 영입니다. 그러나 예수님을 믿는다고 고백하지 않는 영은 모두 하느님께 속하지 않는 영입니다." '어기는 자'(qui solvit)라는 말마디는 대중 라틴어 성경 '불가타'(Vulgata)에도 나오는데, 그리스어 μὴ ὁμολογεῖ[qui non confitetur, (믿는다고) 고백하지 않는 자]를 라틴어로 옮기면서 생긴 오류다. 라틴어 'solvere'는 '어기다'라는 뜻 말고도, '버리다', '없애다'는 뜻도 지니고 있다. P. Agaësse (ed.), "notes", in: *Sources Chrétiennes* 75, 310 참조.

49 마태 5,19.      50 로마 2,21.
51 마태 23,3 참조.   52 마태 5,19 참조.

**14.** 요한이 행동에 관해서 증언한 것을 여러분이 알 수 있도록 전해 드리겠습니다. "**그리스도께서 사람의 몸으로 오셨다는 것을 어기는 영은 모두 하느님께 속하지 않는 영입니다**"(1요한 4,2-3).⁴⁸ '어기다'라는 낱말은 행동을 떠올리게 합니다. 이 낱말이 그대에게 무엇을 보여 줍니까? 부인하는 자라서 '어긴다'고 말했던 것입니다. 그분은 모아들이기 위하여 오셨는데, 그대는 어기려고 옵니다. 그대는 그리스도의 지체를 갈기갈기 찢어 놓고 싶어 합니다. 그분께서 모아들인 그리스도의 교회를 갈라놓는 그대가, 그리스도께서 사람의 몸으로 오셨다는 것을 어떻게 부인하지 않습니까? 그대는 그리스도를 거슬러서 오는 그리스도의 적입니다. 그대는 [교회] 안에 있든 밖에 있든 그리스도의 적입니다. 그러나 안에 있을 때에는 그대를 숨기지만, 밖에 있을 때에는 그대가 드러납니다. 그대는 예수님을 어기고, 그분께서 사람의 몸으로 오셨다는 것을 부인합니다. 그대는 하느님께 속한 사람이 아닙니다. 그래서 그분은 복음서에서 이렇게 말씀하십니다. "그러므로 이 계명들 가운데에서 가장 작은 것 하나라도 어기고 또 사람들을 그렇게 가르치는 자는 하늘 나라에서 가장 작은 자라고 불릴 것이다."⁴⁹ 어기는 것은 무엇입니까? 가르치는 것은 또 무엇입니까? 그들은 행동으로 어기고 그럴싸한 말로 가르칩니다. "도둑질을 하지 말라고 설교하면서 왜 그대는 도둑질을 합니까?"⁵⁰ 도둑질하는 사람은 행동으로 어기고, 그럴듯하게 가르칩니다. 그래서 그는 "하늘 나라에서 가장 작은 자라고 불릴 것이다", 곧, 이 시대의 교회에서 말입니다. 이런 사람에 대해서는 "그들이 말하는 것은 실행해라. 그러나 그들의 행실은 따라 하지 마라",⁵¹ '행하고 또 그렇게 가르치는 이는 하늘 나라에서 큰 사람이라고 불릴 것이다'⁵²라고 말합니다. 여기서 '행하다'는 말은, '어기다', 곧 '행하지 않다'라는 말뿐 아니라

rit, id est, non fecerit, et docuerit sic. Ille ergo solvit qui non facit. Quid nos docet, nisi ut facta interrogemus, non verba credamus?

Obscuritas rerum multa nos cogit dicere: maxime ut illud quod Dominus revelare dignatur, etiam ad tardiores fratres perveniat; quia omnes Christi sanguine comparati sunt. Et vereor ne ipsa Epistola istis diebus, sicut promiseram, non finiatur: sed quod Domino placet, melius est servare reliquias, quam onerare corda nimio cibo.

'그렇게 가르치다'는 말과도 정반대의 뜻입니다. 행하지 않는 사람은 어기는 사람입니다. 우리에게 가르쳐 주는바, 말만 믿지 말고 행동을 따져 물으라는 것이 아니고 무엇이겠습니까?

모호한 곳이 많아서 우리가 많은 말을 하게 되었습니다. 그것은 주님께서 계시하시려던 바가 특별히 더딘 형제들에게까지도 다다르게 하려는 까닭이었습니다. 모든 이가 그리스도의 피로써 해방되었기 때문입니다. 제가 약속한 대로 요 며칠에 서간 강해를 끝내지 못할까 걱정됩니다. 그러나 주님께서 기뻐하신다면, 푸짐한 음식으로 여러분의 마음을 무겁게 하기보다는, 남은 음식을 그대로 보관하는 것이 더 낫겠습니다.

## 요한의 첫째 서간 4,4-12

**4** 자녀 여러분, 여러분은 하느님께 속한 사람으로서 거짓 예언자들을 이미 이겼습니다. 여러분 안에 계시는 그분께서 세상에 있는 그자보다 더 위대하시기 때문입니다. **5** 그들은 이 세상에 속한 자들입니다. 그런 까닭에 그들은 세상에 속한 것을 말하고 세상은 그들의 말을 듣습니다. **6** 우리는 하느님께 속한 사람입니다. 하느님을 아는 사람은 우리의 말을 듣고, 하느님께 속하지 않는 사람은 우리의 말을 듣지 않습니다. 이것으로 우리는 진리의 영을 알고 또 사람을 속이는 영을 압니다.

### 사랑과 믿음

**7** 사랑하는 여러분, 서로 사랑합시다. 사랑은 하느님에게서 오는 것이기 때문입니다. 사랑하는 이는 모두 하느님에게서 태어났으며 하느님을 압니다. **8** 사랑하지 않는 사람은 하느님을 알지 못합니다. 하느님은 사랑이시기 때문입니다. **9** 하느님의 사랑은 우리에게 이렇게 나타났습니다. 곧 하느님께서 당신의 외아드님을 세상에 보내시어 우리가 그분을 통하여 살게 해 주셨습니다. **10** 그 사랑은 이렇습니다. 우리가 하느님을 사랑한 것이 아니라, 그분께서 우리를 사랑하시어 당신의 아드님을 우리 죄를 위한 속죄 제물로 보내 주신 것입니다. **11** 사랑하는 여러분, 하느님께서 우리를 이렇게 사랑하셨으니 우리도 서로 사랑해야 합니다. **12** 지금까지 하느님을 본 사람은 없습니다. 그러나 우리가 서로 사랑하면, 하느님께서 우리 안에 머무르시고 그분 사랑이 우리에게서 완성됩니다.

## Tractatus 7

**1.** Mundus iste omnibus fidelibus quaerentibus patriam sic est, quomodo fuit eremus populo Israel. Errabant quidem adhuc, et patriam quaerebant: sed duce Deo errare non poterant. Via illis fuit iussio Dei. Nam ubi per quadraginta annos circumierunt, paucissimis mansionibus conficitur iter ipsum, et notum est omnibus. Tardabantur, quia exercebantur, non quia deserebantur. Quod ergo nobis promittit Deus, ineffabilis dulcedo est, et bonum, sicut Scriptura dicit, et saepe nobis commemorantibus audistis, *quod oculus non vidit, nec auris audivit, nec in cor hominis ascendit.* Laboribus autem temporalibus exercemur, et tentationibus vitae praesentis erudimur. Sed si non vultis in ista eremo siti mori, bibite caritatem. Fons est quem voluit Dominus hic ponere, ne deficiamus in via: et abundantius eum bibemus, cum ad patriam venerimus.

Modo Evangelium lectum est; ut de ipsis verbis, quibus lectio terminata est dicam, quid aliud nisi de caritate audistis? Quandoquidem pactum fecimus cum Deo nostro in oratione, ut si volumus ut dimittat nobis peccata nostra, dimittamus et nos peccata quae in nos fuerint commissa. Non autem dimittit nisi caritas. Tolle caritatem de corde; odium tenet, ignoscere non novit. Sit ibi caritas, secura ignoscit, quae non angustatur. Epistola autem ista tota, quam

---

1 참조: 이사 64,3; 1코린 2,9     2 마태 6,12 참조.

### 일곱째 강해

**1.** 본향을 찾는 모든 믿는 이에게 이 세상은 이스라엘 백성들이 살았던 광야 같습니다. 그들은 본향을 찾아 헤매고 있었습니다. 그러나 하느님께서 인도해 주셨기에 [끝까지] 헤맬 수는 없었습니다. 그들의 길은 하느님의 계명이었습니다. 사십 년 동안 떠돌던 그곳에서 여정 자체는 아주 짧은 기간에 끝났고, 이 사실은 모두에게 알려져 있습니다. 그들이 지체한 까닭은 버림받았기 때문이 아니라 단련받았기 때문입니다. 성경에서도 말하고 있고 또 제가 자주 여러분에게 상기시켜 드리는 것처럼, 하느님께서 우리에게 약속하신 것은 말할 수 없이 감미롭고 좋은 것입니다. 그것은 "눈도 보지 못하였고 귀도 듣지 못하였으며 인간의 마음속에 올라보지 못한 것입니다."[1] 현세의 숱한 노동으로 우리는 단련되고, 현재 삶의 유혹에서 우리는 양성됩니다. 그러나 이 광야에서 목말라 죽지 않으려거든 사랑을 마시십시오. 사랑이란 우리가 길에서 지쳐 쓰러질세라 주님께서 이 세상에 마련하고 싶어 하셨던 샘입니다. 우리가 본향에 다다를 때면 사랑을 실컷 마시게 될 것입니다.

방금 복음이 봉독되었습니다. 저는 성경 봉독이 끝난 대목의 말씀들에 관하여 말씀드리려 합니다. 여러분들이 들은 것은 사랑에 대한 것이 아니고 무엇이겠습니까? 사실 우리는 기도 안에서 우리 하느님과 계약을 맺었습니다. 하느님께서 우리 죄를 용서하시기를 바란다면, 우리도 우리에게 잘못한 이들의 죄를 용서해야 한다는 것입니다.[2] 사랑만이 용서합니다. 마음에서 사랑을 빼어 보십시오. 증오만 지닌 채 용서할 줄 모르게 될 것입니다. 마음에 사랑이 있다면, 사랑은 틀림없이 용서합니다. 사랑은 옹졸하지 않기 때문입니다. 여러분에게 풀이해 드리느라 힘써 온 이 편지 전체가

suscepimus tractandam vobis, videte si aliud aliquid commendat quam ipsam unam caritatem. Nec timendum est ne saepe dicendo in odium veniat. Quid enim amatur, si caritas in odium veniat? Qua caritate fit ut cetera bene amentur, ipsa quomodo amanda est? Res ergo quae numquam debet de corde discedere, nec ab ore discedat.

**2.** *Iam vos,* inquit, *ex Deo estis, filioli, et vicistis eum:* quem nisi Antichristum? Superius enim dixerat: *Omnis qui solvit Iesum Christum et negat eum in carne venisse, non est ex Deo.* Exposuimus autem, si meministis, quia omnes negant Iesum Christum in carne venisse, qui violant caritatem. Iesus enim non opus erat ut veniret, nisi propter caritatem. Caritas enim nobis illa commendatur, quam et ipse in Evangelio commendat: *Maiorem hac dilectionem nemo potest habere, quam ut animam suam ponat pro amicis suis.* Quomodo poterat Filius Dei animam suam ponere pro nobis, nisi carne indueretur, ubi mori posset? Quisquis ergo violat caritatem, quodlibet dicat lingua, vita ipsius negat Christum in carne venisse; et iste est antichristus, ubicumque fuerit, quocumque intraverit. Sed quid dicit eis qui cives sunt illius patriae cui suspiramus? *Vicistis eum.* Et unde vicerunt? *Quia maior est qui est in vobis, quam qui in hoc mundo.* Ne victoriam suis viribus tribuerent, et adrogantia super-

---

3 요한 15,13.

혹시 사랑 하나 말고 다른 것을 권고하는지 보십시오. 너무 자주 말해서 사랑이 미움받지나 않을까 염려하지는 마십시오. 사랑이 미움받는다면 무엇이 사랑받을 수 있겠습니까? 이 사랑으로써 다른 것들이 잘 사랑받게 된다면, 모름지기 사랑 자체는 어떻게 사랑받아야 하겠습니까? 이 사실은 결코 마음에서 떠나서도 안 되고, 입에서 떠나서도 안 됩니다.

2. "**자녀 여러분, 여러분은 하느님께 속한 사람으로서 그**[거짓예언자]**를 이미 이겼습니다**"(1요한 4,4 참조). 여러분이 이긴 그는 그리스도의 적이 아니고 누구이겠습니까? 앞서 요한은 이렇게 말했습니다. "**예수 그리스도를 어기고 그분이 사람의 몸으로 오셨다는 것을 부인하는 사람은 모두 하느님께 속하지 않는 사람입니다**"(1요한 4,2-3 참조). 기억하신다면, 사랑을 거스르는 사람은 모두 예수 그리스도께서 사람의 몸으로 오셨다는 것을 부인한다고 벌써 설명했습니다. 사랑 때문이 아니라면 예수님께서 오실 필요가 없었습니다. 우리에게 권고하는 그 사랑은 바로 복음에서도 권고하는 것입니다. "친구들을 위하여 목숨을 내놓는 것보다 더 큰 사랑은 없다."[3] 하느님의 아드님께서 죽을 수 있는 사람의 몸을 취하지 않고서야 어떻게 우리를 위하여 당신 목숨을 내놓으실 수 있었겠습니까? 그러므로 사랑을 거스르는 사람은, 혀끝으로는 어떤 말을 한다 할지라도 자기 삶으로는 그리스도께서 사람의 몸으로 오셨다는 것을 부인하는 사람입니다. 그리고 이러한 자는 어디에 있었든지 어디로 들어가든지 그리스도의 적입니다. 그러나 우리가 갈망하고 있는 본향의 시민들에게 요한은 뭐라고 말합니까? "**여러분은 그를 이겼습니다.**" 어떻게 이겨 냈습니까? "**여러분 안에 계시는 그분께서 세상에 있는 그자보다 더 위대하시기 때문입니다**"(1요한 4,4). 악마는 누구든지 교만하게 만든 다음 이겨 버립니다. 자기 힘만으로 승리를 거두

biae vincerentur — quemcumque enim diabolus superbum fecerit, vincit —, volens eos servare humilitatem, quid ait? *Vicistis eum.* Iam omnis homo qui audit: *Vicistis,* erigit caput, erigit cervicem, laudari se vult. Noli te extollere, vide quis in te vicit. Quare vicisti? *Quia maior est qui est in vobis, quam qui in hoc mundo.* Esto humilis, porta Dominum tuum; esto iumentum sessoris tui. Bonum tibi est ut ipse regat, et ipse ducat. Nam si ipsum sessorem non habueris, cervicem erigere potes, calces potes mittere: sed vae tibi sine rectore; quia libertas ista in bestias te mittit comedendum.

**3.** *Hi de mundo sunt.* Qui? antichristi. Iam audistis qui sint. Et si non estis, cognoscitis eos: quisquis autem hoc est, non cognoscit. *Hi de mundo sunt: ideo de mundo loquuntur, et mundus eos audit.* Qui sunt qui de mundo loquuntur? Adtendite qui contra caritatem. Ecce audistis Dominum dicentem: *Si dimiseritis peccata hominibus, dimittet vobis et Pater vester caelestis peccata vestra: si autem non dimiseritis, nec Pater vester dimittet vobis peccata vestra.* Sententia est veritatis: aut si non veritas loquitur, contradic. Si chris-

---

4 마태 6,14-15 참조.

려 하지 말고, 교만과 오만으로 말미암아 패배하지 않도록 겸손을 간직하기를 바랐던 요한은 뭐라고 합니까? "**여러분은 그를 이겼습니다**"(1요한 4,4 참조)라고 합니다. "**여러분은 이겼습니다**"라는 말을 들은 사람들은 다 머리를 쳐들고 목에 힘을 주며 칭찬받고 싶어 합니다. 우쭐거리지 말고 누가 그대 안에서 이겼는지 보십시오. 어떻게 여러분이 이겨 냈습니까? "**여러분 안에 계시는 그분께서 세상에 있는 그자보다 더 위대하시기 때문입니다**"(1요한 4,4). 그대, 겸손하십시오. 그리고 그대의 주님을 모시고 다니십시오. 그대 마차 주인을 모시는 노새가 되십시오. 그분께서 방향을 잡으시고, 그분께서 이끄시도록 하는 것이 그대에게 좋습니다. 그대가 마차 주인을 모시지 않는다면, 그대는 마음대로 목에 힘을 줄 수도 있고, 발길질할 수도 있을 것입니다. 그러나 그대에게 길잡이가 없다면 불행합니다. 바로 이 자유가 그대를 맹수들에게 보내 잡아먹히게 할 것이기 때문입니다.

3. "**그들은 이 세상에 속한 자들입니다**"(1요한 4,5). 그들은 누구입니까? 그리스도의 적입니다. 여러분은 그들이 누구인지 이미 들었습니다. 여러분이 그리스도의 적이 아니라면, 그들을 알아보아야 합니다. 그러나 그들이 누구인지 알아보지 못하는 사람은 그리스도의 적입니다. "**그들은 이 세상에 속한 자들입니다. 그런 까닭에 그들은 세상에 속한 것을 말하고 세상은 그들의 말을 듣습니다**"(1요한 4,5). 세상에 속한 것들을 말하는 자들이 누구입니까? 사랑을 거스르는 사람들을 눈여겨보십시오. 여러분, 주님의 말씀을 들어 보십시오. "너희가 다른 사람들의 허물을 용서하면, 하늘의 너희 아버지께서도 너희의 허물을 용서하실 것이다. 그러나 너희가 용서하지 않으면, 아버지께서도 너희의 허물을 용서하지 않으실 것이다."[4] 이는 진리의 말씀입니다. 진리가 말씀하시지 않는다면 반대하십시오. 그대가 그

tianus es, et credis Christo, ipse dixit: *Ego sum veritas.* Sententia ista vera est, firma est. Iam audi homines de mundo loquentes. Et non te vindicaturus es, et dicturus est ille quia fecit tibi? Immo sentias quia cum viro habet. Quotidie dicuntur ista. De mundo loquuntur qui ista dicunt; et mundus eos audit. Nec dicunt ista nisi qui diligunt mundum; neque audiuntur ista nisi ab his qui diligunt mundum. Et qui diligit mundum, et neglegit caritatem, audistis quia negat Iesum in carne venisse. Aut si fecit illud in carne ipse Dominus? Si cum expalmaretur, voluit se vindicari? Si cum in cruce penderet, non dixit: *Pater, ignosce illis, quia nesciunt quid faciunt?* Si autem non minabatur qui potestatem habebat; tu quid minaris, quid sufflas in potestate aliena constitutus? Ille quia voluit mortuus est, et non minabatur; tu nescis quando morieris, et minaris?

**4.** *Nos ex Deo sumus.* Videamus quare: videte si propter aliud quam propter caritatem. *Nos ex Deo sumus. Qui novit Deum, audit nos; qui non est ex Deo, non nos audit. Ex hoc cognoscimus spiritum veritatis et erroris.* Quia qui audit nos, spiritum habet veritatis: qui

---

5 요한 14,6.   6 루카 23,34.

리스도인이고 또 그리스도를 믿는다면, 그분께서 "나는 진리다"[5]라고 말씀하셨다는 것을 알고 있을 것입니다. 이 말씀은 참되고 확실합니다. 이제 세상 것을 말하는 사람들의 이야기를 들어 보십시오. 그가 당신에게 한 일을 떠벌리고 다닐 터인데 어찌 보복하지 않는 거요? 그러지 말고 인간에 대한 도리를 깨우치도록 본때를 보여 줍시다. 날마다 이따위 소리나 늘어놓습니다. 세상에 속한 것들을 말하는 자들은 이런 이야기를 일삼습니다. 그리고 세상은 그들의 말을 듣습니다. 세상을 사랑하는 사람이 아니고서는 그런 말을 하지 않습니다. 또 세상을 사랑하는 사람이 아니라면 그들에게서 이따위 이야기를 듣지도 않습니다. 들으셨다시피, 세상을 사랑하고 사랑을 무시하는 사람은 예수님께서 사람의 몸으로 오셨다는 것을 부인합니다. 사람의 몸으로 오신 주님께서 과연 그렇게 하셨습니까? 뺨을 맞으실 때 복수하기를 원하셨습니까? 오히려 십자가에 매달려서도 "아버지, 저들을 용서해 주십시오. 저들은 자기들이 무슨 일을 하는지 모릅니다"[6]라고 말씀하지 않으셨습니까? 권능을 지니고 계신 그분께서도 위협하지 않으셨거늘, 다른 분의 권능 안에 세워진 그대가 무엇을 위협하고 무엇 때문에 화낸다는 말입니까? 그분께서는 자원해서 돌아가시면서도 위협하지 않으셨는데, 그대는 언제 죽을지도 모르면서 감히 위협한다는 말입니까?

**4. "우리는 하느님께 속한 사람입니다"**(1요한 4,6). 왜 그런지 봅시다. 사랑 말고 다른 이유가 있는지 보십시오. **"우리는 하느님께 속한 사람입니다. 하느님을 아는 사람은 우리의 말을 듣고, 하느님께 속하지 않는 사람은 우리의 말을 듣지 않습니다. 이것으로 우리는 진리의 영을 알고 또 사람을 속이는 영을 압니다"**(1요한 4,6). 우리의 말을 듣는 사람은 진리의 영을 지니

non audit nos, spiritum habet erroris. Videamus quid monet, et audiamus eum potius in spiritu veritatis monentem; non antichristos, non amatores mundi, non mundum: si ex Deo nati sumus: *Dilectissimi,* sequitur supra, videte quid: *Nos ex Deo sumus. Qui novit Deum, audit nos; qui non est ex Deo, non nos audit. Ex hoc cognoscitur spiritus veritatis et erroris.* Iam ergo intentos nos fecit: quia qui novit Deum, ipse audit; qui autem non novit, non audit: et haec discretio est spiritus veritatis et erroris. Videamus quid moniturus est, in quo illum audire debeamus. *Dilectissimi, diligamus invicem.* Quare? quia homo monet? *Quia dilectio ex Deo est.* Multum commendavit dilectionem, quia dixit: *ex Deo est;* plus dicturus est, intente audiamus. Modo dixit: *Dilectio ex Deo est; et omnis qui diligit, ex Deo natus est, et cognovit Deum. Qui non diligit, non novit Deum.* Quare? *Quia Deus dilectio est.* Quid amplius dici potuit, fratres? Si nihil de laude dilectionis diceretur per omnes istas paginas huius Epistolae, si nihil omnino per ceteras paginas Scripturarum, et hoc solum unum audiremus de voce Spiritus Dei: Quia *Deus dilectio est;* nihil amplius quaerere deberemus.

고 있고, 우리의 말을 듣지 않는 사람은 거짓의 영을 지니고 있습니다. 우리는 권고하는 바를 살펴보고, 진리의 영으로 권고하는 사람의 말을 들읍시다. 그는 그리스도의 적도 아니며, 세상을 사랑하는 사람이나 세상도 아닙니다. '사랑하는 여러분', 우리가 하느님에게서 태어났다면 앞의 말씀에 이어지는 말씀도 알아봅시다. "**우리는 하느님께 속한 사람입니다. 하느님을 아는 사람은 우리의 말을 듣고, 하느님께 속하지 않는 사람은 우리의 말을 듣지 않습니다. 이것으로 우리는 진리의 영을 알고 또 사람을 속이는 영을 압니다**"(1요한 4,6). 하느님을 아는 사람은 듣지만, 하느님을 모르는 사람은 듣지 않는다는 말씀에 벌써 우리의 관심이 모아집니다. 이것이 바로 진리의 영과 속이는 영을 구별하는 기준입니다. 그러니 우리가 들어야 할 권고 말씀을 살펴봅시다. "**사랑하는 여러분, 서로 사랑합시다**"(1요한 4,7). 왜냐고요? 사람이 권고하기 때문입니까? [아닙니다.] "**사랑은 하느님에게서 오는 것이기 때문입니다**"(1요한 4,7). "**하느님에게서 오는 것**"이라고 함으로써 이미 사랑을 강하게 권고하였습니다. 잘 들어 보면 더 많은 것을 들려줄 것입니다. 방금 요한이 말했습니다. "**사랑은 하느님에게서 오는 것이기 때문입니다. 사랑하는 이는 모두 하느님에게서 태어났으며 하느님을 압니다. 사랑하지 않는 사람은 하느님을 알지 못합니다**"(1요한 4,7-8). 왜 그렇습니까? "**하느님은 사랑이시기 때문입니다**"(1요한 4,8). 형제 여러분, 더 이상 무슨 말을 할 수 있었겠습니까? 이 편지 전체를 통틀어, 이보다 더한 사랑의 찬가를 들려주는 곳은 없습니다. 성경 어디에도 우리가 하느님의 성령의 목소리로 들은 이 한 말씀보다 더한 사랑의 찬가는 없으니, 그것은 바로 "**하느님은 사랑이십니다**"(1요한 4,8 참조)라는 말씀입니다. 우리는 더 이상의 어떤 것도 찾지 말아야 합니다.

**5.** Iam videte quia facere contra dilectionem, facere contra Deum est. Nemo dicat: In hominem pecco, quando non diligo fratrem meum. — Intendite: Et facile est peccatum in hominem; in Deum solum non peccem. — Quomodo non peccas in Deum, quando in dilectionem peccas? *Deus dilectio est.* Numquid nos dicimus? Si nos diceremus: *Deus dilectio est;* forte scandalizaretur aliquis ex vobis, et diceret: Quid dixit? quid voluit dicere, quia *Deus dilectio est?* Dedit dilectionem Deus, donavit Deus dilectionem. *Ex Deo est dilectio: Deus dilectio est.* Ecce habetis, fratres, Scripturas Dei: canonica est ista Epistola; per omnes gentes recitatur, orbis terrae auctoritate retinetur, orbem terrarum ipsa aedificavit. Audis hic a Spiritu Dei: *Deus dilectio est.* Iam si audes, fac contra Deum, et noli diligere fratrem tuum.

**6.** Quomodo ergo iam dudum: *Dilectio ex Deo est;* et modo: *Dilectio Deus est?* Est enim Deus Pater et Filius et Spiritus Sanctus: Filius, Deus ex Deo; Spiritus Sanctus, Deus ex Deo; et hi tres unus Deus, non tres dii. Si Filius Deus, et Spiritus Sanctus Deus, et ille diligit in quo habitat Spiritus Sanctus: ergo dilectio Deus est; sed Deus quia ex Deo. Utrumque enim habes in Epistola; et: *Dilectio*

**5.** 사랑을 거스르는 것이 바로 하느님을 거스르는 것이라는 것을 여러분은 이미 알고 계십니다. 내가 내 형제를 사랑하지 않을 때 나는 그 사람에게만 죄지을 뿐이라는 말을 누구도 해서는 안 됩니다. 들어 보십시오. 그대는 사람에게는 죄짓기 쉽지만 하느님께만큼은 죄짓지 않는다고 합니다. 사랑을 거슬러 죄를 지으면서, 어떻게 하느님께는 죄를 짓지 않는다는 것입니까? **"하느님은 사랑이십니다"**(1요한 4,8 참조). 혹시 우리가 그렇게 말했습니까? **"하느님은 사랑이십니다"**라고 말하면, 아마 여러분 가운데 누군가는 충격을 받아 이렇게 말할 것입니다. 무슨 말을 하는 것인가? 무엇을 말하려 했기에 **"하느님은 사랑이십니다"**라고 한 것이냐고 말입니다. 하느님께서는 사랑을 주셨습니다. 하느님께서 사랑을 선물로 주신 것입니다. **"사랑은 하느님에게서 옵니다. 하느님은 사랑이시기 때문입니다"**(1요한 4,7-8 참조). 형제 여러분, 여러분은 하느님의 성경을 지니고 있습니다. 이 편지는 정경입니다. 이 편지는 온 백성에게 두루 읽히고, 온 세상에 권위 있게 서 있으며, 온 세상을 건설하였습니다. 그대, 하느님의 성령으로 말미암은 이 말씀을 들으십시오. **"하느님은 사랑이십니다."** 감히 아직도 할 수 있다면, 하느님을 거슬러 행동하고 그대 형제들을 사랑하지 말아 보십시오.

**6.** 그러면 조금 전에 이미 들은 **"사랑은 하느님에게서 옵니다"**라는 말씀과, 방금 들은 **"하느님은 사랑이십니다"**라는 말씀을 어떻게 조화시키겠습니까? 하느님은 성부와 성자와 성령이십니다. 성자는 하느님에게서 나신 하느님이시고, 성령도 하느님에게서 나신 하느님이십니다. 이 세 분은 한 분이신 하느님이시지 세 하느님이 아닙니다. 성자가 하느님이시고, 성령이 하느님이시며, 성령께서 그 안에 내주內住하시는 이가 사랑하시니, 참으로 사랑은 하느님이십니다. 그러나 하느님에게서 나신 하느님이십니다.

*ex Deo est*, et: *Dilectio Deus est*. De solo Patre Scriptura non novit dicere quia ex Deo est. Cum autem audis, *ex Deo;* aut Filius intellegitur, aut Spiritus Sanctus. Quia vero dicit Apostolus: *Caritas Dei diffusa est in cordibus nostris per Spiritum Sanctum qui datus est nobis;* intellegamus in dilectione Spiritum Sanctum esse. Ipse est enim Spiritus Sanctus, quem non possunt accipere mali; ipse est ille fons de quo dicit Scriptura: *Fons aquae tuae sit tibi proprius, et nemo alienus communicet tibi*. Omnes enim qui non diligunt Deum, alieni sunt, antichristi sunt. Et quamvis intrent basilicas, non possunt numerari inter filios Dei; non ad illos pertinet fons ille vitae. Habere baptismum et malus potest; habere prophetiam et malus potest. Invenimus Saulem regem habuisse prophetiam: persequebatur sanctum David, et impletus est Spiritu prophetiae, et prophetare coepit. Accipere sacramentum corporis et sanguinis Domini et malus potest: nam de talibus dictum est: *Qui manducat et bibit indigne, iudicium sibi manducat et bibit*. Habere nomen Christi et malus potest; id est: Christianus vocari, et malus potest: de quibus dictum est: *Polluebant nomen Dei sui*. Ergo habere sacramenta ista omnia et malus potest; habere autem caritatem, et malus esse, non potest. Hoc est ergo proprium donum; ipse est singularis fons. Ad

---

7 로마 5,5.
8 잠언 5,16-17 참조.
9 1사무 19,23-24 참조.
10 1코린 11,29.

그대는 이 편지에서 두 가지 표현을 보고 있습니다. "**사랑은 하느님에게서 옵니다**"(1요한 4,7 참조)와 "**하느님은 사랑이십니다**"(1요한 4,8 참조)입니다. 성부께 대해서만은 하느님에게서 나셨다고 성경이 말하지 않습니다. 그러니 그대가 '하느님에게서'라는 말을 듣게 되면, 성자나 성령을 일컫는 것이라 알아들으면 됩니다. 사도는 이렇게 말합니다. "우리가 받은 성령을 통하여 하느님의 사랑이 우리 마음에 부어졌기 때문입니다."[7] 성령께서 사랑 안에 계시다는 것을 깨달읍시다. 악인들은 이 성령을 받을 수 없습니다. 성령이야말로 성경에서 말하는 샘이십니다. "네 물의 샘이 네 몫이 되게 하여라. 어떤 낯선 자도 너와 함께 나누어서는 안 된다."[8] 하느님을 사랑하지 않는 사람은 누구나 낯선 자이고, 그리스도의 적입니다. 그들은 교회에 들어올지라도 하느님의 자녀 가운데 끼일 수 없습니다. 이 생명의 샘은 그들과 상관없습니다. 악인도 세례를 받을 수 있고, 악인도 예언을 받을 수 있습니다. 사울 왕도 예언을 받았지만, 거룩한 다윗을 박해했습니다. 그럼에도 사울은 예언의 영으로 가득 차서 예언하기 시작했습니다.[9] 악인도 주님의 몸과 피의 성사를 받을 수 있습니다. 그러나 이런 자들에 대해서는 이렇게 말합니다. "주님의 몸을 분별없이 먹고 마시는 자는 자신에 대한 심판을 먹고 마시는 것입니다."[10] 악인도 그리스도의 이름을 지닐 수 있습니다. 곧, 악인도 그리스도인이라고 불릴 수 있다는 것입니다. 이런 자들에 대해서 이렇게 말합니다. "그들은 자기 하느님의 이름을 더럽혔다."[11] 그러므로 악인도 이 모든 성사를 지닐 수 있습니다.[12] 그러나 사랑을 지니고도 악할 수는 없는 법입니다. 이것은 고유한 선물이며 유일한 샘입니다. 하느님

---

11 에제 36,20 참조.
12 『요한 서간 강해』 6,10 각주 30 참조.

hunc bibendum, vos hortatur Spiritus Dei; ad se bibendum vos hortatur Spiritus Dei.

**7.** *In hoc manifestata est dilectio Dei in nobis.* Ecce, ut diligamus Deum, hortationem habemus. Possemus illum diligere, nisi prior ille diligeret? Si pigri eramus ad amandum, non simus pigri ad redamandum. Prior amavit nos; nec sic nos amamus. Iniquos amavit, sed iniquitatem solvit; iniquos amavit, sed non ad iniquitatem congregavit. Aegrotos amavit, sed sanandos visitavit. *Deus ergo dilectio est. In hoc manifestata est dilectio Dei in nobis, quia Filium suum unigenitum misit in hunc mundum, ut vivamus per ipsum.* Quomodo ipse Dominus ait: *Maiorem dilectionem nemo potest habere, quam ut animam suam ponat pro amicis suis;* et ibi probata est dilectio Christi in nos, quia mortuus est pro nobis. Dilectio Patri, unde probata est in nos? Quia Filium suum unicum misit mori pro nobis: sic et Paulus apostolus dicit: *Qui Filio proprio non pepercit, sed pro nobis omnibus tradidit eum, quomodo non et cum illo omnia nobis donavit?* Ecce Christum tradidit Pater, tradidit Iudas; numquid non quasi simile factum videtur? Traditor est Iudas: ergo traditor est et Deus Pater? Absit, inquis. Non dico, sed Apostolus

---

13 요한 15,13.  14 로마 8,32.

15 '넘겨준 자'(traditor)는 '넘겨주다'(tradere)라는 동사에서 나온 명사로서, '배반자'라는 뜻도 있다. 아버지께서 당신 아드님을 우리에게 넘겨주셨다는 의미에서 '넘겨준 자'가 되지만, 예수님을 은전 서른 닢에 '넘겨준 자', 곧 '배반자'(traditor) 유다와는 전혀 다르다는 것이다.

의 성령께서는 이 샘에서 마시라고 여러분에게 권고하십니다. 하느님의 성령께서 당신 자신을 마시라고 여러분에게 권고하시는 것입니다.

7. "**하느님의 사랑은 우리에게 이렇게 나타났습니다**"(1요한 4,9). 보십시오. 우리는 하느님을 사랑하라는 권고 말씀을 듣고 있습니다. 그분께서 우리를 먼저 사랑하지 않으셨다면, 어찌 우리가 그분을 사랑할 수 있겠습니까? 우리가 사랑하는 데 게을렀다면, 응답하는 데는 게으르지 맙시다. 그분께서 먼저 우리를 사랑하셨지만, 우리는 아직 사랑하지 않습니다. 그분께서는 죄인을 사랑하셨지만, 죄는 없애셨습니다. 그분께서는 병자들을 사랑하셨지만, 치유하시면서 찾아오셨습니다. "**하느님은 사랑이십니다. 하느님의 사랑은 우리에게 이렇게 나타났습니다. 곧 하느님께서 당신의 외아드님을 세상에 보내시어 우리가 그분을 통하여 살게 해 주셨습니다**"(1요한 4,8-9 참조). 주님께서 친히 말씀하신 대로입니다. "친구들을 위하여 목숨을 내놓는 것보다 더 큰 사랑은 없다."[13] 여기서 우리를 향한 그리스도의 사랑이 드러났습니다. 우리를 위하여 돌아가셨기 때문입니다. 우리를 향한 아버지의 사랑은 어디서 드러납니까? 아버지께서는 당신 외아드님이 우리를 위해 돌아가시도록 보내 주셨습니다. 바오로 사도도 이렇게 말했습니다. "당신의 친아드님마저 아끼지 않으시고 우리 모두를 위하여 내어[넘겨] 주신 분께서, 어찌 그 아드님과 함께 모든 것을 우리에게 베풀어 주지 않으시겠습니까?"[14] 보십시오. 아버지께서도 그리스도를 넘겨주셨고, 유다도 그리스도를 넘겨주었습니다. 이 행위가 닮아 보이지 않습니까? 유다는 배반자인데, 그렇다면 하느님 아버지께서도 배반자이십니까?[15] 결코 그렇지 않다고 그대는 말하겠지요. 제가 말하는 것이 아니라, 사도가 말합니다.

dicit: *Qui Filio proprio non pepercit, sed pro nobis omnibus tradidit eum.* Et Pater illum tradidit, et ipse se tradidit. Ait idem Apostolus: *Qui me dilexit, et tradidit seipsum pro me.* Si Pater tradidit Filium, et tradidit seipsum Filius, Iudas quid fecit? Facta est traditio a Patre, facta est traditio a Filio, facta est traditio a Iuda; una res facta est: Sed quae res discernit Patrem tradentem Filium, seipsum Filium tradentem, et Iudam discipulum tradentem magistrum suum? Quia hoc fecit Pater et Filius in caritate; fecit autem hoc Iudas in proditione. Videtis quia non quid faciat homo, considerandum est; sed quo animo et voluntate faciat. In eodem facto invenimus Deum Patrem, in quo invenimus Iudam; Patrem benedicimus, Iudam detestamur. Quare Patrem benedicimus, Iudam detestamur? Benedicimus caritatem, detestamur iniquitatem. Quantum enim praestitum est generi humano de tradito Christo? Numquid hoc cogitavit Iudas ut traderet? Deus cogitavit salutem nostram qua redempti sumus; Iudas cogitavit pretium quo vendidit Dominum. Filius ipse cogitavit pretium quod dedit pro nobis; Iudas cogitavit pretium quod accepit ut venderet. Diversa ergo intentio diversa facta fecit. Cum sit una res, ex diversis eam intentionibus si metiamur, unum amandum, alterum damnandum; unum glorificandum, alterum detestan-

---

16 로마 8,32 참조.
17 갈라 2,20 참조.

"당신의 친아드님마저 아끼지 않으시고 우리 모두를 위하여 넘겨주셨습니다."16 아버지께서는 아드님을 넘겨주셨고, 아드님께서도 당신 자신을 넘겨주셨습니다. 사도는 "나를 사랑하신 분이 나를 위하여 당신 자신을 넘겨주셨다"17고 합니다. 아버지께서 아드님을 넘겨주시고, 아드님께서도 당신 자신을 넘겨주셨는데, 유다는 무엇을 했습니까? 아버지에게서도 '넘김'이 이루어졌고, 아드님에게서도 '넘김'이 이루어졌고, 유다에게서도 '넘김'이 이루어졌습니다.18 똑같은 일이 이루어졌습니다. 그렇다면, 아버지께서 아드님을 넘겨주시는 것과 아드님께서 당신 자신을 넘겨주시는 것과 제자 유다가 자기 스승을 넘겨주는 것을 무엇이 구별해 줍니까? 아버지와 아드님께서는 사랑으로 행하셨고, 유다는 배반으로 행하였습니다. 여러분은 인간의 행위를 생각할 것이 아니라, 어떤 정신과 어떤 의지로 행하느냐를 생각해야 한다는 것을 알아 두시기 바랍니다. 우리는 똑같은 행위 안에서 하느님 아버지도 만나고 유다도 만납니다. 그리고 아버지를 찬미하고 유다에게는 진절머리 냅니다. 왜 아버지는 찬미하고 유다에게는 머리를 절레절레 흔듭니까? 사랑은 찬미하고 죄악에는 진절머리 내기 때문입니다. 그리스도의 '넘겨짐'으로 인류가 얼마나 많은 은혜를 받고 있습니까? 유다가 [그리스도를] 넘겨주면서 이런 은혜를 생각했겠습니까? 하느님께서는 우리의 구원을 생각하셨지만, 유다는 주님을 팔아넘겨 받을 삯을 생각했습니다. 아드님 자신께서는 우리를 위하여 주실 상급을 생각하셨지만, 유다는 그분을 팔아넘겨 받을 삯을 생각했던 것입니다. 지향이 다르면 행동도 달라집니다. 서로 다른 지향에서 나온 똑같은 행동을 살펴보면, 사랑해야 할 것이 있는가 하면, 단죄해야 할 것도 있습니다. 찬양해야 할 것이 있

---

18 '넘김'(traditio)은 '넘겨주다'(tradere)라는 동사에서 나온 명사로, '배반'이라는 뜻도 있다.

dum invenimus. Tantum valet caritas. Videte quia sola discernit, videte quia facta hominum sola distinguit.

**8.** Hoc diximus in similibus factis. In diversis factis, invenimus saevientem hominem factum de caritate; et blandum factum de iniquitate. Puerum caedit pater, et mango blanditur. Si duas res proponas, plagas et blandimenta; quis non eligat blandimenta, et fugiat plagas? Si personas adtendas, caritas caedit, blanditur iniquitas. Videte quid commendamus, quia non discernuntur facta hominum, nisi de radice caritatis. Nam multa fieri possunt quae speciem habent bonam, et non procedunt de radice caritatis. Habent enim et spinae flores; quaedam vero videntur aspera, videntur truculenta; sed fiunt ad disciplinam dictante caritate. Semel ergo breve praeceptum tibi praecipitur: Dilige, et quod vis fac: sive taceas, dilectione taceas; sive clames, dilectione clames; sive emendes, dilectione emendes; sive parcas, dilectione parcas: radix sit intus dilectionis, non potest de ista radice nisi bonum exsistere.

**9.** *In hoc est dilectio. In hoc manifestata est dilectio Dei in nobis, quia Deus Filium suum misit unigenitum in hunc mundum, ut vivamus per ipsum. In hoc est dilectio, non quia nos dileximus, sed quia ipse dilexit nos.* Non illum dileximus prius: nam ad hoc nos

는가 하면, 진절머리 내야 할 것도 있습니다. 사랑이 이토록 소중합니다. 오직 사랑만이 식별하고, 사랑만이 인간의 행동을 구별한다는 점을 알아두십시오.

**8.** 우리는 지금까지 비슷한 행동에 관해서 말하였습니다. 서로 다른 행동에 관해서는, 사랑으로 사람을 꾸짖기도 하고, 악으로써 알랑거리기도 한다는 사실을 발견하게 됩니다. 아버지는 자녀에게 매를 들고, 노예 상인은 구슬립니다. 매와 구슬림, 이 두 가지를 놓고 본다면, 누가 구슬림을 택하지 않고 매를 피하지 않겠습니까? 사람들을 눈여겨보면, 사랑은 매를 들고, 악은 구슬립니다. 저희가 권고하는 바를 보십시오. 인간의 행위는 그 사랑의 뿌리에서가 아니면 구별되지 않습니다. 좋은 겉모양을 가지고 있지만 사랑의 뿌리에서 나오지 않는 것이 많이 있을 것입니다. 가시도 꽃을 가지고 있습니다. 그러나 어떤 것은 혹독하고 가혹해 보이지만 사랑으로 꾸준히 훈육하기 위하여 행해지는 것도 있습니다. 그대는 단 한 가지 짤막한 계명을 받았습니다. 사랑하십시오. 그리고 그대 원하는 대로 하십시오. 침묵하려거든 사랑으로 침묵하십시오. 외치려거든 사랑으로 외치십시오. 바로잡아 주려거든 사랑으로 바로잡아 주십시오. 용서하려거든 사랑으로 용서하십시오. 그대 안에 사랑의 뿌리를 내리십시오. 이 뿌리에서는 선한 것 말고는 그 무엇도 나올 수 없습니다.

**9.** "그 사랑은 이렇습니다. 하느님의 사랑은 우리에게 이렇게 나타났습니다. 곧 하느님께서 당신의 외아드님을 세상에 보내시어 우리가 그분을 통하여 살게 해 주셨습니다. 그 사랑은 이렇습니다. 우리가 하느님을 사랑한 것이 아니라, 그분께서 우리를 사랑하신 것입니다"(1요한 4,9-10 참조). 우리

dilexit, ut diligamus eum. *Et misit Filium suum litatorem pro peccatis nostris;* litatorem, sacrificatorem. Sacrificavit pro peccatis nostris. Ubi invenit hostiam? Ubi invenit victimam quam puram volebat offerre? Aliud non invenit, seipsum obtulit. *Dilectissimi, si ita Deus dilexit nos, debemus et nos invicem diligere. Petre,* inquit, *amas me?* Et ille dixit: *Amo. Pasce oves meas.*

**10.** *Deum nemo vidit umquam:* res est invisibilis; non oculo, sed corde quaerendus est. Sed quemadmodum si solem istum videre vellemus, oculum corporis purgaremus, unde videri lux potest; volentes videre Deum, oculum quo Deus videri potest, purgemus. Ubi est iste oculus? Audi Evangelium: *Beati mundo corde, quoniam ipsi Deum videbunt.* Sed nemo sibi pro concupiscentia oculorum cogitet Deum. Facit enim sibi aut ingentem formam, aut magnitudinem aliquam inaestimabilem distendit per locos, velut lucem istam quam videt his oculis, auget per campos quantum potest; aut facit sibi aliquem quasi venerabilis formae senem. Nihil horum cogites. Est quod cogites, si vis videre Deum: *Deus Dilectio est.* Qualem faciem habet dilectio? qualem formam habet? qualem staturam ha-

---

[19] 요한 21,15-17 참조.   [20] 마태 5,8.
[21] 실제로 아우구스티누스는 회심하기 전까지 하느님이란 '빛나고 광대한 형체'(corpus lucidum et immensum)이며 자신은 그 한 조각이라 여기는 '커다란 잘못'(nimia perversitas) 을 저질렀노라고 고백한다. 『고백록』 4,16,31 참조.

가 먼저 그분을 사랑한 것이 아닙니다. 우리가 당신을 사랑하도록 그분께서 우리를 사랑하셨습니다. "**그분께서 우리를 사랑하시어 당신의 아드님을 우리 죄를 위한 속죄 제물로 보내 주신 것입니다**"(1요한 4,10). 속죄 제물이요 제관이신 분을 보내 주셨습니다. 그분은 우리 죄인들을 위해 희생 제사를 바치셨습니다. 어디서 제물을 마련하셨습니까? 당신께서 바치고자 했던 순수한 제물을 어디서 찾으셨습니까? 다른 제물을 찾지 않으시고 당신 자신을 바치셨습니다. "**사랑하는 여러분, 하느님께서 우리를 이렇게 사랑하셨으니 우리도 서로 사랑해야 합니다**"(1요한 4,11). "베드로야, 너는 나를 사랑하느냐?"라고 물으시자, 베드로는 이렇게 말했습니다. "사랑합니다." "내 양들을 돌보아라."[19]

**10.** "**지금까지 하느님을 본 사람은 없습니다**"(1요한 4,12). 하느님은 눈에 보이지 않는 분입니다. 그러므로 눈으로가 아니라 마음으로 찾아야 합니다. 해를 보고자 한다면 빛이 보일 수 있도록 육신의 눈을 깨끗이 합니다. 하느님을 뵙고 싶은 사람은 하느님께서 드러내 보이실 수 있도록 눈을 깨끗이 해야 합니다. 이런 눈이 어디에 있습니까? 복음 말씀을 들어 보십시오. "행복하여라, 마음이 깨끗한 사람들! 그들은 하느님을 볼 것이다."[20] 그러나 눈의 쾌락을 좇는 사람은 아무도 하느님을 생각조차 할 수 없습니다. 그런 사람은 하느님을 거대한 형상으로 여기기도 하고, 우리 눈에 비치는 이 빛처럼 공간에 한껏 뻗어나가 아득히 펼쳐지는 어떤 광대한 존재로 여기기도 하며, 존경스러워 보이는 노인과 같은 모습으로 하느님을 그려 보기도 합니다.[21] 그대는 전혀 이런 식으로 생각하지 않습니다. 하느님을 뵙고 싶다면 "**하느님은 사랑이십니다**"(1요한 4,8 참조) 하고 생각하면 됩니다. 사랑은 어떤 얼굴을 지니고 있습니까? 어떤 형상을 지니고 있습니까? 어

bet? quales pedes habet? quales manus habet? nemo potest dicere. Habet tamen pedes, nam ipsi ducunt ad Ecclesiam; habet manus, nam ipsae pauperi porrigunt; habet oculos, nam inde intellegitur ille qui eget: *Beatus,* inquit, *qui intellegit super egenum et pauperem.* Habet aures, de quibus dicit Dominus: *Qui habet aures audiendi, audiat.* Non sunt membra distincta per locos, sed intellectu totum simul videt qui habet caritatem. Habita, et inhabitaberis; mane, et manebitur in te.

Quid enim, fratres mei, quis amat quod non videt? Quare autem quando laudatur caritas, erigimini, acclamatis, laudatis? Quid vobis ostendi? aliquos colores protuli? aurum et argentum proposui? gemmas de thesauris effodi? Quid tale ostendi oculis vestris? numquid facies mea mutata est cum loquor? Carnem gero, in ipsa forma sum in qua processi; in ipsa forma estis in qua venistis. Laudatur caritas, et clamatis. Certe nihil videtis. Sed quomodo vobis placet quando laudatis, sic vobis placeat ut in corde servetis. Intendite enim quid dicam, fratres: Exhortor vos, quantum dat Dominus, ad magnum thesaurum. Si vobis ostenderetur aliquod vasculum anaglyphum, inauratum, operose factum, et illiceret oculos vestros, et duceret in se intentionem cordis vestri, et placeret vobis manus ar-

---

22 시편 40,2.
23 루카 8,8.

떤 몸집을 가지고 있습니까? 어떤 발을 지니고 있습니까? 또 어떤 손을 지니고 있습니까? 누구도 말할 수 없습니다. 그렇지만 사랑은 발을 지니고 있습니다. 그 발이 교회로 이끌어 주기 때문입니다. 사랑은 손을 가지고 있습니다. 그 손이 가난한 사람들에게 나누어 주기 때문입니다. 사랑은 눈을 지니고 있습니다. 그 눈이 궁핍한 사람들을 알아보기 때문입니다. "행복하여라, 궁핍한 이와 가난한 이를 돌보아 주는 이!"22 사랑은 귀도 지니고 있습니다. 귀에 관해서는 주님께서 이렇게 말씀하십니다. "들을 귀 있는 사람은 들어라."23 공간적으로 서로 구별되는 지체가 아닙니다. 사랑을 지닌 사람은 정신으로 모든 것을 동시에 보기 때문입니다. 그대, 사랑 안에 사십시오. 그러면 사랑이 그대 안에서 살게 될 것입니다. 사랑 안에 머무르십시오. 그러면 사랑이 그대 안에 머무를 것입니다.

　나의 형제 여러분, 보지 못하는 것을 누가 사랑합니까? 사랑이 찬미받을 때 왜 여러분은 일어나서 소리치며 찬미합니까? 제가 여러분에게 무엇을 보여 드렸습니까? 어떤 색깔을 보여 드렸습니까? 금이나 은을 내놓았습니까? 제가 값진 보석을 캐냈습니까? 아니면 그와 비슷한 것을 여러분 눈에 보여 드렸습니까? 제가 말하는 동안 제 얼굴이 변하기라도 했습니까? 저는 이렇게 살덩이를 지니고 있고, 여기 들어올 때와 같은 모습을 하고 있습니다. 여러분도 여기 오실 때와 똑같은 모습을 하고 계십니다. 그런데 사랑이 찬미받으면 여러분은 기뻐 소리칩니다. 분명 여러분은 아무것도 보고 있지 않습니다. 그러나 사랑을 찬양할 때 여러분이 기쁘듯이, 사랑을 마음속에 간직한다면 여러분이 기쁠 것입니다. 형제 여러분, 제가 드리는 말씀을 잘 들으십시오. 제가 여러분에게 권고합니다. 주님께서 베풀어 주시는 만큼 커다란 보물을 잘 관리하십시오. 금으로 아로새긴 자그마한 꽃병을 여러분에게 보여 드렸는데, 예술적으로 만들어진지라 여러분

tificis, et pondus argenti, et splendor metalli, nonne unusquisque vestrum diceret: O si haberem vasculum istud? Et sine causa diceretis, in potestate enim vestra non erat. Aut si quisquam vellet habere, cogitaret illud de domo aliena furari. Laudatur caritas vobis; si placet, habete, possidete; non opus est ut furtum alicui faciatis, non opus est ut emere cogitetis; gratis constat. Tenete eam, amplectimini eam; dulcius illa nihil est. Si cum commemoratur talis est, cum habetur qualis est?

**11.** Si qui forte vultis servare caritatem, fratres, ante omnia ne putetis abiectam et desidiosam; nec quadam mansuetudine, immo non mansuetudine, sed remissione et negligentia servari caritatem. Non sic servatur. Non putes tunc te amare servum tuum, quando eum non caedis; aut tunc te amare filium tuum, quando ei non das disciplinam; aut tunc te amare vicinum tuum, quando eum non corripis: non est ista caritas, sed languor. Ferveat caritas ad corrigendum, ad emendandum: sed si sunt boni mores, delectent; si sunt mali, emendentur, corrigantur. Noli in homine amare errorem, sed hominem: hominem enim Deus fecit, errorem ipse homo fecit. Ama illud quod Deus fecit, noli amare quod ipse homo fecit. Cum illud amas,

의 눈을 반하게 하고 마음을 사로잡았을 뿐 아니라, 그 솜씨와 은의 무게와 금속의 광택이 그대 마음에 든다고 합시다. 여러분은 저마다 '아, 저 꽃병을 가졌으면!' 하지 않겠습니까? 그러나 여러분은 가질 능력이 없으니 그렇게 말해 보아야 아무 소용이 없습니다. 누가 그것을 가지기를 원한다면, 남의 집에서 훔칠 생각을 할 것입니다. 사랑이 여러분에게 찬미받고 있습니다. 마음에 든다면 여러분이 가지고 소유하십시오. 다른 사람의 것을 훔칠 필요가 없습니다. 그것을 사려고 궁리할 필요도 없습니다. 공짜입니다. 사랑을 지니시고, 사랑을 꼭 껴안으십시오. 사랑보다 달콤한 것은 아무것도 없습니다. 사랑을 떠올리기만 해도 이 정도인데, 그 사랑을 가졌을 때는 오죽하겠습니까?

**11.** 형제 여러분, 여러분이 사랑을 간직하고 싶다면, 무엇보다도 사랑이 보잘것없고 쓸데없는 것이라고 여기지 말아야 하며, 사랑은 부드러움으로써 간직할 수 있다고 생각해서도 안 됩니다. 아니, 부드러움이라기보다는 차라리 느슨함과 게으름이라고 해야 하겠습니다. 사랑은 이런 것으로 간직되는 것이 아닙니다. 그대가 그대의 종을 때리지 않는다고 해서 그를 사랑한다고 생각하지는 마십시오. 그대 아들을 훈육하지 않는다고 해서 아들을 사랑하는 것이 아닙니다. 그대의 이웃을 꾸짖지 않는다고 그 이웃을 사랑하는 것도 아닙니다. 이것은 사랑이 아니라 무관심입니다. 사랑은 열성을 다해서 바로잡아 주고 고쳐 줍니다. 그러나 품행이 좋으면 기뻐하고, 나쁘면 고쳐 주고 바로잡아 줍니다. 사람 안에 있는 잘못을 사랑하지 말고, 사람을 사랑하십시오. 사람은 하느님께서 만드셨고, 잘못은 사람이 저질렀기 때문입니다. 하느님께서 만드신 것을 사랑하고, 사람 스스로 한 일은 사랑하지 마십시오. 그대는 이것을 사랑할 때 저것을 없애 줍니다. 또

illud tollis: cum illud diligis, illud emendas. Sed etsi saevis aliquando, propter correctionis dilectionem.

Propterea de columba demonstrata est caritas, quae venit super Dominum. Species illa columbae, in qua specie venit Spiritus Sanctus quo nobis caritas infunderetur. Quare hoc? Fel columba non habet: tamen rostro et pennis pro nido pugnat, sine amaritudine saevit. Hoc facit et pater; quando filium castigat, ad disciplinam castigat. Sicut dixi, seductor ut vendat, cum amaritudine blanditur: pater ut corrigat, sine felle castigat. Tales estote ad omnes. Videte, fratres, magnum documentum, magnam regulam: Unusquisque habet filios, aut habere vult; aut si omnino decrevit filios non habere carnaliter, vel spiritaliter cupit habere: quis est qui non corrigit filium suum? quis est cui non det disciplinam pater? Et tamen saevire videtur. Amor saevit, caritas saevit: saevit quodam modo sine felle, more columbino, non corvino.

Unde venit in mentem, fratres mei, dicere vobis quia illi violatores caritatis schisma fecerunt: quomodo oderunt ipsam caritatem, sic oderunt et columbam. Sed convincit illos columba: procedit de caelo, aperiuntur caeli, et manet super caput Domini. Ut quid hoc? Ut audiat: *Hic est qui baptizat.* Recedite, praedones; recedite, invasores possessionis Christi. In possessionibus vestris, ubi dominari vultis, titulos potentis ausi estis infigere. Cognoscit ille titulos suos;

---

24 마태 3,16 참조.     25 히브 12,7 참조.     26 요한 1,33 참조.

이것을 좋아할 때 저것을 고쳐 줍니다. 때로 그대가 엄하게 비칠지라도 바로잡으려는 사랑으로 하십시오.

주님 위에 내려온 비둘기가 왜 사랑을 상징하는지 보십시오.²⁴ 우리에게 사랑을 부어 주시는 성령께서 비둘기의 저 모습으로 오셨습니다. 왜 그랬습니까? 비둘기는 독을 지니고 있지 않습니다. 그럼에도 둥지를 지키기 위하여 부리와 깃털로 싸우고 아프지 않게 쪼아 댑니다. 아버지도 그렇게 합니다. 아들을 벌줄 때는 훈육되도록 벌줍니다. 제가 이미 말씀드렸듯이, 노예 상인은 팔아먹으려고 모질게 구슬립니다. 아버지는 바로잡기 위해서 쓰라리지 않게 벌을 줍니다. 여러분도 모든 이에게 그렇게 되어야 합니다. 형제 여러분, 보십시오. 이것이야말로 위대한 가르침이며 위대한 규칙입니다. 여러분은 저마다 자녀를 두고 있거나 자녀를 가지기를 원합니다. 또는 육체적으로는 절대로 자녀를 가지지 않기로 결심했다 하더라도, 적어도 영적으로는 가지고 싶을 것입니다. 그런데 자기 자녀를 바로잡지 않는 사람이 어디 있습니까? 아버지에게서 훈육을 받지 않는 아들이 어디 있습니까?²⁵ 그럼에도 모질게 보일 것입니다. 사랑은 모질고 애정도 모집니다. 사랑은 까마귀가 아니라 비둘기처럼 독 없이 모집니다.

나의 형제 여러분, 사랑을 거스르는 사람이 열교를 일으켰다는 사실을 말씀드려야겠다는 생각이 들었습니다. 그들은 사랑 자체를 미워하듯, 비둘기도 미워합니다. 그러나 비둘기는 그들의 잘못을 드러냅니다. 그 비둘기는 하늘에서 내려와 하늘이 열리자 주님의 머리 위에 머물렀습니다. 왜 그랬을까요? "그분이 세례를 베푸시는 분"²⁶이시라는 말씀을 듣게 하려는 것이었습니다. 이 도둑들아, 물러가라. 그리스도의 소유를 약탈한 자들아, 썩 물러들 가라. 그대들이 군림하고자 하는 그대들의 영토에서 그대들은 감히 전능하신 분의 권한을 제 것인 양 내세우고 있습니다. 그렇지만 그분

vindicat sibi possessionem suam: non delet titulos, sed intrat et possidet. Sic ad Catholicam venienti, non deletur baptismus, ne titulus imperatoris deleatur. Sed quid fit in Catholica? Agnoscitur titulus; intrat possessor sub titulis suis, quo intrabat praedo sub titulis alienis.

은 당신의 권한을 알고 계시며, 당신의 소유권을 청구하십니다. 그분은 권한을 없애시지 않고, 들어가셔서 그 권리를 당신 소유로 차지하십니다. 그 까닭에 누군가 [이단이나 열교 교회에서] 가톨릭교회에 올 경우, [이단자나 열교자에게서 받은] 세례는 없어지지 않습니다. 임금님의 권한이 없어져서는 안 되는 까닭입니다.[27] 그러나 가톨릭교회에서는 무엇이 이루어집니까? [주님의] 권한이 인정됩니다. 강도가 다른 사람의 권한을 가지고 들어왔던 곳에, 소유주께서 당신 자신의 권한을 가지고 들어오십니다.

---

[27] 성사의 주인인 양 행세하는 도나투스파에 대한 비판이다. 도나투스파는 거룩한 집전자가 거룩한 교회, 곧 도나투스 교회 안에서 베푼 성사만 유효하다고 주장했다. 그러나 아우구스티누스에 따르면 성사의 주인은 그리스도이시다. 집전자는 그 성사에 봉사하는 종(minister)에 지나지 않는다. 성사는 '하느님의 것'(res Dei)이며, '그리스도의 행위'(actus Christi)다. 성사의 유효성은 결코 교회나 집전자 개인에게 달린 것이 아니다. 성부와 성자와 성령의 이름으로 베풀어졌다면, 이단자나 열교자가 베푼 세례마저 유효하다. 세례를 베푸시는 분은 그리스도 자신이며, 인간은 도구일 따름이기 때문이다. 성사는 전적으로 그리스도의 권한이므로, 이단이나 열교에서 세례를 받은 사람이 가톨릭교회로 돌아올 경우, 그들의 세례를 인정하고 재세례를 베풀지 말아야 한다는 것인데, 이는 아우구스티누스 성사론의 핵심이다. 최원오 「치프리아누스 바로 보기 ― 치프리아누스의 교회론과 성사론에 대한 비판적 연구」 『신·세계·인간 ― 정달용 교수 신부 정년 퇴임 기념 논총』 분도출판사 2004, 273-7 참조.

## 요한의 첫째 서간 4,12-16

¹² 지금까지 하느님을 본 사람은 없습니다. 그러나 우리가 서로 사랑하면, 하느님께서 우리 안에 머무르시고 그분 사랑이 우리에게서 완성됩니다.
¹³ 하느님께서는 우리에게 당신의 영을 나누어 주셨습니다. 우리는 이 사실로 우리가 그분 안에 머무르고 그분께서 우리 안에 머무르신다는 것을 압니다. ¹⁴ 그리고 우리는 아버지께서 아드님을 세상의 구원자로 보내신 것을 보았고 또 증언합니다. ¹⁵ 누구든지 예수님께서 하느님의 아드님이심을 고백하면, 하느님께서 그 사람 안에 머무르시고 그 사람도 하느님 안에 머무릅니다. ¹⁶ 하느님께서 우리에게 베푸시는 사랑을 우리는 알게 되었고 또 믿게 되었습니다.
하느님은 사랑이십니다. 사랑 안에 머무르는 사람은 하느님 안에 머무르고 하느님께서도 그 사람 안에 머무르십니다.

## Tractatus 8

**1.** Dilectio dulce verbum, sed dulcius factum. Semper de illa loqui non possumus. Multa enim agimus, et diversae actiones distendunt nos, ut non vacet linguae nostrae semper de dilectione loqui: nam nihil melius ageret lingua nostra. Sed de qua semper loqui non licet, semper eam custodire licet. Sicut nunc quod cantamus: Alleluia, numquid semper hoc facimus? Vix unius horae non toto spatio, sed parva particula cantamus Alleluia; et vacamus ad aliud. Est autem Alleluia, sicut iam nostis: *Laudate Deum*. Qui Deum laudat lingua, non semper potest: qui moribus Deum laudat, semper potest. Opera misericordiae, affectus caritatis, sanctitas pietatis, incorruptio castitatis, modestia sobrietatis, semper haec tenenda sunt: sive cum in publico sumus, sive cum in domo, sive cum ante homines, sive cum in cubiculo, sive loquentes, sive tacentes, sive aliquid agentes, sive vacantes; semper haec tenenda sunt; quia intus sunt omnes istae virtutes quas nominavi. Quis autem sufficit omnes nominare? Quasi exercitus est imperatoris, qui sedet intus in mente tua. Quomodo enim imperator per exercitum suum agit quodque placet; sic Dominus Iesus Christus incipiens habitare in interiore homine nostro, id est in mente per fidem, utitur istis virtutibus quasi ministris suis. Et per has virtutes quae videri oculis non possunt, et tamen quando nominantur, laudantur: non autem laudarentur nisi

## 여덟째 강해

**1.** 사랑은 달콤한 말이지만, 행동은 더 달콤합니다. 우리가 사랑에 대해서 늘 말하고 있을 수는 없습니다. 우리는 많은 일을 해야 하고, 다양한 활동이 우리를 쩔쩔매게 하기 때문입니다. 우리의 혀는 늘 사랑에 대하여 말하고 있을 만큼 한가하지 않습니다. 그렇지만, 사랑에 대해서 늘 이야기할 수는 없다 할지라도, 언제나 사랑을 간직할 수는 있습니다. 지금 우리가 '알렐루야'를 노래하듯이, 늘 그렇게 노래할 수 있습니까? 겨우 한 시간도 다 채우지 못하고, '알렐루야'의 짧은 소절만 노래하고는 다른 일로 넘어갑니다. '알렐루야'란 낱말은 여러분도 알다시피 '하느님을 찬미하라'는 뜻입니다. 혀로 하느님을 찬미하는 사람은 늘 찬미할 수 없습니다. 그러나 품행으로 주님을 찬미하는 사람은 언제나 찬미할 수 있습니다. 자선 행위, 애정, 거룩한 신심, 썩지 않는 순결, 정도를 지키는 절제는 늘 지녀야 할 덕행입니다. 그것은 공적인 자리에서나 집에 있을 때나, 사람들 앞에 있을 때나 잠자리에 들었을 때나, 말을 할 때나 침묵할 때나, 일을 할 때나 쉴 때나, 언제나 지녀야 할 덕행입니다. 제가 늘어놓은 덕행은 다 내적인 것이기 때문입니다. 그러나 그 누가 모든 덕목을 다 헤아릴 수 있겠습니까? 그것은 그대 마음 안에 자리 잡고 있는 장수의 군대와도 같습니다. 장수가 자기 마음대로 군대를 움직이듯, 주 예수 그리스도께서도 우리 인간의 내면, 곧 믿음을 통하여 마음 안에 거주하기 시작하시면서[1] 이 덕행들을 당신 종 부리듯 사용하십니다. 이 덕행은 눈으로는 볼 수 없지만, 사람들 입에 오르내릴 때면 칭송받습니다. 덕행이 사랑받지 않는다면 칭송받지도

---

[1] 에페 3,17 참조.

amarentur, non amarentur nisi viderentur; et si utique non amarentur nisi viderentur, alio oculo videntur, id est, interiori cordis aspectu: per has virtutes invisibiles, moventur membra visibiliter: pedes ad ambulandum; sed quo? Quo moverit bona voluntas, quae militat bono imperatori. Manus ad operandum; sed quid? Quod iusserit caritas, quae inspirata est intus a Spiritu Sancto. Membra ergo videntur cum moventur; qui iubet intus, non videtur. Et quis intus iubeat, prope ipse solus novit qui iubet, et ille intus cui iubetur.

2. Namque, fratres, audistis modo, cum Evangelium legeretur; certe si aurem ibi non tantum corporis, sed et cordis habuistis. Quid ait? *Cavete facere iustitiam vestram coram hominibus, ut videamini ab eis.* Numquid hoc voluit dicere, ut quaecumque bona facimus, abscondamus ab oculis hominum, et timeamus videri? Si times spectatores, non habebis imitatores: debes ergo videri. Sed non ad hoc debes facere ut videaris. Non ibi debet esse finis gaudii tui, non ibi terminus laetitiae tuae, ut putes te totum fructum consecutum esse boni operis tui, cum visus fueris atque laudatus. Nihil est hoc. Contemne te cum laudaris: ille in te laudetur, qui per te operatur. Noli ergo ad laudem tuam operari quod bonum agis, sed ad laudem il-

---

2 마태 6,1.

않을 것입니다. 그러나 눈에 보이지 않는다면 사랑받지도 못할 것입니다. 분명, 보이지 않으면 사랑할 수 없지만, 다른 눈, 곧 마음의 내적 눈에는 보입니다. 눈에 보이지 않는 이 덕행들을 통하여 지체가 눈에 보이게 움직입니다. 걷기 위해서 있는 발은 어디로 갑니까? 선한 장수를 따라 싸우러 가는 선한 의지가 움직이는 곳입니다. 그러면 일하기 위해 있는 손은 무슨 일을 합니까? 마음속에서 성령으로 영감 받은 사랑이 명령하는 것을 합니다. 지체가 움직이는 것은 보이지만, 마음속에서 명령하시는 분은 보이지 않습니다. 마음속에서 명령하시는 분이 누구신지는, 명령하시는 분과 안에서 명령을 받는 사람만이 압니다.

**2.** 형제 여러분, 방금 복음이 봉독될 때 듣기는 하셨지만, 육신의 귀뿐 아니라 마음의 귀도 지닌 분만이 참으로 들으셨다고 할 수 있겠습니다. 뭐라고 말씀하십니까? "너희는 사람들에게 보이려고 그들 앞에서 의로운 일을 하지 않도록 조심하여라."[2] 우리가 어떤 선행을 한다 할지라도 사람들의 눈에서 감추어야 하고, 누가 볼까 두려워해야 한다고 주님께서 말씀하신 것이 아니겠습니까? 사람들이 그대를 바라볼까 두려워한다면, 아무도 그대를 본받을 수 없을 것입니다. 그러니 그대는 보여야 합니다. 그러나 보이기 위해서 행동해서는 안 됩니다. 그대 기쁨의 목적과 그대 즐거움의 끝을 거기에 두어서는 안 됩니다. 남이 그대를 보고 칭찬할 때 그대 선행이 그 모든 열매를 다 거둔 것이라고 생각하지 마십시오. 이것은 허무하기 짝이 없습니다. 남이 그대를 칭찬할 때 자신을 업신여기십시오. 오히려 그대를 통해서 일하시는 분이 여러분 안에서 찬양받게 하십시오. 그대가 선행을 할 때, 그대 자신의 영광을 위해서가 아니라, 그 선행을 하게 해 주시는 분의 영광을 위해서 하십시오. 그대 자신의 힘만으로는 악하게 행동하지

lius a quo habes ut bonum agas. Abs te habes male agere, a Deo habes bene agere. Contra perversi homines videte quam praeposteri sint. Quod faciunt bene, volunt sibi tribuere; si male faciunt, Deum volunt accusare. Converte hoc distortum nescio quid et praeposterum, faciens illud quodammodo capite deorsum: quod susum faciens iusum; quod deorsum, faciens sursum. Iusum vis facere Deum, et te susum? Praecipitaris, non elevaris: ille enim semper sursum est. Quid ergo? Tu bene, et Deus male? Immo hoc dic, si vis verius dicere: Ego male, ille bene; et quod ego bene, ab illo bene; nam a me quidquid ago male. Ista confessio firmat cor, et facit dilectionis fundamentum. Nam si opera nostra abscondere debemus bona, ne videantur ab hominibus; ubi est illa sententia Domini in eo sermone quem habuit in monte? Ubi hoc dixit, ibi et illud paulo ante dixit: *Luceant opera vestra bona coram hominibus.* Et non ibi cessavit, non ibi finem fecit; sed addidit: *Et glorificent Patrem vestrum qui in caelis est.* Et Apostolus quid ait? *Eram autem ignotus facie Ecclesiis Iudaeae, quae in Christo sunt; tantum autem audientes erant quia qui nos aliquando persequebatur, nunc evangelizat fidem quam aliquando vastabat; et in me magnificabant Deum.* Videte quemadmodum et ipse, quia sic innotuit, finem non posuerit in laudem suam, sed in laudem Dei. Et quantum ad ipsum pertinet,

---

3 마태 5,16 참조.
4 마태 5,16.
5 갈라 1,22-24.

만, 하느님의 힘으로는 선하게 행동하게 됩니다. 사악한 인간은 어떻게 거꾸로 생각하는지 보십시오. 그들은 잘한 것은 자신에게 돌리려 하고, 잘못한 것은 하느님 탓으로 돌립니다. 그대, 이 비뚤어진 것들과 거꾸로 된 것들을 뒤집으십시오. 위아래를 뒤바꾸어, 위에 있는 것을 아래로, 아래 있는 것을 위로 가게 해야 합니다. 그대, 하느님을 낮추고 그대 자신을 높이기를 원합니까? 높아지기는커녕 곤두박질치게 될 것입니다. 그분께서는 언제나 드높이 계시기 때문입니다. 이게 뭡니까? 그대는 선하게 행동하고 하느님은 악하게 일하신다니요? 그대가 더 참되게 말하고 싶다면 오히려 이렇게 말하십시오. '나는 악하게 행동하고, 하느님께서는 선하게 일하십니다. 내가 선하게 행한 것이 있다면 그것은 하느님으로 말미암은 것입니다. 나 스스로 무엇을 행하든지 나는 악하게 행합니다.' 이런 고백이 마음을 든든하게 하고, 사랑의 기초를 놓아 줍니다. 사람들에게 보이지 않도록 우리가 선행을 숨겨야 한다면, 주님께서 산 위에서 행하신 설교에 담겨 있는 말씀은 도대체 무슨 뜻입니까? 조금 전에 저기서는 저렇게 말씀하시더니 여기서는 이렇게 말씀하십니다. "이와 같이 너희의 착한 행실이 사람들 앞을 비추게 하여라."[3] 주님께서는 여기에 그치지도 끝맺음을 하지도 않으시고, 이렇게 덧붙이십니다. "하늘에 계신 너희 아버지를 찬양하게 하여라."[4] 또 사도는 뭐라고 합니까? "그래서 나는 유다에 있는 그리스도의 여러 교회에 얼굴이 알려지지 않았습니다. 그들은 '한때 우리를 박해하던 그 사람이 지금은 자기가 한때 그렇게 없애 버리려고 하던 믿음을 전한다.'는 소문만 듣고 있었습니다. 그리고 그들은 나 때문에 하느님을 찬양하였습니다."[5] 바오로도 자신을 남에게 알리기는 하지만, 자신의 영광이 아니라 하느님의 영광에 그 목적을 두었다는 것을 눈여겨보십시오. 그러나 바오로는 자신에 관해서는 미움과 악의에 찬 교회의 파괴자요 박해자였노라고

vastator Ecclesiae, persecutor invidus, malignus, ipse confitetur, non nos conviciamur. Amat Paulus dici a nobis peccata sua, ut glorificetur ille qui talem morbum sanavit. Magnitudinem enim vulneris manus medici secuit, et sanavit. Vox illa de caelo prostravit persecutorem, et erexit praedicatorem; occidit Saulum, et vivificavit Paulum. Saul enim persecutor erat sancti viri; inde nomen habebat iste quando persequebatur Christianos: postea de Saulo factus est Paulus. Quid est Paulus? Modicus. Ergo quando Saulus, superbus, elatus; quando Paulus, humilis, modicus. Ideo sic loquimur: Paulo post videbo te, id est: Post modicum. Audi quia modicus factus est: *Ego enim sum minimus Apostolorum;* et: *Mihi minimo omnium sanctorum,* dicit alio loco. Sic erat inter Apostolos tamquam fimbria vestimenti; sed tetigit Ecclesia gentium tamquam fluxum patiens, et sanata est.

**3.** Ergo, fratres, hoc dixerim, hoc dico, hoc si possem non tacerem: Opera modo illa sint in vobis, modo illa, pro tempore, pro horis, pro diebus. Numquid semper loqui? numquid semper tacere? numquid semper reficere corpus? numquid semper ieiunare? numquid semper panem dare egenti? numquid semper nudum vestire? num-

---

6 사도 9장 참조.     7 사도 13,9 참조.
8 아우구스티누스는 '조금'이라는 뜻을 지닌 부사 '파울로'(paulo)와 '작은'이라는 뜻을 지닌 형용사 '파울루스'(palulus)를 바오로의 이름 '파울루스'(Paulus)와 연계하여 수사학적으로 설명하고 있다.

자백하였습니다. 그를 단죄하는 것은 우리가 할 일이 아닙니다. 바오로는 자기 죄가 우리 입에 오르내리는 것을 좋아합니다. 그것은 그 병을 고쳐 주신 분께서 찬양받으시도록 하려는 것입니다. 의사의 손은 커다란 상처를 도려내어 낫게 했습니다. 하늘에서 들려오는 목소리로 박해자를 넘어뜨리고 설교자로 일으켰습니다. 그 소리는 사울을 죽이고 바오로를 살렸습니다.[6] 사실 사울은 성인들의 박해자였습니다. 그리스도인을 박해할 때에는 이 이름을 지니고 있었는데, 나중에 사울에서 바오로가 되었습니다.[7] 바오로란 무슨 뜻입니까? '작다'는 뜻입니다. 그가 사울이었을 때는 교만하고 거만했습니다. 그러나 바오로가 되었을 때는 겸손하고 보잘것없었습니다. 우리는 '조금 뒤에',[8] 곧 보잘것없는 시간 후에 보자고 말하곤 합니다. 바오로가 어떻게 보잘것없는 사람이 되었는지 들어 보십시오. "나는 사도들 가운데 가장 보잘것없는 자입니다."[9] 또 다른 곳에서는 "모든 성도들 가운데에서 가장 보잘것없는 나에게"[10]라고 하였습니다. 이처럼 그는 사도들 가운데에서 옷자락과 같았습니다. 그러나 이방인들의 교회는 [하혈하던 여인처럼] 그 옷자락을 만지고 나았습니다.

**3.** 형제 여러분, 이것을 제가 말씀드렸고, 또 말씀드리고 있으며, 가능하다면 앞으로도 침묵하지 않겠습니다. 여러분은 때와 시와 날에 따라서 이 일도 하게 되고 저 일도 하게 됩니다. 늘 이야기할 수 있습니까? 늘 침묵할 수 있습니까? 늘 몸을 쉬게 할 수 있습니까? 늘 단식할 수 있습니까? 늘 굶주린 이들에게 빵을 줄 수 있습니까? 헐벗은 이들을 늘 입혀 줄 수 있습니

---

[9] 1코린 15,9.
[10] 에페 3,8.

quid semper aegrotos visitare? numquid semper discordantes concordare? numquid semper mortuos sepelire? Modo illud, modo illud. Inchoantur ista, et cessant: ille autem imperator, nec inchoatur, nec cessare debet. Caritas intus non intermittatur: officia caritatis pro tempore exhibeantur. *Caritas ergo,* sicut scriptum est, *fraterna permaneat.*

**4.** Fortassis autem moverit aliquos vestrum, ex quo istam Epistolam beati Ioannis tractamus vobis, quare non commendaverit maxime nisi fraternam caritatem. *Qui diligit fratrem,* dicit; et: *Praeceptum nobis est datum, ut diligamus invicem.* Assidue nominavit caritatem fraternam: Dei autem caritatem, id est qua debemus diligere Deum, non tam assidue nominavit; sed tamen non omnino tacuit. De inimici vero dilectione prorsus tacuit prope per totam ipsam Epistolam. Cum vehementer nobis praedicet, commendetque caritatem, non nobis dicit ut diligamus inimicos; sed dicit nobis ut fratres diligamus. Modo vero cum Evangelium legeretur, audivimus: *Si enim diligitis eos qui vos diligunt, quam mercedem habebitis? nonne et publicani hoc faciunt?* Quid est igitur quod pro magno nobis ad perfectionem quamdam fraternam dilectionem commendat Ioannes apostolus; Dominus autem dicit non nobis sufficere ut fratres diligamus, sed debere nos extendere ipsam dilectionem, ut

---

11 히브 13,1 참조.

까? 병든 이들을 늘 찾아볼 수 있습니까? 다투는 이들을 늘 화해시킬 수 있습니까? 죽은 사람을 늘 묻어 줄 수 있습니까? 때로는 이 일을 하고, 때로는 저 일을 합니다. 이 일을 시작하면 저 일은 그만둡니다. 그러나 이 임금님은 시작도 멈춤도 없는 분이십니다. 사랑이 마음속에서 그지없기를 바랍니다. 사랑의 의무는 알맞은 때에 생기는 법입니다. 성경에 기록된 대로, '형제적 사랑은 영원히 남을 것입니다'.[11]

**4.** 여러분 가운데 어떤 이들은 제가 여러분에게 풀이해 드리는 복되신 요한의 이 편지에서 왜 형제적 사랑 말고는 특별히 권하지 않느냐고 문제 삼을지도 모르겠습니다. 요한은 자기 **"형제를 사랑하는 사람"**(1요한 2,10)에 관하여 말하고, **"그분께서 우리에게 명령하신 대로, 서로 사랑하라"**(1요한 3,23)고 합니다. 요한은 형제적 사랑에 관하여 꾸준히 말했습니다. 그러나 하느님에 대한 사랑, 곧 우리가 하느님을 사랑해야 하는 일에 관해서는 그리 꾸준히 말하지는 않습니다. 그렇다고 완전히 침묵하지는 않습니다. 그러나 원수에 대한 사랑에 대해서는 이 편지를 통틀어서 거의 완전히 침묵하고 있습니다. 요한은 우리에게 사랑에 관해서는 힘주어 설교하고 권고하지만, 우리더러 원수를 사랑하라고 말하지는 않습니다. 그 대신 우리더러 형제들을 사랑하라고 합니다. 우리는 조금 전 복음 봉독 때 "너희가 자기를 사랑하는 이들만 사랑한다면 무슨 상을 받겠느냐? 그것은 세리들도 하지 않느냐?"[12]라는 말씀을 들었습니다. 그렇다면, 요한 사도는 우리가 완전한 형제적 사랑으로 나아가도록 특별히 강조하지만, 주님께서는 우리가 형제들만을 사랑하는 것으로는 넉넉지 않고, 원수들에게 이르기까지

---

12 마태 5,46.

perveniamus ad inimicos? Qui usque ad inimicos pervenit, non transilit fratres. Necesse est sicut ignis, prius occupet proxima, et sic se in longinquiora distendat. Propinquior est tibi frater quam nescio quis homo. Rursus tibi magis adhaeret ille quem non noveras, qui tibi tamen non adversatur, quam inimicus qui etiam adversatur. Extende dilectionem in proximos, nec voces illam extensionem. Prope enim te diligis, qui eos diligis qui tibi adhaerent. Extende ad ignotos, qui tibi nihil mali fecerunt. Transcende et ipsos; perveni, ut diligas inimicos. Hoc certe Dominus iubet. Quare iste tacuit de dilectione inimici?

**5.** Omnis dilectio, sive quae carnalis dicitur, quae non dilectio, sed magis amor dici solet; (dilectionis enim nomen magis solet in melioribus rebus dici, in melioribus accipi) tamen omnis dilectio, fratres carissimi, utique benevolentiam quamdam habet erga eos qui diliguntur. Non enim sic debemus diligere homines, aut sic possumus diligere, vel amare; hoc enim verbo etiam usus est Dominus

---

13 '딜리제레'(diligere)는 '딜렉티오'(dilectio)의 동사형이고, '아마레'(amare)는 '아모르' (amor, 사랑)의 동사형이다. 우리말로는 이 두 명사를 '사랑'으로, 이 두 동사는 '사랑하다'로 옮길 수밖에 없다. 그러나 아우구스티누스 당대의 사람들은 '딜렉티오'(또는 '딜리제레')를 좀 더 영적인 의미로, '아모르'(또는 '아마레')는 좀 더 육적인 의미로 여기고 있었다. 플라톤과 플로티누스가 물려준 그리스 철학의 영향으로, 딜렉티오는 그리스어 '아가페'(agape)와 더 가깝고, 아모르는 그리스어 '에로스'(eros)와 가까운 의미로 받아들이는 경향이 있었기 때문이다. 그러나 아우구스티누스는 '사랑'이란 그 용어(딜렉티오, 아모르, 카리타스)로 구별되지 않

이 사랑을 펼쳐야 한다고 말씀하시는 까닭은 무엇입니까? 원수들에게까지 다가가는 사람은 형제들을 못 본 체 지나치지 않습니다. 불과 같을 필요가 있습니다. 먼저 가까운 데서 붙어 점점 멀리 번져 나가는 불 말입니다. 그가 누구인지 저는 모릅니다만, 형제는 다른 누구보다 그대에게 더 가까운 사람입니다. 그리고 누구인지 그대가 알지는 못할지라도, 그대와 원수지지 않은 사람은 그대가 등진 원수보다는 그대에게 더 가깝습니다. 그대, 이웃에게 사랑을 펼쳐 가십시오. 그러나 범위는 말하지 마십시오. 그대와 가까운 사람을 사랑할 때, 그것은 그대 자신을 사랑하는 것입니다. 그대에게 악하게 굴지 않는 모르는 사람에게도 사랑을 펼쳐 나가십시오. 그리고 그들을 뛰어넘으십시오. 그대가 원수마저 사랑할 수 있도록 더 나아가십시오. 이것은 분명 주님께서 명하시는 것입니다. 그런데 요한은 왜 이런 원수 사랑에 관해서 입을 다물었을까요?

**5.** 비록 육체적인 사랑일지라도, 모든 사랑은 통상 '딜렉티오'dilectio가 아니라, '아모르'amor라고 더 많이 불립니다. ('딜렉티오'라는 낱말은 통상 더 좋은 대상에서 더 많이 불리고 또 그렇게 받아들여집니다.) 사랑하는 형제 여러분, 모든 사랑은 분명 사랑받는 대상에 대한 어떤 호감을 지니고 있습니다. 우리는 사람을 이렇게 사랑해서도 안 되고, 이렇게 사랑['딜리제레'(diligere) 또는 '아마레'(amare)]할 수도 없습니다.[13] 사실 주님께서도 다음과 같이

---

고, 어떤 대상을 어떤 동기로 사랑하느냐에 따라 구별된다고 보았다. 이로써 아우구스티누스는 서로 다른 성향과 동기를 지니고 있던 사랑의 두 가지 개념(에로스와 아가페)을 하나로 훌륭하게 종합해 낸 셈이다. 자기중심적인 동기로 말미암아 소유하고 싶어 하는 동경과 열망인 '에로스'(올라가는 사랑)와 이타적인 동기로 말미암아 내놓는 겸손과 자비인 '아가페'(내려오는 사랑)가 아우구스티누스 안에서 종합되는 과정에 관해서는 해제 「아우구스티누스의 사랑의 신학」 참조.

cum diceret: *Petre, amas me?* non sic debemus amare homines, quomodo audimus gulosos dicere: Amo turdos. Quaeris quare? Ut occidat, et consumat. Et amare se dicit, et ad hoc illos amat ut non sint, ad hoc amat ut perimat. Et quidquid ad cibandum amamus, ad hoc amamus, ut illud consumatur, et nos reficiamur. Numquid sic amandi sunt homines, tamquam consumendi? sed amicitia quaedam benevolentiae est, ut aliquando praestemus eis quos amamus. Quid, si non sit quod praestemus? Sola benevolentia sufficit amanti.

Non enim optare debemus esse miseros, ut possimus exercere opera misericordiae. Das panem esurienti; sed melius nemo esuriret, et nulli dares. Vestis nudum; utinam omnes vestiti essent, et non esset ista necessitas! Sepelis mortuum; utinam veniat aliquando illa vita ubi nemo moriatur! Concordas litigantes; utinam aliquando sit pax illa aeterna Ierusalem, ubi nemo discordet! Haec enim omnia officia necessitatum sunt. Tolle miseros; cessabunt opera misericordiae. Opera misericordiae cessabunt; numquid ardor caritatis exstinguetur? Germanius amas felicem hominem, cui non habes quod praestes; purior ille amor erit, multoque sincerior. Nam si praestiteris misero, fortassis extollere te cupis adversus

---

14 요한 21,15-17 참조.

말씀하시면서 이 사랑이라는 단어를 사용하셨습니다. "베드로야, 너는 나를 사랑하느냐?"[14]라고 물으시면서 말입니다. 그러나 우리는 탐식가들이 '나는 새를 사랑한다'고 말하는 식으로 사람들을 사랑해서는 안 됩니다. 그대, 왜냐고 물으십니까? 그는 잡아먹기 위해서 사랑하기 때문입니다. 그는 새를 사랑한다고 하지만, 새가 살아 있지 못하게 하려고 사랑하는 것이고, 새를 죽이기 위해서 사랑하는 것입니다. 우리가 무언가를 먹으려고 사랑한다는 것은, 그것을 잡아먹음으로써 우리 자신을 배불리려고 사랑한다는 뜻입니다. 모름지기 인간이 이렇게 잡아먹히기 위해서 사랑받아서야 되겠습니까? 그러나 우정이란 때때로 우리가 사랑하는 것을 베풀기도 하는 호의적인 어떤 것입니다. 우리가 베풀 수 있는 것이 정녕 없단 말입니까? 사랑하는 사람에게는 호의만으로도 넉넉합니다.

 자선 행위를 하기 위해서 비참한 사람이 존재하기를 바라서는 안 됩니다. 그대는 굶주린 사람에게 빵을 주지만, 아무도 굶주리지 않고 그대가 베풀 대상이 없는 것이 더 좋습니다. 그대는 헐벗은 사람을 입혀 주지만, 모든 이가 옷을 입고 있어 이럴 필요가 없으면 얼마나 좋겠습니까! 그대는 죽은 이를 묻어 줍니다. 그러나 언젠가 아무도 죽지 않는 저 생명에 이르면 얼마나 좋겠습니까! 그대는 싸우는 사람을 화해시킵니다. 그러나 그 누구도 다투지 않는 예루살렘의 영원한 평화가 깃들면 얼마나 좋겠습니까! 사실, 이 모든 선행은 필요로 말미암은 의무입니다. 비참한 사람들을 없애 보십시오. 자선 행위는 없어지고 말 것입니다. 자선 행위가 없어진다고 사랑의 불길이 꺼져 버리겠습니까? 그대가 아무것도 베풀지 않아도 되는 그런 행복한 사람을 사랑하는 것이 더 참된 사랑입니다. 그 사랑은 더 순수하고 더욱더 진실할 것입니다. 그대가 비참한 사람에게 베푼다면, 아마도 그대는 그 사람보다 높아지기를 바라고, 그대의 은혜를 입은 사람이 그대

eum, et eum tibi vis esse subiectum, qui auctor est tui beneficii. Ille indiguit, tu impertitus es; quasi maior videris quia tu praestitisti, quam ille cui praestitum est. Opta aequalem, ut ambo sub uno sitis cui nihil praestari potest.

**6.** Nam in hoc excessit modum superba anima, et quodammodo, avara fuit; quia *radix omnium malorum avaritia.* Et item dictum est: *Initium omnis peccati superbia.* Et quaerimus aliquando quomodo sibi concordent istae duae sententiae: *Radix omnium malorum avaritia;* et: *Initium omnis peccati superbia.* Si initium omnis peccati superbia, radix omnium malorum superbia est. Certe radix omnium malorum avaritia est: invenimus et in superbia avaritiam esse; excessit enim modum homo. Quid est avarum esse? Progredi ultra quam sufficit. Adam superbia cecidit: *Initium omnis peccati superbia,* inquit. Numquid avaritia? Quid avarius illo, cui Deus sufficere non potuit? Ergo, fratres, legimus quemadmodum factus sit homo ad imaginem et similitudinem. Dei: et quid de illo dixit Deus? *Et habeat potestatem piscium maris, et volatilium caeli, et omnium pecorum quae repunt super terram.* Numquid dixit: Habeat potestatem hominum? *Habeat potestatem,* ait: Dedit potestatem naturalem. Quorum habeat potestatem? *piscium maris, volatilium caeli, et omnium repentium quae repunt super terram.* Quare

---

[15] 1티모 6,10 참조.    [16] 집회 10,13 참조.    [17] 창세 1,26 참조.

에게 복종해 주기를 바랄 수도 있습니다. 가난한 사람을 그대가 도와줄 때, 그대가 베풀었다고 해서 받은 사람보다 높은 사람인 것처럼 보일 수도 있습니다. 그대, [가난한 사람과] 평등해지기를 바라십시오. 그것은 [주는 이나 받는 이] 둘 다 아무것도 베풀어 드릴 수 없는 분 아래에서 살아가고 있는 까닭입니다.

6. 교만한 영혼은 정도를 넘어서서 탐욕스런 영혼이 되어 버립니다. "탐욕은 모든 악의 뿌리"[15]라고 하였기 때문입니다. 또 이렇게 말씀하십니다. "교만은 모든 죄의 시작입니다."[16] "탐욕은 모든 악의 뿌리"라는 구절과 "교만은 모든 죄의 시작"이라는 구절을 어떻게 조화시킬 수 있는지 알아봅시다. 모든 죄의 시작이 교만이라면, 모든 악의 뿌리도 교만입니다. 분명, 모든 악의 뿌리는 탐욕입니다. 우리는 교만 속에도 탐욕이 있다는 것을 보게 됩니다. 사실, 사람은 정도를 지나칩니다. 그러면 탐욕스럽다는 것은 무슨 뜻입니까? 넉넉한 것을 넘어서는 것입니다. "교만은 모든 죄의 시작"이라는 말대로, 아담은 교만에 떨어졌습니다. 탐욕에는 떨어지지 않았습니까? 하느님으로도 만족할 줄 몰랐던 자보다 더 탐욕스런 사람이 어디 있겠습니까? 형제 여러분, 사람은 하느님의 모상대로 하느님과 비슷하게 만들어졌다고 읽었습니다. 하느님께서 이 사람에 관해서 무슨 말씀을 하셨습니까? "그가 바다의 물고기와 하늘의 새와 땅을 기어 다니는 온갖 짐승을 다스리게 하자."[17] 하느님께서 사람으로 하여금 사람을 다스리게 하자고 말씀하셨습니까? 하느님께서는 '다스리게 하자'고 말씀하시면서 자연적 권한을 주셨습니다. 무엇에 대한 권한을 지니게 하셨습니까? '바다의 물고기와 하늘의 새와 땅을 기어 다니는 온갖 짐승에 대한 권한'입니다. 왜

haec est naturalis potestas hominis in ista? Quia homo ex eo habet potestatem, ex quo factus est ad imaginem Dei. Ubi autem factus est ad imaginem Dei? In intellectu, in mente, in interiore homine; in eo quod intellegit veritatem, diiudicat iustitiam et iniustitiam, novit a quo factus est, potest intellegere creatorem suum, laudare creatorem suum. Habet hanc intellegentiam, qui habet prudentiam. Ideo multi cum per cupiditates malas detererent in se imaginem Dei, et ipsam quodammodo flammam intellegentiae perversitate morum exstinguerent; clamabat illis Scriptura: *Nolite fieri sicut equus et mulus, quibus non est intellectus.* Hoc est dicere: Praeposui te equo et mulo; te ad imaginem meam feci, potestatem tibi super ista dedi. Quare? Quia non habent ferae rationalem mentem: tu autem rationali mente capis veritatem, intellegis quod supra te est; subdere ei quia supra te est, et infra te erunt illa quibus praepositus es. Quia vero per peccatum homo deseruit eum sub quo esse debuit, subditur eis supra quae esse debuit.

**7.** Intendite quid dicam: Deus, homo, pecora: verbi gratia, supra te Deus; infra te pecora. Agnosce eum qui supra te est, ut agnoscant te quae infra te sunt. Ideoque cum Daniel agnovisset supra se Deum, agnoverunt illum supra se leones. Si autem non agnoscis illum qui supra te est, superiorem contemnis, subderis inferiori. Propte-

---

18 시편 31,9.    19 다니 6,23 참조.

이런 것들에 대한 인간의 자연적 권한이 주어진 것입니까? 하느님의 모습대로 창조되었기에 사람은 자연적 권한을 지니는 것입니다. 무엇이 하느님의 모습대로 창조되었습니까? 지성과 정신과 인간의 내면에서 그렇습니다. 그것으로써 인간은 진리를 알게 되고, 정의와 불의를 판단하고, 자신이 누구로부터 창조되었는지 알고, 자기 창조주를 알아뵙고, 자기 창조주를 찬미합니다. 현명함을 지닌 사람은 이러한 지성도 지니고 있습니다. 많은 사람이 자신 안에 있는 하느님의 모습을 사악한 욕정으로 파괴하고, 악한 행실로 지성의 불꽃마저 꺼 버리고 있습니다. 성경에서도 그런 자들에게 "지각없는 말이나 노새처럼 되지 마라"[18]고 외치고 있습니다. '나는 너를 말이나 노새보다 낫게 만들었고, 너를 내 모습대로 창조하여 이 동물들에 대한 권한을 너에게 주었다'고 말씀하십니다. 왜 그렇습니까? 짐승들은 이성적 정신을 지니고 있지 않지만, 그대는 이성적 정신 덕분에 진리를 파악하고, 그대 위에 계시는 분을 이해할 수 있기 때문입니다. 그대 위에 계시는 분께 복종하십시오. 그러면 그대보다 낮은 존재들이 그대 아래 있게 될 것입니다. 그러나 사람은 죄로 말미암아 위에 모셔야 할 분을 저버렸기에, 자기 밑에 있어야 할 존재들에게 복종하게 되었습니다.

7. 제가 하느님·인간·동물에 관해서 말씀드리고자 한다는 것을 알아주십시오. 예컨대, 하느님께서는 그대 위에 계시고, 동물은 그대 아래 있습니다. 그대 위에 계시는 분을 알아뵙도록 하십시오. 그래야 그대 아래 있는 것들이 여러분을 알게 될 것입니다. 다니엘은 하느님께서 자기 위에 계시다는 것을 잘 알았기 때문에, 사자들도 다니엘이 자기들보다 위에 있다는 것을 알았던 것입니다.[19] 그대가 그대 위에 계시는 분을 알아뵙지 못하면, 그대는 윗분을 업신여기고, 아랫것들에게 복종하게 됩니다. 이와 마찬

rea superbia Aegyptiorum unde domita est? De ranis et muscis. Poterat Deus et leones mittere, sed aliquis magnus leone terrendus est. Quanto illi erant superbiores, tanto de rebus contemptibilibus et abiectis fracta est eorum cervix mala. Sed Danielem agnoverunt leones, quia ille subditus Deo erat.

Quid? Martyres qui ad bestias pugnaverunt, et ferarum morsibus lacerati sunt, non erant sub Deo? Aut erant servi Dei tres viri, et non erant servi Dei Machabaei? Agnovit ignis servos Dei tres viros, quos non ussit, quorum nec vestimenta corrupit; et non agnovit Machabaeos? Agnovit Machabaeos; agnovit, fratres, et istos. Sed opus erat quodam flagello, permittente Domino, qui dixit in Scriptura: *Flagellat omnem filium quem recipit.* Putatis enim, fratres, quia ferrum transverberaret viscera Domini, nisi ipse permitteret; aut haereret in ligno, nisi ipse voluisset? Non eum agnovit creatura sua? An exemplum patientiae proposuit fidelibus suis? Ideo Deus quosdam liberavit visibiliter, quosdam non liberavit visibiliter: omnes tamen spiritaliter liberavit, spiritaliter neminem deseruit. Visibiliter quosdam visus est deseruisse, quosdam visus est eripuisse. Ideo quosdam eripuit, ne putes illum non potuisse eripere. Testimo-

---

20 탈출 8장 참조.
21 2마카 7장 참조.
22 히브 12,6. 「성경」: "주님께서는 사랑하시는 이를 훈육하시고 아들로 …."

가지로 이집트인의 오만은 어떻게 꺾였습니까? 개구리와 모기로 말미암아 그리되었습니다.[20] 하느님께서는 사자를 여러 마리 보내실 수 있었지만, 위대한 사람을 위협한 것은 사자 한 마리였습니다. 사람들이 오만할수록, 하느님께서 그들의 사악한 목덜미를 분지르시되 아주 하찮고 보잘것없는 것으로써 꺾어 버리십니다. 그러나 다니엘은 하느님께 순종하였기에 사자들이 그를 알아보았습니다.

뭐라고요? 그렇다면 짐승들과 맞서 싸우며 맹수의 이빨에 찢긴 순교자들은 하느님 아래 있지 않았다는 말입니까? 혹은 [불가마 속에 있던] 세 청년은 하느님의 종이었고, 마카베오의 형제들은 하느님의 종이 아니었습니까? 불조차 하느님의 종인 세 청년을 알아보고는 그들을 건드리거나 그들이 입은 옷을 태우지 않았습니다. 그런데 그 불이 마카베오의 형제들을 알아보지 못하였습니까? 마카베오의 형제들을 알아보았습니다. 형제 여러분, 불조차 그들을 알아보았습니다.[21] 그런데, 주님께서 허락하신 어떤 시련은 필요했으니, 성경에서 이렇게 말합니다. "주님께서는 아들로 인정하시는 모든 이를 채찍질하신다."[22] 그러니 형제 여러분, 생각해 보십시오. 그분께서 허락하지 않으셨다면 그들이 창으로 주님의 심장을 찔렀으리라고 생각하십니까? 그분께서 원하지 않으셨다면 나무[십자가]에 매달리셨겠습니까? 당신 피조물이 당신을 알아뵙지 못하였습니까? 아니면 당신을 믿는 이들에게 인내의 본보기를 주셨습니까? 하느님께서는 어떤 사람은 눈에 보이게 구원하셨고, 또 어떤 사람은 눈에 보이게 구원하지 않으셨습니다. 그렇지만 모든 사람을 영적으로 구원하셨고, 영적으로는 아무도 저버리지 않으셨습니다. 또 어떤 사람은 눈에 보이게 저버리신 것 같고, 어떤 사람은 구원하신 것처럼 보입니다. 어떤 사람을 구원하신 것은 당신께 그들을 구원할 힘이 없다고 여기지 않게 하려는 것이었습니다. 그분께서는

nium dedit quia potest, ut ubi non facit, secretiorem intellegas voluntatem, non suspiceris difficultatem. Sed quid, fratres? cum evaserimus omnes istos mortalitatis laqueos, cum transierint tempora tentationis, cum saeculi huius fluvius decurrerit, et receperimus illam stolam primam, immortalitatem illam quam peccando perdidimus, cum corruptibile hoc induerit incorruptionem, id est, caro ista induerit incorruptionem, et mortale hoc induerit immortalitatem; iam perfectos filios Dei, ubi non opus est tentari, nec flagellari, agnoscet omnis creatura: subdita nobis erunt omnia, si nos hic subditi sumus Deo.

**8.** Sic ergo debet esse christianus, ut non glorietur super alios homines. Dedit enim tibi Deus esse super bestias, id est, meliorem esse quam bestias. Hoc naturale habes; semper melior eris quam bestia. Si vis melior esse quam alius homo, invidebis ei quando tibi esse videbis aequalem. Debes velle omnes homines aequales tibi esse; et si viceris aliquem per prudentiam, optare debes ut sit et ipse prudens. Quamdiu tardus est, discit a te; quamdiu indoctus est, indiget tui; et tu videris doctor, ille autem discens: tu ergo superior, quia doctor es; ille inferior, quia discens. Nisi illum optes aequalem, semper vis habere discentem. Si autem vis semper habere discentem, invidus eris doctor. Si invidus doctor, quomodo eris doctor?

그렇게 하실 수 있다는 증거를 보여 주셨습니다. 그분께서 그 일을 하지 않으실 때에는, 그대가 숨겨진 뜻을 이해함으로써, [하느님의 구원은] 어려우리라 의심하지 않게 하려는 것이었습니다. 그렇지만, 형제 여러분, 그게 무슨 말입니까? 우리가 이 모든 죽음의 올가미에서 벗어나게 될 때, 유혹의 시기가 지나가고 이 세속 강물이 흘러간 다음, 마침내 죄로써 잃었던 불사불멸의 첫 옷을 입게 될 때, 그리하여 이 썩을 존재가 썩지 않는 옷을 입게 될 때, 곧 우리 육신이 불멸의 옷을 입고, 죽을 존재가 불사의 옷을 입게 될 때, 그때에는 이미 하느님의 완전한 자녀가 되어, 더 이상 유혹을 당하거나 시련을 겪을 필요가 없으리라는 것을 모든 피조물이 알게 될 것입니다. 우리가 이 세상에서 하느님께 순종하면, 다른 모든 것은 우리에게 순종할 것입니다.

**8.** 그러므로 그리스도인이라면 다른 사람들 위에 있노라 자랑하지 말아야 합니다. 하느님께서는 여러분을 짐승 위에 있게 하셨습니다. 곧, 짐승보다 낮게 지으셨습니다. 그대는 이러한 본성을 지니고 있습니다. 그대는 언제나 짐승보다 나을 것입니다. 그대가 다른 사람보다 더 낫고 싶어 한다면, 그 사람이 그대와 평등해 보일 때 시기심에 사로잡히게 될 것입니다. 모든 사람은 다 그대와 평등하기를 바라야 합니다. 그대가 다른 이보다 현명함에서 뛰어나다면 그도 현명해지기를 원해야 합니다. 그 사람이 뒤처지면 그대에게 배우고, 무지하면 그대를 필요로 할 것입니다. 그대는 스승처럼 보이고, 그는 제자처럼 보입니다. 그대는 스승이니 높고 그는 제자이니 낮습니다. 그대가 그와 평등하기를 바라지 않는다면, 그대는 언제나 그를 제자로 삼으려 할 것입니다. 그러나 그대가 언제나 그 사람을 제자로 삼고자 한다면, 그대는 시기심 많은 스승이 될 것입니다. 그대가 시기심 많은 스

Rogo te, noli docere ipsum invidentiam tuam. Audi Apostolum dicentem de visceribus caritatis: *Vellem omnes homines esse sicut meipsum.* Quomodo volebat omnes esse aequales? Ideo erat omnibus superior, quia caritate optabat omnes aequales. Excessit ergo homo modum; avarior voluit esse, ut supra homines esset, qui supra pecora factus est: et ipsa est superbia.

**9.** Et videte quanta opera faciat superbia; ponite in corde quam similia facit, et quasi paria caritati. Pascit esurientem caritas, pascit et superbia: caritas, ut Deus laudetur; superbia, ut ipsa laudetur. Vestit nudum caritas, vestit et superbia; ieiunat caritas, ieiunat et superbia; sepelit mortuos caritas, sepelit et superbia. Omnia opera bona quae vult facere caritas et facit, agitat contra superbia, et quasi ducit equos suos. Sed interior est caritas: tollit locum male agitatae superbiae; non male agitanti, sed male agitatae. Vae homini cuius auriga superbia est, necesse est enim ut praeceps eat.

Ut autem non sit superbia quae agitet facta bona, quis novit? quis videt? ubi est hoc? Opera videmus: pascit misericordia, pascit et superbia; hospitem suscipit misericordia, hospitem suscipit et superbia; intercedit pro paupere misericordia, intercedit et superbia. Quid est hoc? In operibus non discernimus. Audeo aliquid dicere,

---

23 1코린 7,7.

승이라면, 어떻게 스승일 수 있겠습니까? 간청하건대, 그 사람에게 그대의 시기심을 가르치려 하지 마십시오. 사랑의 마음에서 우러나는 사도의 말을 들어 보십시오. "나는 모든 사람이 나와 같아지기를 바랍니다."[23] 어떻게 모두가 같아지기를 바랄 수 있었겠습니까? 바오로는 모든 사람 위에 있었지만, 사랑으로 말미암아 모든 사람이 평등해지기를 바랐습니다. 그러나 사람은 도를 넘고, 더 탐욕스러워지려고 합니다. 겨우 짐승보다 더 낫게 창조된 주제에 사람들 위에 있으려 하니, 이것이 바로 교만입니다.

**9.** 교만이 얼마나 대단한 일을 하고 있는지 보십시오. 교만이 사랑과 얼마나 비슷하고 거의 똑같은지 마음에 잘 새겨 보십시오. 사랑도 굶주린 사람을 먹여 주고, 교만도 먹여 줍니다. 사랑은 하느님께서 찬미받으시도록 하지만, 교만은 자신이 찬미받으려 합니다. 사랑도 헐벗은 이를 입혀 주고, 교만도 입혀 줍니다. 사랑도 단식하고, 교만도 단식합니다. 사랑도 죽은 사람을 묻어 주고, 교만도 묻어 줍니다. 사랑이 행하고 싶어 하고 또 행하고 있는 모든 선행을, 교만은 마치 자기 말을 몰듯 반대 방향으로 이끕니다. 그러나 사랑이 마음 안에 있어, 잘못 인도된 교만의 자리를 없앱니다. 잘못 인도하는 사람이 아니라, 잘못 인도된 교만을 없애 버립니다. 교만을 마부로 삼는 사람은 불행합니다. 고꾸라질 수밖에 없기 때문입니다.

선행을 한 것이 교만은 아닌지 누가 알고 있으며 누가 보고 있습니까? 또 어디에 그 표지가 있습니까? 우리는 그 행동을 봅시다. 자비도 먹여 주고, 교만도 먹여 줍니다. 자비도 손님을 맞아들이고, 교만도 맞아들입니다. 자비도 가난한 사람을 위해서 기도하고, 교만도 기도합니다. 이것은 무엇을 뜻합니까? 행동으로는 구별할 수 없다는 말입니다. 저는 감히 어떤 말씀을 드리려 합니다만, 그것은 제 말이 아니라 바오로의 말씀입니다. 사

sed non ego; Paulus dixit: Moritur caritas, id est, homo habens caritatem, confitetur nomen Christi, ducit martyrium; confitetur et superbia, ducit et martyrium. Ille habet caritatem, ille non habet caritatem. Sed audiat ab Apostolo ille qui non habet caritatem: *Si distribuero omnia mea pauperibus, et si tradidero corpus meum ut ardeam, caritatem autem non habuero, nihil mihi prodest.* Ergo Scriptura divina intro nos revocat a iactatione huius faciei forinsecus; et ab ista superficie quae iactatur ante homines, revocat nos intro. Redi ad conscientiam tuam, ipsam interroga. Noli adtendere quod floret foris, sed quae radix est in terra. Radicata est cupiditas? species potest esse bonorum factorum, vere opera bona esse non possunt. Radicata est caritas? securus esto, nihil mali procedere potest. Blanditur superbus, saevit amor. Ille vestit, ille caedit. Ille enim vestit ut placeat hominibus: ille caedit ut corrigat disciplina. Accipitur magis plaga caritatis, quam eleemosyna superbiae. Redite ergo intro, fratres; et in omnibus quaecumque facitis, intuemini testem Deum. Videte, si ille videt, quo animo faciatis. Si cor vestrum non vos accusat, quia iactantiae causa facitis; bene, securi estote. Nolite autem timere quando facitis bene, ne videat alter. Time ne propterea facias, ut tu lauderis: nam videat alter, ut Deus laudetur. Si enim abscondis ab oculis hominis; abscondis ab imitatione hominis, laudem subtrahis Deo. Duo sunt quibus eleemosynam fa-

---

24 1코린 13,3 참조.

랑은 죽기까지 합니다. 사랑을 지닌 사람은 그리스도의 이름을 고백하고 순교까지 합니다. 교만도 고백하고 순교까지 합니다. 이 사람은 사랑을 지니고 있고, 저 사람은 사랑을 지니고 있지 않습니다. 사랑을 지니지 않은 사람에 관해서 사도께서 하시는 말씀을 들어 봅시다. "내가 나의 모든 재산을 가난한 이들에게 나누어 주고 내가 불태워지도록 내 몸을 넘겨준다 하여도 나에게 사랑이 없으면 나에게는 아무 소용이 없습니다."[24] 성경은 우리더러 외적 자랑에서 우리 내면으로 돌아오라고 초대합니다. 사람 앞에서 자랑하는 이 껍데기로부터 우리를 내면으로 부르고 있습니다. 그대 양심으로 돌아가 물어보십시오. 밖에 핀 꽃을 보지 말고, 땅 속에 있는 뿌리를 눈여겨보십시오. 탐욕이 뿌리를 내리고 있습니까? 그렇다면 겉은 선행처럼 보일 수 있지만, 참된 선행일 수는 없습니다. 사랑이 뿌리내리고 있습니까? 그렇다면 안심하십시오. [그 뿌리에서는] 어떤 악도 나올 수 없습니다. 교만은 알랑거리지만 사랑은 꾸짖습니다. 교만은 옷을 입혀 주지만 사랑은 매질합니다. 교만은 사람들 마음에 들기 위해서 옷을 입혀 주지만, 사랑은 바로잡아 훈육하기 위하여 매질합니다. 교만의 자선보다는 사랑의 매로 얻는 것이 더 큽니다. 형제 여러분, 내면으로 돌아가십시오. 여러분이 하는 모든 일에서 하느님을 증인으로 삼으십시오. 그분께서 보고 계시다면, 어떤 정신으로 행동할 것인지 생각해 보십시오. 여러분이 교만한 동기로 행동한다고 여러분의 마음이 고발하지 않는다면, 좋습니다, 안심하십시오. 선행을 할 때 남이 볼까 봐 두려워하지는 마십시오. 단지 그대 자신이 칭송받기 위하여 행동하는 것을 두려워하십시오. 남에게 보이되, 하느님께서 찬미받으시도록 하십시오. 그대가 사람들의 눈에서 스스로를 감춘다면, 본받으려는 사람에게서 그대를 숨기는 것이며, 결국 하느님께 드릴 영광을 헛되이 하는 것입니다. 그대가 두 사람에게 자선을 베푸

cis: duo esuriunt; unus panem, alter iustitiam. Inter duos istos famelicos, quia dictum est: *Beati qui esuriunt et sitiunt iustitiam, quoniam ipsi saturabuntur:* inter duos istos famelicos, bonus operator constitutus es; si caritas de illo operatur, ambos miseratur, ambobus vult subvenire. Ille enim quaerit quod manducet, ille quaerit quod imitetur. Pascis istum, praebe te isti; ambobus dedisti eleemosynam: illum fecisti gratulatorem de fame interfecta; hunc fecisti imitatorem de exemplo proposito.

**10.** Miseremini ergo tamquam misericordes; quia in eo etiam quod diligitis inimicos, fratres diligitis. Ne putetis Ioannem nihil de dilectione inimici praecepisse; quia de fraterna caritate non tacuit. Fratres diligitis. Quomodo, inquis, fratres diligimus? Quaero quare diligas inimicum: quare illum diligis? Ut sanus sit in hac vita? quid, si non illi expedit? Ut dives sit? quid, si ipsis divitiis excaecabitur? Ut uxorem ducat? quid, si amaram vitam inde patietur? Ut filios habeat? quid, si mali erunt? Incerta sunt ergo ista quae videris optare inimico tuo, quia diligis eum; incerta sunt. Opta illi ut habeat tecum vitam aeternam; opta illi ut sit frater tuus. Si ergo hoc

---

25 마태 5,6.

는데, 둘 다 굶주리고 있다고 합시다. 한 사람은 빵에 굶주렸고, 또 한 사람은 정의에 굶주렸습니다. "행복하여라, 의로움에 주리고 목마른 사람들! 그들은 흡족해질 것이다"[25]라고 말씀하셨으니, 그대는 이 굶주린 두 사람 가운데 좋은 일꾼으로 세워진 것입니다. 사랑이 일하기만 한다면, 둘 다 가엾게 여기고 둘 다 도와주려고 할 것입니다. 한 사람은 먹을 것을 찾고, 또 한 사람은 본받을 것을 찾습니다. 이 사람에게는 먹을 것을 주고, 저 사람에게는 그대를 주십시오. 이렇게 그대는 두 사람에게 자선한 것입니다. 이 사람은 굶주림에서 벗어나 감사하게 만들었고, 저 사람은 모범으로 본받게 만들었습니다.

**10.** 여러분은 자비로운 사람이 되어 자비를 베푸십시오. 원수를 사랑하면서 형제들을 사랑하게 되기 때문입니다. 요한이 원수에 대한 사랑에 관해서는 아무것도 명하지 않았다고 생각하지 마십시오. 요한은 형제적 사랑에 관하여 침묵하지 않았기 때문입니다. 형제를 사랑하십시오. 우리가 어떻게 형제를 사랑하느냐고 그대는 묻습니까? 저는 그대가 왜 원수를 사랑하느냐고 물으렵니다. 그대는 왜 원수를 사랑합니까? 그가 이승의 삶에서 건강해지기를 바라서입니까? 건강이 그에게 도움이 안 된다면 무슨 소용이 있겠습니까? 그가 부자가 되게 하려는 것입니까? 그 재산으로 눈이 멀어 버린다면 무슨 소용이 있겠습니까? 그가 배우자를 맞아들이기를 바라서입니까? 쓰라린 삶을 겪어야 한다면 무슨 소용이 있습니까? 그가 자녀를 가졌으면 해서입니까? 자녀가 악하게 되면 무슨 소용이 있습니까? 그대가 원수를 사랑한답시고 그대 원수에게 바라는 이 모든 것은 불확실한 것들입니다. 정말 확실하지 않습니다. 오히려 원수가 그대와 더불어 영원한 생명을 누리기를 바라십시오. 원수가 그대의 형제가 되기를 바라십시

optas, diligendo inimicum, ut sit frater tuus; cum eum diligis, fratrem diligis. Non enim amas in illo quod est; sed quod vis ut sit.

Dixeram aliquando Caritati vestrae, nisi fallor: robur est ligni positum ante oculos; faber optimus vidit lignum non dolatum, de silva praecisum, adamavit: nescio quid inde vult facere. Non enim ad hoc amavit, ut semper sic maneat. In arte vidit quod futurum est, non in amore quod est; et amavit quod inde facturus est, non illud quod est. Sic et nos Deus amavit peccatores. Dicimus quia Deus amavit peccatores; ait enim: *Non est opus sanis medicus, sed male habentibus.* Numquid ad hoc amavit peccatores, ut peccatores remaneremus? Quasi lignum de silva vidit nos faber, et cogitavit aedificium quod inde facturus est, non silvam quod erat. Sic et tu respicis inimicum tuum adversantem, saevientem, mordentem verbis, exasperantem contumeliis, insectantem odiis; adtendis ibi quia homo est. Vides ista omnia quae adversa sunt ab homine facta; et vides in illo quod a Deo factus est. Quod autem homo factus est, a Deo factus est. Quod autem te odit, ipse fecit; quod invidet, ipse fecit. Et quid dicis in animo tuo? Domine, propitius illi esto, dimitte

---

26 마태 9,12.

오. 그대가 원수를 사랑하면서 그 원수가 그대의 형제가 되도록 이 모든 것을 바란다면, 그대는 원수를 사랑하는 것이며, 형제를 사랑하는 것입니다. 그대는 원수 안에 있는 것을 사랑하는 것이 아니라, 원수에게 바라는 모습을 사랑합니다.

제가 틀리지 않다면, 언젠가 사랑하는 여러분께 이런 말씀을 드린 적이 있습니다. 눈앞에 떡갈나무가 있다고 합시다. 빼어난 목수는 숲에서 베어 낸 다듬어지지 않은 나무를 보고 사랑했습니다. 그가 무엇을 만들고자 하는지는 모릅니다. 그러나 그 나무가 언제나 그렇게 남아 있도록 그 나무를 사랑한 것은 아닙니다. 지금 있는 모습을 사랑한 것이 아니라, 예술적인 솜씨로 장차 만들어질 것을 보았기 때문입니다. 그는 지금 있는 것을 사랑한 것이 아니라, 앞으로 만들어질 것을 사랑한 것입니다. 이처럼 하느님께서도 우리 죄인들을 사랑하셨습니다. 그래서 우리는 하느님께서 죄인들을 사랑하셨다고 말하고, 그분께서는 이렇게 말씀하십니다. "튼튼한 이들에게는 의사가 필요하지 않으나 병든 이들에게는 필요하다."[26] 하느님께서는 우리가 죄인인 채로 그냥 남아 있게 하시려고 죄인을 사랑하셨겠습니까? 목수께서는 우리를 마치 숲에서 베어 온 나무처럼 보십니다. 숲에 있던 나무가 아니라, 앞으로 만드실 작품을 생각하시는 것입니다. 그대의 원수가 그대에게 맞서고, 분노하고, 말로써 헐뜯고, 모욕을 퍼부으며, 그대에 대한 증오심을 끝내 버리지 않는 것을 그대가 보게 된다고 합시다. 거기서 그대는 인간이란 무엇인지 알게 됩니다. 인간이 그대를 거슬러 저지른 이 모든 일을 그대는 봅니다. 또 그 사람 안에서 하느님께서 행하신 일도 그대는 봅니다. 그가 사람으로 창조되었다는 것은 하느님으로 말미암아 이루어진 일입니다. 그러나 그대를 미워하는 것은 그 사람 자신이 행한 것이고, 그대를 시기하는 것도 그 자신이 행한 것입니다. 그렇다면 그대는 '주

illi peccata; incute illi terrorem, muta illum. Non amas in illo quod est, sed quod vis ut sit. Ergo cum inimicum amas, fratrem amas.

Quapropter perfecta dilectio, est inimici dilectio: quae perfecta dilectio est in dilectione fraterna. Et nemo dicat quia aliquid minus nos monuit Ioannes apostolus, et plus nos monuit Dominus Christus: Ioannes nos monuit ut fratres diligamus; Christus nos admonuit ut etiam inimicos diligamus. Adtende quare te monuit Christus ut diligas inimicos. Numquid ut semper remaneant inimici? Si ad hoc te monuit ut inimici remaneant, odis, non diligis. Adtende quomodo ipse dilexit, id est, quia nolebat ut sic remanerent persecutores; ait: *Pater, ignosce illis, quia nesciunt quid faciunt.* Quibus voluit ignosci, mutari illos voluit: quos voluit mutari, ex inimicis fratres facere dignatus est, et vere sic fecit. Occisus est, sepultus est, resurrexit, in caelum ascendit, Spiritum Sanctum misit discipulis; coeperunt cum fiducia praedicare nomen ipsius, miracula faciebant in nomine crucifixi et occisi: viderunt illi interfectores Domini; et qui sanguinem eius saeviendo fuderunt, credendo biberunt.

---

27 루카 23,34.

님, 저 사람을 불쌍히 여기시어 그의 죄를 용서하여 주십시오. 그에게 두려운 마음을 불어넣어 주시고 그를 변화시켜 주십시오'라고 마음으로 말하지 않겠습니까? 그대는 그 사람 안에 있는 것을 사랑하지는 않지만, 그에게 바라는 모습은 사랑합니다. 원수를 사랑할 때 그대는 형제를 사랑하게 됩니다.

그러므로 완전한 사랑은 원수 사랑입니다. 완전한 사랑은 형제적 사랑에 있습니다. '사도 요한은 우리에게 원수 사랑에 관해서 덜 권고했고, 주 그리스도께서 더 강조하셨다. 요한은 형제를 사랑하라고 우리에게 권고했지만, 그리스도께서는 원수까지도 사랑하라고 명령하셨다'고 아무도 말하지 말아야 합니다. 그리스도께서 왜 원수를 사랑하라고 그대에게 권고하셨는지 살펴보십시오. 그들이 언제나 원수로 남아 있게 하시려는 것이었습니까? 그들이 언제나 원수로 남아 있게 하시려고 그대에게 이렇게 명령하셨다면, 그대는 그들을 미워하고 사랑하지 않을 것입니다. 그렇지만 당신 몸소 어떻게 사랑하셨는지 보십시오. 그분은 그들이 박해자로 남아 있기를 원하지 않으셨기에 이렇게 말씀하십니다. "아버지, 저들을 용서해 주십시오. 저들은 자기들이 무슨 일을 하는지 모릅니다."²⁷ 그들이 용서받기를 바라셨고, 변화되기를 원하셨던 것입니다. 그들이 변화되기를 원하셨던 그분은, 원수였던 그들을 형제로 삼기를 주저하지 않으셨고, 참으로 그리하셨습니다. 그분께서는 죽임을 당하시고 묻히시고 부활하시고 하늘에 올라가시고 제자들에게 성령을 보내 주셨습니다. 제자들은 믿음을 가지고 그분의 이름을 선포하기 시작했고, 십자가에 못 박혀 돌아가신 분의 이름으로 기적을 행하였습니다. 주님을 살해한 자들도 그들을 보았는데, 분노하며 주님의 피를 쏟아 낸 그들은, 이제 믿으면서 그 피를 마셨습니다.

**11.** Haec dixi, fratres, et longiuscule: tamen quia vehementius commendanda fuit Caritati vestrae ipsa caritas, ideo commendanda sic erat. Si enim caritas nulla est in vobis, nihil diximus. Si autem est in vobis, tamquam oleum in flammas adiecimus; et in quo non erat, forte verbis accensa est. In alio crevit quod erat; in alio coepit esse quod non erat. Ad hoc ergo ista diximus, ne pigri sitis diligere inimicos. Saevit in te homo? Ille saevit, tu precare; ille odit, tu miserere. Febris animae ipsius te odit: sanus erit, et gratias tibi aget. Quomodo medici diligunt aegrotos? Numquid aegrotos diligunt? Si aegrotos diligunt, volunt ut semper aegrotent. Ad hoc diligunt aegrotos, non ut aegroti remaneant, sed ut ex aegrotis sani fiant. Et quanta plerumque patiuntur a phreneticis? quales contumelias verborum? Plerumque et percutiuntur. Persequitur ille febrem, ignoscit homini: et quid dicam, fratres? amat inimicum suum? immo odit inimicum suum morbum; ipsum enim odit, et amat hominem a quo percutitur: odit febrem. A quo enim percutitur? a morbo, ab aegrotatione, a febre. Illud tollit quod illi adversatur, ut remaneat illud unde gratuletur. Sic et tu: si odit te inimicus tuus, et iniuste te odit; noveris quia cupiditas saeculi in illo regnat, propterea te odit. Si odisti illum et tu, contra reddis malum pro malo. Quid facit reddere

**11.** 형제 여러분, 길게 말씀드렸습니다만, 사랑하는 여러분에게 사랑 자체께서 간곡히 권고하셨기에 그리 권고했던 것입니다. 여러분 안에 사랑이 전혀 없다면, 저는 아무 말도 하지 않았을 것입니다. 그러나 여러분 안에 사랑이 있다면, 저는 불에 기름을 부은 셈입니다. 사랑이 없던 사람 안에서 말씀으로 불이 붙었는지도 모릅니다. 어떤 사람에게는 있던 사랑이 자라났고, 어떤 사람에게는 없던 사랑이 생기기 시작했을 것입니다. 여러분이 원수를 사랑하는 데 게으르지 말라고 그리 말씀드린 것입니다. 그대를 괴롭히는 사람이 있습니까? 그는 괴롭히지만, 그대는 기도하십시오. 그는 미워하지만, 그대는 자비를 베푸십시오. 그대를 미워하는 이의 마음의 열병은 나을 것이고, 그대에게 감사하게 될 것입니다. 의사들이 환자를 얼마나 사랑합니까? 그들은 환자가 아프기 때문에 사랑합니까? 아프기 때문에 사랑한다면, 그들이 늘 아프기를 바랄 것입니다. 그러나 이렇게 환자를 사랑하는 것은, 앓는 사람들이 아픈 채 남아 있게 하려는 것이 아니라, 병에서 낫기를 바라는 까닭입니다. 의사들은 미친 사람들 때문에 얼마나 고생합니까? 얼마나 많은 욕을 얻어먹습니까? 얼마나 많이 두들겨 맞습니까? 의사는 열병을 때려잡지만 사람은 다치지 않습니다. 형제 여러분, 제가 무슨 말씀을 드리겠습니까? 의사가 자기 원수를 사랑합니까? 오히려 자기 원수인 병을 미워합니다. 병은 미워하되 자신을 두들겨 패는 사람은 사랑합니다. 열병을 미워하는 것입니다. 의사는 무엇 때문에 두들겨 맞습니까? 병과 허약과 열병 때문입니다. 환자에게 해로운 것을 없앰으로써, 감사하는 마음으로 남아 있게 합니다. 그대도 그리하십시오. 그대의 원수가 그대를 미워하되 부당하게 미워하면, 세속의 탐욕이 그 사람 안에서 다스리고 있고, 그것 때문에 그대를 미워한다는 것을 알아 두십시오. 그대도 그를 미워한다면, 그대 또한 악을 악으로 갚는 것입니다. 악을 악으로 갚으면

malum pro malo? Unum aegrotum flebam, qui te oderat; iam duos plango, si et tu odisti. Sed persequitur rem tuam; tollit tibi nescio quae, quae habes in terra: ideo illum odisti, quia angustias tibi facit in terra. Noli pati angustias, migra in caelum sursum: cor ibi habebis ubi latitudo est, ut nullas angustias patiaris in spe vitae aeternae. Adtende quae tibi tollit: nec ipsa tibi tolleret, nisi ille permitteret qui *flagellat omnem filium quem recipit.* Quodammodo ferramentum Dei est quo saneris, ipse inimicus tuus. Si novit Deus utile tibi esse ut exspoliet te, permittit illum; si novit tibi utile esse ut vapules, permittit illum, ut caedaris: de illo te curat, opta ut ille sanetur.

**12.** *Deum nemo vidit umquam.* Videte, dilectissimi: *Si diligamus invicem, Deus in nobis manebit, et dilectio eius erit perfecta in nobis.* Incipe diligere, perficieris. Coepisti diligere? coepit in te Deus habitare; ama eum qui in te coepit habitare, ut perfectius inhabitando faciat te perfectum. *In hoc cognoscimus quia in ipso manemus, et ipse in nobis, quia de Spiritu suo dedit nobis.* Bene, Deo gratias. Cognoscimus quia habitat in nobis. Et hoc ipsum unde cognosci-

---

28 히브 12,6.

어떻게 됩니까? 저는 그대를 미워하는 병에 걸린 병자 한 사람 때문에 울 것입니다. 그러나 그대마저 미워한다면, 그때 저는 두 사람 때문에 울게 될 것입니다. 그가 그대의 재물을 훔치고, 뭔지는 모르지만, 그대가 지상에서 지닌 것을 빼앗아 간다고 칩시다. 그대를 이 세상에서 궁핍하게 만들었기에 그대는 그를 미워합니다. 가난 때문에 고생하지 말고, 하늘 드높은 곳으로 옮겨 가십시오. 거기서는 넓은 마음을 가지게 될 것입니다. 영원한 생명에 대한 희망 속에서 더는 가난 때문에 고생하지 않을 것입니다. 그대에게서 앗아 간 것을 살펴보십시오. "아들로 인정하시는 모든 이를 채찍질하시는"[28] 그분께서 허락하시지 않고는, 그것을 그대에게서 앗아 가지 못할 것입니다. 그대의 원수는 하느님의 수술 도구와 같아, 그로 인해 그대가 치유될 것입니다. 원수가 그대에게서 약탈해 가는 것이 그대에게 유익하다고 여기시면, 하느님께서는 허락하십니다. 또 매 맞는 것이 그대에게 유익하다고 여기시면, 그대가 맞도록 허락하십니다. 하느님께서는 원수를 통하여 그대를 낫게 하십니다. 그러니 그대도 원수가 낫기를 바라십시오.

12. "지금까지 하느님을 본 사람은 없습니다"(1요한 4,12). 사랑하는 여러분, 보십시오. **"우리가 서로 사랑하면, 하느님께서 우리 안에 머무르시고 그분 사랑이 우리에게서 완성됩니다"**(1요한 4,12). 사랑하기 시작하십시오. 완전해질 것입니다. 그대, 사랑하기 시작했습니까? 그렇다면 하느님께서 그대 안에 살기 시작하신 것입니다. 그대 안에 살기 시작하신 분을 사랑하십시오. 그러면 더 완전하신 분이 그대 안에 사시면서, 그대를 완전하게 하실 것입니다. **"우리는 이 사실로 우리가 그분 안에 머무르고 그분께서 우리 안에 머무르신다는 것을 압니다"**(1요한 4,13). 좋습니다. 하느님께 감사합시다. 하느님께서 우리 안에 사신다는 것을 우리는 압니다. 하느님께서 우리

mus, quia cognovimus quia habitat in nobis? Quia hoc ipse Ioannes dixit: *Quia de Spiritu suo dedit nobis.* Unde scimus *quia de Spiritu suo dedit nobis?* hoc ipsum, quia de Spiritu suo dedit tibi, unde cognoscis? Interroga viscera tua: si plena sunt caritate, habes Spiritum Dei. Unde cognoscimus quia inde cognoscis habitare in te Spiritum Dei? Paulum interroga apostolum: *Quoniam caritas Dei diffusa est in cordibus nostris per Spiritum Sanctum qui datus est nobis.*

**13.** *Et nos vidimus, et testes sumus, quia Pater misit Filium suum Salvatorem mundi.* Securi estote qui aegrotatis: talis medicus venit, et desperatis? Magni erant morbi, insanabilia erant vulnera, desperata erat aegritudo. Magnitudinem mali tui adtendis, omnipotentiam medici non adtendis? Tu desperatus es; sed ille omnipotens est: cuius testes isti sunt qui primo sanati, et adnuntiantes medicum; et ipsi tamen plus spe sanati quam re. Nam sic dicit Apostolus: *Spe enim salvi facti sumus.* Coepimus ergo sanari in fide: perficietur autem salus nostra, cum corruptibile hoc induerit incorruptionem, et mortale hoc induerit immortalitatem. Haec spes est, nondum res. Sed qui gaudet in spe, tenebit et rem: qui autem spem non habet, ad rem non poterit pervenire.

---

29 『성경』: "하느님께서는 …."  30 로마 5,5.
31 로마 8,24.  32 1코린 15,53-54 참조.

안에 사신다는 것을 우리가 알고 있다는 사실을 어떻게 깨달을 수 있습니까? 요한 자신이 이렇게 말합니다. "**그분은 우리에게 당신의 영을 나누어 주셨습니다**"(1요한 4,13).²⁹ '그분께서 우리에게 당신의 영을 나누어 주셨음을' 어떻게 알 수 있습니까? 그분께서 그대에게 당신의 영을 나누어 주셨다는 바로 이 사실을 그대는 어떻게 압니까? 그대 마음에 물어보십시오. 사랑으로 가득 차 있으면, 그대는 하느님의 영을 모시고 있는 것입니다. 하느님의 영이 그대 안에 사신다는 사실을 그대가 알고 있다는 것을 우리는 어떻게 압니까? 바오로 사도께 여쭤 보십시오. "우리가 받은 성령을 통하여 하느님의 사랑이 우리 마음에 부어졌기 때문입니다."³⁰

**13.** "**우리는 아버지께서 아드님을 세상의 구원자로 보내신 것을 보았고 또 증언합니다**"(1요한 4,14). 앓고 있는 여러분은 안심하십시오. 이런 의사가 오셨는데 실망하겠습니까? 병이 깊고, 상처는 나을 수 없었으며, 병세는 절망적이었습니다. 그대는 그대의 커다란 악만 보고 의사의 전능은 보지 않습니까? 그대는 실망하고 있지만, 그분은 전능하십니다. 먼저 치유된 사람들이 그 증인이며 의사를 알려 준 사람들입니다. 그러나 그들은 실재가 아니라 희망으로 치유되었습니다. 바오로 사도가 말한 것처럼 "우리는 희망으로 구원을 받았습니다."³¹ 우리는 믿음 안에서 치유되기 시작했습니다. 그러나 우리 구원은 이 썩을 몸이 불멸의 옷을 입고, 죽을 몸이 불사의 옷을 입을 때 완성될 것입니다.³² 이 희망은 아직 실재가 아닙니다. 그러나 희망 안에서 기뻐하는 사람은 실재로도 얻게 될 것입니다. 그러나 희망을 지니지 않은 사람은 실재에 다다를 수 없을 것입니다.³³

---

33 신약성경과 초기 교회의 신앙을 바탕으로 한 희망의 개념에 관해서는 교황 베네딕토 16세 회칙 「희망으로 구원된 우리」(*Spe Salvi*), 한국천주교중앙협의회 2008, 14-23 참조.

**14.** *Quicumque confessus fuerit quod Iesus est Filius Dei, Deus in ipso manet, et ipse in Deo.* Iam non multis dicamus: *Qui confessus fuerit,* non verbo, sed facto; non lingua, sed vita. Nam multi confitentur verbis, sed factis negant. *Et nos cognovimus, et credidimus, quam dilectionem Deus habet in nobis.* Et iterum unde cognovisti? *Deus dilectio est.* Iam dixit illud superius, ecce iterum dicit. Amplius tibi non potuit dilectio commendari, quam ut diceretur Deus. Forte munus Dei contempturus eras. Et Deum contemnis? *Deus dilectio est. Et qui manet in dilectione, in Deo manet, et Deus in eo manet.* Vicissim in se habitant, qui continet et qui continetur. Habitas in Deo, sed ut continearis: habitat in te Deus, sed ut te contineat, ne cadas. Ne forte sic te putes domum Dei fieri, quomodo domus tua portat carnem tuam: si subtrahat se domus in qua es, cadis; si autem tu te subtrahas, non cadit Deus. Integer est, cum eum deseris; integer, cum ad illum redieris. Tu sanaris, non illi aliquid praestabis; tu mundaris, tu reficeris, tu corrigeris. Ille medicamentum est non sano, regula est pravo, lux est tenebrato, habitatio est deserto. Omnia ergo tibi conferuntur. Vide ne putes Deo aliquid

**14.** "누구든지 예수님께서 하느님의 아드님이심을 고백하면, 하느님께서 그 사람 안에 머무르시고 그 사람도 하느님 안에 머무릅니다"(1요한 4,15). 이제 많은 말을 하지 맙시다. '고백하는 자는' 말이 아니라 행동으로, 혀가 아니라 삶으로 고백합니다. 그러나 많은 이가 말로 고백하고 행동으로는 부인합니다. "**하느님께서 우리에게 베푸시는 사랑을 우리는 알게 되었고 또 믿게 되었습니다**"(1요한 4,16). 다시 묻지만, 그대는 어떻게 알게 되었습니까? "**하느님은 사랑이십니다**"(1요한 4,16). 앞서 요한이 말했고, 여기서도 새삼 말합니다. 하느님은 사랑이시라고 말하는 것 이상으로 그대에게 사랑을 권고할 수 없었던 까닭입니다. 그대 혹시 하느님의 선물을 업신여긴 적이 있는지 모르겠습니다. 그렇다고 하느님마저 업신여기겠습니까? "**하느님은 사랑이십니다. 사랑 안에 머무르는 사람은 하느님 안에 머무르고 하느님께서도 그 사람 안에 머무르십니다**"(1요한 4,16). 품고 계신 분과 안겨 있는 사람이 서로 안에 살고 있습니다. 그대는 하느님 안에 살지만, 그것은 그대가 안기기 위해서입니다. 하느님께서도 그대 안에 사시지만, 그것은 그대를 품어 넘어지지 않게 하시려는 것입니다. 그렇지만, 그대의 집이 그대의 몸을 담고 있듯이 그대가 하느님의 집이 된다고 생각하지는 마십시오. 그대가 사는 집이 무너지면 그대는 넘어지고 맙니다. 그러나 그대가 무너져도 하느님은 넘어지지 않습니다. 그대가 하느님을 저버려도 하느님은 온전하시고, 그대가 그분께 돌아와도 온전하십니다. 그대 병이 나았다고 해서 그대가 그분께 뭔가를 드리는 것은 아닙니다. 그대가 깨끗해지고, 그대가 회복되고, 그대가 교정될 따름입니다. 그분은 건강하지 않은 사람에게는 약이시요, 비뚤어진 이에게는 규칙이시며, 눈먼 이에게는 빛이시요, 버림받은 사람에게는 집이십니다. 모든 것은 여러분에게 도움 되는 것입니다. 그대가 하느님께 간다고 해서, 심지어 가진 것을 다 드린다고 해

conferri, quando venis ad eum; nec mancipium saltem. Ergo non habebit Deus servos, si tu nolueris, et si omnes noluerint? Deus non indiget servis, sed servi Deo: ideo dicit psalmus: *Dixi Domino, Deus meus es tu.* Ipse est verus Dominus. Et quid ait? *Quoniam bonorum meorum non eges.* Tu eges bono servi tui. Eget servus bono tuo, ut pascas illum: eges et tu bono servi tui, ut adiuvet te. Non tibi potes aquam implere, non tibi potes coquere, non tibi potes ante equum currere, iumentum tuum non potes curare. Vides quia indiges bono servi tui, obsequio illius indiges. Non es ergo verus dominus, quando indiges inferiore. Ille est verus Dominus qui nihil a nobis quaerit; et vae nobis, si eum non quaeramus. Nihil a nobis quaerit; et quaesivit nos, cum eum non quaereremus. Ovis una erraverat; invenit eam, gaudens in humeris suis reportavit. Et numquid ovis erat pastori necessaria, et non ovi potius pastor necessarius erat?

Quando libentius de caritate loquor, tanto minus volo finiri Epistolam istam. Nulla est ardentior ad commendandam caritatem. Nihil vobis dulcius praedicatur, nihil salubrius bibitur; sed si bene vivendo confirmetis in vobis munus Dei. Ne sitis ingrati tantae gratiae illius, qui cum haberet Unicum, noluit illum esse unum; sed ut fratres haberet, adoptavit illos, qui cum illo possiderent vitam aeternam.

---

34 시편 15,2 참조.   35 시편 15,2 참조.   36 루카 15,4-5 참조.

서, 그것이 그분께 무슨 도움이라도 되는 듯 여기지 않도록 유의하십시오. 그대가 원하지 않고 만인이 다 원하지 않는다고 해서, 하느님께서 종들을 부리실 수 없겠습니까? 하느님께서 종들을 필요로 하시는 것이 아니라 종들이 하느님을 필요로 합니다. 그래서 시편에서는 이렇게 말합니다. "주님께 아룁니다. 당신은 저의 하느님이십니다."[34] 그분이야말로 참된 주님이십니다. 그리고 뭐라고 합니까? "당신께서는 제 선을 필요로 하지 않으시나이다."[35] 그대는 그대 종의 선을 필요로 하고, 그 종은 자신을 먹여 줄 그대의 선을 필요로 합니다. 그대는 그대를 도와줄 그 종의 선을 필요로 하는 것입니다. 그대는 스스로 물을 길어 채울 수도 없고, 음식을 만들 수도 없고, 말보다 앞서 달릴 수도 없고, 그대 짐승을 돌볼 수도 없습니다. 그래서 그대는 종의 선과 순종을 필요로 합니다. 그대가 아랫사람을 필요로 하기에 그대는 참된 주인이 아닙니다. 우리에게서 아무것도 찾지 않으시는 그분이야말로 참된 주님이십니다. 우리가 그분을 찾지 않는다면 불행합니다. 그분은 우리에게서 아무것도 찾지 않으시고, 우리가 그분을 찾지 않을 때도 우리를 찾으셨습니다. 양 한 마리가 헤매고 있을 때, 그분께서는 길 잃은 양을 찾고는 기뻐하며 당신 어깨에 메고 되돌아가셨습니다.[36] 양이 목자에게 필요했습니까, 아니면 양에게 목자가 더 필요했습니까?

사랑에 관하여 기쁘게 말씀드릴수록 이 편지 풀이를 끝낼 마음이 덜해집니다. 사랑을 권고하는 것보다 더 뜨거운 것은 없습니다. 사랑의 설교를 듣는 것보다 더 달콤한 것은 없고, 사랑을 마시는 것보다 더 건강에 좋은 것은 없습니다. 착하게 살아 하느님의 선물을 여러분 안에 굳건하게 하십시오. 외아드님을 두셨지만, 그 아드님이 혼자 있는 것을 원치 않으시고 형제들을 가지게 하시고자, 그분과 더불어 영원한 생명을 지니게 될 사람들을 입양하신 분의 크신 은총을 기꺼워하지 않는 일이 없도록 하십시오.

**요한의 첫째 서간 4,17-21**

¹⁷ 사랑이 우리에게서 완성되었다는 것은, 우리도 이 세상에서 그분처럼 살고 있기에 우리가 심판 날에 확신을 가질 수 있다는 사실에서 드러납니다. ¹⁸ 사랑에는 두려움이 없습니다. 완전한 사랑은 두려움을 쫓아냅니다. 두려움은 벌과 관련되기 때문입니다. 두려워하는 이는 아직 자기의 사랑을 완성하지 못한 사람입니다. ¹⁹ 우리가 사랑하는 것은 그분께서 먼저 우리를 사랑하셨기 때문입니다. ²⁰ 누가 "나는 하느님을 사랑한다." 하면서 자기 형제를 미워하면, 그는 거짓말쟁이입니다. 눈에 보이는 자기 형제를 사랑하지 않는 사람이 보이지 않는 하느님을 사랑할 수는 없습니다. ²¹ 우리가 그분에게서 받은 계명은 이것입니다. 하느님을 사랑하는 사람은 자기 형제도 사랑해야 한다는 것입니다.

## Tractatus 9

**1.** Meminit Caritas vestra, ex Epistola Ioannis apostoli ultimam partem restare nobis tractandam, et exponendam vobis, quantum Dominus donat. Huius ergo debiti nos memores sumus: exactionis autem vos memores esse debetis. Eadem quippe caritas quae in ipsa Epistola maxime et prope sola commendatur, et nos facit fidelissimos debitores, et vos dulcissimos exactores. Ideo dixi dulcissimos exactores, quia ubi caritas non est, amarus exactor est: ubi autem caritas est, et qui exigit dulcis est; et a quo exigitur, etsi aliquem laborem suscipit, facit eumdem laborem prope nullum et levem ipsa caritas. Nonne videmus etiam in mutis animantibus et irrationalibus ubi non est spiritalis caritas, sed carnalis et naturalis, exigi tamen magno affectu de uberibus matris lac a parvulis? Et quamvis sugens impetum faciat in ubera; melius est tamen matri quam si non sugat, nec exigat quod caritate debetur. Saepe videmus ubera vaccarum etiam a grandiusculis vitulis capite percuti, et prope ipso impetu levari matrum corpora, nec eos tamen calce repelli; sed et si desit filius qui sugat, mugitu vocari ad ubera. Si ergo est in nobis illa caritas spiritalis, de qua Apostolus dicit: *Factus sum parvulus in medio vestrum, tamquam nutrix fovens filios suos;* tunc vos diligimus quando exigitis. Pigros non amamus; quia languentibus formidamus.

## 아홉째 강해

**1.** 사랑하는 형제 여러분, 이제 주님께서 허락해 주시는 만큼 여러분에게 풀이하고 설명해 드려야 할 사도 요한의 편지의 마지막 부분이 저희에게 남아 있습니다. 저희의 빚을 저희가 기억하고 있으니만큼, 여러분도 힘을 주셔야 한다는 사실을 기억하십시오. 이 편지에서 특별히 그리고 거의 유일하게 권고되고 있는 바로 그 사랑이 저희를 가장 충실한 채무자로 만들었고, 여러분을 가장 상냥한 채권자로 만들었습니다. 제가 가장 상냥한 채권자라고 한 까닭은, 사랑이 없는 채권자는 가혹하기 때문입니다. 그러나 사랑이 있으면 빚 독촉 하는 사람도 상냥하기만 합니다. 이와 마찬가지로, 독촉받는 사람도 비록 어떤 수고는 하겠지만, 사랑은 그 고생을 없애 주고 가볍게 해 줍니다. 말 못하고 이성이 없는 동물들에게는 영적인 사랑이 없지만 육적이고 자연적인 사랑은 있기에, 새끼들이 얼마나 큰 애정으로 제 어미에게 젖 달라고 졸라 대는지 우리는 보지 않습니까? 새끼가 어미의 젖을 빨며 사납게 젖통으로 달려들지만, 새끼들이 젖을 빨지 않는 것보다는, 사랑으로 진 빚을 요구하는 것이 어미에게는 더 좋습니다. 이미 다 큰 송아지가 제 어미의 젖을 머리로 들이밀며 달려들어 어미의 몸이 솟구치는 것을 가끔 보셨을 것입니다. 그래도 어미는 제 새끼들을 발로 떠밀어 내지 않습니다. 오히려 젖을 빨아야 할 새끼가 없으면 젖을 주려고 울면서 부르기까지 합니다. 이 영적 사랑이 저희 안에 있다면, 저희는 여러분이 보채실 때도 여러분을 사랑할 것입니다. 그 사랑에 관하여 사도는 이렇게 말합니다. "나는 여러분 가운데에서, 자기 자녀를 품에 안은 유모처럼 작은 사람은 되었습니다."[1]▶ 저희는 게으른 사람을 사랑하지 않습니다. 저희는 시들시들한 사람을 두려워하기 때문입니다.

Intercesserunt autem, ut intermitteremus textum huius Epistolae, quaedam pro diebus festis solemnia lectionum, quae non potuerunt nisi legi, et ipsa tractari. Nunc ergo ad praetermissum ordinem redeamus; et quae restant, intente accipiat Sanctitas vestra. Nescio utrum magnificentius nobis caritas commendari posset, quam ut diceretur: *Deus caritas est.* Brevis laus, et magna laus: brevis in sermone, et magna in intellectu. Quam cito dicitur: *Deus dilectio est!* Et hoc breve est: si numeres, unum est; si appendas, quantum est! *Deus dilectio est. Et qui manet,* inquit, *in dilectione, in Deo manet et Deus in illo manet.* Sit tibi domus Deus, et esto domus Dei; mane in Deo, et maneat in te Deus. Manet in te Deus, ut te contineat: manes in Deo, ne cadas; quia sic de ipsa caritate dicit Apostolus: *Caritas numquam cadit.* Quomodo cadit quem continet Deus?

**2.** *In hoc perfecta est dilectio in nobis, ut fiduciam habeamus in die iudicii: quia sicut ille est, et nos sumus in hoc mundo.* Dicit quomodo se probet unusquisque, quantum in illo profecerit caritas: vel potius quantum ipse in caritate profecerit. Nam si caritas Deus est,

---

◀1 1테살 2,7 참조.

2 이 강해는 두 차례 중단되었다. 부활 대축일부터 엿새 동안 날마다 강해한 후 알 수 없는 이유로 한동안 쉬어야만 했고, 다시 시작한 일곱째 강해와 여덟째 강해를 끝냈을 무렵, 아우구스티누스는 이 '축제 시기'를 맞아 또다시 강해를 중단해야 했다. 열째 강해의 내용으로 미루어 볼 때, 이 '축제 시기'는 주님 승천 대축일인 것 같다. 『요한 서간 강해』 10,9; 해제 『요한 서간 강해』의 탄생과 그 배경' 참조.

우리는 축제 시기에 읽지 않을 수 없는 다른 중요한 독서 때문에, 이 편지 풀이를 중단할 수밖에 없었습니다.[2] 존경하는 형제 여러분, 이제 중단했던 순서로 되돌아가니, 남은 풀이를 잘 들어 주시기 바랍니다.

"**하느님은 사랑이십니다**"(1요한 4,16)라는 말보다 더 멋지게 사랑을 권고할 수 있을지 저는 모르겠습니다. 짧은 찬미이고, 위대한 찬미입니다. 말로는 짧고, 뜻으로는 위대합니다. 얼마나 쉽게 "**하느님은 사랑이십니다**"라고 말할 수 있습니까! 이 문장은 짧아, 헤어 보면 한 문장입니다. 그러나 헤아려 보면 얼마나 심오합니까! "**하느님은 사랑이십니다. 사랑 안에 머무르는 사람은 하느님 안에 머무르고 하느님께서도 그 사람 안에 머무르십니다**"(1요한 4,16). 하느님께서 그대의 집이 되시고, 그대가 하느님의 집이 되기를 바랍니다. 하느님 안에 머무르십시오. 그러면 하느님께서도 그대 안에 머무르실 것입니다. 하느님께서 그대 안에 머무르시는 것은 그대를 품기 위해서이고, 그대가 하느님 안에 머무르는 것은 넘어지지 않기 위해서입니다. 그래서 바오로 사도는 이 사랑에 관해서 이렇게 말합니다. "사랑은 언제까지나 넘어지지 않습니다."[3] 하느님께서 품고 계시는 사람이 어찌 넘어지겠습니까?

**2.** "**사랑이 우리에게서 완성되었다는 것은, 우리도 이 세상에서 그분처럼 살고 있기에 우리가 심판 날에 확신을 가질 수 있다는 사실에서 드러납니다**"(1요한 4,17). 요한은 사랑이 우리 안에서 어떻게 완성되고, 우리가 사랑 안에서 얼마나 완성되고 있는지 각자 시험해 보라고 말합니다. 하느님께

---

3 1코린 13,8. 『성경』: "사랑은 언제까지나 스러지지 않습니다."

nec proficit nec deficit Deus: sic diciur proficere in te caritas, quia tu in ea proficis. Interroga ergo quantum in caritate profeceris, et quid tibi respondeat cor tuum, ut noveris mensuram profectus tui.

Promisit enim ostendere nobis in quo cognoscamus eum, et ait: *In hoc perfecta est in nobis dilectio.* Quaere, in quo? *Ut fiduciam habeamus in die iudicii.* Quisquis fiduciam habet in die iudicii, perfecta est in illo caritas. Quid est habere fiduciam in die iudicii? Non timere ne veniat dies iudicii. Sunt homines qui non credunt diem iudicii; isti fiduciam non possunt habere in die quam venturam esse non credunt. Praetermittamus istos: excitet illos Deus, ut vivant; de mortuis ut quid loquimur? Non credunt futurum diem iudicii, nec timent, nec desiderant quod non credunt. Coepit aliquis credere diem iudicii: si coepit credere, coepit et timere. Sed quia timet adhuc, nondum habet fiduciam in die iudicii, nondum est in illo perfecta caritas. Numquid tamen desperandum est? in quo vides initium, cur desperas finem? Quod initium video, inquis? Ipsum timorem. Audi Scripturam: *Initium sapientiae timor Domini.* Coepit ergo timere diem iudicii: timendo corrigat se; vigilet adversus hostes suos, id est, adversus peccata sua; incipiat reviviscere interius, et mortificare membra sua quae sunt super terram, sicut Apostolus dicit: *Mortificate membra vestra quae sunt super terram.* Spiritalia

---

4 집회 1,14.

5 콜로 3,5 참조.

서 사랑이시라면, 하느님께는 나아감도 물러남도 없습니다. 그대 안에 사랑이 나아가고 있다고 말하는 것은 그대가 사랑 안에서 나아가고 있기 때문입니다. 그러니, 사랑 안에서 얼마나 나아가고 있는지 물어보고, 그대가 얼마나 완전한지 알 수 있도록 그대 마음이 그대에게 대답하게 하십시오.

사실 요한은 우리가 어떻게 하느님을 알 수 있는지 보여 주겠다고 약속하면서 이렇게 말합니다. "**사랑이 우리에게서 완성되었다는 것은 여기에서 드러납니다**"(1요한 4,17 참조). 찾아보십시오. 어디에서입니까? "**우리가 심판 날에 확신을 가질 수 있다는 사실에서 드러납니다**"(1요한 4,17). 심판 날에 확신을 가지는 사람 안에서는 사랑이 완성되었습니다. 심판 날에 확신을 가진다는 것은 무슨 뜻입니까? 심판 날이 와도 두려워하지 않는다는 것입니다. 심판 날을 믿지 않는 사람이 있는데, 이들은 오리라고 믿지 않는 그날에 확신을 가질 수 없습니다. 그런 사람들은 그냥 둡시다. 그들이 살 수 있도록 하느님께서 독려해 주시기 바랍니다. 죽은 사람에 대해서는 무슨 말을 하겠습니까? 그들은 다가올 심판 날을 믿지도 않고, 믿지 않는 바를 두려워하거나 열망하지도 않습니다. 누가 심판 날을 믿기 시작한다고 합시다. 믿기 시작하면 두려워하기 시작합니다. 그러나 아직도 두려워한다면, 심판 날에 확신을 가지지 못하고, 그 사람 안에서 아직 사랑이 완성되지 않은 것입니다. 그렇다고 실망해서야 되겠습니까? 그대는 시작을 보고 있는데, 왜 끝 때문에 실망합니까? '내가 어떤 시작을 보고 있느냐'고 물을 것입니다. 바로 두려움입니다. 성경 말씀을 들어 보십시오. "지혜의 시작은 주님을 경외함이다."[4] 그래서 심판 날을 두려워하기 시작하는 것입니다. 두려워하면서 자신을 바로잡고, 자기 원수인 죄를 거슬러 싸우기 시작합니다. 또 내적으로 되살아나기 시작하고, "현세적인 여러분의 지체를 죽이십시오"[5]라는 사도의 말처럼 현세적인 지체를 죽이기 시작합니다. 현

nequitiae dicit membra super terram: nam sequitur et exponit: *Avaritiam, immunditiam,* et cetera quae illic exsequitur. Quantum autem mortificat iste, qui timere coepit diem iudicii, membra sua super terram, tantum surgunt et corroborantur membra caelestia. Membra autem caelestia, omnia opera bona. Surgentibus caelestibus membris, incipit desiderare quod timebat. Timebat enim ne veniret Christus, et inveniret impium quem damnaret; desiderat ut veniat, quia inventurus est pium quem coronet. Iam cum coeperit desiderare venientem Christum casta anima, quae desiderat amplexus sponsi, renuntiat adultero; fit virgo interius ipsa fide, spe, et caritate. Habet iam fiduciam in die iudicii; non contra se pugnat quando orat, et dicit: *Adveniat regnum tuum.* Qui enim timet ne veniat regnum Dei, timet ne exaudiatur. Quomodo orat, qui timet ne exaudiatur? Qui autem orat cum fiducia caritatis, optat iam ut veniat. De ipso desiderio dicebat quidam in psalmo: *Et tu, Domine, usquequo? Convertere, Domine, et erue animam meam.* Gemebat se differri. Sunt enim homines qui cum patientia moriuntur: sunt autem quidam perfecti qui cum patientia vivunt.

Quid dixi? Qui adhuc desiderat istam vitam, quando illi venerit dies mortis, patienter tolerat mortem: luctatur adversum se, ut sequatur voluntatem Dei; et hoc potius agit animo, quod eligit Deus, non quod eligit voluntas humana: et ex desiderio vitae praesentis fit

---

6 마태 6,10 참조.

세적인 지체란 영적 사악함이며, 사도가 이어서 설명하는 '탐욕과 더러움', 그 밖의 다른 악습들입니다. 심판 날을 두려워하기 시작한 사람이 현세적인 지체를 죽이면 죽일수록, 천상적인 지체는 더욱 자라나고 강해집니다. 천상적인 지체란 모든 선행입니다. 천상적인 지체가 자라나면서 두려워했던 것을 열망하기 시작합니다. 그리스도께서 오셔서 죄스런 자신을 보시고 벌하실까 봐 두려워하던 사람이, 이제는 그리스도께서 오셔서 경건한 자신을 발견하시고 관을 씌워 주시기를 열망합니다. 신랑께서 껴안아 주시기를 바라는 순결한 마음으로 그리스도의 오심을 갈망하기 시작한 그는 간통한 사내를 끊어 버립니다. 믿음과 희망과 사랑으로 말미암아 내적으로 동정녀가 됩니다. 그는 이미 심판 날에 확신을 가질 수 있기에, "아버지의 나라가 오소서"[6]라고 기도할 때, 더 이상 자신과 싸움하지 않습니다. 하느님 나라가 올까 봐 두려워하는 사람은 그 기도가 받아들여질까 두려워합니다. 기도가 이루어질까 봐 두려워하는 사람이 어떻게 기도합니까? 그러나 사랑의 확신을 가지고 기도하는 사람은 그 나라가 오기를 이미 바랍니다. 이 열망에 관하여 시편에서는 이렇게 말합니다. "주님, 당신께서는 언제까지나 …? 돌아오소서, 주님, 제 목숨을 건져 주소서."[7] 그는 주님께서 더디 오신다고 탄식했습니다. 사실, 참으면서 죽어 가는 사람이 있는가 하면, 참으면서 사는 완전한 사람도 있습니다.

제가 무슨 말씀을 드린 겁니까? 아직도 이승의 삶을 열망하는 사람은 죽을 날이 다가왔을 때 죽음을 참을성 있게 견디어 냅니다. 그는 하느님의 뜻을 따르고자 자기 자신과 싸웁니다. 인간의 뜻으로 택한 것이 아니라 하느님께서 택하신 것을 더 행하려고 마음으로 애쓰는 것입니다. 그는 현세

---

[7] 시편 6,4-5.

lucta cum morte; et adhibet patientiam et fortitudinem, ut aequo animo moriatur; iste patienter moritur. Qui autem desiderat, sicut dicit Apostolus, *dissolvi et esse cum Christo,* non patienter moritur; sed patienter vivit, delectabiliter moritur. Vide Apostolum patienter viventem, id est, cum patientia hic non amare vitam, sed tolerare. *Dissolvi,* inquit, *et esse cum Christo multo magis optimum: manere autem in carne necessarium propter vos.* Ergo, fratres, date operam, intus agite vobiscum, ut desideretis diem iudicii. Aliter non probatur perfecta caritas, nisi cum coeperit ille dies desiderari. Ille autem eum desiderat, qui fiduciam habet in illo: ille autem fiduciam habet in illo, cuius conscientia non trepidat in caritate perfecta atque sincera.

**3.** *In hoc perfecta est dilectio eius in nobis, ut fiduciam habeamus in die iudicii.* Quare habebimus fiduciam? *Quia sicut ille est, et nos sumus in hoc mundo.* Audisti causam fiduciae tuae: Quia *sicut ille est,* inquit, *et nos sumus in hoc mundo.* Nonne videtur aliquid impossibile dixisse? Numquid enim potest esse homo sicut Deus?

Iam vobis exposui quia non semper ad aequalitatem dicitur, *sicut;* sed dicitur ad quamdam similitudinem. Quomodo enim dicis: Sicut aures habeo, ita habet et imago? Numquid omnino sic? Sed tamen dicis, sicut. Si ergo facti sumus ad imaginem Dei, quare non

---

8 필리 1,23.   9 필리 1,23-24.

의 삶에 대한 열망으로 죽음과 싸우고 있습니다. 평안한 마음으로 죽으려면 인내와 용기가 필요합니다. 그러나 사도가 말한 대로, "이 세상을 떠나 그리스도와 함께 있는 것"[8]을 열망하는 사람은 참으면서 죽지 않고, 오히려 참으면서 살다가 기쁘게 죽습니다. 세상을 참으면서 사신 사도를 보십시오. 그분은 이승의 삶을 사랑하지 않고 인내로 참아 내셨습니다. "나의 바람은 이 세상을 떠나 그리스도와 함께 있는 것입니다. 그편이 훨씬 낫습니다. 그러나 내가 이 육신 속에 머물러 있는 것이 여러분에게는 더 필요합니다."[9] 그러므로 형제 여러분, 여러분 안에 심판 날에 대한 열망이 솟아나도록 힘쓰고 노력하십시오. 심판 날을 열망하기 시작하는 것 말고는 완전한 사랑이 달리 드러나지 않는 법입니다. 심판 날에 확신을 가지는 사람은 심판 날을 열망합니다. 이런 사람은 심판 날에 확신을 가지고 있으며, 완전하고 진실한 사랑 안에서 양심의 가책을 받지 않습니다.

**3.** "**사랑이 우리에게서 완성되었다는 것은, 우리가 심판 날에 확신을 가질 수 있다는 사실에서 드러납니다**"(1요한 4,17). 왜 우리는 확신을 가집니까? "**우리도 이 세상에서 그분처럼 살고 있기 때문입니다**"(1요한 4,17). 그대 확신의 동기가 무엇인지 들었습니다. "**우리도 이 세상에서 그분처럼 살고 있기 때문입니다.**" 요한이 불가능한 일을 말한 것 같지 않습니까? 사람이 하느님처럼 될 수 있단 말입니까?

'처럼'이라는 낱말은 늘 똑같음을 일컫는 것이 아니라, 비슷함을 뜻하는 것이라고 이미 설명했습니다. 예컨대 이 그림에 있는 귀는 내 귀'처럼' 생겼다고 할 때처럼 말입니다. 둘이 똑같습니까? 그래도 그대는 '처럼'이라고 말합니다. 우리가 하느님 모습대로 만들어졌다면 왜 하느님'처럼' 살고 있지 않습니까? 우리가 하느님과 똑같다는 것이 아니라, 우리 식대로 비슷

sicut Deus sumus? Non ad aequalitatem, sed pro modo nostro. Unde ergo nobis datur fiducia in die iudicii? Quia *sicut ille est, et nos sumus in hoc mundo.* Debemus hoc referre ad ipsam caritatem, et intellegere quid dictum sit. Dominus in Evangelio dicit: *Si diligitis eos qui vos diligunt, quam mercedem habebitis? nonne et publicani hoc faciunt?* Quid ergo vult nos? *Ego autem dico vobis: Diligite inimicos vestros, et orate pro persequentibus vos.* Si ergo iubet nos diligere inimicos nostros, unde nobis dat exemplum? De ipso Deo: ait enim: *Ut sitis filii Patris vestri qui in caelis est.* Quomodo illud facit Deus? Diligit inimicos suos, *qui facit solem suum oriri super bonos et malos, et pluit super iustos et iniustos.* Si ergo ad hanc perfectionem nos invitat Deus, ut diligamus inimicos nostros sicut et ipse dilexit suos; ea nobis fiducia est in die iudicii, quia *sicut ille est, et nos sumus in hoc mundo:* quia sicut ille diligit inimicos suos, faciendo solem suum oriri super bonos et malos, et pluendo super iustos et iniustos; ita nos quia inimicis nostris non possumus praestare solem et pluviam, praestamus lacrimas cum pro illis oramus.

**4.** Iam ergo de ipsa fiducia videte quid dicat. Unde intellegitur perfecta caritas? *Timor non est in caritate.* Quid ergo dicimus de illo qui coepit timere diem iudicii? Si perfecta in illo esset caritas, non timeret. Perfecta enim caritas faceret perfectam iustitiam, et non

---

10 마태 5,46.  11 마태 5,44; 참조: 루카 6,27-28.
12 마태 5,45.  13 마태 5,45.

하다는 것입니다. 그렇다면 심판 날에 대한 확신은 어디서 오는 것이겠습니까? **"우리도 이 세상에서 그분처럼 살고 있기 때문입니다"**(1요한 4,17). 우리는 이 말뜻을 사랑 자체에 연결시켜 알아들어야 합니다. 주님께서도 복음서에서 "너희가 자기를 사랑하는 이들만 사랑한다면 무슨 상을 받겠느냐? 그것은 세리들도 하지 않느냐?"[10]고 말씀하셨습니다. 그렇다면 우리에게 바라시는 것이 무엇입니까? "나는 너희에게 말한다. 너희는 원수를 사랑하여라. 그리고 너희를 박해하는 자들을 위하여 기도하여라."[11] 원수를 사랑하라고 명하셨다면 어디서 우리에게 그런 본보기를 주십니까? 바로 하느님 자신입니다. "너희가 하늘에 계신 너희 아버지의 자녀가 될 수 있도록"[12]이라고 그분은 말씀하십니다. 하느님께서는 어떻게 하셨습니까? 그분은 당신 원수를 사랑하셔서, "악인에게나 선인에게나 당신의 해가 떠오르게 하시고, 의로운 이에게나 불의한 이에게나 비를 내려 주십니다."[13] 하느님께서 우리를 이 완전함으로 초대하시는 것은 당신께서 당신 원수를 사랑하셨듯이 우리도 우리 원수를 사랑하게 하시려는 것입니다. 이것이 우리가 심판 날 가지게 될 확신입니다. **"우리도 이 세상에서 그분처럼 살고 있기 때문입니다."** 그분께서 악인에게나 선인에게나 당신의 해를 떠오르게 하시고, 의로운 이에게나 불의한 이에게나 비를 내려 주시면서 당신 원수를 사랑하시는 것처럼, 우리는 햇빛이나 비를 우리 원수들에게 줄 수는 없을지라도, 그들을 위해서 기도할 때 눈물을 줄 수는 있습니다.

**4.** 그럼, 이제 요한이 확신에 대해서는 뭐라고 말하는지 알아봅시다. 완전한 사랑을 어떻게 알아보겠습니까? **"사랑에는 두려움이 없습니다"**(1요한 4,18). 심판 날을 두려워하기 시작하는 사람에 대해 무슨 말을 하겠습니까? 그 안에 있는 사랑이 완전하다면 두려워하지 않습니다. 완전한 사랑은 의

haberet quare timeret: immo haberet quare desideraret ut transeat iniquitas, et veniat regnum Dei. Ergo *timor non est in caritate.* Sed in qua caritate? Non in inchoata. In qua ergo? *Sed perfecta,* inquit, *caritas foras mittit timorem.* Ergo incipiat timor: *quia initium sapientiae timor Domini.* Timor quasi locum praeparat caritati. Cum autem coeperit caritas habitare, pellitur timor qui ei praeparavit locum. Quantum enim illa crescit, ille decrescit; et quantum illa fit interior, timor pellitur foras. Maior caritas, minor timor; minor caritas, maior timor. Si autem nullus timor, non est qua intret caritas. Sicut videmus per setam introduci linum, quando aliquid suitur; seta prius intrat, sed nisi exeat, non succedit linum: sic timor primo occupat mentem, non autem ibi remanet timor, quia ideo intravit, ut introduceret caritatem. Iam facta securitate in animo, quale gaudium nobis est vel in hoc, vel in futuro saeculo? Et in hoc saeculo quis nobis nocebit plenis caritate? Videte quomodo exsultet Apostolus de ipsa caritate. *Quis nos,* inquit, *separabit a caritate Christi? Tribulatio? an angustia? an persecutio? an fames? an nuditas? an periculum? an gladius?* Et Petrus dicit: *Et quis vobis nocere potest, si boni aemulatores fueritis?*

*Timor non est in dilectione: sed perfecta dilectio foras mittit timorem; quia timor tormentum habet.* Torquet cor conscientia pec-

---

14 집회 1,14.   15 로마 8,35.   16 1베드 3,13.
17 「성경」: "… 두려움은 벌과 관련되기 때문입니다."

로움을 완전하게 하고 두려워할 이유가 없습니다. 오히려 죄악이 지나가고 하느님 나라가 오기를 바라는 열망을 지니게 될 것입니다. 그러므로 **"사랑에는 두려움이 없습니다"**(1요한 4,18). 어떤 사랑 말입니까? 초보적 사랑은 아닙니다. 그러면 어떤 사랑에 두려움이 없다는 말입니까? 요한은 **"완전한 사랑은 두려움을 쫓아낸다"**(1요한 4,18)고 말합니다. 먼저 두려움이 시작됩니다. "지혜의 시작은 주님을 경외함"[14]이기 때문입니다. 두려움은 사랑에게 자리를 마련해 준다고 하겠습니다. 그러나 사랑이 살기 시작하면, 사랑에게 자리를 마련해 준 두려움이 쫓겨납니다. 사랑이 자라날수록 두려움은 줄어듭니다. 사랑이 안으로 들어올수록 두려움은 밖으로 쫓겨납니다. 사랑이 커지면 두려움은 작아지고, 사랑이 작아지면 두려움은 커집니다. 그러나 아무 두려움도 없다면 사랑이 들어올 틈이 없습니다. 바느질할 때 실이 바늘을 통하여 들어가는 것을 보게 됩니다. 바늘이 먼저 들어간 다음 나가지 않는다면 실이 따라 들어갈 수 없습니다. 이와 마찬가지로 먼저 두려움이 마음에 자리 잡지만, 두려움이 거기 머물지는 않습니다. 두려움이 들어간 것은 사랑이 나오게 하려는 것이기 때문입니다. 이미 마음에 안정감이 생겼으니, 이승에서나 저승에서나 우리 기쁨은 얼마나 크겠습니까? 이 세상에서 누가 사랑으로 가득 찬 우리를 해치겠습니까? 바오로 사도가 이 사랑으로 말미암아 얼마나 기뻐했는지 보십시오. "무엇이 우리를 그리스도의 사랑에서 갈라놓을 수 있겠습니까? 환난입니까? 역경입니까? 박해입니까? 굶주림입니까? 헐벗음입니까? 위험입니까? 칼입니까?"[15] 그리고 베드로는 "여러분이 열심히 선을 행하는데 누가 여러분을 해치겠습니까?"[16]라고 하였습니다.

**"사랑에는 두려움이 없습니다. 완전한 사랑은 두려움을 쫓아냅니다. 두려움은 벌을 지니고 있기 때문입니다"**(1요한 4,18).[17] 죄의식은 마음을 괴롭

catorum, nondum facta est iustificatio. Est ibi quod titillet, quod pungat. Ideo in psalmo de ipsa perfectione iustitiae quid dicit? *Convertisti luctum meum in gaudium mihi: concidisti saccum meum, et cinxisti me laetitia; ut cantet tibi gloria mea, et non compungar.* Quid est, *non compungar?* Non sit quod stimulet conscientiam meam. Stimulat timor: sed noli timere; intrat caritas quae sanat quod vulnerat timor. Timor Dei sic vulnerat, quomodo medici ferramentum; putredinem tollit, et quasi videtur vulnus augere. Ecce putredo quando erat in corpore, minus erat vulnus, sed periculosum; accedit ferramentum medici; minus dolebat illud vulnus, quam dolet modo cum secatur. Plus dolet cum curatur, quam si non curaretur; sed ideo plus dolet accedente medicina, ut numquam doleat succedente salute. Occupet ergo cor tuum timor, ut inducat caritatem; succedat cicatrix ferramento medici. Talis est medicus, ut nec cicatrices appareant; tu tantum subde te dexterae ipsius. Nam si sine timore es, non poteris iustificari. Sententia dicta est de Scripturis: *Nam qui sine timore est, non poterit iustificari.* Opus est ergo ut intret timor primo, per quem veniat caritas. Timor medicamentum, caritas sanitas. *Qui autem timet, non est perfectus in dilectione.* Quare? *Quia timor tormentum habet,* quomodo sectio medici tormentum habet.

---

[18] 시편 29,12-13.『성경』: "… 비탄을 춤으로 바꾸시고 … 띠 두르셨나이다. 이에 제 영혼이 당신을 노래하며 잠잠하지 않으오리다."

[19] 집회 1,28 참조.

히는데, 그것은 아직도 의롭게 되지 않았기 때문입니다. 마음속에는 설레게 하는 것도 있고, 찌르는 것도 있습니다. 시편에서 의로움의 완성에 관하여 뭐라고 합니까? "당신께서는 저의 비탄을 기쁨으로 바꾸시고 저의 자루옷 푸시어 저를 기쁨으로 띠 두르셨으니, 제 영광이 당신을 노래하고 가시에 찔리지 않으오리다."[18] '가시에 찔리지 않는다'는 것은 무슨 말입니까? 내 양심을 괴롭히는 것이 없다는 것입니다. 두려움이 괴롭힐지라도 두려워하지 마십시오. 두려움이 낸 상처를 낫게 하는 사랑이 들어오기 때문입니다. 하느님에 대한 두려움은 의사의 칼처럼 상처를 냅니다. 의사가 종기를 잘라 낼 때 상처를 덧내는 것처럼 보입니다. 그 종기가 몸속에 있을 때 상처는 덜했지만 위험했습니다. 의사가 칼을 들이댑니다. 그 상처는 지금 찢는 아픔보다는 덜 고통스러웠습니다. 상처는 돌볼 때가 돌보지 않을 때보다는 더 아픈 법입니다. 약을 쓰면 고통은 더해지지만, 그것은 건강해져서 더 이상 아프지 않게 하려는 것입니다. 사랑을 이끌고 들어갈 수 있도록 두려움이 그대 마음 안에 자리 잡기를 바랍니다. 의사의 칼은 흉터를 남깁니다. 그러나 이 의사는 상처의 흔적조차 보이지 않게 하는 분이십니다. 그러니 그대는 의사의 오른손에 그대를 맡기기만 하면 됩니다. 두려움 없이는 의로워질 수 없기 때문입니다. 그래서 성경에 이러한 말씀이 있습니다. "두려움이 없는 사람은 의로워질 수 없다."[19] 그러므로 두려움이 먼저 들어와야 하고, 그 두려움을 통해서 사랑이 와야 합니다. 두려움은 약이고, 사랑은 건강입니다. **"두려워하는 이는 아직 자기의 사랑을 완성하지 못한 사람입니다"**(1요한 4,18). 왜냐고요? **"두려움은 벌을 지니고 있기 때문입니다"**(1요한 4,18). 마치 의사의 수술이 고통을 지니듯이 말입니다.

**5.** Est autem alia sententia, quae videtur huic esse contraria, si non habeat intellectorem: dicitur enim quodam loco in psalmo: *Timor Domini castus, permanens in saeculum saeculi.* Aeternum quemdam timorem nobis ostendit, sed castum. Quod si ille aeternum nobis timorem ostendit, numquid contradicit illi forte ista Epistola quae dicit: *Timor non est in caritate, sed perfecta caritas foras mittit timorem?*

Interrogemus ambo eloquia Dei. Spiritus unus est, etsi codices duo, etsi ora duo, etsi linguae duae. Hoc enim dictum est per Ioannem, illud dictum est per David; sed nolite putare alium esse Spiritum. Si unus flatus inflat duas tibias, non potest unus Spiritus implere duo corda, agitare duas linguas? Sed si spiritu uno, id est uno flatu, impletae duae tibiae consonant; impletae duae linguae Spiritu Dei, dissonare possunt? Est ergo ibi quaedam consonantia, est quaedam concordia, sed auditorem desiderat. Ecce inspiravit et implevit duo corda, duo ora, movit duas linguas Spiritus Dei; et audivimus ex una lingua: *Timor non est in caritate, sed perfecta caritas foras mittit timorem;* audivimus ex alia: *Timor Domini castus, permanens in saeculum saeculi.* Quid est hoc? quasi dissonant? Non:

---

20 시편 18,10.

21 이 강해 전체에서 드러나는 바이거니와, 아우구스티누스가 성경을 해석·해설하는 방식은 이른바 "성경이 성경을 해석하게 하는"(Sacra Scriptura sui ipsius interpres) 방식이다. 곧 한 부분의 말씀을 다른 부분의 말씀으로 비추어 해설한다. 이런 해석 방법의 토대에는 성경 전체가 사실은 하느님의 유일한 말씀(로고스)의 여러 반영이므로, 서로 '화음'을 이루고, 결국 신구약의 성경 전체는 단 하나의 책일 뿐이라고 믿는 성경단일성의 원리가 있다. 아우

**5.** 잘못 이해하면 우리가 말한 것과 반대되는 듯 보이는 다른 구절이 있습니다. 시편 어느 구절에서는 이렇게 말합니다. "주님을 경외함은 순수하니 영원히 이어지네."[20] 이 시편은 영원하지만 순수한 다른 두려움을 우리에게 보여 줍니다. 시편 작가가 우리에게 영원한 두려움을 보여 주었다면, **"사랑에는 두려움이 없습니다. 완전한 사랑은 두려움을 쫓아냅니다"**(1요한 4,18)라는 이 편지의 말씀과 모순되는 것이 아닙니까?

하느님께서 하신 이 두 가지 말씀에 관하여 물어봅시다. 서로 다른 두 책에, 서로 다른 두 입으로, 서로 다른 두 혀로 쓰였지만 성령은 한 분이십니다. 이것은 요한을 통해서 말씀하셨고, 저것은 다윗을 통하여 말씀하셨습니다. 그러나 서로 다른 성령이라고 생각하시면 안 됩니다. 하나의 숨결이 두 개의 피리를 분다면, 한 분이신 성령께서 두 마음을 채우시고 두 혀 끝을 움직이실 수 없겠습니까? 하나의 영, 곧 하나의 숨결로 두 개의 피리를 채워 화음[21]을 이룬다면, 하느님의 성령으로 가득 찬 두 혀가 불협화음을 낼 수 있겠습니까? 거기에는 화음도 있고 조화도 있지만 청중이 필요합니다. 자, 하느님의 성령께서 두 마음과 두 입에 숨을 불어넣어 채우시고 두 혀를 움직이십니다. 하나의 혀로부터는 **"사랑에는 두려움이 없습니다. 완전한 사랑은 두려움을 쫓아냅니다"**라는 말씀을 듣고, 또 다른 혀로부터는 "주님을 경외함은 순수하니 영원히 이어지네"라는 말씀을 듣습니다. 이것은 무엇을 뜻합니까? 불협화음 비슷한 것이 있습니까? 없습니다. 귀를

---

구스티누스뿐 아니라 많은 다른 교부들과 중세 스승들에게 엿보이는 이런 성경 주석 방법론에 관해서는 H. De Lubac, *Éxègèse médiêvale. Les quatre sens de l'Écriture*, t. 1, 305-363, Paris 1959 참조. 이 성경단일성 원리의 근거는 생 빅토르의 후고(1096~1141)의 다음과 같은 말에도 잘 드러나 있다. "모든 성경은 사실 단 한 권의 책이며, 이 책의 이름은 예수 그리스도시다"[『노아의 방주』(*De Arca Noe Morali*) 3,18,1].

excute aures, intende melodiam. Non sine causa hic addidit, *castus,* illic non addidit: nisi quia est timor alius qui dicitur *castus,* est autem alius qui non dicitur castus. Discernamus istos duos timores, et intellegamus consonantiam tibiarum. Quomodo intellegimus, vel quomodo discernimus? Adtendat Caritas vestra. Sunt homines qui propterea timent Deum, ne mittantur in gehennam, ne forte ardeant cum diabolo in igne aeterno. Ipse est timor ille qui introducit caritatem; sed sic venit ut exeat. Si enim adhuc propter poenas times Deum, nondum amas quem sic times. Non bona desideras, sed mala caves. Sed ex eo quod mala caves, corrigis te, et incipis bona desiderare. Cum bona desiderare coeperis, erit in te timor castus. Quis est timor castus? Ne amittas ipsa bona. Intendite: aliud est timere Deum, ne mittat te in gehennam cum diabolo; aliud est timere Deum, ne recedat a te. Ille timor quo times ne in gehennam mittaris cum diabolo, nondum est castus; non enim venit ex amore Dei, sed ex timore poenae: cum autem times Deum, ne deserat te praesentia eius; amplecteris eum, ipso frui desideras.

**6.** Non potest melius explanari quid intersit inter duos istos timores, unum quem foras mittit caritas, alterum castum qui permanet in saeculum saeculi, nisi ponas duas mulieres maritatas, quarum unam

기울여 화음을 들어 보십시오. '순수한'이라는 말이 아무런 까닭도 없이 여기에는 덧붙어 있고, 저기에는 덧붙지 않은 것이 아니라면, '순수한'이라고 불리는 두려움과 '순수한'이라고 불리지 않는 두려움은 서로 다른 것입니다. 이제 이 두 가지 두려움을 식별하고, 두 개의 피리가 어떻게 화음을 이루는지 이해해 봅시다. 어떻게 이해하고 어떻게 식별하겠습니까? 사랑하는 여러분, 잘 들으십시오. 지옥에 던져져서 영원한 불 속에서 악마와 함께 불에 탈까 봐 하느님을 두려워하는 사람이 있습니다. 이런 두려움은 사랑을 들여놓기는 하지만, 드는 듯 다시 나갈 뿐입니다. 벌 때문에 하느님을 두려워한다면, 그대가 그렇게 두려워하는 분을 아직 사랑하는 것이 아닙니다. 그대는 선을 열망하는 것이 아니라 그저 악을 피할 따름입니다. 그러나 악을 피한다는 것은 그대 자신을 바로잡고 선을 열망하기 시작한다는 것입니다. 선을 열망하기 시작할 때 그대 안에 순수한 두려움이 생길 것입니다. 순수한 두려움이란 무엇입니까? 선 자체이신 분을 잃지 않으려는 것입니다. 잘 들으십시오. 악마와 함께 지옥에 던져질까 봐 하느님을 두려워하는 것과 하느님께서 그대로부터 멀어질까 봐 두려워하는 것은 전혀 다릅니다. 악마와 함께 지옥에 던져질까 봐 하느님을 두려워하는 것은 아직 순수한 두려움이 아닙니다. 그 두려움은 하느님에 대한 사랑에서 오는 것이 아니라, 벌에 대한 두려움에서 오는 것이기 때문입니다. 이와 반대로 하느님의 현존에서 멀어질까 봐 하느님을 두려워한다면, 그것은 그분을 모시는 것이며 그분을 누리기를 바라는 것입니다.

**6.** 사랑이 밖으로 쫓아내는 두려움과 영원히 이어지는 순수한 두려움의 차이를 설명하는 데 결혼한 두 여인을 비교하는 것보다 더 좋은 것은 없습니다. 두 여인 가운데 하나가 간통하고 싶어 한다고 합시다. 그 여인은 부정

ita constituas volentem facere adulterium, delectari nequitia, sed timere ne damnetur a marito. Timet maritum, sed quia adhuc amat nequitiam, ideo timet maritum: huic non grata, sed onerosa est mariti praesentia; et si forte vivit nequiter, timet maritum ne veniat. Tales sunt qui timent ne veniat dies iudicii. Fac alteram amare virum, debere illi castos amplexus, nulla se adulterii immunditia maculare; optat praesentiam viri. Et quomodo discernuntur duo isti timores? Timet illa, timet et illa. Interroga; quasi unum tibi respondent; interroga illam: Times virum? Respondet: Timeo. Interroga et illam si timeat virum; respondet: Timeo. Una vox est, sed diversus animus. Iam ergo interrogentur: Quare? Illa dicit: Timeo virum ne veniat; illa dicit: Timeo virum ne discedat. Illa dicit: Timeo ne damner; illa dicit: Timeo ne deserar. Pone hoc in animo christianorum, et invenis timorem quem foras mittit caritas, et alium timorem castum permanentem in saeculum saeculi.

**7.** Loquamur ergo his primo qui sic timent Deum, quomodo illa mulier quam delectat nequitia; timet enim virum ne damnet illam: talibus primo loquamur. O anima quae sic times Deum, ne damnet te Deus, quomodo timet mulier quam delectat nequitia; timet virum, ne damnetur a viro: quomodo tibi displicet illa mulier, dis-

을 즐기지만, 남편에게서 벌받을까 봐 두려워합니다. 자기 남편을 두려워하기는 하지만, 아직 부정을 즐기기 때문에 남편을 두려워합니다. 남편이 함께 있으면 기쁘지 않고 오히려 짐스럽습니다. 악하게 사는 까닭에 남편이 올까 봐 두렵습니다. 심판 날이 올까 두려워하는 사람이 이와 같습니다. 이제 남편을 사랑하고, 순결하게 포옹하며, 더러운 간통으로 자신을 더럽히지 않는 또 다른 여인을 생각해 보십시오. 그 여인은 자기 남편이 함께 있기를 바랍니다. 그렇다면 이 두 가지 두려움을 어떻게 구별하겠습니까? 이 여인도 두려워하고, 저 여인도 두려워합니다. 물어보십시오. 거의 똑같이 그대에게 대답할 것입니다. 이 여인에게 남편을 두려워하느냐고 물어보면 두려워한다고 대답할 것입니다. 저 여인에게 남편을 두려워하느냐고 물어보면 역시 두려워한다고 대답할 것입니다. 목소리는 하나지만, 마음은 다릅니다. 이제 그들에게 왜 그런지 물어봅시다. 이 여인은 '나는 남편이 올까 두렵다'고 하고, 저 여인은 '나는 남편이 떠날까 두렵다'고 합니다. 이 여인은 '나는 혼날까 두렵다'고 하고, 저 여인은 '나는 버림받을까 두렵다'고 말합니다. 그리스도인의 마음속에 이 두려움을 넣어 보십시오. 그러면 사랑이 밖으로 쫓아내는 두려움도 발견하게 되고, 영원히 이어지는 순수한 다른 두려움도 찾게 될 것입니다.

**7.** 그러면 우선 부정을 즐기는 까닭에 남편에게 혼날까 봐 두려워하는 여인처럼 그렇게 하느님을 두려워하는 이들에게 말해 봅시다. 이런 이들에게 먼저 이야기를 건네 보자는 겁니다. 부정을 즐기면서도 남편한테 혼날까 봐 남편을 두려워하는 여인처럼, 하느님께서 벌주실까 봐 하느님을 두려워하는 영혼이여! 그대가 이런 여인을 싫어하듯, 그대도 그런 자신을 싫어해야 합니다. 그대에게 아내가 있다면, 그대의 아내가 그대에게 혼나지

plice et tu tibi. Si forte habes uxorem, numquid vis ut sic timeat te uxor tua, ne damnetur abs te; ut delectet illam nequitia, sed pondere timoris tui reprimatur, non damnatione iniquitatis? Castam eam vis, ut te diligat, non ut te timeat. Exhibe te talem Deo, qualem vis habere uxorem. Et si nondum habes, et habere vis; talem vis habere. Et quid dicimus, fratres? Illa mulier quae ideo timet virum, ne damnetur a viro, forte non facit adulterium, ne aliquo modo perveniat ad virum, et tollat illi lucem istam temporalem. Potest autem vir ille et falli; homo est enim, sicut et illa quae potest fallere. Timet illa eum, extra cuius oculos potest esse: tu non times semper faciem supra te viri tui? *Vultus autem Domini super facientes mala.* Captat illa absentiam viri sui, et incitatur forte delectatione adulterii; et dicit sibi tamen: Non faciam: absens est quidem ille, sed difficile est ut non ad illum quoquo modo perveniat. Temperat se ne perveniat ad hominem, qui potest et nescire, qui potest et falli, qui potest et bonam suspicari etiam malam, qui potest et castam suspicari quae adultera est: Tu non times oculos eius quem fallere nemo potest? tu non times eius praesentiam, qui averti a te non potest? Roga Deum ut intueatur te, et avertat faciem a peccatis tuis: *Averte faciem tuam a peccatis meis.* Sed unde mereris ut ille faciem suam avertat a peccatis tuis? si tu non avertas faciem tuam a peccatis

---

22 시편 33,17 참조.
23 시편 50,11 참조.

않으려고 그대를 두려워하기를 바라지는 않을 것입니다. 그대의 아내는 부정이 즐겁지만 그대에 대한 두려움의 무게에 짓눌렸을 뿐, 부정을 단죄한 것은 아니지 않습니까? 그대는 그대를 두려워하는 여인이 아니라, 그대를 사랑하는 순결한 여인을 원할 것입니다. 그대가 그런 아내를 가지고 싶어 하듯, 하느님께 그런 그대를 보여 드리십시오. 그대에게 아직 아내가 없거나, 아내를 가지기를 희망한다면, 그런 아내를 원할 것입니다. 형제 여러분, 우리가 무슨 말을 하는 것입니까? 자기 남편에게 혼날까 봐 남편을 두려워하는 여인도 아마 간통을 저지르지는 않을 것입니다. 어떻게든 남편에게 들켜서 더 이상 이 세상 빛을 보지 못하게 될까 두렵기 때문입니다. 그러나 그 남편은 사람인지라 속을 수도 있습니다. 그 여인이 속일 수 있는 것처럼 말입니다. 그 여인은 남편의 눈을 피해 지낼 수는 있겠지만, 남편을 두려워합니다. 그대는 언제나 그대 위에 머물러 계시는 그대 신랑이신 분의 얼굴을 두려워하지 않습니까? "주님의 얼굴은 악을 행하는 자들 위에 있도다."[22] 그 여인은 자기 남편이 없는 기회를 노리며 간통의 쾌락으로 달아올랐을지도 모릅니다. 그 여인은 혼잣말로 '나는 간통하지 않으리라. 남편이 없지만, 어떤 모양으로든지 남편에게 들키지 않기란 참 어려운 일이지'라고 말할 것입니다. 모를 수 있고 속을 수도 있는 사람, 악한 여인을 착한 여인으로 여길 수도 있는 사람, 간통한 여인을 순결한 여인으로 여길 수도 있는 사람, 이 한 사람에게 들킬까 봐 그 여인은 자제합니다. 그런데도 그대는 아무도 속일 수 없는 그분의 눈은 두려워하지 않습니까? 하느님께서 그대를 물끄러미 바라보시고는 그대의 죄에서 얼굴을 돌리시도록 기도하십시오. "저의 죄에서 당신 얼굴을 돌이키소서."[23] 어떻게 하느님의 얼굴을 그대의 죄에서 돌이키게 할 수 있겠습니까? 그대가 그대의 죄에서 그대의 얼굴을 돌리지 않는다면 말입니다. 바로 이 소리로 시편에

tuis. Ipsa enim vox dicit in psalmo: *Quoniam iniquitatem meam ego agnosco, et peccatum meum coram me est semper.* Tu agnosce, et ille ignoscit.

**8.** Adlocuti sumus eam quae habet adhuc timorem non permanentem in saeculum saeculi, sed quem caritas excludit et foras mittit; adloquamur et illam quae habet iam timorem castum, permanentem in saeculum saeculi. Putamus, invenimus illam, ut adloquamur illam? putas, est in hoc populo? putas, est in ista exedra? putas, est in hac terra? Non potest nisi esse, sed latet. Hiems est, intus est viriditas in radice. Forte invenimus aures illius. Sed ubicumque est illa anima, utinam illam invenirem, et non aures suas praeberet mihi, sed ego meas aures illi! Illa me doceret aliquid potius, quam a me disceret. Anima quaedam sancta, ignea, et desiderans regnum Dei: hanc non ego adloquor, sed Deus ipse, et patienter viventem in hac terra ita consolatur: Iam vis veniam, et ego novi quia iam vis ut veniam: novi qualis es, ut secura exspectes adventum meum; novi quia molestia est tibi: sed magis exspecta, tolera; venio, et cito venio. Sed amanti tardum est. Audi eam cantantem tamquam lilium

---

24 시편 50,5.

서 말하고 있습니다. "저의 죄악을 제가 알고 있으며 저의 잘못이 늘 제 앞에 있습니다."[24] 그대, [그대의 죄악을] 아십시오. 그러면 그분께서는 모른 체해 주실 것입니다.

**8.** 우리는 영원히 이어지지 않는 두려움을 아직 지니고 있는 사람에 관하여 말했습니다. 그러나 사랑은 그 두려움을 몰아내고 내쫓아 버립니다. 이제 우리는 영원히 이어지는 순수한 두려움을 이미 지니고 있는 사람에 관해서도 이야기하고자 합니다. 우리가 말하려고 하는 그런 사람을 찾아낼 수 있으리라 생각하십니까? 그대는 그런 사람이 이 백성 가운데 있다고 생각하십니까? 이 방 안에 있다고 생각하십니까? 이 땅에 있다고 생각하십니까? 그런 사람이 없을 수는 없지만, 숨어 있습니다. 겨울에도 뿌리 안에는 푸름이 깃들여 있습니다. [우리 이야기를 듣고 있는] 그 사람의 귀를 찾을 수 있을지 모르겠습니다. 그러나 그 영혼이 어디에 있든지 저는 그를 찾아내면 좋겠습니다. 그 사람이 저에게 자기 귀를 기울이는 것이 아니라, 그 사람에게 귀 기울이는 것은 오히려 접니다! 그 사람은 저에게서 뭔가를 배우기보다는, 오히려 저에게 가르쳐 줄 것입니다. 거룩하게 타오르는 이 영혼은 하느님 나라를 열망합니다. 그 영혼에게 말하는 이는 제가 아니라 바로 하느님 자신이십니다. 그분께서는 이 세상에서 인내롭게 참고 살아가는 이 영혼을 이렇게 위로해 주십니다. '그대는 내가 오기를 바란다. 내가 오기를 그대가 이미 바라왔다는 것을 나는 알고 있다. 내가 오기를 확신하며 기다린다는 것이 어떤 것인지 나는 알고 있다. 기다린다는 것이 그대에게 얼마나 큰 괴로움인지 나는 안다. 그러나 조금만 더 참고 기다려라. 내가 올 것이다. 곧 올 것이다.' 그러나 사랑하는 사람에게는 몹시 더디게 느껴집니다. 그대, 가시들 가운데서 백합처럼 노래하는 그 영혼의 소리

de medio spinarum: audi suspirantem, et dicentem: *Psallam et intellegam in via immaculata; quando venies ad me?* Sed in via immaculata merito non timet; quia *perfecta caritas foras mittit timorem.* Et cum venerit ad eius amplexum, timet, sed securiter. Quid timet? cavebit, et observabit se ab iniquitate sua, ne iterum peccet: non ne mittatur in ignem, sed ne ab illo deseratur. Et erit in illa, quid? *timor castus, permanens in saeculum saeculi.*

Audivimus duas tibias consonantes. Illa de timore dicit, et illa de timore: sed illa de timore quo timet anima ne damnetur, illa de timore quo timet anima ne deseratur. Ille est timor quem caritas excludit: ille est timor permanens in saeculum saeculi.

**9.** *Nos diligamus, quia ipse prior nos dilexit.* Nam unde diligeremus, nisi ille prior dilexisset nos? Diligendo amici facti sumus; sed inimicos ille dilexit, ut amici efficeremur. Prior dilexit nos, et donavit nobis ut diligeremus eum. Nondum diligebamus eum; diligendo pulchri efficimur. Quid facit homo deformis et distorta facie, si amet pulchram? Aut quid facit femina deformis et distorta et nigra, si amet pulchrum? Numquid amando poterit esse pulchra? Num-

---

25 시편 100,1-2 참조.    26 시편 18,10 참조.

를 들어 보십시오. 한숨지으며 하는 말을 들어 보십시오. "찬미 노래 부르며 흠 없는 길에 뜻을 두리니 언제 저에게 오시렵니까?"²⁵ 그러나 흠 없는 길에는 두려워할 것이 없습니다. **"완전한 사랑은 두려움을 쫓아내기 때문입니다"**(1요한 4,18). 신랑이 그를 포옹하러 오실 때 그 영혼은 두려워하겠지만, 안심하며 두려워할 것입니다. 무엇을 두려워하겠습니까? 또다시 죄지을까 봐 조심하고 자기 자신을 죄악에서 지켜 내게 될 것입니다. 불속에 던져질까 두려워하는 것이 아니라, 하느님께 버림받을까 두려워하는 것입니다. 그 사람 안에는 무엇이 있겠습니까? "영원히 이어지는 순수한 두려움이 있습니다."²⁶

우리는 화음을 이루는 두 개의 피리 소리를 들었습니다. 이 피리도 두려움에 관해 말하고, 저 피리도 두려움에 관해 말합니다. 그러나 하나는 영혼이 단죄받을까 겁내는 두려움이고, 다른 하나는 영혼이 버림받을까 염려하는 두려움입니다. 첫째 두려움은 사랑이 몰아내는 두려움이고, 둘째 두려움은 영원히 이어지는 두려움입니다.

**9. "우리가 사랑하는 것은 그분께서 먼저 우리를 사랑하셨기 때문입니다"** (1요한 4,19). 그분께서 우리를 먼저 사랑하지 않으셨다면 우리가 어떻게 사랑할 수 있겠습니까? 우리는 사랑하면서 벗이 되었습니다. 그러나 그분은 벗이 되게 하시고자 원수를 사랑하셨습니다. 그분께서 먼저 우리를 사랑하시어, 우리가 그분을 사랑하도록 우리에게 선물로 내주셨습니다. 우리는 아직 그분을 사랑하지 않았습니다. 우리는 사랑하면서 아름다워집니다. 못생기고 얼굴이 흉한 남자가 미녀를 사랑한다면 어떻게 됩니까? 또는 못생기고 흉하고 새까만 여인이 미남을 사랑한다면 어떻게 됩니까? 사랑한다고 해서 미녀가 될 수 있습니까? 또 사랑한다고 해서 미남이 될 수 있

quid et ille amando poterit esse formosus? Amat pulchram; et quando se in speculo videt, erubescit faciem suam levare ad illam formosam suam quam amat. Quid faciet ut pulcher sit? Exspectat ut veniat pulchritudo? Immo exspectando senectus additur, et turpiorem facit. Non est ergo quid agere, non est quomodo illi des consilium, nisi ut compescat se, et non audeat amare impar imparem: aut si forte amat et ducere uxorem optat, in illa castitatem amet, non carnis faciem. Anima vero nostra, fratres mei, foeda est per iniquitatem: amando Deum pulchra efficitur. Qualis amor est qui reddit pulchram amantem? Deus autem semper pulcher est, numquam deformis, numquam commutabilis. amavit nos prior qui semper est pulcher; et quales amavit, nisi foedos et deformes? Non ideo tamen ut foedos dimitteret; sed ut mutaret, et ex deformibus pulchros faceret. Quomodo erimus pulchri? amando eum qui semper est pulcher. Quantum in te crescit amor, tantum crescit pulchritudo; quia ipsa caritas est animae pulchritudo.

*Nos diligamus, quia ipse prior dilexit nos.* Audi apostolum Paulum: *Ostendit autem Deus dilectionem suam in nobis, quoniam cum adhuc peccatores essemus, Christus pro nobis mortuus est,* iustus pro iniustis, pulcher pro foedis. Quomodo invenimus pulchrum Iesum? *Speciosus forma prae filiis hominum, diffusa est gratia*

---

27 로마 5,8.

습니까? 그는 아름다운 여인을 사랑하지만, 거울에 비친 자신을 볼 때면 자기가 사랑하는 아름다운 여인에게 얼굴을 드는 것조차 창피하게 여길 것입니다. 아름다워지려면 무엇을 해야 하겠습니까? 아름다움이 오기를 마냥 기다려야 하겠습니까? 오히려 기다리느라 더 늙고 더 흉해질 것입니다. 그래서 분에 넘치는 사람을 감히 사랑하기에는 너무 추하므로 아예 포기하라는 충고 말고는 달리 할 일이 없을지도 모릅니다. 혹시라도 사랑하여 아내를 맞아들이기를 바란다면, 육신의 얼굴이 아니라 그 여인 안에 있는 순결을 사랑해야 합니다. 나의 형제 여러분, 우리 영혼은 죄로 말미암아 추하지만, 하느님을 사랑하면서 아름다워집니다. 어떤 사랑이 연인을 아름답게 만들어 줍니까? 하느님은 언제나 아름답습니다. 하느님은 결코 일그러지지도, 결코 변하지도 않습니다. 언제나 아름다우신 하느님께서 먼저 우리를 사랑하셨습니다. 그분께서 우리를 사랑하셨을 때, 추하고 못생긴 우리가 아니었습니까? 하느님께서 우리를 사랑하신 것은 우리를 추하게 내버려 두시기 위해서가 아니라 변화시키시려는 것이었고, 못생긴 우리를 아름답게 만드시려는 것이었습니다. 우리는 어떻게 아름다워지겠습니까? 영원히 아름다우신 그분을 사랑하면서 아름다워집니다. 여러분 안에서 사랑이 자라날수록 아름다움도 자라납니다. 이 사랑은 영혼의 아름다움이기 때문입니다.

"**우리가 사랑하는 것은 그분께서 먼저 우리를 사랑하셨기 때문입니다**" (1요한 4,19). 바오로 사도의 말씀을 들어 보십시오. "우리가 아직 죄인이었을 때에 그리스도께서 우리를 위하여 돌아가심으로써, 하느님께서는 우리에 대한 당신의 사랑을 증명해 주셨습니다."[27] 의로운 분이 불의한 사람을 위해서, 아름다운 분이 추한 사람을 위해서 돌아가셨습니다. 우리는 이 아름다운 예수님을 어떻게 찾을 수 있습니까? "당신께서는 사람의 아들들보

*in labiis tuis:* Unde? Item videte, unde sit pulcher: *Speciosus forma prae filiis hominum;* quia *in principio erat Verbum, et Verbum erat apud Deum, et Deus erat Verbum.* Quia vero carnem suscepit, quasi foeditatem tuam suscepit, id est, mortalitatem tuam, ut aptaret se tibi, et congrueret tibi, et excitaret te ad amandam intus pulchritudinem. Unde ergo invenimus quia foedus et deformis est Iesus, sicut invenimus quia pulcher et speciosus forma prae filiis hominum? Unde invenimus quia et deformis? Isaiam interroga: *Et vidimus eum, et non habebat speciem, neque decorem.* Illae sunt duae tibiae quasi diverse sonantes; sed unus Spiritus ambas inflat. Hac dicitur: *Speciosus forma prae filiis hominum;* hac dicitur in Isaia: *Vidimus eum, et non habebat speciem, neque decorem.* Uno Spiritu implentur ambae tibiae, non dissonant. Noli aures avertere, adhibe intellectum. Interrogemus Paulum apostolum, et exponat nobis consonantiam duarum tibiarum. Sonet nobis: *Speciosus forma prae filiis hominum: Qui cum in forma Dei esset, non rapinam arbitratus est esse aequalis Deo. Ecce speciosus forma prae filiis hominum.* Sonet nobis etiam: *Vidimus eum, et non habebat speciem neque decorem: Semetipsum exinanivit formam servi accipiens, in similitudine hominum factus, et habitu inventus ut homo. Non habebat speciem neque decorem,* ut tibi daret speciem et decorem. Quam speciem?

---

28 시편 44,3 참조.    29 요한 1,1 참조.    30 이사 53,2.
31 필리 2,6.    32 필리 2,7 참조.

다 더할 나위 없이 수려하시며, 당신 입술에는 은총이 쏟아집니다."²⁸ 왜 그렇습니까? 그 아름다움이 어디서 오는지 봅시다. "사람의 아들들보다 더할 나위 없이 수려하신 것은", "한처음에 말씀이 계셨고, 말씀은 하느님과 함께 계셨는데 말씀은 하느님이셨기 때문입니다".²⁹ 그분은 육신을 취하심으로써 그대의 추함을, 곧 죽을 존재인 그대를 받아들이셨습니다. 그것은 당신 자신을 그대와 맞추시고, 그대와 어우러져, 그대로 하여금 내적인 아름다움을 사랑하도록 재촉하시려는 뜻이었습니다. 그러나 사람의 아들들보다 더할 나위 없이 아름답고 수려하다고 우리가 들었던 예수님을 추하고 볼품없다고 일컫는 대목을 어디에서 찾을 수 있습니까? 이사야 예언자에게 물어보십시오. "그에게는 우리가 우러러볼 만한 풍채도 위엄도 없었다"³⁰고 합니다. 이것은 마치 서로 다른 소리를 내는 두 개의 피리 같지만, 사실 한 분이신 성령께서 두 개의 피리를 불고 계십니다. 여기서는 "사람의 아들들보다 더할 나위 없이 수려하시다"고 하고, 저기 이사야서에서는 "그에게는 우리가 우러러볼 만한 풍채도 위엄도 없었다"고 합니다. 한 분이신 성령으로 가득 찬 피리 두 개는 불협화음을 내지 않습니다. 귀를 막지 말고 이해해 보십시오. 피리 두 개가 만들어 내는 화음을 우리에게 들려 달라고 바오로 사도에게 청해 봅시다. 우리에게 이렇게 연주합니다. "사람의 아들들보다 더할 나위 없이 수려하신 분께서는" "하느님의 모습을 지니셨지만 하느님과 같음을 당연한 것으로 여기지 않으셨습니다."³¹ "사람의 아들들보다 더할 나위 없이 수려하신 분을 보십시오." 또 이렇게 연주합니다. "그에게는 우리가 우러러볼 만한 풍채도 위엄도 없었다." "오히려 당신 자신을 비우시어 종의 모습을 취하시고 사람들과 같이 되셨고, 여느 사람처럼 나타나셨습니다."³² 그러므로 "그에게는 우리가 우러러볼 만한 풍채도 위엄도 없었던 것은" 그대에게 풍채와 위엄을 주시기 위함이

아홉째 강해 **415**

quem decorem? dilectionem caritatis; ut amans curras, currens ames. Pulcher es iam: sed noli te adtendere, ne perdas quod accepisti; illum adtende, a quo factus es pulcher. Ideo sis pulcher, ut ille te amet. Tu autem totam intentionem tuam in illum dirige, ad illum curre, eius amplexus pete, ab illo time discedere; ut sit in te timor castus, permanens in saeculum saeculi. *Nos diligamus, quia ipse prior dilexit nos.*

**10.** *Si quis dixerit: Diligo Deum.* Quem Deum? Quare diligimus? *Quia ipse prior dilexit nos,* et donavit nobis diligere. Dilexit impios, ut faceret pios; dilexit iniustos, ut faceret iustos; dilexit aegrotos, ut faceret sanos. Ergo et nos *diligamus, quia ipse prior dilexit nos.* Interroga unumquemque, dicat tibi si diligat Deum. Clamat, confitetur: *Diligo,* ipse scit. Est aliud unde interrogetur. *Si quis dixerit,* inquit: *Diligo Deum, et fratrem suum odit, mendax est.* Unde probas quia mendax est? Audi: *Qui enim non diligit fratrem suum quem videt: Deum quem non videt, quomodo potest diligere?* Quid ergo? Qui diligit fratrem, diligit et Deum? Necesse est ut diligat

었습니다. 어떤 풍채 말입니까? 어떤 위엄 말입니까? 사랑에 대한 사랑입니다. 그대는 사랑하면서 달리고 달리면서 사랑하게 됩니다. 그대는 이미 아름답습니다. 그러나 그대가 받은 아름다움을 잃지 않으려거든, 그대 자신을 바라보려 하지 마십시오. 그대를 아름답게 해 주신 그분을 바라보십시오. 그리고 그분께서 그대를 사랑하시도록 아름답게 지내십시오. 그대의 모든 지향을 그분께 맞추고, 그분을 향해 달려가십시오. 그분께서 안아 주시기를 청하고, 그분에게서 멀어질까 두려워하십시오. 그리하여 영원히 이어지는 순수한 두려움이 여러분 안에 머물도록 하십시오. "**우리가 사랑하는 것은 그분께서 먼저 우리를 사랑하셨기 때문입니다**"(1요한 4,19).

**10.** "**누가 '나는 하느님을 사랑한다' 하면서**"(1요한 4,20). 어떤 하느님 말입니까? 우리는 왜 사랑합니까? "**그분께서 먼저 우리를 사랑하셨기 때문**"이며, 우리에게 사랑을 선사해 주셨기 때문입니다. 하느님은 악한 사람을 선한 사람이 되게 하시려고 사랑하셨습니다. 불의한 사람을 의로운 사람이 되게 하시려고 사랑하셨습니다. 병자들을 성한 사람이 되게 하시려고 사랑하셨습니다. "우리가 사랑하는 것은 그분께서 먼저 우리를 사랑하셨기 때문입니다." 누구에게나 물어, 하느님을 사랑하는지 그대에게 말하게 하십시오. '나는 사랑합니다'라고 그는 외치고 고백하겠지만, 그분께서는 알고 계십니다. 또 한 가지 물어볼 것이 있습니다. "**누가 '나는 하느님을 사랑한다' 하면서 자기 형제를 미워하면, 그는 거짓말쟁이입니다**"(1요한 4,20)라고 요한은 말합니다. 그가 거짓말쟁이라는 것을 그대는 어떻게 증명하겠습니까? 들어 보십시오. "**눈에 보이는 자기 형제를 사랑하지 않는 사람이 보이지 않는 하느님을 어떻게 사랑할 수 있겠습니까?**"(1요한 4,20 참조). 뭐라고요? 자기 형제를 사랑하는 사람이 하느님도 사랑한다는 말입니까?

Deum, necesse est ut diligat ipsam dilectionem. Numquid potest diligere fratrem, et non diligere dilectionem? Necesse est ut diligat dilectionem. Quid ergo, qui diligit dilectionem, ideo diligit Deum? Utique ideo. Diligendo dilectionem: Deum diligit. An oblitus es quod paulo ante dixisti: *Deus dilectio est?* Si Deus dilectio, quisquis diligit dilectionem: Deum diligit. Dilige ergo fratrem, et securus esto. Non potes dicere: Diligo fratrem, sed non diligo Deum. Quomodo mentiris si dicas: *Diligo Deum,* quando non diligis fratrem; sic falleris, quando dicis: Diligo fratrem, si putes quia non diligis Deum. Necesse est qui diligis fratrem, diligas ipsam dilectionem; *dilectio* autem *Deus est:* necesse est ergo ut Deum diligat quisquis diligit fratrem. Si autem non diligis fratrem quem vides, Deum quem non vides quomodo potes diligere? Quare non videt Deum? Quia non habet ipsam dilectionem. Ideo non videt Deum, quia non habet dilectionem; ideo non habet dilectionem, quia non diligit fratrem: propterea ergo non videt Deum, quia non habet dilectionem. Nam si habeat dilectionem: Deum videt; quia *Deus dilectio est:* et purgatur ille oculus magis magisque dilectione, ut videat illam incommutabilem substantiam; cuius praesentia semper gaudeat, qua perfruatur in aeternum coniunctus angelis. Sed currat modo ut aliquando in patria laetetur. Non amet peregrinationem,

하느님을 사랑해야 하고, 사랑 자체이신 분을 사랑해야 합니다. 형제는 사랑하고 사랑은 사랑하지 않을 수 있겠습니까? 사랑을 사랑해야 합니다. 사랑을 사랑한다는 것은 하느님을 사랑하는 것이 아니겠습니까? 그렇습니다. 사랑을 사랑하면서 하느님을 사랑하게 됩니다. 조금 전에 "**하느님은 사랑이십니다**"(1요한 4,16)라고 했던 말을 그대는 잊었습니까? 하느님이 사랑이시라면, 사랑을 사랑하는 사람은 누구나 하느님을 사랑합니다. 그러므로 그대, 형제를 사랑하십시오. 그리고 안심하십시오. '나는 내 형제는 사랑하는데, 하느님은 사랑하지 않는다'고 말할 수는 없습니다. 형제를 사랑하지 않으면서, '나는 하느님을 사랑한다'고 말한다면 그대는 거짓말하는 것입니다. 마찬가지로, 하느님을 사랑하지 않는다고 생각하면서도, '나는 형제를 사랑한다'고 말한다면 그대는 자신을 속이는 것입니다. 형제를 사랑하는 사람은 사랑 자체이신 분을 반드시 사랑하게 되어 있습니다. 그대가 형제를 사랑하면 필연적으로 사랑 자체이신 분을 사랑하게 됩니다. '사랑은 하느님이십니다.' 누구든지 자기 형제를 사랑하면 필연적으로 하느님을 사랑하게 되는 것입니다. 그러나 그대가 눈에 보이는 형제를 사랑하지 않는다면, 뵐 수 없는 하느님을 어떻게 사랑할 수 있겠습니까? 왜 하느님을 못 뵙습니까? 사랑 자체를 지니고 있지 않기 때문입니다. 하느님을 못 뵙는 것은 사랑을 지니고 있지 않기 때문입니다. 형제를 사랑하지 않기에 사랑을 지니지 못합니다. 이처럼 하느님을 뵙지 못하는 것은 사랑을 지니고 있지 않기 때문입니다. 사랑을 지니고 있다면 하느님을 뵙게 됩니다. "**하느님은 사랑이시기 때문입니다**"(1요한 4,16). 그분의 변함없는 실체를 뵙기 위해서는, 사랑으로써 눈을 깨끗이 씻고 또 씻어야 합니다. 그리하면 그분의 현존을 늘 기뻐하며, 천사들과 어울려서 영원한 행복을 누리게 될 것입니다. 그러나 언젠가 본향에서 기뻐할 수 있도록 지금은 달려야 합니

non amet viam: totum amarum sit, praeter illum qui vocat, quo usque inhaereamus illi, et dicamus quod dictum est in psalmo: *Perdidisti omnes qui fornicantur abs te.* Et qui sunt qui fornicantur? Qui discedunt, et amant mundum. Tu autem quid? Sequitur et dicit: *Mihi autem inhaerere Deo bonum est:* Totum bonum meum est: Deo inhaerere gratis. Nam si interroges, et dicas: Quare inhaeres Deo? Et dicat: Ut donet mihi. Quid tibi donet? Caelum ipse fecit, terram ipse fecit: quid tibi donaturus est? Iam inhaeres illi: inveni melius, et donat tibi.

**11.** *Qui enim non diligit fratrem suum quem videt, Deum quem non videt, quomodo potest diligere? Et hoc mandatum habemus ab ipso, ut qui diligit Deum, diligat et fratrem suum.* Magnifice dicebas: *Diligo Deum;* et odis fratrem! O homicida, quomodo diligis Deum? Non audisti superius in ipsa Epistola: *Qui odit fratrem suum, homicida est?* Sed prorsus diligo Deum, quamvis oderim fratrem meum. Prorsus non diligis Deum, si odis fratrem. Et modo probo alio documento. Ipse dixit: *Dedit nobis praeceptum, ut diligamus invicem:* quomodo diligis eum, cuius odisti praeceptum?

---

33 시편 72,27.
34 시편 72,28.

다. 그대는 이 여정을, 이 길을 사랑하지 마십시오. 우리가 그분께 다다라서, 시편 말씀대로 "당신에게서 멀어진 자들은 멸망합니다"[33]라고 말하게 되는 순간까지, 우리를 부르시는 분 말고는 모든 것을 쓴맛으로 여기십시오. 누가 매음하는 자입니까? 하느님을 떠나서 세상을 사랑하는 사람들입니다. 그렇다면 그대는 어떤 사람입니까? 시편은 이어서 이렇게 말합니다. "하느님께 가까이 있음이 저에게는 좋습니다."[34] 좋은 것은 모두 나의 것입니다. 공짜로 하느님께 가까이 있는 것입니다. '왜 하느님께 가까이 있느냐?'고 묻는다면, '그분께서 나에게 주시도록 하기 위해서'라고 대답하십시오. 무엇을 그대에게 주시겠습니까? 그분 몸소 하늘을 만드셨고, 그분 몸소 땅을 만드셨으니, 그대에게 무엇을 주시겠습니까? 그대는 이미 그분 가까이 있으니 그대가 더 좋은 것을 찾으면, 그대에게 주실 것입니다.

**11.** "**눈에 보이는 자기 형제를 사랑하지 않는 사람이 보이지 않는 하느님을 어떻게 사랑할 수 있겠습니까? 우리가 그분에게서 받은 계명은 이것입니다. 하느님을 사랑하는 사람은 자기 형제도 사랑해야 한다는 것입니다**" (1요한 4,20-21 참조). 그대는 '나는 하느님을 사랑합니다'라고 멋지게 말해 놓고도 형제를 미워합니다! 오, 살인자, 그대가 어떻게 하느님을 사랑한다는 말입니까? 앞서 이 편지에서 "**자기 형제를 미워하는 자는 모두 살인자입니다**"(1요한 3,15)라고 한 말을 그대는 들어 보지 못했습니까? 그래도 '나는 내 형제는 미워하지만 하느님은 온전히 사랑한다'고 하겠지요. 그대가 형제를 미워한다면, 그대는 하느님을 전혀 사랑하지 않는 것입니다. 당장 다른 증거를 하나 대겠습니다. "**그분께서 우리에게 서로 사랑하라는 계명을 주셨습니다**"(1요한 3,23 참조)라고 요한은 말했습니다. 그분의 계명을 미워하면서 어떻게 그분을 사랑할 수 있습니까? '나는 황제를 사랑하지만 그의

Quis est qui dicat: Diligo imperatorem, sed odi leges eius? In hoc intellegit imperator si diligis eum, si observentur leges eius per provincias. Lex imperatoris quae est? *Mandatum novum do vobis, ut vos invicem diligatis.* Dicis ergo te diligere Christum; serva mandatum eius, et fratrem dilige. Si autem fratrem non diligis; quomodo eum diligis, cuius mandatum contemnis?

Fratres, ego non satior loquendo de caritate in nomine Christi. Quantum et vos habetis huius rei avaritiam, tantum speramus quia crescit in vobis ipsa, et foras mittit timorem, ut remaneat ille timor castus permanens in saeculum saeculi. Toleremus mundum, toleremus tribulationes, toleremus scandala tentationum. Non recedamus a via; teneamus unitatem Ecclesiae, teneamus Christum, teneamus caritatem. Non divellamur a membris sponsae ipsius, non divellamur a fide, ut gloriemur in praesentia ipsius: et securi manebimus in eo, modo per fidem, tunc per speciem, cuius tantas arrhas habemus donum Spiritus Sancti.

법은 미워한다'고 말할 자가 누구입니까? 황제는 자기 영토에서 자신의 법이 지켜질 때, 그대가 자기를 사랑한다고 여길 것입니다. 황제의 법은 무엇입니까? "내가 너희에게 새 계명을 준다. 서로 사랑하여라."[35] 그대는 그리스도를 사랑한다고 말하니, 그분의 계명을 지키고 형제를 사랑하십시오. 그러나 형제를 사랑하지 않는다면, 그대가 멸시하는 계명을 주신 분을 어떻게 사랑하겠습니까?

형제 여러분, 저는 그리스도의 이름으로 사랑에 관해서 말하는 것만으로는 만족하지 않습니다. 여러분이 이러한 사랑을 열망하는 만큼, 여러분 안에 사랑이 자라나고 두려움을 내쫓아, 마침내 영원히 이어지는 순수한 두려움만이 남게 되기를 바랍니다. 세상을 견디어 내고, 환난을 참아 내고, 유혹의 걸림돌을 견딥시다. 길에서 벗어나지 맙시다. 교회의 일치를 지킵시다. 그리스도를 모십시다. 그리고 사랑을 지닙시다. 그분의 현존 앞에서 자랑할 수 있도록, 당신 신부[이신 교회]의 지체에서 떨어져 나가지 말고, 신앙에서 떠나지 맙시다. 지금은 믿음으로써, 그때에는 직접 뵘으로써 그분 안에 안전하게 머물게 될 것입니다. 우리는 그 큰 보증으로 성령의 선물을 지니고 있습니다.

---

[35] 요한 13,34.

## 요한의 첫째 서간 5,1-3

### 사랑의 뿌리인 믿음

5 ¹ 예수님께서 그리스도이심을 믿는 사람은 모두 하느님에게서 태어났습니다. 아버지를 사랑하는 사람은 모두 그 자녀도 사랑합니다. ² 우리가 하느님을 사랑하고 그분의 계명을 실천하면, 그로써 우리가 하느님의 자녀들을 사랑한다는 것을 알게 됩니다. ³ 하느님을 사랑하는 것은 바로 그분의 계명을 지키는 것입니다. 그리고 그분의 계명은 힘겹지 않습니다.

## Tractatus 10

**1.** Meminisse vos credo, qui adfuistis hesterno die, ad quem locum in progressu huius Epistolae pervenerit nostra tractatio: id est: *Qui enim non diligit fratrem suum quem videt, Deum quem non videt, quomodo potest diligere? Et hoc mandatum habemus ab ipso, ut qui diligit Deum, diligat et fratrem suum.* Huc usque disputatum erat. Quae sequuntur ergo ex ordine videamus.

*Omnis qui credit quod Iesus sit Christus, ex Deo natus est.* Quis est qui non credit quod Iesus sit Christus? qui non sic vivit quomodo praecepit Christus. Multi enim dicunt, Credo; sed fides sine operibus non salvat. Opus autem fidei ipsa dilectio est, dicente Paulo apostolo: *Et fides quae per dilectionem operatur.* Opera quidem tua praeterita, antequam crederes, vel nulla erant; vel si bona videbantur, inania erant. Si enim nulla erant; sic eras quasi homo sine pedibus, aut vexatis pedibus ambulare non valens: si autem bona videbantur; antequam crederes, currebas quidem, sed praeter viam currendo, errabas potius quam perveniebas. Est ergo nobis et currendum, et in via currendum. Qui praeter viam currit, inaniter currit: immo ad laborem currit. Tanto plus errat, quanto praeter viam currit. Quae est via per quam currimus? Christus dixit: *Ego sum via.* Quae patria, quo currimus? Christus dixit: *Ego sum veritas.* Per

---

1 갈라 5,6.    2 요한 14,6.    3 요한 14,6.

## 열째 강해

**1.** 어제 우리는 요한 서간의 이 구절까지 강해했다는 것을 여러분이 기억하고 계시리라 믿습니다. "눈에 보이는 자기 형제를 사랑하지 않는 사람이 보이지 않는 하느님을 어떻게 사랑할 수 있겠습니까? 우리가 그분에게서 받은 계명은 이것입니다. 하느님을 사랑하는 사람은 자기 형제도 사랑해야 한다는 것입니다"(1요한 4,20-21 참조)라는 구절입니다. 바로 여기까지 이야기했으니, 이어지는 말씀을 순서대로 보기로 합시다.

"예수님께서 그리스도이심을 믿는 사람은 모두 하느님에게서 태어났습니다"(1요한 5,1). 예수님께서 그리스도이심을 믿지 않는 사람은 누구입니까? 그리스도께서 명령하신 대로 살지 않는 사람입니다. 많은 사람이 '나는 믿나이다'라고 말합니다. 그러나 실천이 없는 믿음은 구원하지 못합니다. 믿음의 실천이 바로 사랑입니다. 바오로 사도는 "사랑으로 행동하는 믿음"[1]이라고 했습니다. 그대가 믿기 전에는, 그대의 지난 행동은 아무것도 아니었거나, 설령 선행으로 보였다 할지라도 헛된 것이었습니다. 그것이 아무것도 아니었다면 그대는 다리가 없는 사람과 같았고, 그 행동이 선하게 보였다면 다리가 불편해 거뜬히 걸을 수 없는 사람과 같았습니다. 그대는 믿기 전에도 달려가고는 있었지만, 길을 벗어나 달리면서 목적지에 도달하기는커녕 헤매고 있었습니다. 우리는 달려야 하지만, 길 안에서 달려야 합니다. 길을 벗어나 달리는 사람은 헛되게 달릴 뿐만 아니라, 오히려 고생을 위해서 달리는 것입니다. 잘못을 저지르는 만큼 길에서 벗어나 달리게 됩니다. 우리가 달려야 할 길은 무엇입니까? 그리스도께서 말씀하셨습니다. "나는 길이다."[2] 우리는 어떤 고향을 향하여 달려야 합니까? 그리스도께서 말씀하셨습니다. "나는 진리이다."[3] 그대는 그분을 통하여 달

illum curris, ad illum curris, in ipso requiescis. Sed ut curreremus per illum, extendit se usque ad nos: longe enim eramus, et longe peregrinabamur. Parum est quia longe peregrinabamur; et languidi nos movere non poteramus. Medicus venit ad aegrotos, via porrecta est ad peregrinos. Salvemur ab ipso, ambulemus per ipsum.

Hoc est credere quia Iesus Christus est, quomodo credunt christiani, qui non solo nomine christiani sunt, sed et factis et vita: non quomodo credunt daemones. Nam et *daemones credunt, et contremiscunt,* sicut dicit Scriptura. Quid potuerunt plus credere daemones, quam ut dicerent: *Scimus qui sis, Filius Dei?* Quod dixerunt daemones, hoc dixit et Petrus. Cum Dominus quaereret quis esset, et quem illum dicerent homines, responderunt illi discipuli: *Alii dicunt te Ioannem Baptistam, alii Eliam, alii Ieremiam, aut unum ex prophetis.* Et ille: *Vos autem quem me esse dicitis?* respondit Petrus, et ait: *Tu es Christus Filius Dei vivi.* Et audivit a Domino: *Beatus es, Simon Bar-Iona, quia non revelavit tibi caro et sanguis, sed Pater meus qui est in caelis.* Videte quae laudes prosequantur hanc fidem: *Tu es Petrus, et super hanc petram aedificabo Ecclesiam meam.* Quid est: *Super hanc petram aedificabo Ecclesiam meam?* Super hanc fidem, super id quod dictum est: *Tu es Christus Filius*

---

4 야고 2,19 참조.    5 마태 8,29 참조.    6 마태 16,14 참조.
7 마태 16,15.    8 마태 16,16 참조.    9 마태 16,17.
10 마태 16,18.

리고, 그분을 향해 달리며, 그분 안에서 쉽니다. 우리가 그분을 통해서 달리도록, 그분께서는 우리에게까지 당신을 펼치셨습니다. 우리가 멀리 있었고, 먼 곳에서 떠돌고 있었기 때문입니다. 우리가 먼 곳에서 떠돌고 있었다는 것은 부족한 표현입니다. 우리는 허약해서 움직일 수도 없었습니다. 의사가 환자에게 오셨고, 나그네에게 길이 열렸습니다. 우리는 그분으로 말미암아 구원받고, 그분을 통하여 걸어갑시다.

예수께서 그리스도이시라고 믿는 것이 바로 이런 것입니다. 이렇게 믿는 그리스도인은 이름으로만 그리스도인이 아니라, 행동과 삶으로도 그리스도인입니다. 그러나 마귀들은 그렇게 믿지 않습니다. 성경에서 말하는 대로, "마귀들도 믿고 무서워 떨기"[4] 때문입니다. 마귀들은 "당신이 하느님의 아드님이시라는 것을 우리는 알고 있습니다"[5]라고 말했는데, 그 이상 무엇을 더 믿을 수 있겠습니까? 마귀들이 말한 것을 베드로도 말했습니다. 주님께서 당신이 누구신지, 또 사람들이 당신을 누구라고 하더냐고 물으셨을 때, 당신 제자들은 "어떤 이들은 세례자 요한이라 하고, 어떤 이들은 엘리야라 하고, 또 어떤 이들은 예레미야나 예언자 가운데 한 분이라고 합니다"[6]라고 대답하였습니다. 주님께서 "그러면 너희는 나를 누구라고 하느냐?"[7] 하고 물으시자, 베드로가 "당신은 살아 계신 하느님의 아드님 그리스도이십니다"[8] 하고 대답하였습니다. 그리고 베드로는 주님께 이런 말씀을 들었습니다. "시몬 바르요나야, 너는 행복하다! 살과 피가 아니라 하늘에 계신 내 아버지께서 그것을 너에게 알려 주셨기 때문이다."[9] 이러한 믿음에 어떤 찬사가 따르는지 보십시오. "너는 베드로이다. 내가 이 반석 위에 내 교회를 세울 것이다."[10] 도대체 "이 반석 위에 내 교회를 세울 것이다"라는 말씀이 무슨 뜻입니까? 그것은 [당신 교회를] 이 믿음 위에 세우시겠다는 뜻이며, "당신은 살아 계신 하느님의 아드님 그리스도이십니다"

*Dei vivi. Super hanc petram,* inquit, *fundabo Ecclesiam meam.* Magna laus! Ergo dicit Petrus: *Tu es Christus Filius Dei vivi:* dicunt et daemones: *Scimus qui sis, Filius Dei, sanctus Dei.* Hoc Petrus, hoc et daemones: eadem verba, non idem animus. Et unde constat quia hoc Petrus cum dilectione dicebat? Quia fides christiani cum dilectione est; daemonis autem sine dilectione. Quomodo sine dilectione? Hoc dicebat Petrus, ut Christum amplecteretur: hoc dicebant daemones, ut Christus ab eis recederet. Nam antequam dicerent: *Scimus qui sis; tu es Filius Dei: Quid nobis et tibi est?* dixerunt: *Quid venisti ante tempus perdere nos?* Aliud est ergo confiteri Christum, ut teneas Christum; aliud confiteri Christum, ut repellas a te Christum.

Ergo videtis quia quomodo hic dicit: *qui credit,* propria quaedam fides est; non quomodo cum multis. Itaque, fratres, nemo haereticorum dicat vobis: Et nos credimus. Ideo enim de daemonibus exemplum proposui, ne gaudeatis ad verba credentium, sed exploretis facta viventium.

**2.** Videamus ergo quid est credere in Christum; quid, credere quia Iesus ipse est Christus. Sequitur: *Omnis qui credit quod Iesus sit*

---

11 마태 8,29; 참조: 마르 1,24.

라는 말 위에 세우시겠다는 뜻입니다. "이 반석 위에 내 교회를 세울 것이다"라고 주님께서 말씀하십니다. 얼마나 큰 찬사입니까! 베드로도 "당신은 살아 계신 하느님의 아드님 그리스도이십니다"라고 말하고, 마귀들도 "당신이 하느님의 아드님, 하느님의 거룩하신 분이시라는 것을 우리는 알고 있습니다"라고 말합니다. 베드로도 이렇게 말하고, 마귀들도 이렇게 말합니다. 말은 똑같지만 마음은 똑같지 않습니다. 베드로가 사랑으로 이 말을 했다는 증거가 어디 있습니까? 그리스도인의 믿음은 사랑과 더불어 있지만, 마귀들의 믿음은 사랑 없이 있습니다. 어떻게 사랑 없이 있습니까? 베드로는 그리스도를 껴안고자 그렇게 말했지만, 마귀들은 그리스도께서 자기들을 떠나시라고 그렇게 말했습니다. "당신이 하느님의 아드님이시라는 것을 우리는 알고 있습니다. 당신께서 저희와 무슨 상관이 있습니까?"라고 말하기 전에, "때가 되기도 전에 저희를 괴롭히시려고 여기에 오셨습니까?"[11]라고 말했기 때문입니다. 그리스도를 모시기 위해 그리스도를 고백하는 것과, 그대에게서 그리스도를 몰아내기 위해 그리스도를 고백하는 것은 다른 것입니다.

보시다시피 요한이 '믿는 사람'이라고 할 때, 이는 특정한 믿음을 일컫는 것이지, 많은 사람과 적당히 나눠 가지는 그런 믿음을 가리키는 것이 아니라는 것을 알아 두시기 바랍니다. 그러므로 형제 여러분, 이단자들 가운데 그 누구도 여러분에게 '우리는 믿나이다'라고 말하지 못하게 합시다. 우리는 믿습니다. 제가 마귀에 관한 예를 든 것은, 그대들이 믿는 사람들의 말만으로 기뻐하지 말고, 사는 사람들의 행동을 살피게 하려는 것입니다.

**2.** 이제 그리스도를 믿는다는 것이 무엇이며, 또 예수께서 그리스도이심을 믿는다는 것이 무엇인지 알아봅시다. 요한은 이어서 "**예수님께서 그리스**

*Christus, ex Deo natus est.* Sed quid est credere illud? *Et omnis qui diligit qui genuit eum, diligit eum qui genitus est ab ipso.* Statim fidei coniunxit dilectionem; quia sine dilectione fides inanis est. Cum dilectione fides christiani, sine dilectione fides daemonis: qui autem non credunt, peiores sunt quam daemones, et tardiores quam daemones. Nescio quis non vult credere in Christum; adhuc nec daemones imitatur. Iam credit in Christum, sed odit Christum; habet confessionem fidei in timore poenae, non in amore coronae: nam et illi puniri timebant. Adde huic fidei dilectionem, ut fiat fides qualem dicit apostolus Paulus: *Fides quae per dilectionem operatur;* invenisti christianum, invenisti civem Ierusalem, invenisti civem angelorum, invenisti in via suspirantem peregrinum; adiunge te illi, comes tuus est, curre cum illo, si tamen et tu hoc es. *Omnis qui diligit qui genuit eum, diligit eum qui genitus est ab ipso.* Quis genuit? Pater. Quis est genitus? Filius. Quid ergo ait? Omnis qui diligit Patrem, diligit Filium.

**3.** *In hoc cognoscimus quia diligimus filios Dei.* Quid est hoc, fratres? Paulo ante de Filio Dei dicebat, non de filiis Dei: ecce unus positus est Christus contemplandus nobis, et dictum est nobis: *Omnis qui credit quod Iesus sit Christus, est ex Deo natus: et omnis*

---

12 『성경』: "아버지를 사랑하는 사람은 모두 그 자녀도 사랑합니다."
13 갈라 5,6.

도이심을 믿는 사람은 모두 하느님에게서 태어났습니다"(1요한 5,1)라고 합니다. 그분을 믿는다는 것은 무엇입니까? "낳으신 분을 사랑하는 사람은 모두 그분에게서 나신 분도 사랑합니다"(1요한 5,1).¹² 요한은 사랑을 믿음에 바로 연결시킵니다. 사랑 없는 믿음은 헛된 것이기 때문입니다. 그리스도인의 믿음은 사랑과 함께 있고, 마귀의 믿음은 사랑 없이 있습니다. 그러나 믿지 않는 사람은 마귀보다 못하고, 배교자들도 마귀보다 못합니다. 그리스도를 믿지 않으려는 사람이 누구인지 저는 모르지만, 아직 마귀들을 빼닮은 것은 아닙니다. 그러나 이미 그리스도를 믿지만 그리스도를 미워하는 사람은, 월계관을 사랑해서가 아니라 벌이 두려워서 믿음을 고백하는 사람입니다. 마귀들도 벌받는 것을 두려워했습니다. 이 믿음에 사랑을 더하십시오. 그러면 그 믿음은 바오로 사도가 말하는 "사랑으로 행동하는 믿음"¹³이 될 것입니다. 그대는 이렇게 그리스도인을 찾아냈고, 예루살렘 시민을 찾아냈으며, 천사들의 시민을 찾아냈고, 길에서 한숨짓는 나그네를 찾아냈습니다. 그에게 다가가십시오. 그는 그대의 길동무입니다. 그와 함께 달리십시오. 그리하면 그대도 그처럼 될 것입니다. "낳으신 분을 사랑하는 사람은 모두 그분에게서 나신 분도 사랑합니다." 낳으신 분은 누구입니까? 아버지입니다. 나신 분은 누구입니까? 아드님입니다. 무슨 말입니까? 아버지를 사랑하는 사람은 누구나 아드님을 사랑한다는 뜻입니다.

3. "그로써 우리가 하느님의 자녀들을 사랑한다는 것을 알게 됩니다"(1요한 5,2). 형제 여러분, 무슨 말입니까? 방금 요한은 하느님의 자녀들에 관해서가 아니라, 하느님의 아드님에 관해서 말했습니다. 우리가 묵상하고 말해야 할 분은 오직 그리스도 한 분이십니다. 그래서 "예수님께서 그리스도이심을 믿는 사람은 모두 하느님에게서 태어났습니다. 낳으신 분을 사랑하

*qui diligit qui genuit eum,* id est: Patrem, *diligit eum qui genitus est ex ipso,* id est: Filium Dominum nostrum Iesum Christum. Et sequitur: *In hoc cognoscimus quia diligimus filios Dei;* quasi dicturus esset: In hoc cognoscimus quia diligimus Filium Dei: *filios Dei* dixit, qui *Filium Dei* paulo ante dicebat; quia filii Dei corpus sunt unici Filii Dei; et cum ille caput, nos membra, unus est Filius Dei. Ergo qui diligit filios Dei, Filium Dei diligit; et qui diligit Filium Dei, Patrem diligit; nec potest quisquam diligere Patrem, nisi diligat Filium; et qui diligit Filium, diligit et filios Dei.

Quos filios Dei? membra Filii Dei. Et diligendo fit et ipse membrum, et fit per dilectionem in compage corporis Christi; et erit unus Christus amans seipsum. Cum enim se invicem amant membra, corpus se amat. *Et si patitur unum membrum, compatiuntur omnia membra; et si gloriatur unum membrum, congaudent omnia membra.* Et quid secutus ait? *Vos autem estis corpus Christi et membra.* Dicebat paulo ante de dilectione fraterna, et ait: *Qui non diligit fratrem quem videt: Deum quem non videt quomodo poterit diligere?* Si autem diligis fratrem, forte fratrem diligis, et Christum non diligis? Quomodo, quando membra Christi diligis? Cum ergo membra

---

14 1코린 12,26.
15 1코린 12,27.

는 사람은 모두 그분에게서 나신 분도 사랑합니다"(1요한 5,1)라고 했습니다. 여기서, 낳으신 분은 아버지이고, 나신 분은 우리 주 예수 그리스도이십니다. 그리고 이렇게 이어집니다. "그로써 우리가 하느님의 자녀들을 사랑한다는 것을 알게 됩니다"(1요한 5,2). 이 말씀은, "그로써 우리가 '하느님의 아드님'을 사랑한다는 것을 알게 됩니다"라는 말처럼 들립니다. 조금 전에는 '하느님의 아드님'이라고 했는데, 여기서는 '하느님의 자녀들'이라고 말합니다. 하느님의 자녀들은 한 분이신 하느님의 아드님의 몸이기 때문입니다. 그분은 머리이시고 우리는 그 지체이지만, 하느님의 아드님은 한 분이십니다. 하느님의 자녀들을 사랑하는 사람은 하느님의 아드님을 사랑합니다. 하느님의 아드님을 사랑하는 사람은 아버지를 사랑합니다. 아드님을 사랑하지 않으면 누구도 아버지를 사랑할 수 없습니다. 아드님을 사랑하는 사람은 하느님의 자녀들도 사랑합니다.

어떤 하느님의 자녀들을 사랑합니까? 하느님의 아드님의 지체들입니다. 사랑하면서 그분의 지체가 되고, 사랑을 통하여 그리스도의 몸과 일치하게 됩니다. 당신 자신을 사랑하시는 분은 그리스도 한 분뿐일 것입니다. 실제로 지체들은 서로 사랑하지만, 몸은 자신을 사랑합니다. "한 지체가 고통을 겪으면 모든 지체가 함께 고통을 겪습니다. 한 지체가 영광을 받으면 모든 지체가 함께 기뻐합니다."[14] 이어서 뭐라고 합니까? "여러분은 그리스도의 몸이고 한 사람 한 사람이 그 지체입니다."[15] 조금 전에 요한은 형제적 사랑에 관하여 이렇게 말했습니다. "**눈에 보이는 형제를 사랑하지 않는 사람이 보이지 않는 하느님을 어떻게 사랑할 수 있겠습니까?**"(1요한 4,20 참조). 그대가 형제를 사랑한다면, 형제는 사랑하면서도 그리스도는 사랑하지 않겠습니까? 그대가 그리스도의 지체를 사랑한다면, 어떻게 그럴 수 있습니까? 그대가 그리스도의 지체를 사랑할 때, 그대는 그리스도를 사

Christi diligis: Christum diligis; cum Christum diligis: Filium Dei diligis; cum Filium Dei diligis, et Patrem diligis. Non potest ergo separari dilectio. Elige tibi quid diligas; sequuntur te cetera. Dicas: Deum solum diligo, Deum Patrem. Mentiris: si diligis, non solum diligis; sed si diligis Patrem, diligis et Filium. Ecce, inquis, diligo Patrem, et diligo Filium; sed hoc solum: Patrem Deum et Filium Deum et Dominum nostrum Iesum Christum qui ascendit in caelos, et sedet ad dexteram Patris, illud Verbum per quod facta sunt omnia, et Verbum caro factum est, et habitavit in nobis; hoc solum diligo. Mentiris: si enim diligis caput, diligis et membra; si autem membra non diligis, nec caput diligis. Non expavescis vocem capitis de caelo clamantem pro membris: *Saule, Saule, quid me persequeris?* Persecutorem suum vocavit persecutorem membrorum suorum: dilectorem suum vocavit dilectorem membrorum suorum. Iam quae sunt membra eius nostis, fratres; ipsa est Ecclesia Dei.

*In hoc cognoscimus quia diligimus filios Dei, quia Deum diligimus.* Et quomodo? Non aliud sunt filii Dei, aliud Deus? Sed qui Deum diligit, praecepta eius diligit. Et quae sunt praecepta Dei? *Mandatum novum do vobis, ut vos invicem diligatis.* Nemo se excuset per aliam dilectionem, ad aliam dilectionem; omnino sic se

---

16 사도 9,4.
17 요한 13,34.

랑하는 것입니다. 그대가 그리스도를 사랑하면 하느님의 아드님을 사랑하는 것입니다. 그대가 하느님의 아드님을 사랑하면 아버지도 사랑하는 것입니다. 사랑은 갈라질 수 없는 것입니다. 그대가 사랑해야 할 것을 선택하십시오. 그러면 나머지는 저절로 따라올 것입니다. 그대가 '나는 하느님만 사랑하고, 하느님 아버지만 사랑한다'고 말한다면, 그대는 거짓말하는 것입니다. 그대가 사랑한다면 한 분만 사랑하는 것이 아닙니다. 그대가 아버지를 사랑한다면, 아드님도 사랑하는 것입니다. 보십시오. 그대는 '나는 아버지를 사랑하고 아드님도 사랑한다. 그러나 오직 하느님 아버지와, 하늘에 올라 성부 오른편에 앉으신 하느님이신 아드님 우리 주 예수 그리스도, 그분을 통하여 모든 것이 창조되었고, 사람이 되시어 우리 가운데 사셨던 말씀만을 나는 사랑한다'고 말한다면, 그대는 거짓말하는 것입니다. 그대가 머리를 사랑한다면 그 지체도 사랑하게 됩니다. 그대가 지체를 사랑하지 않는다면 머리도 사랑하지 않는 것입니다. 당신 지체를 위하여 하늘에서 외치시는 머리의 소리를 그대는 듣지 못합니까? "사울아, 사울아, 왜 나를 박해하느냐?"[16] 당신 지체를 박해하던 사람을 당신의 박해자라고 부르십니다. 당신 지체를 사랑하는 것이 당신을 사랑하는 것이라는 말씀입니다. 형제 여러분, 여러분은 그분의 지체가 누구인지 이미 알고 계십니다. 바로 하느님의 교회입니다.

**"우리가 하느님을 사랑하면 그로써 우리가 하느님의 자녀들을 사랑한다는 것을 알게 됩니다"**(1요한 5,2 참조). 어떻게 말입니까? 하느님의 자녀들은 하느님과 다르지 않습니까? 그러나 하느님을 사랑하는 사람은 그분의 계명도 사랑합니다. 하느님의 계명은 무엇입니까? "내가 너희에게 새 계명을 준다. 서로 사랑하여라."[17] 아무도 이 사랑 때문에 저 사랑을 할 수 없다고 변명하지 마십시오. 사랑은 이렇게 서로를 끌어당기고 있습니다. 사

tenet ista dilectio: quomodo ipsa compaginata est in unum, sic omnes qui ex illa pendent, unum facit, et quasi conflat illos ignis. Aurum est, conflatur massa, et fit unum aliquid: sed nisi fervor caritatis accendat, ex multis in unum conflari non potest. *Quia Deum diligimus, inde cognoscimus quia diligimus filios Dei.*

**4.** Et unde cognoscimus quia diligimus filios Dei? Quia *Deum diligimus, et praecepta eius facimus.* Suspiramus hic ex difficultate faciendi praeceptum Dei. Audi quid sequatur. Homo, quid laboras amando? amando avaritiam. Cum labore amatur quod amas: sine labore amatur Deus. Avaritia iussura est labores, pericula, trituras, tribulationes; et obtemperaturus es. Quo fine? ut habeas unde impleas arcam, perdas securitatem. Securior forte eras antequam haberes, quam cum habere coepisti. Ecce quid tibi iussit avaritia: implesti domum, timentur latrones; acquisisti aurum, perdidisti somnum. Ecce quid tibi iussit avaritia: Fac, et fecisti. Quid tibi iubet Deus? Dilige me. Aurum diligis, quaesiturus es aurum, et forte non inventurus: quisquis me quaerit, cum illo sum. Amaturus es honorem, et forte non perventurus: quis me amavit, et non ad me pervenit? Dicit tibi Deus: patronum tibi vis facere, aut amicum poten-

랑은 하나로 연결되어 있어서, 자기에게 딸린 모든 것도 하나로 만듭니다. 그것은 마치 불이 그것들을 녹여 버리는 것과 같습니다. 금붙이가 녹아서 한 덩어리의 금이 됩니다. 사랑의 불이 붙지 않는다면 그 많은 것들이 하나로 뭉쳐질 수 없습니다. "**우리가 하느님을 사랑하면 그로써 우리가 하느님의 자녀들을 사랑한다는 것을 알게 됩니다**"(1요한 5,2 참조).

4. 우리가 하느님의 자녀들을 사랑한다는 것을 무엇으로 알 수 있습니까? "**하느님을 사랑하고 그분의 계명을 실천하는 것입니다**"(1요한 5,2). 여기서 우리는 하느님의 계명을 실천하기 어렵다고 한숨짓습니다. 이 말을 들어 보십시오. 오, 인간이여, 그대는 왜 사랑하면서 고생합니까? 탐욕을 사랑하기 때문입니다. 그대가 사랑하고 있는 그것은 갖은 고생을 다해야 사랑할 수 있지만, 하느님은 아무 고생 없이 사랑할 수 있습니다. 탐욕은 고생과 위험, 위기와 환난을 안겨 줄 뿐인데도, 그대는 탐욕에 복종할 것입니다. 무엇을 위해서입니까? 금고를 채울 뭔가를 지니고서 편안한 마음을 잃어버리기 위해서입니다. 그대가 소유하기 시작한 때보다 소유하기 이전이 아마 훨씬 더 편안했을 것입니다. 탐욕이 그대에게 명한 것을 보십시오. 그대는 집을 재물로 채우고는 도둑을 두려워합니다. 그대는 금덩어리를 차지하고는 잠을 잃어버렸습니다. 탐욕이 그대에게 명하는 것을 보십시오. 탐욕이 시키는 대로 그대는 행하였습니다. 하느님께서는 그대에게 무엇을 명하십니까? '나를 사랑하라'고 하십니다. '너는 금을 사랑하여 금을 찾아다니겠지만, 아마 찾아내지 못할 것이다. 나를 찾는 사람이 누구든지 나는 그와 함께 있다. 너는 명예를 좋아하지만, 아마도 거기에 이르지 못할 것이다. 나를 사랑한 사람치고 나에게 이르지 못한 사람이 있더냐?' 하느님께서 그대에게 말씀하십니다. '너는 후견인이나 능력 있는 친구를 만

tem; ambis per alium inferiorem. Me ama, dicit tibi Deus: non ad me ambitur per aliquem; ipse amor praesentem me tibi facit. Quid dulcius dilectione ista, fratres? Non sine causa modo audistis in psalmo, fratres: *Narraverunt mihi iniusti delectationes; sed non sicut lex tua, Domine.* Quae est lex Dei? mandatum Dei. Quod est mandatum Dei? novum illud mandatum, quod ideo novum dicitur, quia innovat: *Mandatum novum do vobis, ut vos invicem diligatis.* Audi quia ipsa est lex Dei: Apostolus dicit: *Invicem onera vestra portate, et sic adimplebitis legem Christi.* Ipsa est consummatio omnium operum nostrorum, dilectio. Ibi est finis; propter hoc currimus; ad ipsam currimus; cum venerimus ad eam requiescemus.

**5.** Audistis in psalmo: *Omnis consummationis vidi finem.* Dixit: *Omnis consummationis vidi finem:* quid viderat iste? Putamus, ascenderat in verticem alicuius altissimi montis et acutissimi, et perspexerat, et viderat ambitum terrae et circulos orbis universi; et ideo dixit: *Omnis consummationis vidi finem?* Si hoc laudabile est, oculos carnis quaeramus a Domino tam acutos, ut aliquem excelsissimum montem, qui est in terra, requiramus, de cuius cacumine videamus omnis consummationis finem. Noli ire longe: ecce dico tibi, ascende in montem, et vide finem. Christus mons est; veni ad

---

18 시편 118,85. 『성경』: "교만한 자들이 제게 구렁을 팠습니다. 당신의 가르침대로 따르지 않는 저들이."

19 요한 13,34.　　　　　　20 갈라 6,2.

들고 싶어 더 못한 다른 사람을 통하여 청탁한다.' 하느님께서 그대에게 말씀하십니다. '나를 사랑하여라. 나에게 오기 위해 다른 사람을 통하여 청탁하지 마라. 사랑 자체가 나를 네 곁에 있게 한다.' 형제 여러분, 이 사랑보다 더 달콤한 것이 무엇입니까? 조금 전에 시편에서 들은 말씀이 부질없는 것이 아닙니다. "불의한 자들이 저에게 쾌락을 속삭였건만, 주님, 당신 법 같지 않나이다."[18] 하느님의 법이란 무엇입니까? 하느님의 계명입니다. 하느님의 계명은 무엇입니까? 그것은 새로운 계명인데, 사람을 새롭게 하기 때문에 새 계명이라고 합니다. "내가 너희에게 새 계명을 준다. 서로 사랑하여라."[19] 하느님의 법이 어떠한지 들어 보십시오. 사도는 말합니다. "서로 남의 짐을 져 주십시오. 그러면 그리스도의 율법을 완수하게 될 것입니다."[20] 우리가 하는 모든 일의 완성은 사랑입니다. 바로 거기에 끝이 있습니다. 우리는 그 끝을 위해서 달리고 있고, 그 끝을 향하여 달리고 있습니다. 그 끝에 다다를 때 우리는 비로소 편히 쉬게 될 것입니다.

**5.** "나는 모든 완성의 끝을 보았노라"[21]라는 시편 말씀을 여러분은 들으셨습니다. "나는 모든 완성의 끝을 보았노라"고 했습니다. 시편 작가는 무엇을 보았다는 것입니까? 아주 높고 뾰족한 산꼭대기에 올라가 땅의 끝자락과 우주 천체 궤도를 둘러보고 바라본 다음, "나는 모든 완성의 끝을 보았노라"고 말했다고 생각하십니까? 이것이 찬미할 만한 것이라면, 하느님께 날카로운 육신의 눈을 달라고 청해서, 지상에서 제일 멋진 산을 찾아, 그 꼭대기에서 모든 완성의 끝을 보도록 합시다. 자, 그대에게 말씀드립니다. 멀리 가려 하지 마십시오. 산에 올라 끝을 보십시오. 그리스도께서 산이십

---

21 시편 118,96. 『성경』: "완전한 것에서도 다 끝을 보았지만."

Christum, vides inde finem omnis consummationis. Quis est iste finis? Paulum interroga: *Finis autem praecepti est caritas de corde puro, et conscientia bona, et fide non ficta;* et alio loco: *Plenitudo autem legis caritas.* Quid tam finitum et terminatum quam plenitudo? Etenim, fratres, *finem* ponit laudabiliter. Nolite putare consumptionem, sed consummationem. Aliter enim dicitur: *Finivi panem;* aliter: *Finivi tunicam.* Finivi panem manducando; finivi tunicam intexendo. Et ibi finis sonat, et illic finis sonat: sed tamen panis finitur ut consumatur, tunica finitur ut consummetur; panis finitur ut non sit, tunica finitur ut perfecta sit. Ergo sic audite *finem,* et quando legitur psalmus, et auditis: *In finem psalmus David.* Assidue auditis hoc in psalmis, et debetis nosse quod auditis. Quid est, *in finem? Finis enim Legis Christus est, ad iustitiam omni credenti.* Et quid est *finis Christus?* quia Christus Deus, et finis praecepti caritas, et Deus caritas: quia Pater et Filius et Spiritus Sanctus unum sunt. Ibi tibi finis est: alibi via est. Noli haerere in via, et non pervenire ad finem. Ad quidquid aliud veneris, transi usque quo pervenias ad finem. Quid est finis? *Mihi autem adhaerere Deo bonum est.* Adhaesisti Deo, finisti viam; permanebis in patria.

Intendite. Pecuniam aliquis quaerit; non sit tibi finis: transi tamquam peregrinus. Quaere ubi transeas, non ubi remaneas. Si autem

---

22 1티모 1,5. 『성경』: "지시의 목적은 …".  23 로마 13,10.
24 로마 10,4.   25 시편 72,28.

니다. 그리스도께 오십시오. 거기서 모든 완성의 끝을 보게 될 것입니다. 그 끝이란 무엇입니까? 바오로에게 물어 보십시오. "계명의 목적(끝)은 깨끗한 마음과 바른 양심과 진실한 믿음에서 나오는 사랑입니다."[22] 또 다른 곳에서는 "사랑은 율법의 완성입니다"[23]라고 하였습니다. '완성'보다 더 최종적이고 완결적인 것이 무엇이겠습니까? 형제 여러분, 바로 이 때문에 시편 작가는 기꺼이 '끝'이라는 낱말을 썼습니다. 이것은 소멸이 아니라, 완성이라고 생각해야 합니다. '내가 빵을 끝냈다'는 말과 '내가 겉옷을 끝냈다'는 말은 다릅니다. 빵은 먹어서 끝내고 겉옷은 다 짜서 끝냈습니다. 여기서도 끝이라고 소리 내고, 저기서도 끝이라고 소리 내지만, 빵은 소모되어 끝나고, 겉옷은 완성되어 끝납니다. 빵은 끝나서 없어지고, 겉옷은 끝나서 완성됩니다. 시편을 읽어 내려가다가 '다윗 시편의 끝'이라는 말을 듣게 될 때, 여러분은 바로 이 '끝'을 듣는 것입니다. 여러분은 확실히 이 낱말을 시편에서 들으셨고, 그 들으신 바를 이해하셔야 합니다. '끝'이라는 말은 무슨 뜻입니까? "그리스도는 율법의 끝이십니다. 믿는 이는 누구나 의로움을 얻게 하려는 것입니다."[24] '끝이신 그리스도'는 무슨 뜻입니까? 그리스도께서는 하느님이시고, 계명의 끝은 사랑이며, 하느님은 사랑이시라는 뜻입니다. 아버지와 아드님과 성령께서는 한 분이시기 때문입니다. 여기가 바로 그대의 끝이고, 다른 곳은 길입니다. 길에 머물러 있지 마십시오. 끝에 다다르지 못할 것입니다. 그대가 다른 어느 곳에 도착하더라도, 끝에 다다르기까지는 그저 지나치십시오. 끝은 무엇입니까? "하느님께 가까이 있음이 저에게는 좋습니다."[25] 그대가 하느님 가까이 머물면서 여정을 끝내면, 그때 본향에서 영원히 머물게 될 것입니다.

잘 들어 보십시오. 어떤 사람이 돈을 찾고 있습니다. 이것이 그대의 끝이 되게 하지 마십시오. 그대, 나그네처럼 지나치십시오. 지나갈 곳을 찾

amas, per avaritiam implicatus es: erit tibi avaritia catena pedum; ultra progredi non potes. Transi ergo et hoc; quaere finem. Salutem corporis quaeris, adhuc noli ibi remanere. Quae est enim ista salus corporis, quae morte perimitur, quae aegritudine debilitatur, frivola, mortalis, fluxa? Quaere illam, ne impediat forte morbida valetudo opera tua bona. Ergo non est ibi finis; quia propter aliud quaeritur. Quidquid propter aliud quaeritur, non est ibi finis: quidquid propter se et gratis quaeritur, ibi est finis. Quaeris honores; forte ad aliquid agendum quaeris, ut peragas aliquid, ut placeas Deo: noli ipsum honorem amare, ne ibi remaneas. Quaeris laudem? Si Dei quaeris, bene facis: si tuam quaeris, male facis; remanes in via. Sed ecce amaris tu, laudaris: noli gratulari quando in te laudaris; laudare in Domino, ut cantes: *In Domino laudabitur anima mea*. Sermonem aliquem bonum dicis, et laudatur sermo tuus? Non laudetur quasi tuus, non est ibi finis. Si ibi ponis finem, finiris: sed non finiris quasi perficiaris, sed finiris ut consumaris. Ergo non laudetur sermo tuus quasi abs te, quasi tuus. Sed quomodo laudetur? Quomodo dicit psalmus: *In Deo laudabo sermonem, in Deo laudabo verbum.* Ex hoc fit ut fiat in te quod sequitur: *In Deo speravi, non timebo*

---

26 '찬양'과 '칭찬'은 같은 명사(laus)에서, '찬양하다'와 '칭찬하다'는 같은 동사(laudare)에서 나온 말로서, 아우구스티누스의 수사학적 기교다.

27 시편 33,3 참조.

28 시편 55,11 참조.

지, 머무를 곳을 찾지 마십시오. 그러나 그대가 돈을 사랑한다면 그대는 탐욕에 사로잡히게 됩니다. 그대는 탐욕이라는 쇠고랑에 발이 묶여서, 더 이상 나아갈 수 없게 됩니다. 그러니 이 걸림돌을 건너가 끝을 찾으십시오. 그대가 육신의 건강을 찾더라도, 거기에 그냥 머물려 하지 마십시오. 사실, 몸의 건강이란 죽음으로 부서지고 병으로 약해지며, 덧없이 죽어 없어지고 흘러가 버리는 것이 아닙니까? 혹시라도 병이 그대의 선행에 지장을 주지 않도록 건강은 찾으십시오. 다른 것을 위하여 건강을 찾는 것이니, 그대에게 건강 자체가 끝은 아닙니다. 다른 것 때문에 찾는 것은 무엇이나 다 끝이 아닙니다. 그 자체를 값없이 찾는 것이라면 그것은 다 끝입니다. 그대가 명예를 찾고 있다면, 그것은 아마도 뭔가를 행하고 실현하기 위해서, 또는 하느님 마음에 들기 위해서일 것입니다. 명예 자체를 사랑하지 말고, 거기에 머물지도 마십시오. 그대 칭찬을 찾고 있습니까? 하느님의 칭찬을 찾고 있다면 잘하는 일입니다.[26] 그러나 그대 자신에 대한 칭송을 찾는다면 잘못하는 것이며, 길가에 머물러 있는 것입니다. 보십시오. 그대가 사랑받고 칭찬받는다고 합시다. 그대 안에서 자랑하며 기뻐하지 말고, 주님 안에서 찬미하며 이렇게 노래하십시오. "내 영혼아, 주님 안에서 자랑해 보라!"[27] 그대가 좋은 설교를 하면, 그대의 설교가 칭찬받습니까? 그 설교가 그대의 것인 양 자랑하지 마십시오. 거기에 끝이 있지 않습니다. 거기에 끝을 둔다면 그대도 끝장나 버릴 것입니다. 그대가 완성되어 끝나는 것이 아니라, 소모되어 끝나는 것입니다. 그러니 그대의 설교가 그대에게서 나오는 것인 양, 그대의 것인 양 칭찬받지 않도록 하십시오. 그러면 어떻게 칭찬받아야 하겠습니까? 시편이 들려주듯이 하면 됩니다. "하느님 안에서 나는 설교를 찬양하리라. 하느님 안에서 나는 말씀을 찬양하리라."[28] 이렇게 하면 그대 안에서 이어지는 말씀이 이루어집니다. "하

*quid faciat mihi homo.* Quando enim omnia tua in Deo laudantur, non timetur ne pereat laus tua; quia non deficit Deus. Ergo transi et ipsam.

**6.** Videte, fratres, quanta transimus, in quibus non est finis. His utimur quasi in via; quasi in mansionibus stabulorum reficimur, et transimus. Ubi ergo finis? *Dilectissimi, filii Dei sumus, et nondum apparuit quid erimus;* hic dictum est, in hac Epistola. Adhuc ergo in via sumus; adhuc quocumque venerimus, transire debemus, usque quo perveniamus ad aliquem finem. *Scimus quia cum apparuerit, similes ei erimus, quoniam videbimus eum sicuti est.* Iste finis; ibi perpetua laudatio, ibi semper Alleluia sine defectu.

Ergo ipsum finem dixit in psalmo: *Omnis consummationis vidi finem.* Et quasi diceretur illi: Quis est finis quem vidisti? *Latum mandatum tuum valde.* Ipse est finis, latitudo mandati. Latitudo mandati caritas est; quia ubi est caritas, non sunt angustiae. In ipsa latitudine erat Apostolus, cum diceret: *Os nostrum patet ad vos, o Corinthii; cor nostrum dilatatum est: non angustamini in nobis.* Ideo ergo *latum mandatum tuum valde.* Quod est latum mandatum? *Mandatum novum do vobis, ut vos invicem diligatis.* Caritas ergo

29 시편 55,5.12 참조.
31 시편 118,96.
33 요한 13,34.
30 시편 118,96.
32 2코린 6,11-12 참조.

느님 안에 희망을 두었으니 사람이 나에게 하는 일을 두려워하지 않으리라."[29] 그대가 행한 모든 것이 하느님 안에서 칭찬받을 때, 그대가 받는 칭찬을 잃을까 두려워하지 않게 됩니다. 하느님은 아쉬움이 없으시기 때문입니다. 그러므로 칭찬도 지나치십시오.

**6.** 형제 여러분, 우리가 끝이 아닌 것들을 얼마나 많이 스쳐 지나왔는지 살펴보십시오. 우리는 그것들을 마치 길 가는 나그네처럼 사용하고 있습니다. 주막에 잠시 들러 쉬었다가는 또다시 길을 떠나 지나갑니다. 그러면 어디에 끝이 있습니까? **"사랑하는 여러분, 이제 우리는 하느님의 자녀입니다. 우리가 어떻게 될지는 아직 드러나지 않았습니다"**(1요한 3,2)라고 이 편지에서 말하고 있습니다. 우리는 아직 여정에 있기 때문에, 어디에 가든지 끝에 도착할 때까지는 다 스쳐 지나가야 합니다. **"그렇지만 그분께서 나타나시면 우리도 그분처럼 되리라는 것은 알고 있습니다. 그분을 있는 그대로 뵙게 될 것이기 때문입니다"**(1요한 3,2). 이것이 끝입니다. 거기에는 완전한 찬미가 있고, 쉼 없는 '알렐루야'가 있을 것입니다.

"나는 모든 완성의 끝을 보았노라"[30]는 시편 말씀은 바로 이 끝을 두고 하신 말씀입니다. 당신이 보았다는 그 끝이 어떤 것이냐는 물음을 받기라도 한 것처럼, 시편 작가는 이렇게 말합니다. "당신 계명은 한없이 넓습니다."[31] 넓은 계명, 이것이 바로 끝입니다. 넓은 계명은 곧 사랑입니다. 사랑이 있는 곳에는 옹색함이 없기 때문입니다. 바오로 사도는 이 넓음 안에서 말했습니다. "코린토 신자 여러분, 우리 입은 여러분에게 열려 있습니다. 우리의 마음은 넓습니다. 우리에게 옹색하지 마십시오."[32] 그러므로 "당신 계명은 한없이 넓습니다". 넓은 계명이란 무엇입니까? "내가 너희에게 새 계명을 준다. 서로 사랑하여라."[33] 사랑은 옹색하지 않습니다. 그대, 이 세

non angustatur. Vis non angustari in terra? In lato habita. Quidquid enim tibi fecerit homo, non te angustat; quia illud diligis quod non nocet homo: Deum diligis, fraternitatem diligis, legem Dei diligis, Ecclesiam Dei diligis; sempiterna erit. Laboras in terra, sed pervenies ad fructum promissum. Quis tibi tollit quod diligis? Si nemo tollit tibi quod diligis, securus dormis: immo securus vigilas, ne dormiendo perdas quod diligis. Non enim frustra dictum est: *Illumina oculos meos, ne quando obdormiam in morte.* Qui claudunt oculos contra caritatem, obdormiscunt in concupiscentiis delectationum carnalium. Evigila ergo. Delectationes enim sunt, manducare, bibere, luxuriari, ludere, venari: pompas istas vanas omnia mala sequuntur. Numquid nescimus quia delectationes sunt? Quis neget quia delectant? Sed plus diligitur Lex Dei. Clama contra tales suasores: *Narraverunt mihi iniusti delectationes; sed non sicut lex tua, Domine.* Ista delectatio manet. Non solum manet quo venias, sed etiam revocat fugientem.

**7.** *Haec est enim dilectio Dei, ut praecepta eius servemus.* Iam audistis: *In his duobus praeceptis tota Lex pendet et prophetae.* Quomodo noluit te dividere per multas paginas? *In his duobus praeceptis tota Lex pendet et prophetae.* In quibus duobus praeceptis? *Dili-*

---

34 시편 12,4.
35 시편 118,85.
36 마태 22,40.

상에서 옹색하지 않기를 바라십니까? 넓은 곳에 사십시오. 사람이 그대에게 무슨 짓을 할지라도 그대를 옹색하게 할 수는 없습니다. 그대는 사람이 해롭게 할 수 없는 것을 사랑하고 있기 때문입니다. 곧, 그대는 하느님을 사랑하고, 형제들을 사랑하며, 하느님의 법을 사랑하고, 하느님의 교회를 사랑하기에 그 사랑은 영원할 것입니다. 현세에서 수고하고 있지만, 약속된 미래에 이르게 될 것입니다. 그대가 사랑하는 것을 누가 그대에게서 빼앗겠습니까? 아무도 그대가 사랑하는 것을 빼앗을 수 없다면, 그대는 편안하게 잠을 잘 것입니다. 아니, 잠자느라 사랑하는 것을 잃을세라, 안심하며 깨어 있을 것입니다. "죽음의 잠을 자지 않도록 제 눈을 비추소서"[34]라는 말씀이 빈말이 아닙니다. 사랑에 눈을 감은 사람은 육체적 쾌락의 탐욕 안에서 잠들어 있습니다. 그러므로 깨어나십시오. 그 쾌락이란 먹고, 마시고, 사치하고, 놀고, 사냥하는 것입니다. 이 헛된 허영에 모든 악이 따릅니다. 이런 것들이 즐거운 일이라는 것을 우리가 모릅니까? 그런 것들이 즐거움을 준다는 것을 누가 부정합니까? 그러나 하느님의 법이 더 사랑받아야 합니다. 꼬드기는 사람들을 거슬러 외치십시오. "불의한 자들이 저에게 쾌락을 속삭였건만, 주님, 당신 법 같지 않나이다."[35] 이 쾌락은 머물러 있습니다. 쾌락은 그대가 오기까지 머물러 있을 뿐 아니라, 피해 가는 사람마저 불러 댑니다.

**7.** "**하느님을 사랑하는 것은 바로 그분의 계명을 지키는 것입니다**"(1요한 5,3). 여러분께서 이미 들으셨듯이 "온 율법과 예언서의 정신이 이 두 계명에 달려 있습니다."[36] 그대를 성경 수많은 책장에 갈라놓기를 원치 않으신 주님께서는 어떻게 하셨습니까? "온 율법과 예언서의 정신이 이 두 계명에 달려 있다." 어떤 두 계명입니까? "네 마음을 다하고 네 목숨을 다하고

ges *Dominum Deum tuum ex toto corde tuo, et ex tota anima tua, et ex tota mente tua;* et: *diliges proximum tuum sicut teipsum. In his duobus praeceptis tota Lex pendet et prophetae.* Ecce de quibus praeceptis narrat tota ista Epistola. Tenete ergo dilectionem, et securi estote. Quid times ne male facias alicui? Quis male facit ei quem diligit? Dilige, non potest fieri nisi bene facias.

Sed forte corripis? Amor hoc facit, non saevitia. Sed forte caedis? Ad disciplinam facis; quia amor ipsius dilectionis non te permittit neglegere indisciplinatum. Et fit quodammodo quasi diversus fructus et contrarius, ut aliquando odium blandiatur, et caritas saeviat. Nescio quis odit inimicum suum, et fingit illi amicitiam: videt illum facere aliquid mali, laudat: vult eum esse praecipitem, vult caecum ire per abrupta cupiditatum suarum, unde forte non redeat; laudat, *quoniam laudatur peccator in desideriis animae suae;* adhibet illi unctionem adulationis suae: ecce odit, et laudat. Alter videt amicum suum tale aliquid facere, revocat: si illum non audiat, profert verba etiam castigationis, obiurgat, litigat: aliquando venitur ad hanc necessitatem ut litiget. Ecce odium blanditur, et caritas litigat. Noli adtendere verba blandientis, et quasi saevitiam obiurgantis; venam inspice, radicem unde procedant quaere. Ille blanditur ut decipiat, iste litigat ut corrigat.

---

37 마태 22,37-40.
38 시편 9,3 참조.

네 정신을 다하여 주 너의 하느님을 사랑해야 한다"는 것과, "네 이웃을 너 자신처럼 사랑해야 한다", "온 율법과 예언서의 정신이 이 두 계명에 달려 있다"는 것입니다.37 보십시오. 이 편지가 바로 이 두 계명에 관하여 말하고 있습니다. 사랑을 지니십시오. 그리고 안심하십시오. 그대는 왜 누구에 겐가 악하게 행동할까 봐 두려워합니까? 누가 사랑하는 사람에게 악하게 대하겠습니까? 사랑하십시오. 그러면 선하게 행하는 것 말고는 그 어떤 일도 일어나지 않을 것입니다.

그대, 혹시 꾸짖고 있습니까? 혹독함이 아니라 사랑이 꾸짖게 하십시오. 그대, 혹시 매질하십니까? 훈육하기 위해 매질하십시오. 사랑 자체에 대한 사랑은 훈육되지 않은 사람에게 무관심한 것을 허락하지 않기 때문입니다. 때때로 미움이 살갑게 구는 것과 사랑이 매를 드는 것이 다른 결과나 정반대의 결과를 가져올 수 있습니다. 예컨대, 자기 원수를 미워하는 사람이 그에게 우정을 지닌 체합니다. 그는 원수가 악한 일을 행하는 것을 보고도 칭찬합니다. 그리하여 원수가 고꾸라지기를 바라고, 자기 탐욕으로 눈먼 채 걸어가다가 다시 돌아오지 않게 되기를 바랍니다. 그가 칭찬하는 것은 "죄인은 자기 영혼의 욕망 속에서 칭찬받기 때문입니다."38 이렇게 그는 기름 발린 아첨을 하여, 미워하면서도 칭찬해 줍니다. 그러나 어떤 사람은 자기 벗이 이처럼 행하는 것을 보고는 깨우쳐 줍니다. 그래도 말을 안 들으면 따끔한 말로 타일러 주고, 책망도 하고, 다투기도 합니다. 필요할 경우에는 다투기까지 하는 것입니다. 이처럼 미움은 살갑게 굴고, 사랑은 다툽니다. 아첨하는 자의 말을 들으려 하지 말고, 꾸짖는 사람의 쓴소리를 들으십시오. 행동이 나오는 원천을 살피고 뿌리를 찾아보십시오. 이 사람은 속이려고 살갑게 굴고, 저 사람은 바로잡으려고 다툽니다.

Ergo non opus est, fratres, ut per nos distendatur cor vestrum; impetrate a Deo ut diligatis invicem. Omnes homines, etiam inimicos vestros diligatis: non quia sunt fratres, sed ut fratres sint; ut semper fraterno amore flagretis, sive in fratrem factum, sive in inimicum, ut frater fiat diligendo. Ubicumque fratrem diligitis, amicum diligitis. Iam tecum est, iam in unitate etiam catholica tibi coniunctus est. Si bene vivis, fratrem diligis factum ex inimico. Sed diligis aliquem qui nondum credidit Christo, aut si credidit Christo, ut daemones credit; reprehendis vanitatem ipsius. Tu dilige, et fraterno amore dilige: nondum est frater, sed ideo diligis ut sit frater. Ergo tota dilectio nostra fraterna est erga Christianos, erga omnia membra eius. Disciplina caritatis, fratres mei, robur, flores, fructus, pulchritudo, amoenitas, pastus, potus, cibus, amplexus, sine satietate est. Si sic nos delectat peregrinos, in patria quomodo gaudebimus?

**8.** Curramus ergo, fratres mei, curramus, et diligamus Christum. Quem Christum? Iesum Christum. Quis est iste? Verbum Dei. Et quomodo venit ad aegrotos? *Verbum caro factum est, et habitavit in nobis.* Completum est ergo quod Scriptura praedixit: *Oportebat Christum pati, et resurgere tertia die a mortuis.* Corpus ipsius ubi

---

39 요한 1,14.   40 루카 24,46.

형제 여러분, 저희를 통하여 여러분의 마음을 넓힐 필요는 없습니다. 여러분이 서로 사랑하게 해 달라고 하느님께 간청하십시오. 모든 사람을, 심지어 여러분의 원수까지도 사랑하십시오. 그들이 형제이기 때문에 사랑할 것이 아니라, 여러분의 형제가 될 수 있도록 사랑하십시오. 이미 형제가 된 사람을 향해서나, 원수를 향해서나 항상 형제애로 불타도록 하십시오. 사랑으로써 형제가 될 것입니다. 형제를 사랑할 때마다 벗을 사랑하는 것입니다. 그는 이미 그대와 함께 있고, 가톨릭 일치 안에서 그대와 결합되어 있습니다. 그대가 잘 살면, 원수였던 사람을 형제로 만들어 사랑하게 됩니다. 그러나 아직 그리스도를 믿지 않는 사람이나, 믿더라도 마귀가 하는 식으로 믿는 사람을 사랑한다면, 그들의 허영심을 꾸짖으십시오. 사랑하되 형제적 사랑으로 사랑하십시오. 아직 형제가 아니더라도, 형제가 될 수 있도록 사랑하십시오. 이렇게 해서 우리의 모든 형제애는 그리스도인들과 그리스도의 모든 지체를 향하게 됩니다. 형제 여러분, 사랑의 훈련, 사랑의 힘, 사랑의 꽃, 사랑의 열매, 사랑의 아름다움, 사랑의 매력, 사랑의 양식, 사랑의 음료, 사랑의 음식, 사랑의 포옹은 만족할 줄 모릅니다. 사랑이 지상의 나그네인 우리를 이토록 즐겁게 해 준다면, 본향에서는 얼마나 더 기쁘겠습니까?

**8.** 그러므로 나의 형제 여러분, 달리고 또 달립시다. 그리고 그리스도를 사랑합시다. 어떤 그리스도를 말입니까? 예수 그리스도를 말입니다. 그분은 누구십니까? 하느님의 말씀이십니다. 어떻게 병자들에게 오셨습니까? "말씀이 사람이 되시어 우리 가운데 사셨습니다."[39] 그래서 성경에서 예언한 바, 곧 "그리스도는 고난을 겪고 사흘 만에 죽은 이들 가운데에서 다시 살아나야 한다"[40]는 말씀이 이루어졌습니다. 그분의 몸은 어디에 누워 있습

iacet? Membra ipsius ubi laborant? Ubi esse debes, ut sub capite sis? *Et praedicari in nomine eius paenitentiam et remissionem peccatorum per omnes gentes, incipiens ab Ierusalem.* Ibi diffundatur caritas tua. Dicit Christus et psalmus, id est, Spiritus Dei: *Latum mandatum tuum valde;* et nescio quis ponit in Africa fines caritatis. Extende caritatem per totum orbem, si vis Christum amare; quia membra Christi per orbem iacent. Si amas partem, divisus es: si divisus es, in corpore non es: si in corpore non es, sub capite non es.

Quid prodest quia credis, et blasphemas? Adoras illum in capite, blasphemas in corpore. Amat ille corpus suum. Si tu te praecidisti a corpore ipsius, caput non se praecidit a corpore suo. Sine causa me honoras, clamat tibi caput desuper; sine causa me honoras. Tamquam si velit tibi aliquis osculari caput, et calcare tibi pedes: forte caligis clavatis contereret pedes tuos, volens tibi tenere caput, et osculari; nonne inter verba honorantis clamares et diceres: Quid facis, homo? Calcas me. Non diceres: Calcas caput meum; quia caput honorabat: sed plus clamaret caput pro membris calcatis, quam pro

---

41 루카 24,47.

42 시편 118,96.

43 북아프리카 지역에서만 자신들의 교회를 꾸려 나가던 도나투스파를 빗대어 하는 말.

니까? 그분의 지체는 어디서 일하고 있습니까? 머리[이신 그리스도] 아래 붙어 있으려면, 그대는 어디에 있어야 하겠습니까? "예루살렘에서부터 시작하여, 죄의 용서를 위한 회개가 그의 이름으로 모든 민족들에게 선포되어야 합니다."[41] 여기에서 그대의 사랑이 퍼져 나갑니다. 그리스도께서 말씀하셨거니와, 시편 곧 하느님의 성령께서도 "당신 계명은 한없이 넓습니다"[42]라고 말씀하셨습니다. 누가 사랑의 한계를 아프리카에만 두었는지 저는 모릅니다![43] 그대, 그리스도를 사랑하고 싶다면 온 세상에 사랑을 펼치십시오. 그리스도의 지체가 온 세상에 퍼져 있기 때문입니다. 한 부분만을 사랑한다면 그대는 갈라져 있는 것입니다. 그렇게 갈라져 있으면 그대는 몸 안에 있는 것이 아닙니다. 몸 안에 있지 않으면 그대는 머리 아래에도 있지 않습니다.

그대가 믿는다면서 하느님을 모독한다면 무슨 소용이 있습니까? 그대는 머리로는 그분을 흠숭하지만 몸으로는 그분을 모독합니다. 그분은 당신의 몸을 사랑하십니다. 그대가 그분의 몸에서 떨어져 나갈지라도, 머리는 당신 몸에서 떨어져 나가지 않습니다. 그분께서는 하늘 높은 곳에서 그대에게 외치십니다. '너는 나를 헛되이 공경하고 있다. 너는 나를 헛되이 공경하고 있다.' 그것은 마치 누군가가 그대의 머리에는 입 맞추고 싶어 하면서도 발은 짓밟고 싶어 하는 것과 같습니다. 그 사람은 그대의 머리를 잡고 입 맞추고 싶어 하면서도 못이 박힌 신으로 그대 발을 짓밟을 수도 있을 것입니다. 그러면 그대는 이 사람이 그대에게 건네는 존경의 말을 가로막고서 소리치며 말하지 않겠습니까? '이 사람아, 무엇을 하는 겐가. 나를 밟고 있지 않은가!' 그대는 그 사람이 그대의 머리를 존경했다 하여 '자네는 내 머리를 밟고 있네'라고 말하지는 않을 것입니다. 오히려 머리는, 존경받은 머리 자체를 위해서라기보다는 짓밟힌 지체를 위해 더 거세게

se, quia honorabatur. Nonne clamat ipsum caput: Nolo honorem tuum; calcare me noli? Iam tu dic, si potes: Quare te calcavi? dic illud capiti: Te osculari volui, amplecti volui. Sed non vides, o stulte, quia quod vis amplecti, per quamdam compagem unitatis pervenit ad id quod calcas? Susum me honoras, iusum me calcas. Plus dolet quod calcas, quam gaudet quod honoras; quia quod honoras, dolet pro eis quos calcas. Quomodo clamat lingua? Dolet mihi. Non dicit: Dolet pedi meo; sed: Dolet mihi, dicit. O lingua, quis te tetigit? quis percussit? quis stimulavit? quis pupugit? Nemo, sed coniuncta sum eis quae calcantur. Quomodo vis non doleam, quando non sum separata?

**9.** Dominus ergo noster Iesus Christus ideo ascendens in caelum die quadragesimo, commendavit corpus suum qua habebat iacere, quia vidit multos honoraturos se, quia ascendit in caelum; et vidit quia honor ipsorum inutilis est, si conculcant membra ipsius in terra. Et ne quis erraret, et cum adoraret caput in caelo, calcaret pedes in terra, dixit ubi essent membra ipsius. Ascensurus enim dixit verba novissima; post ipsa verba non est locutus in terra. Ascensurum caput in caelum commendavit membra in terra, et discessit. Iam

외칠 것입니다. 머리 자체가 이렇게 외치지 않겠습니까? '나는 자네의 존경을 원치 않으니, 나를 밟지나 말아 주겠는가?' 할 수 있다면 그대도 그분께 말씀드려 보십시오. '어떻게 제가 당신을 밟았습니까?' 그리고 그분 머리를 향해서는 이렇게 말해 보십시오. '저는 당신께 입 맞추고 당신을 껴안고 싶었습니다.' '오, 미련한 사람, 네가 껴안고 싶어 하는 것이 네가 밟고 있는 것에 일치의 유대를 통하여 닿아 있다는 것을 어찌 보지 못하는가? 너는 위에서는 나를 존경하지만 아래에서는 나를 짓밟고 있다. 네가 존경해 주는 것을 기뻐하기보다는, 네가 짓밟고 있는 것을 더 아파한다. 네가 존경하는 머리가 네가 짓밟는 지체 때문에 고통을 겪고 있기 때문이다.' 혀는 뭐라고 외칩니까? '내가 아프다'고 합니다. '내 발이 아프다'고 하지 않고 '내가 아프다'고 합니다. 오, 혀야, 누가 너를 건드렸더냐? 누가 너를 때렸더냐? 누가 너를 찔렀더냐? 또 누가 너에게 상처를 입혔더냐? '아무도 없소. 그러나 나는 짓밟히는 지체와 연결되어 있소. 내가 지체와 떨어져 있지 않거늘, 어찌 당신은 내가 아파하지 않기를 바라는 거요?'

**9.** 우리 주 예수 그리스도께서는 [부활하신 지] 사십 일째 되던 날 하늘로 오르시면서 여기 남아 있어야 할 당신의 몸을 맡겨 주셨습니다. 당신이 하늘로 오르신다 하여 많은 이가 당신을 공경하는 것도 보셨고, 사람들이 땅에 있는 당신 지체를 억누른다면 이들의 공경이 헛되리라는 것도 보셨기 때문입니다. 그 누구도 오류에 빠져, 하늘에 계신 머리는 공경하면서 땅에 있는 발을 짓밟지 못하게 하시려고, 당신 지체들이 어디에 있는지 말씀해 주셨습니다. 올라가시면서 마지막 말씀을 남겨 주셨고, 이 말씀을 건네신 뒤로는 지상에서 더 이상 말씀하지 않으셨습니다. 머리께서는 하늘로 오르시며 지체를 땅에 맡기고 떠나셨습니다. 이제 그대는 땅에서 말씀하시

non invenis loqui Christum in terra: invenis illum loqui, sed de caelo. Et de ipso caelo quare? quia membra calcabantur in terra. Persecutori enim Saulo dixit desuper: *Saule, Saule, quid me persequeris?* Ascendi in caelum, sed adhuc in terra iaceo: hic ad dexteram Patris sedeo; ibi adhuc esurio, sitio, et peregrinus sum. Quomodo ergo corpus commendavit in terra ascensurus? Cum interrogarent illum discipuli: *Domine, si hoc in tempore praesentaberis, et quando regnum Israel?* Respondit iturus: *Non est vestrum scire tempus quod Pater posuit in sua potestate: sed accipietis virtutem Spiritus Sancti supervenientem in vos, et eritis mihi testes.* Videte qua diffundat corpus suum, videte ubi se calcari non vult: *Eritis mihi testes in Ierusalem, et in totam Iudaeam, et Samariam, et usque in totam terram.* Ecce qua iaceo qui ascendo. Ascendo enim, quia caput sum: iacet adhuc corpus meum. Qua iacet? Per totam terram. Cave ne percutias, cave ne violes, cave ne calces: novissima verba Christi sunt ista, ituri in caelum.

Considerate languentem in lecto hominem, in domo iacentem, et maceratum aegritudine, proximum morti, anhelantem, iam animam quodammodo inter dentes habentem, qui forte sollicitus de aliqua re cara sibi, quam multum diligit, veniat illi in mentem, et vocet heredes suos et dicat: Rogo vos, facite hoc. Tenet quodammodo

---

44 사도 9,4.  
46 사도 1,7-8 참조.  

45 사도 1,6.  
47 사도 1,8 참조.

는 그리스도를 찾을 수는 없습니다. 하늘에서 말씀하시는 그분을 찾을 따름입니다. 그런데 왜 하늘에서 말씀하십니까? 당신 지체가 땅에서 짓밟히고 있었기 때문입니다. 그분께서는 박해자 사울에게 하늘 높은 곳에서 말씀하셨습니다. "사울아, 사울아, 왜 나를 박해하느냐?"⁴⁴ '나는 하늘에 올라와 있지만, 아직도 땅에 남아 있다. 여기 하늘에서는 아버지 오른쪽에 앉아 있지만, 거기 땅에서 나는 아직도 배고프고 목마르고 나그네살이를 하고 있다'고 말씀하시는 듯합니다. 하늘로 오르시면서 당신의 몸을 어떻게 땅에 맡기셨습니까? 제자들이 "주님, 지금이 주님께서 이스라엘에 다시 나라를 일으키실 때입니까?"⁴⁵ 하고 여쭙자, 떠나시는 주님께서는 "그 때와 시기는 아버지께서 당신의 권한으로 정하셨으니 너희가 알 바 아니다. 그러나 성령께서 너희에게 내리시면 너희는 힘을 받아, 나의 증인이 될 것이다"⁴⁶ 하고 대답하셨습니다. 어디까지 그분의 몸이 퍼져 나가는지 보십시오. 어디서 당신이 짓밟히기를 원치 않으시는지 보십시오. "너희는 예루살렘과 온 유다와 사마리아, 그리고 땅 끝에 이르기까지 나의 증인이 될 것이다."⁴⁷ '자, 올라가는 내가 누워 있는 곳을 보아라. 나는 머리이기 때문에 올라가지만, 내 몸은 아직 남아 있다. 어디에 누워 있느냐? 온 세상에 두루 누워 있다. 그러니 나를 때리지 않도록 조심하여라. 나를 폭행하지 않도록 조심하여라. 나를 짓밟지 않도록 조심하여라.' 이것이 하늘로 올라가시면서 주신 그리스도의 마지막 말씀입니다.

어떤 환자가 자기 집에서 병상에 누워 있다고 생각해 보십시오. 병에 시달린 그는 죽음을 눈앞에 두고 있습니다. 숨을 몰아쉬며 영혼이 막 떠나려는 순간이었습니다. 이때 자기가 매우 소중히 간직해 온 중요한 일이 머리에 떠올라 상속자들을 불러 말합니다. '너희가 이 일을 해 주기를 부탁한다.' 그는 이 말을 분명히 하기 전에는 세상을 떠나지 않으려고 안간힘을

violenter animam, ne ante exeat quam illa verba firmentur. Cum illa verba novissima dictaverit, efflat animam: tollitur cadaver in sepulcrum. Heredes ipsius quomodo meminerunt novissima verba morientis? Quomodo, si quis exsistat qui dicat eis: Nolite facere: quid ergo illi dicant? Ergo non facio quod mihi pater meus efflans animam novissime mandavit, quod ultimum sonuit in aures meas, proficiscente hinc patre meo? Quaevis alia verba ipsius aliter possum habere, novissima verba me plus tenent: non eum vidi amplius, non audivi loquentem.

Fratres, cogitate visceribus christianis, si heredibus sunt tam dulcia, tam grata, tam magni ponderis verba ituri in sepulcrum; heredibus Christi, qualia debent esse verba novissima, non redituri in sepulcrum, sed ascensuri in caelum. Namque ille qui vixit et mortuus est, rapitur ad alia loca anima ipsius, corpus ipsius ponitur in terra: an fiant illa verba, an non fiant, non ad eum pertinet; iam aliud agit, aut aliud patitur: aut in sinu Abrahae gaudet, aut in igne aeterno aquae modicum desiderat; in sepulcro autem ipsius iacet cadaver sine sensu; et custodiuntur verba novissima morientis. Quid sibi sperant illi qui verba novissima sedentis in caelo non custodiunt, videntis desuper an contemnantur, an non contemnantur? illius qui dixit: *Saule, Saule, quid me persequeris?* qui servat ad iudicium quidquid videt pati membra sua?

---

48 루카 16,22 참조.

쓰며 정신을 챙깁니다. 이 마지막 말을 또박또박 내뱉은 다음 그는 숨을 거둡니다. 그리고 시신이 무덤에 묻힙니다. 그러면 상속자들은 어떤 방식으로 죽어 가던 사람의 마지막 말을 어떻게 기억하겠습니까? 혹시라도 유언대로 행하지 말라고 상속자들을 다그치는 자가 있다면, 그에게 이렇게 말하지 않겠습니까? '내 선친께서 떠나시면서 남기신 마지막 말씀이 지금도 내 귀에 들리는 듯 생생한데, 선종하시면서 마지막으로 나에게 명하신 바를 내가 어찌 행하지 않겠습니까? 그분의 다른 말씀들은 달리 받아들일 수도 있겠지만, 나는 마지막 말씀에 더 큰 애착을 느낍니다. 더 이상 그분을 뵐 수도 없고, 더 이상 그분 말씀을 들을 수도 없는 까닭입니다.'

형제 여러분, 그리스도인다운 마음으로 생각해 보십시오. 곧 무덤에 묻힐 사람의 말이 상속자에게 그토록 감미롭고 고맙고 소중했다면, 그리스도의 상속자에게야 그분께서 무덤에 묻히시면서가 아니라 하늘로 올라가시면서 남기신 마지막 말씀은 어떠해야 할지를 말입니다! 이 세상에서 살다가 죽은 이의 영혼은 다른 곳으로 들려 올라가고 육신은 땅에 묻힙니다. 그의 유언이 이루어지느냐 이루어지지 않느냐는 이제 그에게 속한 일이 아닙니다. 지금 그는 다른 일을 하거나 다른 일로 고통을 받습니다. 아브라함의 품 안에서 기뻐하거나 영원한 불 속에서 물 한 방울을 갈망하고 있다는 것입니다.[48] 무덤에는 감각 없는 그의 시신이 누워 있을 따름입니다. 그럼에도 그가 죽으며 남긴 유언은 지켜집니다. 그러니, 하늘에 앉아 계신 분께서 남기신 마지막 말씀을 지키지 않는 이가 희망할 것이란 무엇이겠습니까? 당신 말씀이 멸시당하는지 지켜지는지 하늘 높은 곳에서 지켜보시는 분, "사울아, 사울아, 왜 나를 박해하느냐?"고 말씀하시면서 당신 지체가 겪는 고통을 낱낱이 보시며 심판 날로 미루어 두시는 그분의 마지막 말씀을 지키지 않는 이가 도대체 무엇을 희망할 수 있겠습니까?

**10.** Et quid nos fecimus, inquiunt? nos sumus passi persecutionem, non fecimus. Vos fecistis, o miseri: primo, quia divisistis Ecclesiam. Maior est machaera linguae quam ferri. Superba fuit ancilla Sarae Agar; et afflicta est a domina sua propter superbiam. Disciplina erat illa, non poena. Ideo cum recessisset a domina sua, quid ei dixit angelus? *Revertere ad dominam tuam.* Sic ergo carnalis anima, tamquam ancilla superba, si forte aliquas molestias passa es propter disciplinam, quid insanis? Redi ad dominam tuam, tene dominicam pacem. Ecce proferuntur Evangelia, legimus qua diffunditur Ecclesia: disputatur contra, et dicitur nobis: *Traditores.* Cuius rei traditores? Christus commendat Ecclesiam suam, et non credis: ego tibi crediturus sum maledicenti parentibus meis? Vis ut credam tibi de traditoribus? Crede tu prius Christo. Quid est dignum? Christus Deus est, tu homo es: cui prius debet credi? Christus Ecclesiam suam toto orbe diffudit: ego dico: contemne; Evangelium loquitur: cave. Quid dicit Evangelium? *Oportebat pati Christum, et resurgere a mortuis die tertia, et praedicari in nomine eius paenitentiam, et remissionem peccatorum.* Ubi remis-

---

49 박해받는 순교자들의 교회라 내세우며 가톨릭교회를 배교자 무리로 몰아붙이던 도나투스파를 두고 하는 말이다.
50 창세 16,9 참조.
51 사라는 가톨릭교회를, 하갈은 도나투스파를 가리킨다. 아우구스티누스에 따르면, 교회는 자신의 태 안에서 자녀를 출산하기도 하고, 교회 밖에서 자녀를 출산하기도 하는데, 이것은 사라인 교회가 몸종 하갈의 태를 통해서도 아브라함의 자녀를 낳는 것과 같은 이치다. 도나투스파도 유효한 세례를 통하여 하느님의 자녀로 태어난다는 말이다. 그러나 이 탄생은 신

**10.** 그러면 그들은 '우리가 무엇을 했다는 것입니까? 우리는 박해를 겪기는 했지만, 박해하지는 않았습니다'라고 말합니다.[49] 오, 불쌍한 사람들, 그대들은 박해를 했습니다. 무엇보다도 그대들은 교회를 분열시켰습니다. '혀 칼'이 '쇠 칼'보다 더 날카로운 법입니다.

사라의 몸종 하갈은 교만했습니다. 그 교만 때문에 자기 여주인으로부터 벌을 받았습니다. 그것은 벌이기보다는 훈육이었습니다. 하갈이 자기 여주인을 피해 도망쳤을 때 천사가 뭐라고 했습니까? "너의 여주인에게 돌아가라"[50]고 했습니다. 육적인 영혼이여, 그대가 교만한 여종처럼 훈육받느라 고생 좀 했다 하여 어찌 그리 어리석게 굽니까?[51] 그대 주님께 돌아가 주님의 평화를 누리시오. 복음서가 전하는바, 교회가 어디까지 퍼져 있는지 우리는 읽고 있습니다. 그러나 그들은 반대로 주장하며 우리를 두고 '배교자들'이라고 말합니다.[52] 무엇에 대한 배교자들이라는 말입니까? 그리스도께서 당신 교회를 맡기셨는데 그대는 믿지 않습니다. 내 부모를 욕하는 그대를 내가 믿어야 하겠습니까? '배교자들'에 관한 그대의 말을 내가 믿어 주기를 바랍니까? 그대가 먼저 그리스도를 믿으시오. 무엇을 해야 마땅합니까? 그리스도께서는 하느님이시고 그대는 사람입니다. 누구를 먼저 믿어야 하겠습니까? 그리스도께서는 당신 교회를 온 세상에 퍼뜨리셨습니다. 제가 말하는 것이라면 멸시하십시오. 그러나 복음서가 말하고

---

랑이신 '그리스도의 씨'(semen Christi)로 말미암은 것이므로, 모든 자녀들의 합법적인 어머니는 사라뿐이라는 것이다. 이로써 아우구스티누스는 교회 밖에서도 하느님의 자녀들이 태어나며, 교회의 모성은 교회 밖에도 미친다고 보았다. 참조: 아우구스티누스 『세례론』 1,10,14; 1,15,23; 1,16,25; J. Ratzinger, *Volk und Haus Gottes in Augustinus Lehre von der Kirche*, München 1954, 142; Wono Choe, *Ottato di Milevi, una svolta nella teologia della Chiesa e dei sacramenti*, Roma 2000, 117-20.

[52] 도나투스파는 가톨릭교회 전체를 '배교자들'(traditores)이라고 몰아붙이며 끊임없이 자신들의 분열을 합리화하였다. 해제 각주 13 참조.

sio peccatorum, Ecclesia est. Quomodo Ecclesia? Illi enim dictum est: *Tibi dabo claves regni caelorum: et quae solveris in terra, soluta erunt et in caelis; et quae ligaveris in terra, ligata erunt et in caelis.* Qua diffunditur ista remissio peccatorum? *Per omnes gentes, incipiens ab Ierusalem.* Ecce crede Christo. Sed quia intellegis, si credideris Christo, non te habere quod dicas de *traditoribus;* tibi vis ut credam parentibus meis maledicenti, quam tu credas Christo praedicenti.

있다면 조심하십시오. 복음서는 뭐라고 합니까? "그리스도는 고난을 겪고 사흘 만에 죽은 이들 가운데에서 다시 살아나야 한다. 그리고 죄의 용서를 위한 회개가 그의 이름으로 선포되어야 한다."[53] 죄의 용서가 있는 곳에 교회가 있습니다. 교회가 어떻게 그리합니까? "나는 너에게 하늘 나라의 열쇠를 주겠다. 그러니 네가 무엇이든지 땅에서 풀면 하늘에서도 풀릴 것이고, 네가 무엇이든지 땅에서 매면 하늘에서도 매일 것이다"[54]라고 교회에 말씀하셨기 때문입니다. 죄의 용서는 어디까지 퍼져 나갑니까? "예루살렘에서부터 시작하여 모든 민족들에게"[55] 퍼져 나갑니다. 자, 그대, 그리스도를 믿으십시오. 그러나 그대가 그리스도를 믿는다면 '배교자들'에 대해서 할 말이 없다는 것을 알아야 합니다. 그대는 선포하시는 그리스도를 믿기보다는, 내 부모를 욕하는 그대를 내가 믿어 주기를 바랄 따름입니다.

---

[53] 루카 24,46-47 참조.
[54] 마태 16,19. 『성경』: "… 땅에서 매면 하늘에서도 매일 것이고, … 땅에서 풀면 하늘에서도 풀릴 것이다."
[55] 루카 24,47 참조.

색인
인명·사항

가난 36 237 261-3 281 331 355 363 365 375
가라지 174-5 255 291
가톨릭 15-6 98 102 115-6 140 166 337 462-3 453
강해 12-3 15-8 53 55 58-9 71 95 107 178 183 189 219 239 259 305 321 386 400 427
거짓말 56 71 73 149 163 165 191 223 419 437
거짓말쟁이 57 79 85 149 163 165 169 171 193 217 383 417
걸림돌 57 93 95 97 99 423 445
겸손 36-7 44-5 55 77 81 127 143 151 313 347 351
계명 13 40 57 85 87 89 91 99 229 231 245 257 269 271 283 285 303 309 327 383 421 423 425 427 437 439 441 443 447 449 451 455
고백 12 21-2 44 57 65 75 77 79 81 129 149 167 169 171 175 193 195 217 223 233 239 257 267 281 285 295 297 299 301-2 328 339 345 365 379 417 431 433
고통 61 95 97 99 139 157 159 279 281 399 435 457 461
교만 37 77 83 129 143 193 215 311 313 287 355 363 365 440 463
교회 14-6 18-9 53 55 58 63 83 85 95 97 101 104 111 113 115-7 119 121 151 155-7 159 161 165-6 173-4 229 243 260-1 275 287 291 296-7 300-1 303 321 331 337 345 347 377 423 429 431 437 449 454 462-3 465

구별/구분 14 18 36 38-40 227 241 243 317 325 327 331 350-1 363 405
구원 30 71 85 107 129 131 135 151 163 189 193 207 227 229 233 239 253 267 269 275 277 279 283 325 359 361 377 427 429
그리스도 13-4 32-5 43 56-7 59 62-3 67 71 73 75 79 81 83 85 87-9 91 93 95 97 99 101 103 107 109 111 113 115-7 119 121 123 127 133 149 151 153 155 157 159 161 163 165 167 169 171 173 175 177 179 183 185-6 197 199 201 203 205 207 209 211 213 215 217 219 231 235 241 253 257 283 285 288 295 297 299 300-3 305 311 315 321 323 325 335 337 341 345 365 371 391 393 397 401 413 423 425 427 429 431 433 435 437 441 443 453 455 457 459 461-3 465
그리스도의 적 14 149 157 159 161 163 167 169 171 173 175 177 311 313 317 321
그리스도인 16 19 21-2 29-30 61 93 105 109 115 117 145 197 199 205 253 255 313 321 347 361 405 429 431 433 453 461 463
기도 11 24 45 83 87 89 111 145 195 225 233 235 273 281 283 309 363 373 391 395 407
기름부음 149 160-1 163 180-1 183 185-6 191 205 293
까마귀 237 335

나그네 211 429 433 443 447 453 459
노바티아누스파 297
노예 상인 171 327 335
농부 115 185 255

다윗 321 401 443
도나투스 103 121 166 337 463
도나투스파/도나투스 열교 15-6 82 98
  103-4 116 119 167 260 337 454
  462-3
독서 17 119 387
두려움 79 233 267 383 389 395-7
  399 401 403 405 407 409 411
  417 423
디오클레티아누스 16 463

마귀 73 93 101 429 431 433 453
마리아 59
마요리누스 463
마음 12 23-4 42-4 55 59 61 67 79
  91 93 97 103 109 117 121 129
  131 137 139 151 153 155 177
  183 185 189 203 205 221 231
  239 245 247 249 253 255 257
  259 261 263 265-9 271 273 275
  281 283 285 287 289 295 297
  301 305 309 311 313 321 329
  331 333 341 343 345 349 363
  365 371 373 375 377 381 389
  391 393 397 399 401 405 431
  439 443 445 447 449 453 461
마카베오 359
마케도니우스파 295-6
막시미아누스 104
말씀 11-2 19 35 55-7 59 61 63 65 67
  71 73 75 77 79 81 85 87 89 91
  95 97 99 101 103 105 107 111
  113 117 119 121 123 125 127
  129 131 143 145 147 151 153
  155 163 165 167 169 173 175
  177 183 185 189 191 193 197
  201 203 207 217 221 225 227
  231 233 235 237 239 241 245
  247 249 251 255 259 261 265
  269 271 273 275 277 279 281
  283 285 289 291 293 297 299
  303 309 313 315 317 319 323
  329 331 335 343 345 347 349
  351 353 355 357 363 365 367
  369 371 373 381 389 391 395
  399 400-1 413 415 421 427 429
  431 435 437 439 441 445 447
  449 453 455 457 459 461 465
멸망 34 225 421
목자 12 381
몸 46 59 62-3 95 113 119 139 143
  157 159 161 174 199 213 235
  239 257 262-3 275 279 287 291
  295 297 299 301-3 311 315 321
  347 365 377 379 385 435 445
  453 455 457 459
물 41 131 151 185 237 289 291 293
  321 381 461
미움 77 247 249 311 345 451
민족 85 101 103 113 115 119 167
  169 455 465
믿음/신앙 12 14 16 18 36 65 75 107
  109 129 141 189 191 193 197
  210-1 213 215 239 243 260 267
  296 307 341 345 371 377 391
  423 425 427 429 431 433 443
밀 174-5 291

바오로 14 32 42 62 71 83 91 93 97 99 116 121 131 157 171 205 207 211 233 235 238-9 241 243 245 263 265 271 275 277 279 281 283 285 289 323 345-7 363 377 387 397 413 415 427 433 443 447
박해 16 127 297 321 345 347 395 397 437 459 461-3
배교 463
배교자 16 98 297 433 462-3 465
벌 335 383 391 396-7 399 403 405 433 463
베드로 38 97 116 121 231 233 235 237 251 329 353 397 429 431
변호자 81 83 85
병자/환자 145 273 323 373 375 417 429 453 459
본향 73 309 311 419 443 453
부활 12 15-7 32 53 107 153 159 167 231 299 371 386 457
분열 15-6 83 85 121 463
불 12 55 95 131 173 179 181 191 203 255 351 359 373 403 411 439 461
비둘기 335
빛 61-75 91-3 115 173 210 289 329 379 407
뿌리 117 131-3 181 229 249 265 269 275 327 355 365 425 451

사도 5-6 14 55 121 131 137 141
사라 462-3
사울 321 347 437 459-61
산 85 101-3 115 239 345 441
살인자 221 249 421
상급 177 179 253 325
생명 34 59 63-7 73-5 87 97 123 153

179-81 217 249 261 267 293 321 353 367 375 381
선포 12 63-9 97 113-7 153 167 191 227 371 455 465
선행 247 265 285 343-5 353 363-5 391 427 445
설교 17-9 26 303 345-9 381 445
성경 5-7 11-9 25 33-9 53 59 63 79 83 107-11 121 125 143-7 151 163-71 203 223 231 255 279 293 309 317-21 349 357-9 365 389- 401 429 449 453 463
성령 11 19 42 93 99 117-9 131 135 151 161 181 183 189-93 225 257 281-96 317 323 343 371 377 401 415 423 443 455 459
성령강림 17 291
성부 93 213 296 319-21 337 437
성사 14 16 104 115 116 131 159 161- 3 181 217 239 288-91 321 337
성인 16 83 99 199 271 275 347
성자 93 213 294 296 319-21 337
성전 14 243
성찬 159
세례 14 23-4 32 116 156 159 210 214-5 239 243 291-3 300 321 335-7 462
세상 22-3 28 34-41 75 81 85 99 101-5 113-9 128-39 145-7 167 175-81 186 189 197-9 205-7 227 235 247- 9 253-5 259 263-5 285-7 295 301 307-19 327 339 361 375-7 383 387 393-7 409 421-3 453 459-63
세속 23-5 38-41 75 129 132-5 139 143-7 229 361 373
수난 61 67
순결 186 209-13 341 391 405-7 413
순교 61 365

순교자 16 61 260-1 359 462
스승 12 183-5 233 296 325 361-3 401
스테파노 233-5
승천 17 237 299
시기猜忌 245-7 361-3 369
시작 59 115-7 125 251 261 355 375 389 397
식별 14 165 243 247 257 277 289 295-7 327 403
신랑 63 111-3 137-9 391 407 411 462
신부 63 111-3 137 337 423
신비 151 165 183 238-9 255 275
신성 81 123 153 294 296
심판 81 109 155 159 165 201-3 249 263 267 321 387 389 391-5 405 461
십자가 34 87-9 121-3 127 153 233 315 359 371
씨 133 187 221 227 241 255 462

아드님 56 67 71-5 107 111 131 149 175-7 187 215-7 221 227 257 283 285 307 311 322-5 329 339 377-81 429-37 443
아름다움 13 24 27-33 69 203 413-7 453
아리우스 294 296
아리우스파 274 295
아멘 14 241
아버지 56 63 67 71 81-9 105 123-33 141 147 149 151-5 175-7 186 197 201-3 233 240 253 265 313-5 322-7 335 339 345 371 377 391 395 425 429 432-7 443 459
아벨 245 247
아브라함 101 123-5 163 215 461-2
아우구스티누스 11-45 55 58 60-3 104

106-7 116-7 121 128 140 156 174-5 178 214 219 226 238 260 288 300 328 337 346 350-1 386 400 444 462
아프리카 99 103 119 455
악마 14 129 137 141-7 179 186 189-91 195-7 201 215-7 221 227 241-7 277-9 300 311 403
악인 83 159-61 165 171 201-3 209 227 277 321 395
안심 73 79-81 283 289 365 377 411 419 449 451
알렐루야 14 17 243 341 447
양육 95 151 291 299
어둠 56-7 67-73 91-3 99-103 121 125 241
어머니 12 93 123 151 462
에우노미우스파 295-6
엘리야 163 237 429
열교 83 97 297 301 335 337
열교자 155 288 261 295 337
영원 32 125 133 147
영혼 27-32 44 87 177 193 205 229 291 355 405 409-13 445 451 459-63
예루살렘 113-7 169 353 433 455 459 465
예언 107-9 113 119 321 453
오류 16 36 109 116 302 457
완성 14 40 47 57 63 85-7 205 211 239 243 251 259 279 307 339 375 377 383 387-9 393 399 441-7
요한 복음 15 51-9
욕망 23-4 105 133-47 281 451
욥 195-7 277-9
용서 57 75 79-81 87-9 105 113-5 121-3 129 135 167 233 239 309 313-5 327 371 455 465

우상 93 101
원수 87-91 101 145 195 349 351 367-75 389 395 411 451-3
유다 116 322-5 345 459
유혹 75 141-5 177 189-91 275-9 361 423
육신 59 62-5 77 95 103 107 111 123 133-5 141 153 177 199 213-5 235-7 295 329 343 361 393 413 415 441 445 461
율법 14 99 243 441-3 449 451
의로움 77 186 193-5 211-3 367 395 399 443
의사 109 197-9 235-7 273 281 347 369 373 377 399 429
의인 237
의지/뜻 35 40 105 133 147 151 161 173 195 209 325 343 391
이단 6 83 115 296 337
이단자 107 155 165-7 261 288-91 295-9 431
이용 40 140-1
인간 21-2 24 27-8 30-45 65 71 75-7 91 115-6 129 143 183 195 214 235 245 261 277 309 315 325-7 337 341 345 353 357 369 391 439
인호 239
일치 16 27 30 67 97 99 121 165 167 263 287-8 301 423 435 453 457

자녀 14 57 81 105 121-3 127 149 186 191 197 201 211 215 221 227 241-3 255-61 300 307 311 321 327 335 361 367 385 395 425 439 447 462
자비 21 33 36-7 135 253 351 363 367 373
자선 341 353 365-7
자유의지 209
자캐오 235-7
재물 143 221 253-5 259 375 439
전체 그리스도 62-3
정신 13 26 28 95 137 193 223 325 331 357 365 449 451 461
제물 57 81-5 245-7 307 329
제자 5-6 29 65 97 107-17 153 167 191-3 233 237 325 361 371 429 459
종 141 179 203 237 333 337 341 359 381 415
죄 20-1 34 37 69-85 97 107 113-5 121-3 129 135-7 141 167 175 186-7 193-5 199 209-49 271-3 277 283 291 307-9 319 323 329 347 355-7 361 371 407 413 455 465
죄인 16 69 75-7 83 116 209 215-7 223-7 241 267 277 323 329 369 413 451
주님 16 24 53-5 63-5 69 73 81 87-93 97-9 103 107-15 123-5 135 143-5 175-7 191-3 203 219 225 231-7 249-51 255 259 265 273-5 279 289-91 305 309 313-5 321-5 331-5 341-3 349-51 359 369-71 381 385 389-401 407 429 431 441 445 449 459 463
죽음 23 87 135 153 181 195 217 221 249-51 361 391-3 445 449 459
증인 61 63 269 365 377 459
지옥 403
지체 62 83 95 157-61 303 309 331 343 389-91 423 435-7 453-61
지향 225 267 287 325 417
진리 12-3 26 31 56-7 73-5 83-5 109 149 163 179 193 217-9 223-5

231  239-41  255-9  263-5  273  279
289  299  307  313-7  357  427
진보  151  155

창조주  41  63  135-41  173  357
천사  59  63-5  143  173  193  203  213
  237  299  419  433  463
체칠리아누스  463
축복  159  237
치유  61  75  109  145  159  227  235
  323  375-7
친교  56  65-7  71-3  87  115-9  159  167-9  288
친구  87  135  251  259  299  301  311
  323  439
침묵  327  341  347-9  367
칭찬  139  261  267  313  343  444-7  451

카인  221  245-7
카타프리기아파  296-7
쾌락  23-4  31  139  199  329  407  441  449

탄생  67  127  215-7  239  386  462
탐욕  39-41  137  143  146  173-5  195
  215  237  265-7  355  365  373  391
  439  445  449
퇴행  151

파견  191  237
펠릭스  463
편지/서간  11  17-8  53-5  71  183  197
  217  223  231  251  255  277  291-3
  309  317-21  349  381  385  401  421
  447  451
평화  55  99  103  287  353  463
포시디우스  16  18  26  106  260
피  56  73-5  85-7  97  135  167  195  239
  253  305  321  327  371  429
피조물  14  41  69  135-7  189  191  294
  359  361

하갈  462-3
하느님  5  11-4  17  20-5  30-45  55  59-87  93-9  107-9  115  119  125-53
  165  171-9  185-308  314-461
하느님 나라  141  391  397  409
행동  14  21  169  171-3  193  247  255-9
  263-7  283  297-305  319  325-7
  341-5  363-5  379  427-33  451
행복  24-5  30  40-1  65  137  195  203
  329  331  353  367  419  429
향유  40  140-1
허물  79  313
혀  77  119  255  257  259  261  265  301
  311  341  379  401  457
현명  357  361
형제  57  61  71  83  85  87  89  91  93
  95  97  99  101  103  113  121  131
  221  231  233  235  239  241  243
  245  247  249  251  253  255  259
  261  263  269  275  285  287  289
  301  305  319  349  351  359  367
  369  371  381  383  417  419  421
  423  427  435  449  453
훈육  327  333  335  358  365  451  463
흠숭  93  455
희망  24  45-6  73  77  135  186  193  197
  201  203  207  261  299  375  377
  391  407  447  461

『가톨릭교회의 관습과 마니교도의 관습』
140
『거울』 106
『고백록』 13-4 20-7 29-32 36 38 48
43-4 141 328
『교회사』 117
『그리스도교 교양』 13 21 30 40 48
140 174
『노아의 방주』 401
『삼위일체론』 37 45 47-8 140
『서간집』 30 41 48 260
『설교집』 13 17-9 36-7 40 43 48 63
104 117 178
『세례론』 156 300-1 462
『시편 상해』 18 21 39-41 43 48 104
219
『신국론』 26 29-31 38-9 48 128 140
『아우구스티누스의 생애』 16 18-9 26 48-9
106 178 260
『아카데미아 학파 반박』 26 29 48
『여든세 가지 다양한 질문』 141
『요한 복음 강해』 42 116 210 219
『유대인 반박』(요한 크리소스토무스) 117
『유대인 반박』(테르툴리아누스) 117
『음악론』 30 48
『입문자 교리교육』 37 49
『재론고』 18 29 36 49
『죄벌과 용서 그리고 유아세례』 214
『참된 종교』 29 31 49
『행복한 삶』 29 49
『호교론』 117

## 색인 성경

구약
창세
| | |
|---|---|
| 1,26 | 354 |
| 2,24 | 62 |
| 3,1-6 | 278 |
| 16,9 | 462 |
| 22,18 | 100 |

탈출
| | |
|---|---|
| 3,14 | 124 |
| 8 | 358 |

신명
| | |
|---|---|
| 8,3 | 142 |

1사무
| | |
|---|---|
| 19,23-24 | 320 |

1열왕
| | |
|---|---|
| 17,4-16 | 236 |

욥
| | |
|---|---|
| 1,11-12 | 276 |
| 2,10 | 196 |

시편
| | | |
|---|---|---|
| 2,7 | 124 | |
| 8 | 166 | |
| 6,4-5 | 391 | |
| 9,3 | 450 | |
| 12,4 | 448 | |
| 15,2 | 380 | |
| 16,4 | 176 | |
| 18,4 | 118 | |
| 5 | 119 | |
| 5-6 | 62 | |
| 10 | 400 | 410 |
| 21,28 | 112 | |
| 26,9 | 208 | |
| 29,12-13 | 398 | |
| 31,7 | 266 | |
| 9 | 356 | |
| 33,3 | 444 | |
| 6 | 68 | |
| 17 | 406 | |
| 40,2 | 330 | |
| 44,3 | 414 | |
| 50,5 | 78 | 408 |
| 11 | 78 | 406 |
| 55,5.12 | 446 | |
| 11 | 444 | |
| 72,27 | 420 | |
| 28 | 420 | 442 |
| 77,25 | 59 | |
| 81,6 | 147 | |
| 90,11 | 144 | |
| 100,1-2 | 410 | |
| 101,28 | 124 | |
| 109,3 | 124 | |
| 115,12 | 232 | |
| 13 | 232 | |
| 118,85 | 440 | 448 |
| 96 | 441 | 446  454 |
| 165 | 98 | |
| 120,6 | 94 | |
| 131,6 | 84 | |
| 138,7 | 266 | |
| 8 | 266 | |

| | | | | |
|---|---|---|---|---|
| 146,7 | 192 | | 5,6 | 366 |
| | | | 8 | 202  328 |
| 잠언 | | | 14 | 100 |
| 5,16-17 | 320 | | 16 | 344 |
| 9,18(LXX) | 292-3 | | 19 | 302 |
| 16,22 | 292 | | 44 | 90  394 |
| | | | 45 | 394 |
| 집회 | | | 46 | 349  394 |
| 1,14 | 388  396 | | 48 | 88 |
| | | | 6,1 | 265  342 |
| 이사 | | | 3 | 265 |
| 2,2 | 102 | | 10 | 390 |
| 53,2 | 414 | | 12 | 308 |
| 61,10 | 62 | | 14-15 | 312 |
| 64,3 | 202  308 | | 8,29 | 128  428  430 |
| | | | 9,12 | 368 |
| 예레 | | | 10,41-42 | 236 |
| 17,5 | 202 | | 12,34 | 171 |
| | | | 13,24-30 | 174 |
| 에제 | | | 46 | 15  242 |
| 36,20 | 321 | | 47-50 | 174 |
| | | | 16,14 | 428 |
| 다니 | | | 15 | 428 |
| 2,35 | 84  100  162 | | 16 | 428 |
| 3,24.90 | 172 | | 17 | 428 |
| 6,23 | 356 | | 18 | 428 |
| | | | 19 | 465 |
| | | | 21 | 110 |
| 신약 | | | 19,6 | 62 |
| 마태 | | | 22,37-40 | 450 |
| 3,12 | 174 | | 40 | 448 |
| 16 | 334 | | 23,3 | 302 |
| 4,3 | 142 | | 10 | 182 |
| 4 | 142 | | 24,23 | 84 |
| 6 | 144 | | 24 | 142 |
| 7 | 144 | | 25,34 | 179  202 |
| 9 | 144 | | 41 | 179  190  202 |
| 10 | 146 | | | |

| 마르 | | 8,12 | 67 |
|---|---|---|---|
| 8,31 | 110 | 31 | 192 |
| 9,31 | 110 | 32 | 192 |
| 16,15 | 190 | 44 | 278 |
| | | 58 | 122 |
| 루카 | | 12,31 | 188 |
| 4,9-10 | 144 | 13,34 | 86 89 93 98 228 230 268 |
| 6,27-28 | 394 | | 423 436 440 446 |
| 8,3 | 234 | 14,6 | 162 314 426 |
| 8 | 330 | 9 | 154 |
| 9,22 | 110 | 15,13 | 250 258 298 300 310 322 |
| 10,20 | 142 144 | 22 | 272 |
| 15,4-5 | 380 | 19,37 | 202 |
| 16,22 | 460 | 20,17 | 152 |
| 19,8 | 236 | 25 | 64 |
| 20,18 | 164 | 27 | 152 |
| 23,34 | 86 232 314 370 | 28 | 64 |
| 24,7.46 | 110 | 29 | 64 |
| 13-35 | 107 | 21,15 | 238 |
| 26-27 | 166 | 15-16 | 250 |
| 46 | 452 | 15-17 | 38 328 352 |
| 46-47 | 465 | 17 | 234 |
| 47 | 112 114 168 454 465 | 18 | 250 |
| 47-49 | 117 | 19 | 250 |
| 요한 | | 사도 | |
| 1,1 | 59 80 150 200 298 414 | 1,6 | 458 |
| 3 | 62 122 124 | 7-8 | 458 |
| 10 | 246 | 8 | 458 |
| 14 | 59 62 452 | 2,4 | 118 284 |
| 33 | 334 | 41 | 108 |
| 3,16 | 34 | 7,60 | 232 |
| 6,54-69 | 96 | 9 | 346 |
| 60 | 96 | 4 | 436 458 |
| 67 | 96 | 13,9 | 346 |
| 68 | 96 | | |
| 7,37-38 | 290 | 로마 | |
| 39 | 290 | 1,17 | 210 |

| | | | |
|---|---|---|---|
| 24 | 280 | 2코린 | |
| 25 | 136 | 1,12 | 264 |
| 2,21 | 302 | 5,7 | 210 |
| 3,4 | 78 | 6,11-12 | 270  446 |
| 4,25 | 106 | 14 | 70 |
| 5,5 | 42  282  284  289  320  376 | 11,29 | 97 |
| 8 | 412 | 12,7-9 | 274 |
| 8,24 | 376 | 15 | 234  262  270 |
| 24-25 | 206 | 13,4 | 126 |
| 26 | 282 | | |
| 32 | 322  324 | 갈라 | |
| 35 | 396 | 1,22-24 | 344 |
| 10,4 | 442 | 2,20 | 324 |
| 13,8 | 14  242 | 5,6 | 426  432 |
| 10 | 15  242  442 | 6,2 | 99  440 |
| 13-14 | 32 | 4 | 264 |
| 1코린 | | 에페 | |
| 1,13 | 120 | 3,8 | 347 |
| 2,9 | 202  308 | 17 | 130  341 |
| 3,6-7 | 185 | 4,2-3 | 98 |
| 4,3 | 262 | 5,8 | 90  92 |
| 15 | 240 | 6,12 | 70 |
| 7,7 | 362 | | |
| 8,1 | 128 | 필리 | |
| 11,29 | 108  320 | 1,21.23-24 | 234 |
| 12,9 | 276 | 23 | 392 |
| 26 | 158  434 | 23-24 | 392 |
| 27 | 62  434 | 2,6 | 200  414 |
| 13,2 | 238 | 7 | 414 |
| 3 | 262  364 | 3,12-13 | 204 |
| 4 | 244 | 13-14 | 204 |
| 8 | 387 | | |
| 15,9 | 347 | 콜로 | |
| 53-54 | 376 | 3,5 | 388 |
| 54 | 194 | 9-10 | 90 |
| | | 4,3 | 82 |

| | | | | |
|---|---|---|---|---|
| 1테살 | | 2 | 85 247 | |
| **2,7** | 386 | 3 | 85 | |
| | | 4 | 85 | |
| 1티모 | | 5 | 85 87 | |
| **1,5** | 442 | 6 | 89 | |
| **6,10** | 354 | 7 | 89 | |
| | | 8 | 91 | |
| 2티모 | | 9 | 91 93 | |
| **2,20** | 174 | 10 | 93 95 349 | |
| | | 11 | 99 101 121 241 | |
| 티토 | | 12 | 121 123 | |
| **1,16** | 170 297 | 13 | 123 127 | |
| | | 14 | 127 | |
| 히브 | | 15 | 38 131 133 139 | |
| **12,6** | 358 374 | **15-16** | 147 | |
| **7** | 334 | 16 | 135 | |
| **13,1** | 348 | **16-17** | 133 | |
| | | 17 | 147 | |
| 야고 | | 18 | 151 155 | |
| **2,19** | 428 | **18-19** | 155 | |
| | | 19 | 155 159 161 165 169 | |
| 1베드 | | 20 | 161 | |
| **3,13** | 396 | 21 | 163 | |
| **4,8** | 76 230 | 22 | 163 165 169 297 | |
| | | 23 | 175 | |
| 1요한 | | **24-25** | 177 | |
| **1,1** | 59 | **25-26** | 181 | |
| 2 | 59 61 65 | **26-27** | 181 | |
| 3 | 65 71 | 27 | 181 183 189 191 | |
| **3-4** | 67 | **27-28** | 191 | |
| 5 | 67 69 71 73 | 29 | 193 197 | |
| 6 | 71 73 | **3,1** | 197 199 | |
| 7 | 73 75 | 2 | 201 203 207 447 | |
| 8 | 75 217 219 223 225 231 | 3 | 207 209 211 | |
| | 241 273 | 4 | 209 227 | |
| 9 | 75 79 | **4-5** | 227 | |
| **9-10** | 79 | 5 | 209 | |
| **2,1** | 81 83 | 6 | 209 211 217 | |

| | | | | |
|---|---|---|---|---|
| 6-7 | 227 | | 9-10 | 327 |
| 7 | 211 | | 10 | 34 329 |
| 8 | 215 217 227 277 | | 11 | 329 |
| 9 | 217 219 223 225 227 229 | | 12 | 329 375 |
| | 241 271 | | 13 | 375 377 |
| 10 | 241 | | 14 | 377 |
| 10-11 | 245 | | 15 | 379 |
| 11 | 245 | | 16 | 11 379 387 419 |
| 12 | 245 | | 17 | 387 389 393 395 |
| 13 | 247 | | 18 | 395 397 399 401 411 |
| 13-14 | 249 | | 19 | 34 411 413 417 |
| 14 | 249 | | 20 | 417 435 |
| 15 | 249 421 | | 20-21 | 421 427 |
| 16 | 249 251 259 | | 5,1 | 427 433 435 |
| 17 | 253 255 261 | | 2 | 433 435 437 439 |
| 18 | 255 259 263 | | 3 | 17 449 |
| 19 | 265 | | 4-21 | 17 |
| 19-20 | 259 | | | |
| 20 | 267 269 | | | |
| 21 | 269 285 | | | |
| 21-22 | 269 | | | |
| 22 | 271 273 283 | | | |
| 23 | 283 349 421 | | | |
| 23-24 | 285 | | | |
| 24 | 283 285 289 | | | |
| 4,1 | 289 293 295 | | | |
| 2 | 295 299 | | | |
| 2-3 | 295 303 311 | | | |
| 3 | 297 299 | | | |
| 4 | 311 313 | | | |
| 5 | 313 | | | |
| 6 | 315 317 | | | |
| 7 | 317 321 | | | |
| 7-8 | 317 319 | | | |
| 8 | 317 319 321 329 | | | |
| 8-9 | 323 | | | |
| 8.16 | 33 | | | |
| 9 | 323 | | | |

**아우구스티누스**AUGUSTINUS(354~430)
북아프리카 타가스테에서 태어났다(354년). 어머니 모니카는 독실한 그리스도인이었으나, '지혜에 대한 사랑'(철학)에 매료된(373년) 청년 아우구스티누스는 진리를 찾아 끊임없이 방황하는 삶을 살았다. 한때 마니교와 회의주의에 빠지기도 했던 그는 밀라노의 수사학 교수로 임명되면서 출셋길에 올랐다(384년). 밀라노에서 접한 신플라톤 철학, 암브로시우스 주교의 설교, 수도생활에 관한 증언 등을 통해 그리스도교에 눈을 뜨기 시작했으나, 머리로 이해한 그리스도교 진리를 아직 믿음으로 받아들이지 못한 채 엉거주춤 망설이며 살아가다가, 마침내 바오로 서간을 '집어서 읽으면서'(Tolle lege!) 회심하였고(386년), 행복한 눈물 속에 세례를 받았다(387년). 교수직과 재산을 미련 없이 버리고 고향으로 돌아가 소박한 수행의 삶을 엮어 가던 그는 뜻하지 않게 히포 교구의 사제(391년)와 주교(395년)로 서품되었고, 40년 가까이 사목자요 수도승으로 하느님과 교회를 섬기다가 석 달 남짓한 투병 끝에 일흔여섯의 나이로 세상을 떠났다(430년). 『고백록』Confessiones을 비롯한 수많은 저술(책, 서간, 설교)과 극적이고 치열한 삶은 그리스도교 철학과 신학에 엄청난 영향을 끼쳤다. 교부들 가운데 우뚝 솟은 큰 산인 아우구스티누스는, 그리스 철학 체계 속에 그리스도교 진리를 깔끔하게 정리해 냄으로써 '서양의 스승'이라고도 불린다.


**최익철**
1923년 황해도 안악에서 태어나 1945년 일본 명치대학을 중퇴하고 1950년 사제가 되었다. 1951년 군종신부로 참전했고 1953년 성신고교 교사로 봉직했다. 1963년 벨기에 루뱅 대학을 졸업한 후, 그해부터 1998년까지 이문동·가회동·금호동·오류동·해방촌·세종로·신천동·흑석동·마천동 본당 주임신부를 두루 역임하다가 1998년 은퇴했다. 1965년부터 1980년까지는 경희대학교와 한국외국어대학교 등에서 프랑스어를 가르치기도 했다. 『이름 없는 순례자』(가톨릭출판사 1979) 『우표로 보는 교황전』(가톨릭출판사 2003) 『우표로 보는 구세사(구약)』(가톨릭출판사 2006) 『예수의 한평생(신약)』(가톨릭출판사 2008) 등을 비롯, 60여 권의 역·저서가 있다. 1976년 천주교 관련 우표 수집을 시작함으로써 우취 활동에도 열정을 쏟아, 1995년 『우표로 보는 성인전』이 한국우취회 대은상을 수상하고, 2008년 『우표로 보는 구세사』가 루마니아 우취회 주최 세계 우표 전시회에서 대은상을, 이스라엘 우취회가 주최한 세계 우표대회에서 은상을 각각 수상하였다.

**이연학**

올리베따노 성 베네딕도 수도회 수사 신부. 광주가톨릭대학교를 졸업하고, 로마 그레고리우스 대학교에서 교부학 석사학위를 받았으며, 올리베따노 성 베네딕도회 수도원장을 지냈다. 『내가 사랑한 교부들』(분도출판사 2005, 공저) 『성경은 읽는 이와 함께 자란다』(성서와함께 2006)를 지었고, 포시디우스 『아우구스티누스의 생애』(분도출판사 2008, 공역주) 『말씀에서 샘솟는 기도』(분도출판사 2001) 『교부들의 길』(성바오로출판사 2002, 공역)을 우리말로 옮겼다.

**최원오**

광주가톨릭대학교와 대학원을 거쳐, 로마 아우구스티누스 대학에서 교부학 박사학위를 받았으며, 부산가톨릭대학교 교수를 지냈다. 『내가 사랑한 교부들』(분도출판사 2005, 공저) 『종교 간의 대화』(현암사 2009, 공저)를 지었고, 포시디우스 『아우구스티누스의 생애』(분도출판사 2008, 공역주) 『교부들의 길』(성바오로출판사 2002, 공역)을 우리말로 옮겼다.